Menneskehedens Udviklingscyklus

- Bevidsthedens og Overbevidsthedens evolution -

7 store udviklingsperioder
7 forskellige livsoplevelser
7 personlige udviklingsstrukturer
7 livsfelter
7 store bevidsthedsudviklinger.

Dette definerer tilsammen
vores nuværende udviklingscyklus
og udgør opskriften på udvikling.

Dette er hvad der sikrer
vores og Kildens forandring

Menneskehedens Udviklingscyklus

Forlag: BoD · Books on Demand, Strandvejen 100, 2900 Hellerup, bod@bod.dk
Tryk: Libri Plureos GmbH, Friedensallee 273, 22763 Hamborg, Tyskland
ISBN: 978-87-4305-915-8

TAK!

Til Susana, Alexander og Beatriz

INDHOLDSFORTEGNELSE

FORORD

Velkommen til min bog om menneskehedens og menneskets udvikling! Denne bog er en ny opdateret udgave af min bog af samme navn fra 2022.

Grunden til at jeg skriver denne bog, er at jeg ønsker at give følgende videre til dig:

1) Menneskehedens udvikling
Jeg ønsker at videregive mine erkendelser og oplevelser omkring menneskehedens udvikling, om formålet med denne udvikling, og om den drivkraft, der altid har drevet os frem mod stadig højere erkendelser og bevidsthedsformer. Du skal se at vores udvikling er gjort op af *to store evolutionsprocesser*, bevidsthedens og overbevidsthedens evolution. Disse evolutionsprocesser kan inddeles i 7 store udviklingsperioder, hvoraf overbevidsthedens evolution er op til en halv udviklingsperiode længere fremme end bevidsthedens evolution.

Frem for alt ønsker jeg at vise dig, at vi ikke eksisterer som adskilte individualiserede individer, med hver vores separate udviklingsvej, men at vi snarere er individer, som er bundet tæt sammen i et stort netværk, en stor familie kaldet menneskeheden.

Denne menneskehed er ikke bare en ophobning af mange individer. Det er en samlet integreret bevidsthed, en bevidsthed hvori indgår din egen bevidsthed, på lige fod med alle andres. Dette utrolige netværk er faktisk helt nødvendigt for din egen personlige udvikling, og jeg vil vise dig på hvilken måde du er forbundet til det, og præcis hvordan det gavner din egen udviklingsproces.

2) Det enkelte menneskes udviklingsproces
En anden ting, som det ligger mig på sinde at videregive, er mine oplevelser omkring personlighedens struktur, samt de forskellige bevidsthedstilstande, som det enkelte menneske oplever under udviklingen af både ego-bevidstheden, samt højere bevidsthedsformer.

Vores personlighedsstruktur er en fascinerende størrelse, som er tæt knyttet til din livsoplevelse. Det er også en dynamisk størrelse, som er under konstant udvikling, for hele tiden at kunne stimulere den voksende bevidsthed til yderligere vækst.

Bogens opbygning
I bogen starter vi 'ovenfra' med at se på *menneskehedens* udvikling, og på de store udviklingsprincipper (Part 1) – for derefter at bevæge os 'nedefter', helt ned til *det enkelte menneskes* udvikling i Part 2, hvor der er fokus på udviklingen af det jeg kalder egobevidstheden og hjertebevidstheden.

Meningen med denne opdeling er at jeg har ønsket først at vise det store perspektiv, den store sammenhæng, for derefter at fokusere på hvor du selv passer ind i denne sammenhæng.

Med hensyn til menneskehedens udvikling vil jeg vise dig, at menneskeheden/mennesket går igennem nogle store udviklingsperioder, der tilsammen udgør en *udviklingscyklus*. I Part 1 vil jeg introducere udviklingsperioderne, og de *energier* der kendetegner hver af perioderne (i stedet for ordet 'energi', kunne jeg også sige 'livsaspekter', og jeg kunne sikkert også have brugt andre ord, men nu har jeg valgt at bruge ordet 'energi' gennem det meste af bogen).

Du skal se at hver udviklingsperiode har flere energier at gøre godt med, og at de skifter i løbet af en periode, på en måde der gør, at vi til enhver tid er påvirket af 4 typer energier på samme tid. Disse *'aktuelle 4 energier'* udgør opskriften på hvordan menneskeheden kommer videre i sin udvikling, og udgør også menneskehedens *forudsætninger* for at interagere 'med livet'.

Energierne kan være bevidste eller overbevidste. Du er altså konstant påvirket af bevidste og overbevidste energier, og ud fra disse skabes din livsoplevelse, og dermed din evne til at opleve livet.

Formålet med menneskets udvikling
gennem de store udviklingsperioder,
er at udvikle et unikt væsen,
som gennem oplevelse og bevidsthed,
selv bliver i stand til at beherske det livsaspekt,
som de forskellige perioder står for.

Begge type energier (bevidste og overbevidste) påvirker os kontinuerligt, og hvor de bevidste energier udvikler bevidstheden, da udgør de overbevidste energier den *motiverende kraft,* som forårsager at vi bliver ved med at tage skridt efter skridt på vores vej.

I part 2 af bogen handler det om det enkelte menneske, og fokus er i starten på de strukturer og mekanismer i psyken/personligheden, der vedkommer os alle, og som er blevet skabt i den udviklingsperiode, som vi befinder os i lige nu (Ego/Hjerte perioden). Du skal her se, at for hver af udviklingsperioderne, da skabes der en ny livsoplevelse, med en helt specifik personlighedsstruktur. Dine forudsætninger for at interagere med livet, for at tage imod livet, og for at opfatte livet og dig selv, er til enhver tid bestemt af netop *den* personlige livsoplevelse/personlighedsstruktur som dominerer dig, noget der altså afspejler den udviklingsperiode som du er i – og tillige hvor langt du er nået i denne udviklingsperiode.

Denne livsoplevelse repræsenterer det, der giver dig forudsætningen for at interagere med livet, for at tage imod livet, for at skabe i livet, og for at manifestere dig i det. Alle mennesker har deres helt egen personlige livsoplevelse, fordi den bærer deres egen personlige historie, men lovene der virker i livsoplevelsen, er dog ens for alle mennesker. Disse love vil jeg fortælle dig om, og også om hvordan du kan ændre din livsoplevelse.

I Part 2 skal vi altså se på personlighedens opbygning, på de personlige livsoplevelser, på de forskellige sindstilstande som Ego livsoplevelsen virker igennem, og på hvordan du påvirkes direkte af menneskehedens store evolutions processer.

I Part 3 vil jeg gå endnu dybere med det umiddelbare *formål med din udvikling*, nemlig din *livsoplevelse*. Vi har på det tidspunkt hørt om alt, lige fra de store evolutionsprocesser til ny viden om personlighedens opbygning. Alt dette hænger naturligvis sammen, og har et formål, og i første hånd er dette formål at få dig til at udvikle din evne til at kunne *opleve livet* på et højere niveau.

Fra at have haft en overvejende ubevidst tilgang til livet, baseret på instinkter, har du nu fået en mere bevidst oplevelse af livet (og dig selv). Men det stopper ikke der, og nu er en anden livsoplevelse så småt ved at indfinde sig. Jeg kalder den "Hjerte livsoplevelsen", og vores udfordring er lige nu at udvikle os til et niveau, hvor vi formår at have kontakt med livet *via denne livsoplevelse.*

Dette er faktisk lige nu uden tvivl den vigtigste, og også den sværeste, udfordring for hele menneskeheden, og for dig.

At evne Hjerte livsoplevelsen, vil helt bogstaveligt være som at få åbnet øjnene til en ny virkelighed.

Et verdensbillede

Du bliver altså i denne bog præsenteret for et verdensbillede, der beskriver den store udviklingscyklus, som vi lige nu befinder os i, og som vi vil befinde os i, i mange år endnu! Det er et verdensbillede, der indeholder en beskrivelse af hvad der er dine vigtigste opgaver i livet, af hvor vi skal hen som menneskehed, og af hvad din egen rolle er, i den store sammenhæng.

Det er et verdensbillede, som fortæller om hvad det er der bliver ved med at drive os frem i vores udvikling. Det er et verdensbillede, der fortæller hvorfor vi overhovedet har viljen til konstant at ville udvikle os, og hvad denne udvikling skal afstedkomme, set i et perspektiv, der går ud over din egen personlige udvikling.

Alt hvad jeg videregiver til dig, er baseret på mine egne *erkendelser* og *oplevelser,* og det er mit håb at det vil kunne hjælpe dig til at forstå dig selv bedre, og til at kunne se din egen rolle i menneskeheden udvikling, i et klarere lys.

Hvad jeg beskriver i denne bog, er noget som kommer *dig* ved. Det omhandler den verden du lever i, og *din* personlige udvikling. Det forklarer hvordan *du* oplever livet. Det beskriver i detaljer hvad en livsoplevelse egentlig er (i alle udviklingsperioderne), og hvad der er dit overordnede mål med livet.

Og så lærer det dig, at der er en mening med *alt* hvad du oplever, glæde såvel som smerte.

Endelig vil denne bog som sagt vise dig, at du er en del af en større familie, som du selv har indflydelse på, men som du også er helt afhængig af, for at komme videre i din egen udvikling.

Hvis du formår at åbne dig for denne familie, vil det med sikkerhed give dit liv både glæde og mening.

Det er således en bog, som jeg håber vil være dig en hjælp og inspiration på din egen udviklingsvej, og så er det mit håb, at det kan øge tilliden i dig, til at der er en højere mening med dig liv.

I denne bog skal du også se, at livet er gjort op af flere dimensioner, og at alle de forskellige dimensioner er underlagt love og regler, som de er underlagt – ganske ligesom det er tilfældet for den fysiske dimension. Naturlovene virker i alle dimensioner – og er naturligvis ikke afhængige af om vi er bevidste om dem eller ej. Det er nogle af disse naturlove som du skal høre om i denne bog.

Som du altså skal se, betragter jeg mennesket som bestående af en bevidst del, en underbevidst del, og en overbevidst del, og at bevidstheden/underbevidstheden og overbevidstheden er en del af 2 store evolutionscykler.

Der er den bevidste evolution, som har at gøre med udviklingen af din bevidsthed, og der er den overbevidste evolution, der varetager udviklingen af din overbevidsthed.

Jeg har valgt at dele PART-1, der omhandler menneskehedens udvikling, op i følgende kapitler:

1. "De 7 Udviklingsperioder"
Her beskriver jeg hvorledes menneskeheden går igennem nogle store udviklingsperioder, som alle har med forskellige livsaspekter at gøre. Vi skal se, at formålet med disse perioder er at udvikle vores bevidsthed og vores livsoplevelse. Lige

nu er der, som sagt, meget fokus på den periode jeg kalder Ego udviklingsperioden.

2. De 2 evolutionscykler – *den bevidste og overbevidste*
Her beskriver jeg hvordan de 2 evolutionscykler, den overbevidste og den bevidste, arbejder sammen og gensidigt påvirker hinanden. Du skal desuden se, at de tjener hver deres specifikke rolle i din udvikling.

3. Livstemaerne
Her beskriver jeg livstemaerne og hvordan de virker i udviklingsperioderne til at skabe fremdrift, samt sætte rammerne for denne fremdrift.

4. Kontakten til det overbevidste
Her beskriver jeg hvad kontakten til det overbevidste består af, i din nuværende samt andre udviklingsperioder.

5. Hvordan de 2 evolutions processer skaber bevidsthed
Efter at have præsenteret dig for de store udviklingsprocesser, samt energiaspektet bag dem, da kommer jeg i dette kapitel ind på hvordan denne unikke kombination af netop 2 evolutioner er istand til at skabe bevidsthed.

Der er en hel del nye termer i bogen, men når som helst kan du se en definition af dem i den ordliste, som er at finde bagerst i bogen.

Jes Dietrich, 2025

PART 1. MENNESKEHEDENS UDVIKLING

Opskriften på menneskehedens udvikling,
er en rejse gennem de store udviklingsperioder,
som alle er opgjort af 6 'under energier',
hvoraf 3 er overbevidste og 3 er bevidste.

Kombinationen af disse 6 energier,
fører os alle sikkert frem
i vores udvikling

1. DE 7 UDVIKLINGSPERIODER

Vores udvikling forløber gennem 7 store udviklingsperioder,
der hver repræsenterer et specifikt aspekt af livet.
Hver periode er knyttet til sin helt egen livsoplevelse.

Udviklingen af bevidstheden og overbevidstheden sker igennem specifikke udviklingsperioder. I dette kapitel vil jeg fokusere på at beskrive disse udviklingsperioder, og derefter vil jeg komme ind på de 2 evolutionsprocesser, og hvordan de 2 evolutioner arbejder sammen om at sikre at vi kontinuerligt udvikler os. Jeg vil gennem det meste af bogen fokusere mest på de udviklingsperioder som er mest relevante for dig, men vil i dette afsnit også kort beskrive de andre.

1. Den fysiske periode, Rod perioden – den fysiske manifestation
I Rod perioden lærer vi at identificere os med vores fysiske legeme. Fokus er på udviklingen af det legeme der jo muliggør, at vi overhovedet kan manifestere os på det fysiske plan. Dette legeme er naturligvis ekstremt primitivt sammenlignet med det legeme vi nu besidder. Denne periode er således en øvelse i at være i, og manifestere os på, det fysiske plan. I takt med at legemet udvikler sig, bliver vi bedre til at være til stede på det fysiske plan, og til at interagere med dette plan.

Det er også en periode hvor vi stifter bekendtskab med det overlevelsesinstinkt, der sikrer at vi bliver i den fysiske verden, en verden der jo er en hel del 'tungere' end den verden vi kom fra.

Et andet instinkt, der i denne periode også er med til at sikre den fysiske eksistens, er 'forældreinstinktet'. I løbet af perioden udvikles dette instinkt, og det tilpasser sig hele tiden efter vores udviklingsniveau. Det manifesterer sig blandt andet i en beskyttertrang overfor et afkom.

Vi lærer altså i denne periode at beherske det fysiske element, og udvikler en vilje til at være i dette element. Langsomt bliver vi klar til at interagere fysisk med andre væsener.

2. Perioderne for psyke og ånd – og jagten på meningen med livet
Her er der tale om 3 perioder, som varetager denne del af vores udvikling. Det er Pre-ego, Ego og Hjerte perioderne. I Pre-ego, og i særdeleshed i Ego perioden, udvikles egoet. I Hjerte perioden udvikles kontakten til menneskeheden, samt højere livsdimensioner.
Man kan sige, at overordnet set handler Pre-ego perioden om at skabe en bevidsthed

ud over instinkterne, og om at gøre individet klar til individualiseringsprocessen i Ego perioden. Dernæst vil vi i de efterfølgende 2 perioder starte vores søgen efter *meningen med livet*, dit eget liv (i Ego perioden) og livet ud over dig selv (i Hjerte perioden).

Det fysiske element	Perioder for Psyke og ånd			Guddommelige perioder		
Rod	Pre-Ego	Ego	Hjerte	I	II	III
Fysisk Manifest. Udvikling af legemet. Vilje til den fysiske dimension.	Udviklet fysisk manifestation. Udvikling af primitiv psyke. Primitiv gruppe-bevidsthed.	Psykisk manifest. Udvikling af psyken. Udvikling af egoet. Individuel bevidsthed.	Åndelig' manifest. Udviklet gruppe-bevidsthed.	Høj-Spirituel manifest.	Kontakt med universet. Universel bevidsthed.	Guds-bevidsthed
Fysisk manifestation 	Meningen med livet 			Universel mening 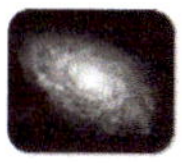		

Figur 3. De forskellige Udviklingsperioder.

Hver af udviklingsperioderne repræsenterer et aspekt af livet. Kort sagt kan man sige, at udviklingen af legemet og den primitive psyke sker i Rod og Pre-ego perioden. Udviklingen af psyken og den højere bevidsthed sker i Ego/Hjerte perioderne. Endelig er der perioderne efter Hjerte perioden, hvor man opnår bevidstheds tilstande, som er nærmest umulige at sætte sig ind i for det normale menneske. Det er tilstande som 'kosmisk eller universel bevidsthed' og endelig en tilstand, som er bevidstheden om 'det unævnelige', nemlig Kilden selv.

Du skal se, at for egoet er 'meningen med livet' at blive bekræftet, samt og at komme til at tro på at det er til og er en del af verden, mens livsmeningen for hjertet har fokus på helheden, og på at mærke at man bidrager til denne helhed.

Pre-ego perioden

I Pre-ego perioden kommer der fokus på gruppelivets 'bevidsthed' (hvilket sammenlignet med den bevidsthed vi lige nu oplever, snarere bør betragtes som en 'ubevidsthed'). Der er fokus på at lære at blive en del af en gruppe, og på at *identificere sig med denne gruppe*.

Legemet vedbliver med at udvikle sig, og vores evne til at manifestere os på det fysiske plan udvikles ligeledes, men mere og mere kommer der fokus på at interagere med andre fysiske væsener, og vi oplever at vores identitet ikke udelukkende er vores fysiske legeme.

Denne 'afstand' mellem bevidsthed og vores fysiske legeme, øger vores bevidsthed om dette legeme. Senere skal vi opleve noget lignende når vi f.eks. opdager at vi ikke er identisk med vores ego.

På denne måde er vi altid først *et med den livsoplevelse, som knytter sig til en udviklingsperiode*, for dernæst at fjerne os tilpas meget fra den til *at vi oplever, at vi er mere end denne livsoplevelse* – at der er mere til livet end det som den formidler til os, og at der er mere til os selv.

Denne afstand mellem 'os' og vores dominerende livsoplevelse, er noget som tager til i alle perioderne tager, og som særlig tager fart i anden halvdel af en udviklingsperiode.

I Pre-ego perioden får vi altså en oplevelse som overvejende gælder gruppen, men vi får også i den sidste del af denne periode de første spæde oplevelser af vores individualitet. Følelseslivet er under udvikling, men vil den vil højst komme til at bestå af en primitiv form for glæde samt sorg/smerte. Pre-ego perioden handler altså om at udvikle disse 'primitive' følelser, samt om at kunne være et med en gruppe.

Denne forbindelse med gruppen ændrer sig i næste periode, hvor vi kommer til at afskære os gruppen (for at udvikle individualiteten). I Hjerte perioden vil vi dog atter blive forenet med gruppen, men nu på en bevidst måde, snarere end den 'ubevidste' måde der kendetegner Pre-ego perioden.

Gruppe identifikationen i Pre-ego perioden starter med at forankre os *mentalt* i livet (ligesom Rod perioden forankrede os *fysisk*), og gør os således klar til at vi begynder at stille spørgsmålet – *hvem er jeg egentlig selv, og hvad skal jeg her i denne fysiske verden?*

Dette spørgsmål er helt centralt i de to næste perioder, som under et kunne kaldes perioderne der fokuserer på "meningen med livet", og meningen med din rolle i livet.

Ego perioden – *"Hvem er jeg, og er jeg til?"*

Når vi træder ind i Ego perioden er vi forankrede i livet og klar til at søge svaret på spørgsmålet om hvem vi selv er og hvorfor vi overhovedet er til. Vi besidder en vis form for gruppe 'bevidsthed' (som er forskellig fra den bevidsthed, som du har nu), men vi er ikke bevidste om hvem vi selv er i denne gruppe. Egoet er kun svagt udviklet, men forudsætningerne er til stede for at denne udvikling kan starte. Og behovet er ligeledes til stede.

Ego perioden handler om udviklingen af en stærk individualitet, og om oplevelsen af hvem *du* er, altså din identitet. Når du træder ind i denne periode, er du endnu ikke udsat for komplekser, fortrængninger, traumer, osv. I hvert tilfælde ikke som vi kender dem i dag, og en af grundene er, at komplekser og traumer kræver en særlig psykisk struktur for at kunne skabes, og denne struktur er endnu ikke en del af dig. F.eks. har du ikke den underbevidsthed og den bevidsthed, som du har i dag. Det vil du dog udvikle i Ego perioden.

Når du starter på denne periode i din udvikling, vil du trække dig tilbage fra gruppen, og langsomt holde op med at identificere dig med den. Dette er nødvendigt hvis du skal identificere dig med *dig selv*. Man kan sige, at der bliver skabt en bevidsthedsgrænse mellem dig selv og gruppen/andre mennesker.

Inden i dig selv bliver der også trukket en grænse. Det er en grænse til en bestemt del af din person/psyke, og denne vil efterhånden vil blive til din underbevidsthed. På denne måde skabes den personlighedsstruktur, som skal ligge til grund for din livsoplevelse i Ego perioden. Derved skabes også et interessant forhold til omgivelserne, idet de omgivelser som du har afskåret dig fra, blandt andet kommer til at tjene som modtager af projektioner fra det, som du har afskåret dig fra *inde i dig selv*.
Derved kommer omgivelserne til at hjælpe dig med at bevidstgøre denne underbevidste fortrængte del af dig selv – særlig i sidste del af Ego perioden. Dette kommer jeg ind på i part-2 af bogen. Omgivelserne spiller også en vigtig rolle i at udvikle bevidstheden, idet denne i starten skabes ud af at blive *set af omgivelserne*.

Via dette lærer bevidstheden efterhånden at få øje på sig selv.

I den første halvdel af Ego perioden vil du i takt med egoets skabelse identificere dig med dette ego, og altså med det som du via Ego livsoplevelsen oplever er dig. Du *er* din ego identitet, eller populært sagt dit ego (den identitet, som skabes via den livsoplevelse jeg kalder Ego livsoplevelsen, kaldes jo i populær tale 'egoet'. Dette er stort set hvad du oplever i din interaktion med livet/dig selv.

Du er '*ubevidst* et' med dit ego, forstået på den måde, *at du bevidsthedsmæssigt ikke evner at differentiere din oplevelse af dig selv og livet fra dit ego* – og sådan skal det være! Sådan er det mere eller mindre stadig for de fleste mennesker (selvom mange forveksler det at være bevidst om *ideen om et ego*, med at være bevidst om egoet selv). Når denne identifikation eksisterer, får dette ego lov at definere din oplevelse af livet, og det er lige som det skal være.

Ego perioden er også en periode, hvor du på et dybere plan higer efter beviser for at 'du er til', og efter svar på hvad meningen med dit liv er. Særlig i den første halvdel af Ego perioden søger du svaret gennem *bekræftelser* af dit ego (fra omverdenen), og på denne måde udvikler og styrker du til stadighed dit ego, men også din evne til at håndtere din voksende underbevidsthed. I den sidste halvdel af Ego perioden starter Hjerte energierne dog at optræde mere intenst i dit bevidsthedsliv. Du kan se dette i figur 4, der viser den dobbelte evolution, som jeg kommer tilbage til den i næste kapitel. Dette har store konsekvenser, og blandt andet begynder du at få oplevelser af, at der er en anden måde at opleve livet på, en som ikke adskiller dig fra fællesskabet, men i stedet bringer dig tæt på det.

Jeg fortæller meget mere om egoet senere i part-2 af bogen. Der skal du se at egoet jo ikke er en 'ting' i dig, som er separat fra dig, og som oplever tingene anderledes end dig. Du *er* dit ego, og snarere end at være en separat oplevende del af dig, så skal du altså betragte egoet som en identitet, der opstår inden i dig når din grundholdning til verden er en dualistisk holdning, som den jo er i Ego perioden. Jeg vil ikke sige mere om det nu, men nu ved du, at det billede af egoet som mange har, hvor det får skylden for deres problemer, og hvor det er noget man skal forsøge at fjerne sig fra, ikke er korrekt. Du kan læse meget mere on hvad Egoet er i appendix 2.

For at kunne skelne dig selv fra omverdenen (hvilket er en forudsætning for at du kan blive selvbevidst) har du været nødt til at trække dig fra den, men det har også har gjort dig mere og mere ensom. Netop det sidste vil (særligt i sidste halvdel af Ego perioden) manifestere sig i et voksende behov om atter at forbinde dig med verden (gruppen). Dette er netop hvad Hjerte perioden handler om, en periode hvor man nu søger svaret på hvad meningen med livet er, i et bevidst fællesskab med verden. Grunden til at du i Hjerte perioden kan indgå i dette bevidste fællesskab, er at du har opnået en individuel bevidsthed i Ego perioden. I Ego perioden bliver du til et selvbevidst væsen med en vilje til at være til i den fysiske verden, og med et dybt behov efter at vide *hvorfor* du er til i den. Du er nu klar til Hjerte udviklingsperioden.

Hjerte perioden - *"hvorfor er jeg til?"*
Hvor Ego perioden har fokus på dig og din egen identitet, da står Hjerte perioden for det som i psykologien kaldes for selvet, eller det højere selv, og inden for den esoteriske psykologi er det hjertet som i særlig grad udgør kontakten til det 'spirituelle'. Hjertet udgør et højere aspekt af dit væsen, end det som egoet står for, og det står for en livsoplevelse, som jeg kalder den *enhedsorienterede* livsoplevelse. Når du træder ind i Hjerte perioden, da er dit legeme udviklet til et niveau, hvor du er rigtig god til at begå dig i den fysiske verden, og strukturerne i psyken er ligeledes udviklet til et niveau der betyder, at du nu er et væsen med en meget stærk grænse mellem bevidstheden og det underbevidste, med et defineret ego i centrum af bevidstheden, og med en rigtig god fornemmelse for hvem du er, og hvem du ikke er. Du har opnået en selvbevidsthed, og er begyndt at mærke et behov efter ikke blot at vide noget om *hvem* du er (og *at* du er), men også *hvorfor* du er.

Generelt kan man sige at gennem hjertebevidsthed får du øjnene op for nye højere dimensioner af dig selv og livet – deriblandt de mere 'spirituelle' dimensioner. Man kan sige at hvor Ego perioden står for en 'ego-psykologi', der defineres gennem livstemaer (som i Ego perioden minder en del om arketyperne) og dine komplekser/underbevidsthed, da står Hjerte perioden for en 'sjæls-psykologi' som (foruden også at være associeret til sine egne specifikke livstemaer) defineres gennem en mere *direkte* kontakt med dit overbevidste, samt en afvikling af det personlige underbevidste og egoet som du kender det.

Dette er således en 'psykologi' på et højere plan, en psykologi der vil starte en 'psyko-spirituel' proces, der leder til ny vækst, og til integration af det jeg senere vil kalde *Hjerte livsoplevelsen,* i bevidstheden.

Hvor Ego perioden afføder en 'ego-psykologi',
da handler Hjerte perioden om en 'hjerte-psykologi'.
Ego-psykologien støtter udviklingen af en ego-bevidsthed
mens hjerte-psykologien udvikler en hjerte-bevidsthed.

Hjerte bevidstheden åbner altså op til en verden, der bringer din oplevelse af livet i et ganske andet lys, og blandt andet afslører al den smerte, som du troede på i Ego perioden, som en illusion. Dette kan lade sig gøre *fordi du med hjertebevidstheden formår at løfte dig op over egoet – og se bag om den livsoplevelse som egoet står for – og bag se dens begrænsninger.* Mere præcist kan man sige at ego smerten er virkelig for ego identiteten, men ikke for hjerte identiteten. I den grad du altså opnår hjerte identiteten, da fremstår det som ego identiteten troede på som en illusion. F.eks. ved du nu at du er god nok, og at du altid har været det, til trods for det som egoet har bildt dig ind.

Hjertebevidsthed medfører en dyb *tillid* til livet, en tillid til at livet vil dig det godt og en tillid til dig selv, uanset hvor du befinder dig, og uanset hvilke prøvelser du er udsat for. Dette er en tillid som egoet ikke kender til. Hjertebevidstheden lader dig indse, at du ikke er et enkeltstående væsen, men derimod et unikt væsen med en stærk forbindelse med andre væsener. Derudover vil hjertebevidstheden åbne op for en kontakt til ikke-fysiske dimensioner, som efterhånden vil blive lige så virkelige for dig som den fysiske dimension.
Den intensiverede kontakt til dit personlige overbevidste er noget som naturligvis vokser hen igennem udviklingsperioden, og som derfor i starten kun forekommer i lille grad. Det er en kontakt, som vil ændre din selvbevidsthed, dit 'syn' på hvem du er som væsen.

Kontakten til hjerteenergierne vil give dig en oplevelse af at du er mere end dit ego, fordi denne kontakt gør dig i stand til at *objektivere* dit ego. Du bliver i stand til for første gang at blive helt *bevidst om dit ego.* Du har for første gang vokset dig større end Ego livsoplevelsen. Du oplever nu mere end Ego livsoplevelsens indhold, og du ser nu mere end den verden som Ego livsoplevelsen viser dig. Du ser bag om denne oplevelse. Du ser dens fundament. Du ser ikke bare 'ego-skyggerne på væggen', men nu også det som fremkalder disse skygger.

Denne objektivisering af egoet vil ske i små skridt i løbet af første halvdel af Hjerte perioden, for da at afsluttes midt i Hjerte perioden (hvilket svarer til slutningen af Ego perioden) med et bevidsthedsmæssigt kvantespring (det jeg kalder en 'indvielse'), der indebærer en fuld bevidst kontakt med (og objektivisering af) egoet.

Senere i bogen (i kapitlet om livsoplevelser i Part 3) skal du se, at en fuld bevidsthed om egoet sker samtidig med at du ophører med at have en personlig underbevidsthed (som du kender den nu), og da underbevidstheden er grundlaget for egoet, betyder dette at egoet vil ophøre med at være.

Det er altså i Hjerte perioden, at du tager jagten på 'meningen med livet' til et nyt niveau. Du vil i denne udviklingsperiode finde *hjertets mening*, en mening der ikke bygger på bekræftelse af din person, men på at være *en levende bidragende del af et større fællesskab.*

Du vil finde en ny mening i livet – i samværet med andre mennesker, i gruppebevidstheden, og i oplevelsen af nye dimensioner af livet. Du vil forstå at du ikke er, og aldrig har været, alene, og at du er en del af en større menneskehed, med hvem du deler formålet med livet.
Når du i din udvikling når til Hjerte periodens afslutning vil du være klar til at søge endnu en ny og dybere mening med livet, der nu vil handle om hvordan hele *menneskehedens udvikling* passer ind i en endnu større sammenhæng – en mening, som formår at kaste lys over formålet med dit, og menneskehedens, eksistens.
Når du når til dette punkt er du klar til de 'Guddommelige udviklingsperioder'.

3. De Guddommelige perioder
De næste 3 perioder kalder jeg "De Guddommelige perioder I-III". De dækker over udviklingsperioder som ligger langt fra hvor vi er nu, og som derfor er svære at sætte sig ind i. De fleste mennesker har såmænd svært nok ved at sætte sig ind i hvordan det er at have hjerte bevidsthed, og må bruge egoets forestillingsevne til at forestille sig hvad hjerte bevidsthed egentlig er, hvilket er som hvis en døv person skal forestille sig hvordan det er at høre en symfoni af Mozart.

En sådan forestilling kan kun blive en meget svag afskygning af virkeligheden. Sådan er det med hjertet, og derved i endnu større grad med de Guddommelige perioder. Jeg vil alligevel fortælle dig om min oplevelse af hvad disse udviklingsperioder handler om.
Når du starter denne del af din udvikling, har du en høj grad af hjertebevidsthed og du oplever dig som en del af menneskeheden, og denne oplevelse har fyldt dit liv med en oplevelse af dyb mening – men også med en dyb higen efter mere.

Den Guddommelige udviklingsperiode 1 - *"hvorfor er menneskeheden til".*
Når man første gang kommer i kontakt med bevidste Guddommelige energier, da har man allerede længe været under indflydelse af overbevidste Guddommelige energier, som har skabt et dybt og stadig voksende behov for bevidstgørelse af de Guddommelige energier. Man oplever sig selv som et individuelt væsen, med et behov

for ikke bare at opleve sig selv i den større sammenhæng som menneskeheden udgør, men nu også med et behov efter at få en oplevelse af hvordan selve menneskeheden passer ind i en *endnu større* sammenhæng. Man fornemmer at det er i denne oplevelse man skal finde en endnu dybere mening med livet, og en endnu dybere forståelse af hvilken rolle man selv spiller. Man oplever at kun ved at få denne nye indsigt i livet kan man hjælpe andre væsener til også at få den. Netop dette at hjælpe menneskeheden videre på dens udviklingsvej udgør et dybtfølt behov, som er opstået i samme takt med at GD-1 energierne har taget til. Dit fokus er således på menneskehedens udvikling, og jo større din egen indsigt er i menneskehedens rolle *i den store sammenhæng*, jo bedre er du selv i stand til at hjælpe i denne sammenhæng.
Du vil for første gang opnå *direkte* kontakt med de kræfter, som eksisterer i *det kollektive overbevidste*. Det er de kræfter som påvirker hele menneskeheden. Menneskeheden er fokus for din udvikling nu. Kontakten til dit kollektive overbevidste vil du nu begynde at smelte bevidst sammen med selve den inderste vilje bag din eksistens, som findes i denne del af dit væsen. Det starter med at det personlige overbevidste og det kollektive overbevidste begynder at smelte sammen.

Den Guddommelige udviklingsperiode 2 – *"hvorfor er verden/kloden til?".*
I denne udviklingsperiode er du så langt fra vores nuværende udviklingsperiode, at vi ikke har mulighed for at sætte os ind i den på anden måde end at forsøge at bruge intellektet. I denne periode er man klar over sin egen rolle for hele menneskehedens udvikling, og at menneskeheden (som man oplever sig dybt forbundet til) udgør et større hele, som har sin egen udviklingsproces. Nu handler det om at kunne erkende *hele denne udviklingsproces*, og at se den i et endnu større perspektiv, for at kunne forstå den på et dybere plan, samt indse formålet med den.

På dette stadie (samt i sidste halvdel af forrige periode) har vi ikke et fysisk legeme, som vi kender det i dag. Vi har udviklet os ud over hvad livet, og mere præcist ud over hvad det fysiske plan kan tilbyde. Det menneskelige legeme og det fysiske plan har udspillet sin rolle, og vi indtager nu et nyt 'legeme', og tager ophold i en ny og højere dimension end den fysiske. Herfra vil vi få større og større mulighed for at kunne manifestere vores indsigter til hele menneskehedens bedste.
På denne måde vil vi nå til en bevidsthed, der vil favne ikke bare formålet med menneskehedens eksistens, men som også vil indebære en oplevelse af den endnu større 'organisme', som hele menneskeheden er en del af.

Den Guddommelige udviklingsperiode 3 - *"hvorfor er universet til?".*
I denne udviklingsperiode vil vi lære at se ind i kilden/verdenssjælen/kosmos og *indse* dennes essens. Vi er stadig på en udviklingsvej, men vi er nået til slutningen på en kæmpe udviklingsproces som udgjorde 7 store udviklingsperioder. Du har opnået en indsigt i dig selv, i menneskeheden, i Kosmos, og i "Gud", og du er klar til en ny udviklingscyklus.

4. Afslutning

I resten af bogen skal vi høre meget mere om udviklingsperioderne, og om hvordan det sikres at vi *altid* bevæger os frem i dem, og *kontinuerligt* udvikler os i dem. Nu har du fået en første kort introduktion til at vores udviklingsproces involverer forskellige udviklingsperioder, der repræsenterer forskellige aspekter af livet. I alle perioderne tages der hensyn til hvor du selv er i din udvikling, og du får således lige præcis det du har brug for at komme videre – og det som gør at du faktisk *vil* videre!

Fremskridt og udvikling kræver 2 ting: forudsætningerne for det, og viljen til det. Vi har set at der er 7 perioder. Der er Rod perioden, som hjælper dig til at etablere dig i det fysiske element. Der er Pre-ego, Ego og Post-ego (Hjerte) perioderne, som udvikler dig til et selvbevidst væsen, der også er bevidst om at det er en del af et større fællesskab, et væsen der mærker den dybe livsmening, som udspringer af at være del af dette fællesskab. Sluttelig er der de 3 Guddommelige perioder, som alle foregår i andre dimensioner end den fysiske (med mindre den fysiske ligefrem vælges til), og som fører dig helt tæt på kilden til din eksistens.

To sideløbende evolutions processer

For at sikre bevægelsen gennem alle disse udviklingsperioder, og en vilje til fremdrift i det levende væsen, da består hele vores udviklingscyklus af 7 udviklingsperioder, men desuden også af to store evolutionscykler. Den ene evolution udgøres af den "bevidste evolution", og den anden af den "overbevidste evolution". Denne struktur, bestående af 2 evolutionscykler, er det som sikrer den evige fremdrift, og er desuden reflekteret i hvordan vores egen person er opbygget. Vi består jo også af en bevidst del, samt en overbevidst del. Dette er naturligvis ikke tilfældigt, idet den bevidste del af vores person interagerer direkte med den bevidste evolution, og den overbevidste del af vores person interagerer direkte med den overbevidste evolution.

At det fungerer på netop denne måde, sikrer at vi udvikler os, og at det faktisk kun er muligt for os at bevæge os 'fremad'.

Denne opdeling af vores udvikling i 2 evolutionsprocesser er det som sikrer, at både viljen og forudsætningerne er til stede i os, uanset hvor vi er i vores udvikling.

Alt dette skal du høre meget mere om i næste kapitel.

2. DE 2 EVOLUTIONSCYKLER

Det overordnede princip bag hele vores udvikling, og bag vores motivation til overhovedet at ville udvikle os, finder vi i det faktum, at selve vores udvikling er delt op i to sideløbende udviklingsprocesser, udviklingen af bevidstheden, og udviklingen af overbevidstheden. Studiet af hvilke energier de påvirker os med, kan forklare alt i din livsoplevelse.

Hele vores liv, ja alt i vores tilværelse, er styret af 2 store sideløbende evolutionsprocesser. Disse processer styrer alt lige fra udviklingen af encellede organismer til udviklingen af væsener, der er langt forud for hvor vi selv er. Begge evolutionsprocesser kan opdeles i 7 *udviklingsperioder*, men 'den overbevidste evolution' er altid en halv udviklingsperiode længere fremme end den bevidste evolution. At hele livet udvikler sig i svøbet af denne 'konstruktion' med 2 evolutioner, hvor den ene er længere fremme end den anden, er der naturligvis en god grund til.

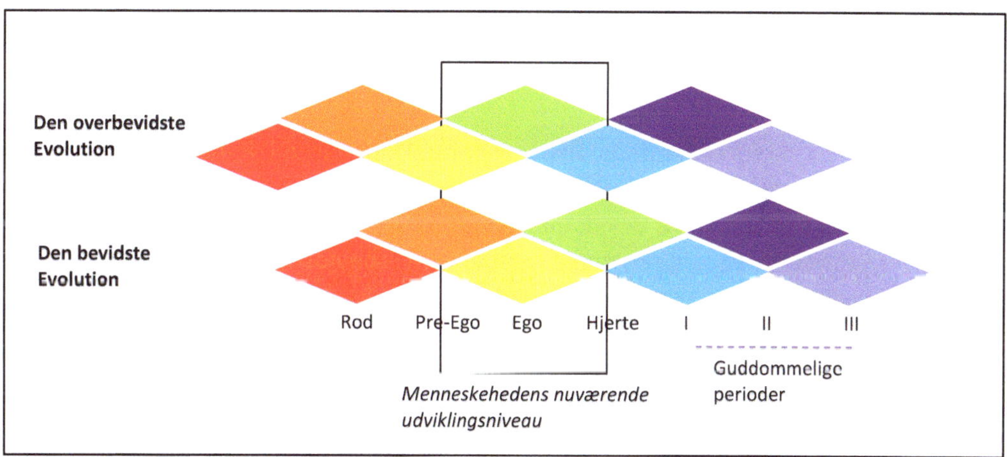

Figur 4. Menneskehedens udvikling gennem 2 evolutioner.
Vores udvikling kan deles op i to evolutionsprocesser, den bevidste og overbeviste evolution. Hver af disse kan igen deles op i specifikke udviklingsperioder. Den overbevidste evolution er altid en halv udviklingsperiode længere fremme end den bevidste evolution.

Hvad er bevidsthed?

Før jeg beskriver de 2 evolutionsprocesser, vil jeg først forklare hvad jeg mener med bevidsthed. Det er nemlig vigtigt for resten af bogen.

I alle udviklingsperioder er der bevidsthed, men det udtryk som bevidstheden tager, forandrer sig. Lige nu har bevidstheden et udtryk, som i den grad sætter dig i stand til at skelne dig selv fra omgivelserne, og erkende at du er et individuelt unikt væsen. I en tidligere udviklingsperiode havde bevidstheden et udtryk, der handlede om at kunne *fornemme gruppen,* som du var en del af, uden egentlig at kunne fornemme dig selv, som et unikt væsen. I den næste udviklingsperiode, Hjerte perioden, bliver du i stand til at være bevidst om ikke kun dig selv, men også den menneskehed, som du er en del af.

Således har bevidstheden i andre udviklingsperioder et helt andet udtryk, og det er vigtigt at forstå at *bevidsthed er et livsprincip, der handler om at udvikle din evne til at sanse livet.*

Bevidsthed er altså meget mere end det, som du lige nu opfatter som 'bevidsthed'.

Ordet bevidsthed defineres nogle steder som "*det at være bevidst om sig selv*". Andre steder beskrives det som "*bevidsthed er at opleve, være klar over eller opmærksom på noget*". I den sidste definition bringes et andet interessant ord ind, ordet "opleve". At opleve er at udvise en evne til at sanse. At sanse livet.

Som vi forstår ordet bevidsthed lige nu, betyder det at opleve, at være klar over det som opleves, samt at det er dig som oplever. Der er altså en som oplever, og noget som opleves, og du er (delvist) 'bevidst om' begge ting. Dette er for mange hvad ordet 'bevidsthed' står for.

Hvis vi da ser på de foregående udviklingsperioder, da var vi i stand til at opleve (og altså have en interaktion med livet), men vi var ikke på samme måde klar over hvem der oplevede. Var der da ikke bevidsthed? Svaret er nej hvis bevidsthed indebærer at være klar over hvem der oplever, men svaret er ja hvis bevidsthed dækker over *at sanse livet*.

Forestil dig et væsen der har opnået fuld hjerte bevidsthed. Dette væsen vil se på os og sige, at vi slet ikke er klar over hvad og hvem vi er, og set fra dette væsens synspunkt er vi nærmest ikke bevidste. På samme måde vil vi selv sige, at et væsen i Pre-ego eller Rod perioden ikke er bevidst. Ingen af disse udtalelser er dog helt rigtige, og du skal derfor forsøge at se ordet 'bevidsthed' i et større perspektiv, end ud fra hvor du selv er lige nu i din udvikling.

Se i stedet 'bevidsthed' som din evne til at sanse livet, og selvbevidsthed som din evne til at sanse dig selv. Hvis sidstnævnte evne ikke er der, er der dog stadig bevidsthed.

Din bevidsthed er gennemsyret af en vilje til livet. Den er født ud af denne vilje til livet, og er et udtryk for hvor du er på den udviklingsrejse, der altså kan ses som en rejse, hvor du lærer at sanse livet mere og mere. Lige nu evner du at opleve dig selv som et unikt individuelt væsen, og det giver dig nye muligheder for at sanse livet på en måde som du ikke tidligere har været i stand til. Men det er dog langt fra slutningen.

1. Vores forbindelsen til de to evolutioner

Opbygningen af menneskets personlighed kan groft set deles op i bevidstheden, underbevidstheden, og derudover noget 'højere', som ikke er os bevidst. Jeg kalder denne del af os "overbevidstheden".

Det er kun på dette tidspunkt i vores udvikling, at disse 3 dele af vores personlighed eksisterer. De afspejler hvordan vi lige nu forsøger at sanse livet. De udgør en vigtig del af vores sanseapparat. I andre perioder ser det ganske anderledes ud. F.eks. er vores underbevidsthed kun en del af vores personlighedsstruktur i Pre-ego og Ego udviklingsperioderne. Det kommer jeg mere ind på senere, f.eks. i kapitlet om livsoplevelser. Der skal du nemlig se at i sidste halvdel af Hjerte udviklingsperioden holder underbevidstheden op med at med at være til, i den form den har nu.

Både bevidstheden/underbevidstheden og overbevidstheden
er i en udviklingsproces,
der er nødvendig for at vi hele tiden udvikler
vores evne til at opleve livet

Du er lige nu selv ved at forandre din underbevidsthed. Den forandrer sig nemlig når vores bevidsthed formår at trænge igennem barrieren til den, og kaste sit lys på nogle af de strukturer, som befinder sig der – f.eks. komplekser eller traumer.

På en måde kan man sige, at når vi får kontakt med komplekserne og bevidstgør dem, da henter vi en del af os selv 'hjem' til bevidstheden, hvorved vi forandrer både bevidstheden og underbevidstheden. Bevidstheden forandrer altså kontinuerligt underbevidstheden, og bliver selv forandret i samme proces.

Bevidstheden er i kontakt med livet via det, som jeg kalder *"de personlige udviklingsstrukturer"*. En sådan struktur er f.eks. den psykiske struktur, som vi gjort op af lige nu, og du kan altså se hele denne struktur som dit *sanseorgan* til livet. Overbevidstheden er også i kontakt med livet, men gennem de *"sanseorganer"*, som befinder sig i det overbevidste (Figur 5). Du har altså mange "sanseorganer", og alle bidrager de til din samlede livsoplevelse.

I figur 6 kan du se de 2 evolutionsprocesser og de tilknyttede udviklingsstrukturer. Du kan se, at hver af udviklingsperioderne er knyttet til deres egen personlige udviklingsstruktur, hvis formål det er at sikre, at vi faktisk udvikler os gennem den pågældende udviklingsperiode.

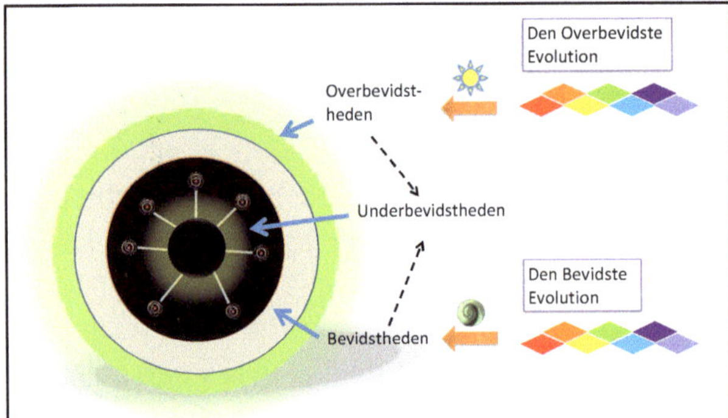

Figur 5. Menneskets personlighedsstruktur og evolutionsprocesserne.
Menneskets personlighedsstruktur kan opdeles i overbevidstheden, bevidstheden og underbevidstheden. Overbevidstheden er i kontakt med den overbevidste evolution gennem sanseorganer (gul stjerne), og bevidstheden er i kontakt med den bevidste evolution gennem den bevidste livsoplevelse (spiral). Underbevidstheden påvirkes og udvikles derimod af både overbevidstheden og bevidstheden. I underbevidstheden ses kernen, den eksistentielle ensomhed (EE) og komplekserne (de 7 spiraler som udgår fra EE).

I Ego udviklingsperioden, hvor de fleste befinder sig, består den personlige udviklingsstruktur af en bevidsthed/overbevidsthed/underbevidsthed der f.eks. lægger grunden for sindstilstande, og derudover bestemmer hvilke energier, eller livsaspekter, du udsættes for. De andre udviklingsstrukturer, som er knyttet til de andre udviklingsperioder, skaber helt andre ting end sindstilstande.

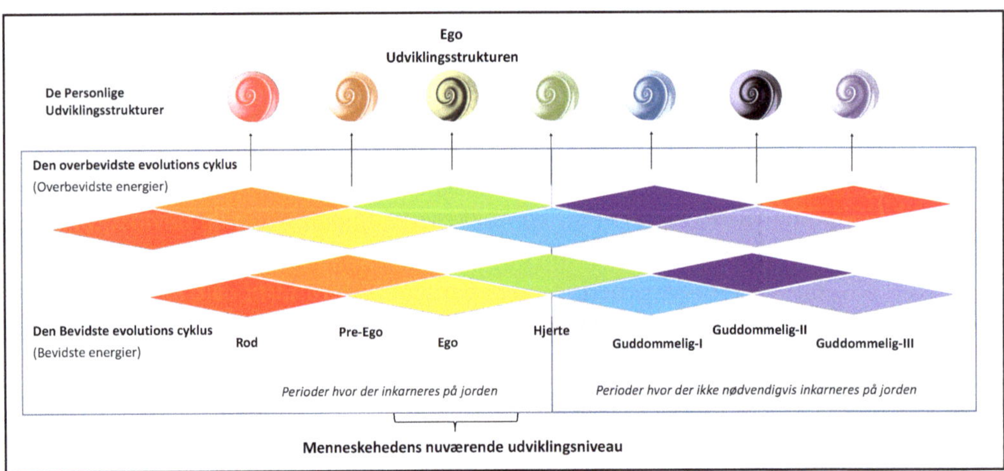

Figur 6. Menneskehedens udvikling gennem 2 evolutioner.
I hver af de forskellige udviklingsperioder knytter der sig specifikke personlige udviklingsstrukturer.

2. Den bevidste evolutionscyklus

Fokus: Bevidsthed og skaberevne.
Udvikling: Her udvikles din bevidsthed, og din evne til vilje-styret interaktion med livet.

Hvad er den bevidste evolution?
Den Bevidste evolution har med udviklingen af din bevidsthed at gøre. Vi har set at

ordet *bevidsthed* i virkeligheden dækker over et udviklingsprincip, som går igen i alle udviklingsperioderne.

Ordet bevidsthed dækker over en viljebaseret interaktion
*med det pågældende livsfelt**
med den konsekvens at du øger din evne
til at skelne dig selv fra livsfeltet.
*(*livsfelt betegner en dimension af livet, og vil blive beskrevet senere)*

Helt frem til slutningen af Hjerte perioden kan man sige at ordet bevidsthed dækker over en viljebaseret interaktion med den fysiske og psykiske dimension, der leder til en større og større evne til at skelne dig selv fra disse dimensioner – via en voksende bevidsthed om både dig selv og dimensionen, en voksende evne til at sanse begge.

I Rod perioden lærer du altså at skelne dig selv fra den fysiske dimension, og du udvikler en slags fysisk 'bevidsthed'. Du er et fysisk væsen, som til at starte med oplever sig som et med den fysiske dimension, men som efterhånden begynder at manipulere den ud fra nogle meget primitive overlevelsesinstinkter, og således lægger grunden for den senere skelneevne (mellem dig og den fysiske dimension).

I Pre-ego perioden udvikler du din interaktion med den fysiske dimension, og så stifter du bekendtskab med den psykiske dimension. Du bliver en del af en gruppe, og som det var tilfældet med Rod perioden oplever du dig i starten et med denne gruppe. Din interaktion med gruppen starter de første primitive følelser i dig, og derved repræsenterer gruppen 'den psykiske dimension'. Din personlighedsstruktur er ikke som den du har i dag, og kan nærmest ses som en stor underbevidsthed. Faktisk lægger den grunden til det som i dag er din underbevidsthed.

I sidste halvdel af perioden opstår der dog de første impulser, som begynder at skabe en primitiv bevidsthed ud af denne 'underbevidsthed'. Det får dig at opleve at du ikke er identisk med gruppen. Den individuelle bevidsthed er født, den bevidsthed som vil føre til skabelsen af individualiteten og den dualistiske livsoplevelse i den næste udviklingsperiode, Ego perioden.

Når man altså overhovedet kan snakke om en specifik evolution for bevidstheden og for overbevidstheden, da er det fordi der (ligesom det er tilfældet for det *fysiske* univers), er helt faste regler og love for denne *ikke-fysiske* udvikling.

Der er en evolution der har det specifikke formål at udvikle vores bevidsthed.

Disse regler, eller livslovene, sikrer f.eks. at du kontinuerligt møder det, som du har brug for at møde, for at kunne udvikle din bevidsthed, eller evne til at opleve livet. Alt hvad du møder i dit liv, er afpasset denne udvikling af din bevidsthed, helt ned til de fysiske aspekter af dit liv.

Den bevidste evolution involverer et regelsæt der sørger for,
at du kontinuerligt møder det,
som du har brug for at møde,
for at kunne udvikle din oplevelsesevne

Den bevidste evolution har altså med udviklingen af vores bevidsthed at gøre, med vores bevidste interaktion med verden og os selv, med vores evne til at sanse denne verden. Den har at gøre med udviklingen af *din aktuelle bevidsthed – din livsoplevelse*. Den har at gøre med *manifestation*, vores egen manifestation i en dimension. Den har med *skabelse* i dimensioner at gøre. Disse dimensioner er det jeg kalder *de 7 livsfelter*, som du skal høre om senere.

Der hvor du er nu i din udvikling, er underbevidstheden en del af den bevidste evolution. Det fungerer således, at den bevidste evolution forårsager, at du påvirkes med energier/livs aspekter *som du er bevidst om,* og umiddelbart reagerer *bevidst* på. Din underbevidsthed er dog en del af denne reaktion. Du er nemlig i konstant kontakt med din underbevidsthed, og denne kontakt er en som melder sig i form af følelser, som du er bevidst om (selvom du ofte ikke kan forklare dem).

Du som person, og din interaktion med verden, er derfor et produkt af din bevidste og underbevidste relation med verden. Dit underbevidste er altså i den grad med i udviklingen af din bevidsthed.

Den bevidste evolution har altså at gøre med vores *bevidste* interaktion med livet, og med at udvikle denne interaktion. Den har at gøre med vores bevidste indsigt i livet/os selv – og med at øge denne indsigt. Ligesom den fysiske evolution er et produkt af bagvedliggende kræfter, som har forårsaget en stadig udvikling af vores fysiske 'hylster' (og univers), da kan du betragte "den bevidste evolution" som bestående af de kræfter og livslove, der sørger for, og skaber fundamentet for, den kontinuertlige udvikling af vores bevidsthed.

Den bevidste evolution bruger de livslove, der er knyttet til den pågældende udviklingsperiode
Som 'middel' til at drive din bevidsthedsudvikling bruger 'den bevidste evolution' de livslove og regler, som er specifikt knyttet til en udviklingsperiode. Dette er tilfældet for alle udviklingsperioder. Disse livslove er lige så konkrete som de fysiske livslove, men vi er bare ikke nået så langt i vores beskrivelse af dem, som vi er med de fysiske livslove. Disse livslove er f.eks. de 'livstemaer' som jeg beskriver i næste kapitel.

En personlig udviklingsstruktur er skræddersyet til det specifikke livsaspekt, som er knyttet til udviklingsperioden, og formålet med udviklingsstrukturen er at hjælpe dig igennem perioden, ved at blive bedre og bedre til at opleve det pågældende livsaspekt. En personlig udviklingsstruktur (såsom din psyke) konfronterer dig konstant med de oplevelser, som du har brug for i din udvikling, og den bestemmer desuden hvad du konfronteres med af energier/livs aspekter. Du kan nemlig ikke opleve noget, som du ikke har sanserne til at opleve, og din udviklingsstruktur er jo dit sanseapparat til livet. Den udgør således din *forudsætning* for at interagere med livet, og er endvidere som et sæt briller, som du ser/oplever livet igennem. Jo bedre du bliver til at opleve livet, jo mere vil også udviklingsstrukturen ændre sig.

Udviklingsstrukturerne er personlige i den forstand, at vi har hver vores udviklingsstruktur (dvs. de relaterer sig specifikt til det enkelte menneske).

De personlige udviklingsstrukturer er altså et middel for den bevidste evolution, men den dybeste vilje bag dem kommer fra din overbevidsthed, fra den overbevidste evolution.

I Ego perioden bestemmer de overbevidste energier f.eks., at du udsættes for *sindstilstande og følelser* fordi dette sikrer *egoets* udvikling. (husk på at disse ting ikke er evig gyldige, men noget som eksisterer nu, og som erstattes at noget andet i Hjerte perioden).
Du udsættes altså ikke kun for fysiske stimuli, som det var tilfældet i Rod perioden, eller for 'høj-spirituelle' stimuli, som det sker i Hjerte perioden og de Guddommelige perioder. Nej, du udsættes for *følelser*, og bemærk som sagt, at følelser er produktet af en livsoplevelse, der er helt *specifik* for Ego perioden, og som derfor vil ophøre når du 'forlader' denne periode.

Udviklingsstrukturerne, og den livsoplevelse som de faciliterer, er altså helt centrale for vores udvikling, og for dit liv her og nu, og hele part 2 er derfor afsat til at beskrive disse udviklingsstrukturer, samt de tilstande som de åbner op for. Mit fokus vil være Ego perioden, og du vil genkende dig selv mange gange.

At være bevidst er at skabe og manifestere sig i et livsfelt
At være bevidst om en livsdimension, dvs. at kunne sanse den, kræver nærvær i dimensionen. Når vi altså er bevidste om dimensionen og til stede i den, da kan vi begynde at skabe i den – og dimensionen kommer nu til at antage en form, som delvist er et produkt af vores skaberevne. Dette vil da komme til udgøre den dimension som væsener, der kommer efter os, skal blive bevidste om og skabe i. På samme måde lever du selv i en dimension, som er et udtryk for tidligere væseners bevidsthed.

Når jeg snakker om *skabelse*, da mener jeg, at så snart vi kan manifestere os i en dimension, da påvirker vi den, og når vi påvirker den, da skaber vi i den. Jo mere vi bliver klar over, at vi er forskellige fra selve dimensionen (som det er tilfældet nu, hvor vi er ved at blive selvbevidste), jo mere bevidste bliver vi om vores skabelse, og jo mere vilje kan vi lægge i den.

Skabelse er i Rod perioden anderledes end skabelse i Ego perioden, som igen er anderledes end i Hjerte perioden. For hver en udviklingsperiode får vi nemlig evnen til, samt muligheden for at skabe i et nyt livsfelt/dimension.

Den bevidste evolution involverer lige nu en kontakt med et tanke/følelses-hav

Ligesom du i tidligere udviklingsperioder lærte (og stadig lærer) at manipulere (og skabe i) det fysiske element, da trænes du nu også i at manipulere det ikke-fysiske element, nærmere betegnet det psykiske livsfelt. Det drejer sig overvejende om tanker og følelser, og om at du lige nu er særlig meget i kontakt med de ikke-fysiske planer, via netop dine tanker og følelser. Når du tænker, da skaber du tanker, og når du føler, da skaber du følelser, og hverken følelser eller tanker bliver kun hos dig selv. De bliver en del af det psykiske livsfelt.

Du bliver også selv påvirket af det andre mennesker tænker og føler, og på denne måde bevæger vi os alle rundt i et følelses-/tanke-hav, som vores egne følelser og tanker delvist defineres og skabes ud fra. Dette følelses-/tanke-hav er det jeg kalder 'det psykiske livsfelt', et livsfelt, som du altså selv bidrager til (og skaber i) med dine egne tanker og følelser. Når du f.eks. forestiller dig noget negativt, da skaber du denne negativitet i det psykiske felt. På samme måde vil dine positive tanker manifestere sig i feltet, og påvirke alle, som har kontakt med det. Det psykiske livsfelt er knyttet til Ego udviklingsperioden, og er det livsfelt som tanker og følelser har kontakt med i denne periode, og faktisk er det sådan at hver udviklingsperiode er knyttet til 'sit eget' livsfelt.

Livsfelterne kan yderligere deles op i lag, og enhver psykisk skabelse vil manifestere sig i det lag af det psykiske livsfelt, som det har mest affinitet til. Negative tanker kan således aldrig nå det samme lag af det psykiske felt, som positive tanker når, (og de kan heller aldrig nå et højere livsfelt, end der hvor de positive tanker eksisterer). Er du derfor overvejende i kontakt med de øvre lag af det psykiske livsfelt bliver du ikke i stor grad påvirket af negative tanker.

I den bevidste evolution udvikler vi vores forudsætninger, til at interagere med det aktuelle livsfelt

Da vi befandt os i Rod perioden, handlede det om at lære at beherske det fysiske element, og om at manifestere os fysisk. I løbet af denne proces ændrede vores fysiske legeme sig, hvilket førte til en mere intens sansning af det fysisk plan. Dette gav nye muligheder for at manifestere os, og skabe, i denne dimension.

På samme måde vil vores psyke, dvs. vores nuværende personlighedsstruktur, ændre sig. Du skal senere høre om (i Part 2) hvordan psyken forandrer sig ved indgangen til Ego perioden, fra at være et 'tomt kar' med muligheder og potentiale, til at være en størrelse indeholdende mange forskellige psykiske strukturer. En af disse 'strukturer' er en meget konkret *grænse* mellem det bevidste og det underbevidste. Dette muliggør skabelsen af den individuelle bevidsthed, men også skabelsen af en langt mere udviklet underbevidsthed (som i Ego perioden kommer til at indeholde sine egne specifikke strukturer, såsom komplekser, traumer, den eksistentielle ensomhed, skjulte talenter, osv.). Uden denne nye underbevidsthed, kunne den individuelle bevidsthed ikke skabes.

Alle disse bevidste og ubevidste strukturer giver dig nye muligheder for at interagere med verden, for at sanse verden, og for øge bevidstheden om dig selv og verden. I anden halvdel af Ego perioden, som jo også er første halvdel af Hjerte perioden, udvikler du endvidere sanseorganer til bevidst kontakt til det jeg kalder 'hjerte energier'.

Drivkraften bag den bevidste evolution
Den bevidste evolution tager dig gennem forskellige store udviklingsperioder, som præsenterer dig for forskellige aspekter af livet. Du bliver trænet i at sanse disse livsaspekter, interagere med dem, og beherske det livsfelt de er knyttet til.

Men hvor kommer drivkraften fra? Hvad er det som afgør hvordan og hvor hurtigt vi udvikler os – og i hvilken udviklingsperiode vi (som menneskehed) befinder os? Det synes logisk, at eftersom vi har vores handlefrihed og vores frie vilje, da har vi selv noget at skulle sige, med hensyn til hvor vi er nået til i vores udvikling. Men er det da os selv - gennem vores bevidste udlevelse, vores bevidste manifestation af os selv i en dimension, og vores evne til at skabe i en dimension - som fuldstændigt selv bestemmer hvilke energier vi udsættes for, og hvilken retning vi bevæger os i?

Svaret er: ikke helt. Der er nemlig, som sagt, en anden evolution, den overbevidste evolution, som har langt mere at skulle have sagt i den henseende. Det er fra denne evolution vi modtager vores dybeste higen efter at udvikle os. Det er denne evolution, som bestemmer retningen for vores bevidsthedsudvikling. Det er fra denne evolution at de livslove, som vi alle uden undtagelse udvikler os i henhold til, kommer (livslove, som vores bevidsthed ingen direkte indflydelse har på). Det vil jeg fortælle mere om i næste afsnit.

3. Den overbevidste evolutionscyklus
Fokus: Vilje til udvikling.
Udvikling: Her udvikles det overbevidste.

Den overbevidste evolution er en halv udviklingsperiode længere fremme

Hvis du ser på figur 6 foroven, da ses det at den overbevidste evolution er på et niveau, der er en halv udviklingsperiode længere fremme end den bevidste evolution. Den repræsenterer derfor energier, som du ikke endnu er i stand til at bevidstgøre. Du kan simpelthen ikke opfange dem i din aktuelle bevidsthed, også selvom du blev udsat for dem.

Men du kan opfange dem med din overbevidsthed.

Vores higen til fremdrift

Energierne i denne evolution er ansvarlige for vores inderste *higen* efter højere aspekter af livet, en higen som ender med at manifestere sig i din bevidsthed. Det er disse energier fra den overbevidste evolution, som skaber vores *dybeste vilje til udvikling*, og som sørger for at der *aldrig opstår stilstand*.

Hvor den bevidste evolution tager sig af den bevidste interaktion med livet, da har den overbevidste evolution altså med den overbevidste (ikke at forveksle med den underbevidste) interaktion med livet, foruden at være fuldt ansvarlig for at skabe *motivationen og viljen bag vores bevidsthedsudvikling.* Det er vigtigt at forstå, at denne motivation altså kommer fra overbevidstheden, og *ikke* bevidstheden.

Netop fordi den overbevidste evolution består af overbevidste energier, har vi *ingen direkte indflydelse* på dem med vores bevidsthed, idet denne bevidsthed jo per definition ikke er nået til det niveau, som overbevidstheden befinder sig på.

Vi skal se, at blandt andet *fordi* den dybeste higen kommer fra det overbevidste, fra hinsides vores bevidste vilje, da sikres det evige fremskridt og den konstante vilje til fremskridt. Det er faktisk helt afgørende at bevidstheden intet har at skulle sige vedrørende vores inderste vilje til udvikling, og retningen for denne! Tænk hvis din bevidsthed, som lige nu delvis er styret af følelser, skulle styre retningen for din udvikling. Så kunne den jo gå i alle retninger! Derimod, med overbevidstheden som styrende kraft, går den kun i en retning, og det er fremad.

Den overbevidste *evolution* har med udviklingen af dit overbevidste at gøre, og så sikrer den, som sagt, at vi til stadig udvikler os, at du hele tiden gør, og *vil* gøre, fremskridt. Den virker via de 'overbevidste energier'.

Faktisk handler hele vores udvikling om energier og manifestationen af disse. I appendix 1 fokuserer jeg på dette. Et uddrag fra dette appendix lyder som følger:

Evolutionscyklerne er opdelt i udviklingsperioder, som altså 'kommunikerer' det livsaspekt, som de står for, til os i form af energier. Alle de store udviklingsperioder er nemlig knyttet til en særlig energi signatur. Vi kunne kalde det et energi 'tema', der har i alt 6 energi 'toner' at variere over. Det er derfor en dynamisk signatur, der ændrer sig igennem hele perioden (selvom den altså er låst til de 6 overordnede energier – som jeg beskriver om lidt) medførende at mennesker kontinuerligt vil opleve nye energier, og nye kombinationer af energier, i samme takt som de udvikler sig igennem perioden.

Energierne påvirker mennesket til at hige efter mere, og skaber samtidig forudsætningen for at kunne realisere dette 'mere', ved at hjælpe os til at kunne rumme dette 'mere' bevidsthedsmæssigt.

Du kan som sagt læse meget mere om evolutions-energierne i appendix 1.

Den overbevidste evolution og vores overbevidste/underbevidste
Du som væsen består altså ikke kun af dit ego. Du består også af det personlige og kollektive overbevidste, samt det personlige og kollektive underbevidste.

Lige nu overstrømmes menneskeheden af energier fra den overbevidste evolution, der ligger op til en halv udviklingsperiode højere, end vi formår at blive bevidst om. Tidsmæssigt (set ud fra bevidstheden) ligger det langt forud for hvor vi er lige nu i vores (bevidstheds-) udvikling. Disse energier er overvejende (høje) Hjerte energier, og de påvirker overvejende din overbevidsthed.

Fra din overbevidsthed strømmer der Hjerte energier (og høje Ego energier) rundt i dit væsen, og fra samme overbevidsthed strømmer også en vilje til at bevidstgøre dem. Dette manifesterer sig som en indre higen efter at *opleve* det, som man *fornemmer med sin bevidsthed*, nemlig at der er mere til livet end det, som vi umiddelbart er bevidste om.

Det er en higen, som i den grad bestemmer retningen for din udvikling, og det er en higen, som altså ledsages af en indre vilje (og motivation) fra overbevidstheden, en vilje, som er langt stærkere end din bevidste vilje.

Udviklingen af det overbevidste
Ligesom din bevidsthed udvikler sig, da er din overbevidsthed ikke bare en statisk del af dig. Den er også under udvikling. Når den udvikles, vil den blive i stand til at påvirke din bevidsthed/underbevidsthed med stadig højere energier, og også med en anden type af energier. Ligesom vores aktuelle bevidsthed bevæger sig inden for et bevidsthedsrum, der definerer den laveste og højeste grænse for denne aktuelle bevidsthed, da er det samme tilfældet for overbevidstheden (Figur 7) - og ligesom hele *bevidsthedsrummet* flytter sig opad i løbet af vores udvikling, og derfor tillader andre og højere aspekter i bevidstheden, da gælder det samme for *overbevidsthedsrummet*. Overbevidsthedsrummet flytter sig ligeledes i løbet af vores udvikling, og dermed

ændres den øvre og nedre grænse for de energier der er tilgængelige for overbevidstheden, energier som fra overbevidstheden vil strømme 'ned over' din bevidsthed.

Hvad er så dette overbevidste, hvis centrum bevæger sig indenfor de grænser som sættes af overbevidsthedsrummet. Hvilke strukturer finder vi der, og hvordan er det bygget op? Er det lige så komplekst som vores fysiske krop, der udgøres af atomer, molekyler, proteiner, celler, cellulære systemer, organer, osv.? Er det lige så komplekst som vores ikke-fysiske 'legeme', vores psyke, med dens komplekser, livstemaer, ego-bevidsthed og underbevidsthed? Svaret er i den grad ja!

Mine egne oplevelser har vist mig, at det overbevidste er en kompleks 'størrelse' – i særdeleshed hvis man forsøger at forstå det med den menneskelige forstand (med ego bevidstheden). Ordet 'komplekst' er jo naturligvis relativt, og for en mere udviklet 'forstand' er den en ganske overskuelig størrelse, men for os er det *en størrelse, der i kompleksitet mange gange overgår både kroppen og psyken*. Det er delvist som at beskrive et univers gjort op at kræfter, der ikke er blevet beskrevet, endsige opdaget, endnu.

Således er det er ganske overvældende hvor meget vi endnu har til gode at opdage af denne del af os selv. I de næste kapitler skal du høre meget mere om mine egne opdagelser omkring det overbevidste.

3. Afslutning.

Den overbevidste og bevidste evolution er som Ying og Yang

I denne introduktion til de 2 evolutioner, da har du set at der er 2 store evolutioner, som varetager menneskehedens udvikling, og vi har set at den udvikling de tager vare på, er udviklingen af bevidstheden og overbevidstheden.

Du som væsen er gjort op af både din underbevidsthed, din bevidsthed, og dit overbevidste. Din udvikling involverer naturligvis udviklingen af alle disse 3 'dele' af din person. Din bevidsthed befinder sig, så at sige, midt imellem det overbevidste og det underbevidste, som begge har en 'dobbelt-struktur', der består af en personlig og kollektiv del (ligesom bevidstheden selv eksisterer som en personlig og kollektiv del). Den personlige del er en direkte afspejling af vores interaktion med livet, og har direkte med *dig* at gøre, mens den kollektive del i både det overbevidste og underbevidste, har at gøre med *menneskehedens* udvikling og den 'store vilje' der ligger bag den.

Prøv at tænk lidt over hvordan det hele passer sammen. Begge vores *personlige* dele i det overbevidste samt det underbevidste, påvirkes af kollektive energier, som de ikke har indflydelse på, og som sætter *tonen* for den videre udvikling. En genial måde at gøre det på – for netop vores manglende indflydelse, på det der definerer vores inderste higen, sikrer at vi kun har mulighed for at bevæge os i en retning, og at vi med sikkerhed *vil* bevæge os.

Således sikres udviklingen!

'Hastigheden' på denne udvikling har vi dog nogen indflydelse på gennem vores bevidste vilje, men den overordnede retning har vi altså ingen indflydelse på, da den altså bestemmes af noget, der er uden for bevidsthedens indflydelse.

Den overbevidste og bevidste evolution er som Ying og Yang; de går sammen, som en helhed, og hver af dem er repræsenteret i hinanden og fungerer via, og ved hjælp af, hinanden. Den grundlæggende livsvilje og den dybeste higen efter fremskridt, efter at bevidstgøre meningen med livet, kommer fra overbevidstheden og den overbevidste evolution – som derved er dybt forbundet med bevidsthedsudviklingen.
Overbevidstheden kan dog ikke indgå i et separat udviklingsforløb, idet den er uadskilleligt forbundet med bevidsthedsudviklingen. Overbevidstheden er den grundlæggende drivkraft bag bevidsthedsudviklingen – men er faktisk selv er styret af dennes udvikling.

Sådan hører de 2 evolutioner uløseligt sammen, og sådan hører overbevidstheden og bevidstheden/underbevidstheden uløseligt sammen – og tilsammen er de alle midler i 'energiernes store kredsløb', der sluttelig vil føre til en ændring i selveste ophavet for dem, i kilden bag det hele.

I næste kapitel vil jeg fortælle om dette helt unikke samspil mellem de 2 evolutioner, og deres interaktion med vores eget væsen. Blandt andet skal vi se, at livstemaerne spiller en helt central rolle, i at mediere kontakten mellem de overbevidste energier (den overbevidste evolution) og underbevidstheden/bevidstheden (den bevidste evolution).

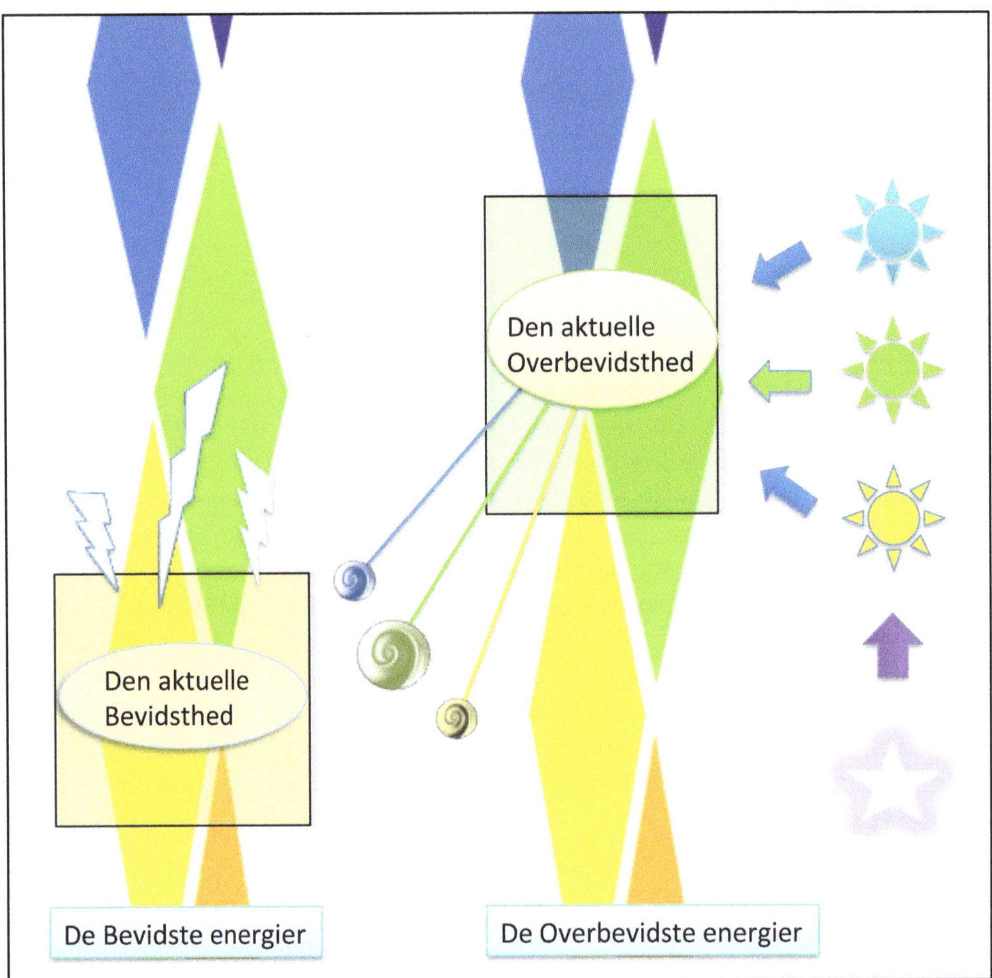

Figur 7. Bevidstheden og overbevidstheden.
Overbevidstheden (øverst til højre) modtager en energipåvirkning fra den 'Kosmiske gnist' (vist som en stjerne, og forklaret i næste kapitel) i os alle. Den optager energien gennem de sanseorganer (vist som de 3 sole) og videregiver den derpå til bevidstheden. Der vil energien give anledning til en personlig udviklingsstruktur, af en type der afgøres både af hvor bevidstheden er, og hvor overbevidstheden er. Både bevidstheden (nederst til venstre) og overbevidstheden bevæger sig inden for deres bevidstheds-/overbevidsthedsrum, men kan i sjældne tilfælde opleve en direkte kontakt til endnu højere tilstande (vist som lyn). Inden i bevidstheds-/overbevidsthedsrummene er også vist den aktuelle bevidsthed (til venstre) og den aktuelle overbevidsthed (til højre).

3. LIVSTEMAER

Overbevidstheden og bevidstheden udgør
vores tilgang til de 2 evolutioner,
og indgår i et samspil,
som er opskriften på vores egen udvikling.

I figur 5 så vi hvordan personligheden kunne opdeles i overbevidstheden, bevidstheden og det underbevidste. For at forstå hvorledes det overbevidste arbejder sammen med bevidstheden, og faktisk er ansvarlig for dennes udvikling, må vi først se endnu nærmere på vores væsens opbygning (Figur 8).

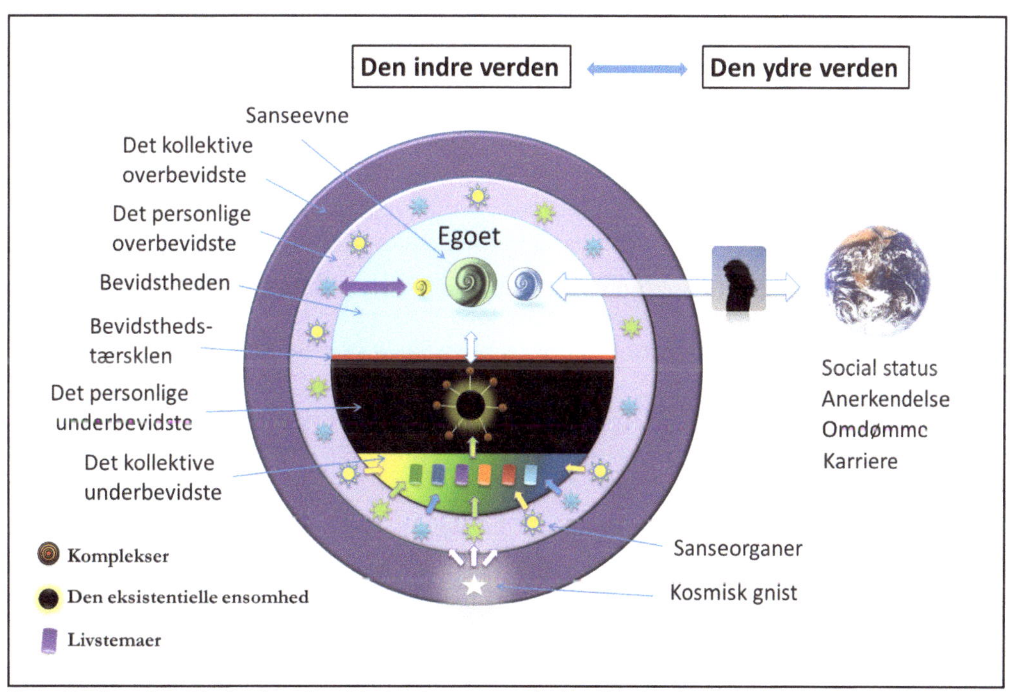

Figur 8. Overbevidstheden, bevidstheden, og underbevidstheden.
Vores væsen består af flere dele: en kollektiv og personlig overbevidsthed, en kollektiv og personlig underbevidsthed, og en kollektiv og personlig bevidsthed der indeholder egoet i denne periode af vores udvikling. Hver af de forskellige dele rummer deres egne strukturer.

I dette kapitel vil jeg, efter en introduktion til min personlighedsmodel, forsætte min analyse af de to evolutioner. Jeg vil fokusere på det jeg kalder livstemaerne, noget som i den grad har med begge evolutioner at gøre. Livstemaerne repræsenterer det i vores væsen, som 'ordner' de overbevidste energier ind i temaer, som vi kan forholde os til.

Livstemaerne udgør en særdeles spændende del af vores personlighed, og er involveret i mange ting – lige fra formidlingen af energier fra vores overbevidsthed, til at være ansvarlig for opbygningen af vores personlighedsstruktur!

Man kan se dem som menneskehedens 'ikke-fysiske DNA'.

1. Vores væsens opbygning

Inden jeg kommer nærmere ind på Livstemaerne, så lad mig i dette afsnit først fokusere på vores væsens opbygning (som den er lige nu). Vi skal bruge denne viden til at forstå livstemaerne, og dermed vores kontakt til overbevidstheden.

Menneskets personlighedsstruktur består af en bevidst del, en underbevidst del, og en overbevidst del. Hver af disse dele kan yderligere opdeles i en personlig og kollektiv del. Dette er vist i Figur 8. Det kollektive overbevidste er det sted i os hvor vi har direkte kontakt med kilden. Man kan sige, at der i denne del af os eksisterer en "kosmisk gnist", og at denne del af os er "kollektiv", fordi den er ens for alle mennesker.

Indholdet i den *personlige* overbevidsthed er derimod helt og holdent et udtryk for vores eget udviklingsniveau. Vores udviklingsniveau afgør f.eks. hvilke sanseorganer, der er aktive i denne del af overbevidstheden – og dermed hvilke energier, vi formår at tage imod fra den kollektive overbevidsthed. Man kan forestille sig at den kosmiske gnist indeholder alle energier, og at sanseorganerne optager et udsnit af disse energier, mens andre forbliver i det kollektive overbevidste som *latente* energier (livsaspekter), lige indtil vi formår at sanse dem med vores personlige overbevidsthed.

I det underbevidste, som også deles op i en kollektiv og personlig del, finder vi størrelser som komplekserne, livstemaer, og det jeg kalder "den eksistentielle ensomhed".

I den *personlige* del af det underbevidste finder vi komplekserne. De udgør psykiske strukturer der (som oftest) i deres kerne indeholder fortrængt materiale, som du ikke kunne håndtere, da du blev udsat for det tidligere i dit liv. Disse strukturer er i særdeleshed beskrevet af C. G. Jung. I den personlige underbevidsthed finder vi endnu en vigtig struktur, "den eksistentielle ensomhed" (EE) (Figur 8). EE er en afgørende energikilde for hele den personlige underbevidsthed (der hvor vi er lige nu i vores udvikling). Man kunne med rette kalde EE for det "moder-kompleks", som har givet anledning til alle andre (sekundære) komplekser.

Alt hvad der truer din livsoplevelse og identitet forvises til underbevidstheden. Den ultimative trussel er EE. EE er skabt ud af *den ultimative frygt for at revertere til en tidligere livsoplevelse*, hvilket vil udløse den ultimative ensomhed (fra den nuværende livsoplevelse, inklusiv din oplevelse af hvem du selv er).

At revertere til en tidligere Livsoplevelse går imod selve essensen af vores evolution, og er således oppe mod de allerstørste kræfter der findes. Disse kræfter giver EE liv og eergi.

Inden i dig har du ikke sluppet din tidligere livsoplevelse fra Pre-ego perioden, en periode hvor du ikke havde en ego-identitet, og ikke havde en oplevelse af at være en individuel personlighed. Der er altså et sted i dig hvor du er identitetsløs, og at komme i kontakt med dette sted er farligt.

EE repræsenterer altså den mest grundlæggende frygt i dig, frygten for at miste det du oplever, er dig selv, din identitet.

Lige nu har du tre forskellige livsoplevelser i dig, Pre-ego, Ego, og Hjerte livsoplevelsen. Ego livsoplevelsen er den dominerende, og dermed er den identitet, der er knyttet til den livsoplevelse, også den dominerende. Det værste som kan ske for dig, er at miste denne livsoplevelse/identitet. Det sker når den lavere Pre-ego livsoplevelse tager over. Alt hvad der kan få dette til at ske fortrænges. Man kan sige at din Pre-ego natur fortrænges til underbevidstheden – eller at det som kan få dig til at 'revertere' til den fortrænges til underbevidstheden.

> *EE er at revertere til en tidligere livsoplevelse, og er således at miste din nuværende identitet. Derfor er EE den ultimative ensomhedsfølelse – den der opstår når man mister sig selv.*

En ensomhed kan ikke være mere eksistentiel end den der handler om, at man har mistet kontakten til sig selv. Derfor kalder jeg det den eksistentielle ensomhed.

Ved overgangen fra en periode til en ny, er EE mindst (det ville være mere korrekt at kalde det Ego-EE, eftersom alle perioder har deres 'EE'). Det er der hvor du er nu. Du er godt forankret i Ego livsoplevelsen og frygter ikke, i samme grad som tidligere, at skulle miste denne livsoplevelse til Pre-ego livsoplevelsen.

Dette kunne jo i teorien betyde stilstand, da EE jo har været en stor drivende kraft igennem Ego perioden. Så hvorfor bevæge sig? Svaret kommer fra det overbevidste. I løbet af hele Ego perioden har hjerteenergien udviklet sig og taget til og fylder nu hele det overbevidste. Dette sikrer den forsatte motivation til udvikling, fordi denne energi vil *resonansaktivere* den første hjertebevidsthed i dig, hvilket vil give dig oplevelsen af, at der er endnu en ny livsoplevelse, og motivere dig til at søge den.

En sådan resonansaktivering er dog kun midlertidig (selvom den kan komme igen og igen), og dette kan være særdeles frustrerende fordi du igen og igen vil opleve at miste den hjertebevidsthed, som du lige troede var din. Dette er helt naturligt og frustrationen er faktisk en motiverende faktor i din udvikling mod at gøre hjertebevidstheden mere permanent, hvilket vil ske senere i Hjerte perioden.

I den *kollektive* del af det underbevidste finder vi det jeg kalder "livstemaerne". Livstemaerne minder om de arketyper, der er beskrevet af C. G. Jung. Jeg har alligevel valgt at give dem at andet navn, "livstemaer", eftersom du skal se, at mine egne erkendelser omkring denne størrelse, ikke er identisk med det traditionelle arketypebegreb. Vi skal blandt andet se, at de får deres energi fra det personlige overbevidste, og via denne energi slår den tone an som underbevidstheden virker efter. Endvidere er Livstemaerne ikke kun knyttet til Ego udviklingsperioden, men er også at finde i både Pre-Ego perioden og Hjerte perioden.

Lige nu evner vi at sanse Ego energien bevidst, men vi er også begyndt at sanse Hjerte energien, mens Pre-ego energien er ved at forsvinde ud af vores bevidsthed (dvs. den dominerer ikke mere vores bevidste interaktion med verden).

Det overbevidste
Hvor vi i den personlige underbevidsthed finder vi strukturer som vi med tiden bliver i stand til igen at bevidstgøre, finder vi i overbevidstheden det, som vi aldrig er i stand til at bevidstgøre. Det er ikke fordi det er gemt ekstra godt væk, men fordi vi simpelthen ikke besidder ressourcerne/evnerne til at kunne bevidstgøre denne størrelse.

En vigtig ting angående det overbevidste er at denne del også er under udvikling, at strukturerne i denne del forandrer sig med tiden. Det er det (personlige) overbevidste, som formidler kontakten til den overbevidste evolution via sanseorganer (i det personlige overbevidste). Disse sanseorganer er dine 'øjne' ud imod den overbevidste evolution, mod de livskræfter der ligger bag den, og de bestemmer hvad du kan tage ind af den. Sanseorganerne er blot et eksempel, ud af mange, på en 'struktur', der undergår en udvikling i det overbevidste.

Det overbevidste er en kompleks størrelse,
som også undergår en udvikling.

Hvis man ser på kompleksiteten
af blot en enkelt lille celle,
da må kompleksiteten af den dimension
som har givet anledning til cellen,
overgå alt hvad vores fantasi kan forestille sig.

Menneskeheden er vitterlig kun lige startet med at udforske det overbevidste, og er først nu ved at åbne op ind til denne forunderlige og fascinerende verden, en verden der med sikkerhed vil ændre hele vores oplevelse af livet og os selv!

Det overbevidste minder i struktur om det underbevidste
Det overbevidste har en struktur, som minder en hel del om det underbevidste. Det har nemlig en personlig del, som relaterer sig til din person og dit eget udviklingsniveau, og så har det en overpersonlig del, som relaterer sig til noget uden for din person, og som er ens for alle mennesker. Jeg kalder, som sagt, denne del "det kollektive overbevidste". Vores bevidsthed er derfor omringet af et underbevidste, der kan deles op i et personligt og kollektivt underbevidste, samt en overbevidsthed, der ligeledes kan deles op i en personlig og kollektiv del.

Det overbevidste består af
det personlige og kollektive overbevidste,
ligesom underbevidstheden består af
det personlige og kollektive underbevidste.

En af de ting som medierer kontakten mellem det overbevidste og bevidstheden/underbevidstheden er livstemaerne. Livstemaerne belives og aktiveres af det overbevidste, af de energier som det *personlige* overbevidste har formået at optage fra det kollektive overbevidste.

2. Livstemaerne – formidlere af overbevidst energi
Livstemaerne har forbindelse til både overbevidstheden og underbevidstheden. Lad mig starte med nogle ord om underbevidstheden. Med hensyn til det *kollektive* underbevidste, så er denne del af os jo ikke personlig, dvs. ikke en refleksion af hvem *du* er, men er snarere en refleksion af hele *menneskeheden,* og hvad menneskeheden har brug for. Din *personlige* underbevidsthed afspejler derimod hvem *du* er.

Sammenhængen mellem din personlige underbevidsthed og det kollektive underbevidste er, at mens dit personlige underbevidste er fyldt med 'bygninger', som er skabt af det kollektive underbevidste, da er *indholdet i bygningerne* af helt personlig art, og et produkt af din egen historie, dine egne livsoplevelser og dine egne handlinger. Dermed er dette indhold for øvrlgt også dit eget ansvar.

Man kan sige at det kollektive underbevidste består af forskellige livstemaer (der, som sagt, i nogen grad er det samme som de arketyper som C. G. Jung udforskede og beskrev, og som overvejende havde fokus på de udviklingsperioder som er aktuelle for os nu). Livstemaerne er de temaer, som hele psykens udvikling er vævet omkring. Det er temaer, som starter i det kollektive underbevidste (som en slags grundform for temaet) hvorfra temaet strømmer ind i det personlige underbevidste (hvor det nu antager et mere *personligt* udtryk skræddersyet til dig), helt 'op' til bevidstheden, der altså også ender med at blive påvirket og styret af disse 'livstema regler'/'livstema energier'.

Der er temaer som 'vismanden', 'skyggen', 'helten', 'anima', 'animus', 'forældre' temaet, 'elskeren', magikeren', 'rebellen', 'troldmanden', 'moderen', 'faderen', og i Hjerte perioden er det også temaer som 'fællesskabet', 'tillid til kosmos', osv.

Alle disse temaer er opskrifter, uden konkret indhold, på hvordan du skal leve dit liv, på hvad du skal tro på. Livstemaet er en overordnet energi som du skal forsøge at manifestere. Det konkrete udtryk som temaet skal have er op til dig. Formålet med det konkrete indhold er at det tillader Livstema energien at manifestere sig – og derved give dig den oplevelse som din forsatte udvikling har brug for.

I figur 9 er dette illustreret.

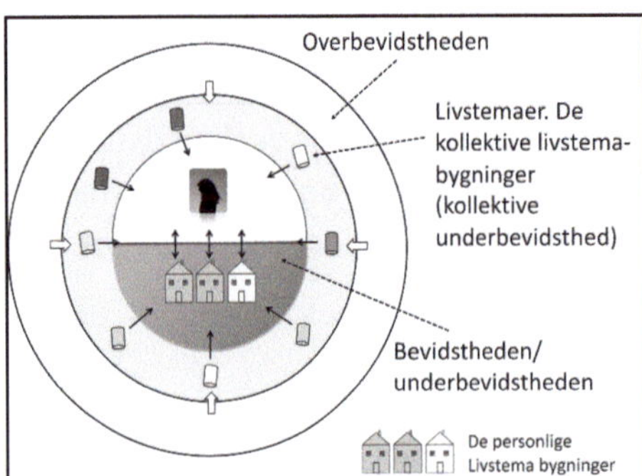

Figur 9. Fra overbevidstheden kommer de energier der bestemmer hvilke livstemaer, som du er underlagt. Disse livstemaer påvirker bevidstheden, særlig via underbevidstheden hvori de skaber de livstema bygninger som bevidstheden og underbevidstheden formes efter. Selve bygningen er et resultat af både livstemaenergien samt dit personlige udviklingsniveau.

En mere detaljeret beskrivelse kan du finde i figur 10.

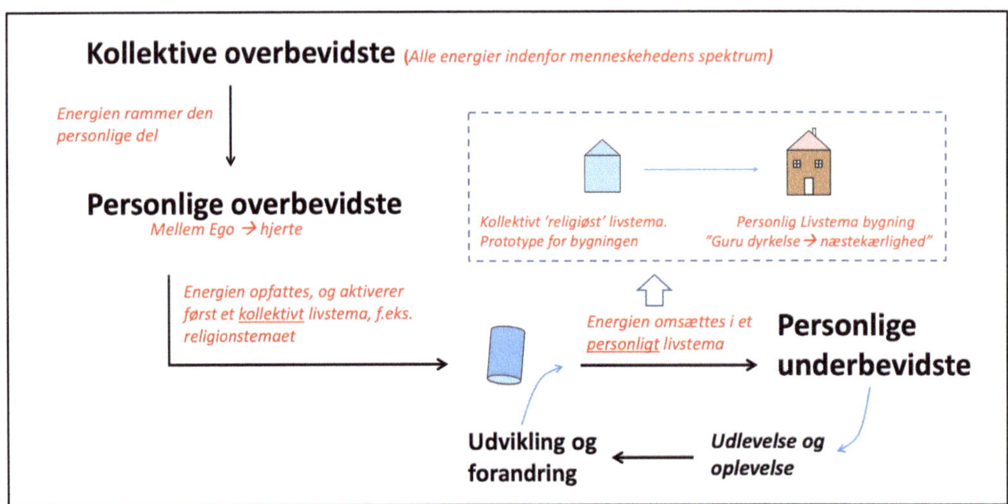

Figur 10. Fra overbevidst energi til personlig livsoplevelse
En beskrivelse af hvordan de overbevidste energier ender med at manifestere sig i en personlig livsoplevelse.

De store livstemaer, som dit liv vil indordne sig under, er altså givet på forhånd, men deres *konkrete indhold* varierer fra menneske til menneske.

Livstemaerne er de grundlæggende temaer,
der udgør de love,
som udviklingen af alle mennesker
er bygget op omkring.

Livstemaerne som vi kender dem i dag, træder for alvor i kraft i Pre-ego, Ego og Hjerte udviklingsperioderne – idet de er involveret i udviklingen af det individuelle væsen.

Ligesom en celles DNA er direkte eller indirekte ansvarlig for alle cellens molekyler, byggesten og strukturer, da er livstemaerne i det kollektive underbevidste direkte eller indirekte ansvarlig for hele den personlige psykes opbygning, og de strukturer som den indeholder. Endvidere er de ansvarlig for vores interaktion med verden, og for hvordan vi udlever den energi, der oprindeligt startede som en energi fra overbevidstheden.

Livstemaerne er kanaler for overbevidste energier
Vi har set, at vi fra vores overbevidste modtager de energier, som det personlige overbevidste har sanseorganer til at modtage. Disse energier har ikke konkret indhold, men er snarere energier, der skal *igangsætte en higen og motivation* i dig, til at ville bevidstgøre den selvsamme energi (eller livsdimension/livsaspekt) *i dig selv*.

For at energierne kan forårsage denne higen mangler de to ting. De mangler et livstema, igennem hvilket du kan udleve og realisere (og erkende) energien i dig selv – dvs. et tema, der kan danne *rammen for din udlevelse af energien* - og derudover mangler energierne at blive 'skræddersyet' til den person som du er. Lad mig fortælle lidt mere om dette.

Det er, som altid, *din* bevidsthed der skal udvikles, og da *din* bevidsthed er en refleksion af din egen historie, da er din historie helt nødvendig for at kunne motivere din nuværende bevidsthed til (at ville) yderligere udvikling. Din bevidsthed bliver lige nu domineret og motiveret af egoet, og egoet er således indrettet, at det ser alt i forhold til dets/din historie, og bliver motiveret af denne sammenhæng. Sådan fungerer egoet, og det skal der tages hensyn til når egoet, og din aktuelle ego-bevidsthed, skal have lyst til at flytte sig.

Enhver motivation til udvikling udgøres af flere ting,
en grundlæggende energi, som kommer fra overbevidstheden,
et upersonligt tema, som kommer fra livstemaerne,
samt et personlige indhold, som kommer fra din egen historie

Livstemaernes funktion er altså at påklæde den upersonlige energi fra det overbevidste med et tema – for på denne måde, at kanalisere den overbevidste energi ud på et eller andet livsområde (ellers ville du nemlig ikke vide hvad du skulle stille op med energien).

Livstemaer varierer i styrke. Nogle livstemaer er så kraftige, at alle mennesker på en eller anden måde bliver nødt til at respondere på dem og altså bliver nødt til at realisere deres energi i livet. Andre livstemaer får ikke nødvendigvis en markant rolle i alle menneskers liv.

Et eksempel på et kraftigt livstema kunne være det *'religiøse livstema'*. Det religiøse livstema skaber et behov for at der eksisterer en skaber af livet, og hos mange også et behov for at følge og indordne sig under denne skaber. Det fortæller ikke hvilken religion det handler om. Det må din personlige historie tage vare på. Du kommer måske fra en kristen religiøs familie, og giver derfor temaet en rolle i dit liv gennem kristendommen. Dette behov, og udlevelsen af det, er vigtigt for vores udvikling – og derfor eksisterer dette livstema.

Hvad sker der da, når det overbevidste sender en energi 'ned' mod dig. Lad os sige at det er en hjerteenergi (der jo er en stærk energi fra det overbevidste i disse tider). En Hjerte energi fra overbevidstheden vil, som vi allerede har set det, generelt medføre en forøget higen efter at opleve, at der er en mening med livet, som rækker ud over os selv. Alle livstemaer, der aktiveres af denne energi, vil derfor bære præg af dette grundprincip ved hjerteenergien. Hvis Hjerte energien derfor kanaliseres gennem det religiøse livstema, da vil det ligge dig meget stærkt på sinde at søge denne mening med livet gennem en religion, men altså på en måde, hvor det ikke sker for at styrke dit ego.

Sammenlignet med en Hjerte energi, vil en Ego energi have tendens til enten at blive kanaliseret igennem andre livstemaer, eller at blive kanaliseret igennem *det samme* tema, men med et ganske andet resultat. En Ego energi kanaliseret igennem det religiøse livstema kunne f.eks. melde sig som en religiøs følelse der *appellerer til egoet*, hvilket kunne føre til dannelsen af en kult, hvor Hjerte energien, kanaliseret igennem det samme tema, vil motivere dig at søge højere livsaspekter gennem et ægte fællesskab med andre mennesker (Figur 11).

Der er også Livstemaer som overvejende bliver aktiveret af ego energien, men ikke af hjerte energien. Et eksempel er persona temaet. Det er jo overvejende ego bevidstheden som er optaget hvordan det tager sig ud i forhold til verden, og som har brug for at blive set. Dette er ikke tilfældet for hjerte bevidstheden.

Lige nu påvirkes de fleste mennesker af både høje Ego energier samt Hjerte energier fra det overbevidste.

Lad mig lige samle lidt op på hvad jeg har skrevet om. Der er altså den overbevidste *energi* – og så er der livstemaerne, hvor *de samme temaer* kan aktiveres af forskellige overbevidste energier, og igangsætte forskellige behov i os – dog af samme 'tone', (det religiøse livstema vil jo altid være et religiøst tema, uanset hvilken energi, der aktiverer det).
Dernæst er der den *personlige underbevidsthed,* som energien til sidst skal igennem for at iklæde sig din personlighed og for at kunne motivere egoet, der jo er så tæt knyttet til din underbevidsthed og din livshistorie.

Alle mennesker er underlagt livstemaerne, men når vi vokser op og udvikler os, da ændres den måde, hvorpå vi responderer på livstemaerne. Når vi er børn, reagerer vi f.eks. meget på "moder" livstemaet, mens andre livstemaer først bliver mere dominerende senere i vores liv.

Ligesom de 10 bud satte nogle regler for hvordan livet skal leves, da kan man altså sige at livstemaerne også definerer hvordan hele vores holdning til livet er (og skal være): F.eks. er den stærke binding til mor og far til stede fordi der eksisterer et livstema for dette – og dette er jo særdeles hensigtsmæssigt for at sikre racens overlevelse.

Af andre temaer er der livstemaet for 'vismanden', for 'skyggen', for 'helten', osv., og som jeg viser dig senere i bogen, er der temaerne 'fællesskabet', 'tillid til kosmos', 'livsmening', osv.

Vores måde at leve vores liv på kan tillade disse livstemaer en harmonisk rolle i vores liv, men vores liv kan også være i konflikt med dem, hvilket kan give os problemer og fører til fortrængninger og komplekser.

Blokering af livstema energierne leder til komplekserne i dit underbevidste
Sammenhængen mellem livstemaerne og vores måde at leve vores liv på, er et vigtigt og interessant emne. De strukturer der findes i det underbevidste (komplekser, fortrængninger, osv.), reflekterer nemlig i hvilken grad livstemaenergierne *er i harmoni med den måde vi lever vores liv.*

Således ligger livstemaerne dybest set bag alle strukturer i det personlige underbevidste. Alle komplekser, uden undtagelse, stammer altså fra en konflikt med et aktivt livstema. Det er faktisk sådan at komplekser skabes!

Når et livstema er blevet aktiveret af overbevidste energier, da er det afgørende at livstemaenergien finder en naturlig plads i dit liv. Hvis det gør det, da oplever du en lykkefølelse, men hvis det forhindres i at blive udlevet i dit liv, da er konsekvensen altså at der skabes komplekser.

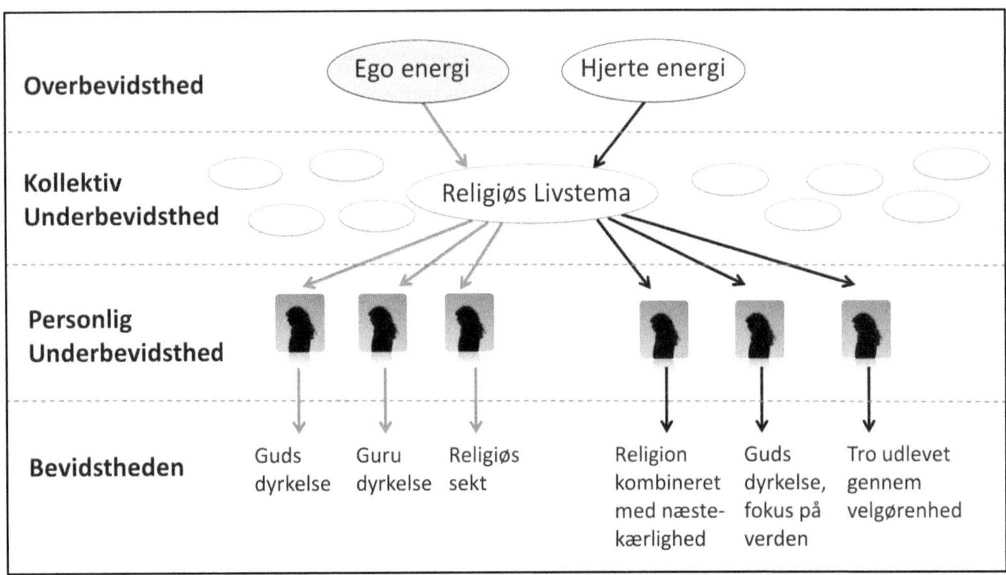

Figur 11. Energiens vej fra overbevidsthed til bevidsthed.
I Ego perioden modtager du både Ego og Hjerte energier fra overbevidstheden. Disse forskellige energier fra overbevidstheden kan aktivere *det samme livstema*, som derved iklædes forskellige energier, hvilket betyder at dette tema derved kan manifestere sig på forskellige måder, eller have forskellige udtryk. Det aktiverede livstema vil derefter strømme ind i den personlige underbevidsthed og iklæde sig endnu en iklædning, svarende til den personlige historie af det pågældende individ. Sluttelig vil den iklædte energi nå bevidstheden, som vil bringe den til et udtryk i vedkommendes liv.

Når energien fra et aktiveret livstema
finder en udlevet plads i dit liv,
da opstår en dyb følelse af lykke.
Blokeres det derimod,
kan det give anledning til det modsatte
og dannelsen af komplekser og traumer.

Et kompleks er derfor affødt ud af en livsoplevelse, *der førte til en blokering af en livstema energi* – og når en sådan kraft blokeres i dig, er det mere end du følelsesmæssigt kan håndtere. Blokeringen er kendetegnet på, at du ikke lever i overensstemmelse med dit overbevidste (og dennes vilje), idet det jo er overbevidste energier som livstemaerne kanaliserer.

Komplekserne i vores underbevidste er altså skabt som en konsekvens af blokerede livstema energier. Når vi ser nærmere på komplekserne, da finder vi som regel en oplevelse, men her er det vigtigt at forstå, at det er *ikke oplevelsen i sig selv*, der gør at komplekserne henvises til det underbevidste.
Som du skal se senere i kapitel 13, fører en konflikt med et livstema ofte til det jeg

kalder en fraspaltet bevidsthed, som er *en fortrængt livsoplevelse* om en konflikt med et livstema, og som i din underbevidsthed danner kimen for et kompleks. Jeg vender som sagt tilbage til det, blandt andet i kapitel 13, så for nu skal du bare huske at alle dine komplekser dybest set startede med en livstema konflikt.

Ubalancen (med livstemaerne og vores overbevidste) handler om at vi ikke er i balance *med os selv*, hvilket er en oplevelse, der er i klar modstrid med vores dybeste higen (der udgår fra en kraft fra overbevidstheden, som er langt større end egoet og vores aktuelle bevidsthed). Når dit liv er i modstrid med denne indre higen, da skaber det en oplevelse af manglende mening, en oplevelse af meningsløshed. Det giver os en oplevelse af at livet ikke er fyldestgørende. Det kan også give os en smertefuld oplevelse af, at vi ikke er på vores 'rette hylde'.

En afgørende del af denne oplevelse handler om manglende selv-accept, for inderst inde ved vi nemlig godt, at når der ikke er overensstemmelse mellem den overbevidste vilje (dvs. vores inderste higen), og den måde vi lever vores liv på, så ligger 'fejlen' altid hos den der forvalter vores liv, dvs. hos os selv!

Livstemaerne skaber samfundsstrukturer og trossamfund

Et andet interessant aspekt omkring livstemaerne er, at de er at finde i ikke bare vores personlighedsstruktur, men også i så store strukturer, som dem der er repræsenteret af samfund.

Samfundet er nemlig bygget op omkring livstemaerne. Familien i centrum af samfundet er f.eks. et af livstemaerne. Persona er et andet eksempel på et livstema, som er helt centralt i samfundet. Det religiøse livstema er også et livstema, der har gennemsyret alle samfundsstrukturer lige så længe der har været mennesker. Det betyder ikke at der ikke kan være ægte substans i religionerne, men blot at der altså eksisterer en "livstema genpart", som støtter og motiverer os til at realisere dette livsaspekt.

Livstemaerne, disse overordnede 'love' for hvordan vi skal leve vores liv, ligger således bag de strukturer og love, som samfundet er bygget op efter. Nogle temaer er mere fremherskende i nogle samfund end i andre.

I nogle tilfælde sker det, at der ikke er den rette balance mellem samfundsstrukturen og realiseringen af de vigtigste livstemaer. Når dette sker, altså når et samfund (eller en samfundsstruktur) undertrykker nogle af livstemaerne, og ikke tillader deres realisering og udlevelse, da opstår der konflikt som kan lede til komplekser, traumer, neuroser, vrede, eller andre energiudladninger. Alt sammen sker det for at opnå at samfundet, og borgerne i det, kan leve i balance med de aktive livstemaer.

Men hvad er da komplekserne i et samfund? Det er menneskene i et undertrykkende samfund. Fra psykologien ved vi, at det gælder om at tage disse komplekser til sig, og derigennem vokse og forandre sig, og det samme gælder et samfund – ofte efter en foregående periode med 'fortrængning'. Når komplekserne/menneskene genforenes med bevidstheden/samfundet, da ændres både komplekset/menneskene og bevidstheden/samfundet.

Livstemaerne har således en helt central rolle for vores udvikling. Samfund er bygget op omkring dem. Trosretninger er udsprunget fra dem (det udelukker, som sagt, ikke at det som man tror på er rigtigt), og på det personlige plan gælder det, at når vi ikke lever i overensstemmelse med vores egne aktive livstemaer, da opstår der konflikt som leder til de komplekser og strukturer, som vi finder i vores underbevidsthed.

Livstemaerne er skabt af det kollektive overbevidste

Livstemaerne er altså det der 'dikterer' vores personlige udvikling, ved at skabe de store rammer for den. Livstemaerne selv er skabt af det *kollektive* overbevidste, der er det, som har at gøre med hele menneskehedens udvikling, og hvis egenart afspejler *menneskehedens* udvikling – snarere end det enkelte menneskes udvikling. Det kollektive overbevidste har således skabt 'spillereglerne' for menneskets psykiske udvikling – og disse spilleregler er altså defineret af livstemaerne.

Livstema energierne ændrer sig i løbet af din udvikling

Hvilke livstemaer der eksisterer, er *ikke* noget som kan ændres af din udvikling og dit udviklingsniveau, men af derimod af menneskehedens udviklingsniveau. Alligevel vil din egen udvikling påvirke hvilke livstemaenergier som *du* påvirkes med.

Der er flere måder hvorpå der kan ske en ændring i de livstemaenergier, som du påvirkes med. Overordnet set kan det ske på grund af to ting:

1) Hvis der sker en ændring i hvilke livstemaer som er aktive, og hvilke der er inaktive
2) Hvis der sker en ændring i den energi, som de (eller et givent livstema) skal kanalisere fra overbevidstheden

Lad os se lidt mere på dette.

Nogle energier aktiverer visse livstemaer, mens andre energier aktiverer andre livstemaer

Livstemaer kan være aktive eller inaktive. Det kommer an på de energier, der kommer fra dit overbevidste. Et livstema har f.eks. affinitet for visse energier, men ikke for andre energier. Som du udvikler dig, vil de energier som bevidstheden kan tage imod ændre sig, og derfor ændres også de energier, som du modtager fra overbevidstheden. Sådan fungere vores væsen. Din personlige overbevidsthed indretter sig efter din bevidsthed. Det er derfor sådan at eftersom din bevidsthed (og dennes udviklingsniveau) har indflydelse på de overbevidste energier, da har den også indflydelse på hvilke livstemaer, der er aktive, i dit liv.

Nogle energier fra det overbevidste har altså mere affinitet for visse livstemaer end for andre, og kan således aktivere visse livstemaer, men ikke andre. Sker der derfor en ændring i energierne fra overbevidstheden, da sker der en ændring i de livstemaer som er aktive (mens andre holder op med at være aktive).

Livstemaer kan aktiveres/deaktiveres af den individuelle livsførelse samt af menneskehedens udviklingsniveau

Hvilke livstemaer der er aktive, og hvilke der er latente, kan altså ændre sig. "Moder" livstemaet er for eksempel mere nødvendigt som det dominerende livstema i visse faser af dit nuværende liv end i andre. På samme måde er udviklingsperioder knyttet til et specifikt *sæt af livstemaer*, der støtter op om udviklingen af det livsaspekt som selve perioden står for. I Rod perioden er f.eks. selve artens overlevelse i højsædet, og i Ego perioden er det livstemaer, som gavner egoets udvikling (og den individuelle livsoplevelse) der er aktive. I senere udviklingsperioder er det andre ting som er vigtige for vores overlevelse og udvikling. Kort sagt kan man sige følgende: 1) overbevidstheds-rummet har en nedre og øvre grænse, som definerer det energispektre der kan aktivere livstemaer; 2) din livsførelse bestemmer, inden for de rammer der er sat af bevidstheds- og overbevidsthedsrummet, hvilke energier der er *aktuelle* for netop dig.

Det samme livstema kan aktiveres af flere energier

Livstemaerne kan altså være aktive eller inaktive, men *det samme* aktive livstema kan som sagt også kanalisere, og aktiveres af, *forskellige* energier fra det overbevidste. Forskellige mennesker kan altså blive påvirket af det samme livstema, som dog kan antage forskellige udtryk eftersom det kan blive aktiveret af forskellige energier.

En variation i et livstemaudtryk kan også ske i løbet af dit eget liv, fordi dine sanseorganer i dit personlige overbevidste ændrer sig. Det leder til at nye energier optages via disse sanseorganer, hvorpå de strømmer videre ned over livstemaerne.

En anden grund kan, som sagt, være hvis der sker en signifikant ændring i din livsførelse, idet dette også vil have indflydelse på ikke bare de bevidste energier, men tillige de overbevidste energier, som du påvirkes med.

Uanset grunden vil det betyde, at vi ender med at opleve forskellige aspekter af det samme livstema. Således kan man sige, at vi kommer til at opleve alle de forskellige sider af et livstema, og

Det er der en udviklingsmæssig fordel i, og det er derfor hensigtsmæssigt at livstemaerne fungerer på den måde.

Livstema energierne skal igennem din underbevidsthed

Det næste der også kan have indflydelse på hvordan livstema energierne påvirker dig er dit underbevidste. Dette gælder i hvert tilfælde så længe vi oplever livet via Ego livsoplevelsen, og derfor også har en ego underbevidsthed.

Livstemaenergierne skal igennem din personlige underbevidsthed før du bliver bevidst om dem. Dette er den sidste 'iklædning' for de overbevidste energier, før du bliver bevidst om dem. Denne sidste iklædning har selvfølgelig stor indflydelse på din oplevelse. Derfor er det også sådan, at når din bevidsthedsudvikling uundgåeligt ændrer på din underbevidsthed (ved f.eks. at bevidstgøre den), da vil dette faktisk også opleves, som en ændring i den oplevede livstema påvirkning.

Bevidstheden og livstemaerne

Endelig er der din bevidsthed. Din bevidsthed har jo ikke direkte indflydelse på hvilke livstema energier det oplever – eftersom bevidstheden jo selv er endestationen for dem. Men den har jo indirekte indflydelse på livstemaenergierne, eftersom din bevidsthed har indflydelse på sanseorganerne i det overbevidste, samt de strukturer, som befinder sig i det underbevidste.

Sanseorganerne i overbevidstheden er jo et udtryk for bevidsthedens udviklingsniveau, og afpasses nøje derefter for at kunne påvirke bevidstheden med lige præcis de energier, der mest muligt motiverer til vækst. Husk at overbevidsthedens 'job' er at skabe vores inderste higen til vækst – og altså det som får bevidstheden til at flytte sig. Underbevidstheden også et udtryk for vores livsførelse – altså i hvilken grad vi lever i balance med de overbevidste energier. Jo mere ubalance, jo flere komplekser/traumer i underbevidstheden.

Overbevidstheden (og livstemaerne) fortæller således hvor vi skal hen – og underbevidstheden fortæller i hvilken grad det lykkedes.

Det oplevelsesmæssige manifest for et livstema,
er afhængigt af flere ting;
hvilken overbevidste energi der aktiverede det,
om energien skulle gennem en ego-underbevidsthed,*
om energien mødte en bevidsthed domineret af egoet
eller mødte en hjertebevidsthed.

Alt dette har indflydelse på den oplevelse
i din aktuelle bevidsthed,
som livstema energien efterlader dig med.

** Når vi træder ind i anden halvdel af Hjerte perioden, da er vi helt ude af Ego perioden og har ikke mere den ego-underbevidsthed, som vi har i dag.*

Jung observerede visse af livstemaerne, men Jungs forskning var kun starten på beskrivelsen af denne spændende del af menneskets væsen. Min egen oplevelse er altså at livstemaerne belives af overbevidste energier (og er et udtryk for denne energi), og at de ydermere skaber spillereglerne for bevidstheden. Alt i alt en helt central rolle i vores udvikling.

3. Afslutning

Livstemaerne spiller altså en helt central rolle for vores liv. De sætter de indre rammer for vores personlige liv, og de bestemmer ligeledes de ydre rammer for vores liv, de rammer der f.eks. udgøres af samfundsstrukturerne.

De medierer kontakten til det overbevidste i flere af udviklingsperioderne (blandt andet dem, som vi befinder os i nu), og så repræsenterer de en så stor kraft, at en konflikt med de *aktive* livstemaer har alvorlige konsekvenser, der kan danne grobund for komplekser og traumer.
Så alvorligt er det altså hvis vores livsførelse er i konflikt med vores indre livstemaer, og tankevækkende er det, at en oplevelse faktisk kun bliver traumatisk hvis den fører til en konflikt med et livstema.

Det er altså ikke hændelsen i sig selv, men den efterfølgende konflikt med et livstema, der fører til konflikt. Den samme hændelse vil derfor ikke nødvendigvis føre til konflikt for et andet væsen, hvis det ikke fører til konflikt med et livstema i dette væsen. Det der fører til konflikten, er din indre oplevelse af hændelsen. Det er denne oplevelse der kan være i balance, eller i konflikt, med et livstema.

Omvendt har det lige så konkrete konsekvenser, hvis vi lever i fin overensstemmelse med livstemaerne. Her er konsekvensen lykke, glæde og meningsfuldhed – og dette gælder *hver evig eneste gang* at en livstemaenergi formår at opleve et frit flow ud i vores liv. En livsførelse, der altså ikke hindrer livstemaenergierne i at blive en bevidst og udlevet del af dit liv, vil være en livsførelse, som vil føre til lykke, og til en oplevelse af at du lever et liv, som giver dig dyb mening.

Selve denne oplevelse af at dit liv giver mening kommer jo dybest set fra kontakten til din overbevidsthed (hvorfra den livstema-aktiverende energi jo kommer), *og det er denne kontakt, som opleves så meningsfuld* – ligesom mangel på denne kontakt opleves som smertefuld og meningsløs.

Lad os derfor i næste kapitel se mere på denne kontakt til det overbevidste, også for at forstå hvorfor den er så altafgørende for vores liv og lykke – og for at forstå hvordan det er denne kontakt, som dybest set altid har drevet vores udvikling.

4. KONTAKTEN TIL DET OVERBEVIDSTE I UDVIKLINGSPERIODERNE

Igennem de forskellige udviklingsperioder
vil formidlingen af overbevidste energier til bevidstheden
manifestere et stadigt renere udtryk
af den kosmiske gnist.

1. Indledning

Imellem overbevidstheden og bevidstheden finder vi som sagt de livstemaer, hvis rolle det er at kanalisere de overbevidste energier ind i de temaer, der udgør 'rammen' for vores liv.

Denne rejse fra overbevidstheden gennem livstemaerne til bevidstheden er en del af et kredsløb, et 'energikredsløb', som faktisk ikke slutter ved bevidstheden, men derimod virker helt tilbage til udgangspunktet.

Lad mig beskrive dette kredsløb, og dernæst komme nærmere ind på kontakten mellem overbevidstheden og bevidstheden.

Energiens kredsløb
Vi starter foroven i figur 12, i det kollektive overbevidste. Ligesom det kollektive underbevidste ikke påvirkes af den personlige psyke, da eksisterer der i det kollektive *overbevidste* noget, som ikke bliver påvirket af vores egen udvikling, og den måde vi lever livet på. Man kan sige, at det er stedet hvor 'det spirituelle DNA' befinder sig. Det er der den 'kosmiske gnist' i os bor. Det er der de store temaer for menneskehedens udvikling 'slås an'. Det er der *den store vilje* til vores eksistens, selveste 'Kilden', befinder sig.

Fra dette sted strømmer hele spektret af energier ind i vores personlige overbevidste og bliver optaget i det omfang vi evner det, dvs. gennem de sanseorganer der er tilpas udviklede til at optage energierne. De sanseorganer der befinder sig i det personlige overbevidste, er et udtryk for dets (dit) udviklings niveau. Dette er nødvendigt for at sikre at bevidstheden overstrømmes med netop den energi, der på bedst mulige måde vil fremme dens (og altså din) udvikling. Energien der når din bevidsthed/underbevidsthed vil, som før nævnt, igangsætte en higen efter mere, og vil samtidig slå det livstema an, som definerer hvordan du vil realisere dette *mere*, dette *mere* som skal føre dig til en oplevelse af *mening* på et højere niveau (Figur 12).
Sidste led i denne energi rejse, handler om at vi, når vi udvikler os, påvirker den verden, som vi er en del af. Dette sker ved at vi udlever vores overbevisninger i helheden. Denne

udlevelse i helheden af dine indre overbevisninger og essens er endnu et (nødvendigt) trin i energiens cyklus, og noget som ikke kan undgå at påvirke helheden (verden) – og derigennem forandre den.

Fra en forandret helhed vil processen forsætte op imod det 'sted' hvor det hele startede, og sluttelig medføre en oplevelse og forandring af dette sted. Kredsløbet er dermed fuldendt – og kan begynde igen.

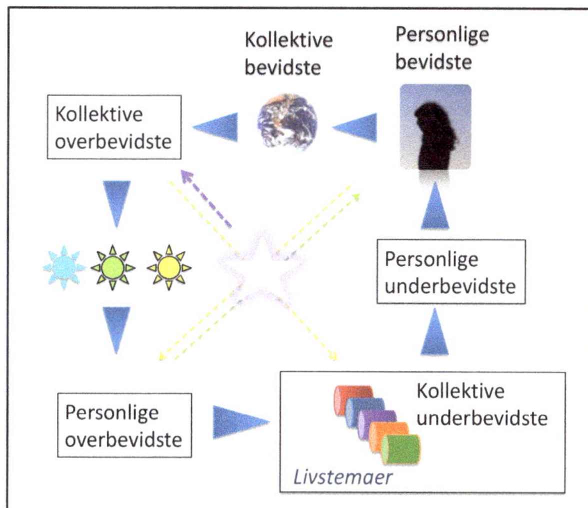

Figur 12. Energiens kredsløb gennem overbevidstheden, underbevidstheden og bevidstheden. Fra den 'kosmiske gnist' i os (stjernen i midten) rejser den første energiimpuls i det kollektive overbevidste gennem sanseorganerne til det personlige overbevidste. Sanseorganerne i det personlige overbevidste formidler den energi videre til bevidstheden, som den har brug for. Således er udviklingen af det overbevidste afpasset udviklingen af bevidstheden (vist med en stiplet pil fra bevidstheden (personen) til det personlige overbevidste). Fra det personlige overbevidste strømmer energien gennem livstemaerne i det kollektive underbevidste og iklædes en livstema energi der nu, efter yderligere at have påklædt sig en underbevidst iklædning, vil manifestere sig i bevidstheden, sammen med en dyb higen efter at realisere disse nye livstema impulser. Fra bevidstheden strømmer energien (gennem udlevelse) til 'verden' (den kollektive bevidsthed), og fra denne strømmer energien tilslut mod ophavet til den.

Lad os se lidt mere på denne 'energirejse'.

Når en energi sendes 'ned' mod bevidstheden, da vil den skabe (eller stimulere/aktivere) en tilsvarende *personlig udviklingsstruktur* (hvordan dette sker skal vi se på i Part-2 af bogen). Lige nu er din udviklingsstruktur en struktur, der består af en bevidsthed, en personlig underbevidsthed, og en personlig overbevidsthed. Derudover indeholder både bevidstheden og den personlige underbevidsthed helt specifikke 'komponenter' (komplekser, traumer, og mange andre ting) som er vigtige for den samlede livsoplevelse.

Hvor aktuel denne udviklingsstruktur er i vores liv vil afhænge af hvor stærkt energien sendes ned mod bevidstheden, og altså hvor stor evnen er i dit personlige overbevidste til at modtage denne energi.

Lige nu er det Hjerte energien og de høje Ego energier, der udgør den største energi påvirkning, og derfor er du et væsen med to forskellige udviklingsstrukturer, hvoraf ego udviklingsstrukturen endnu er den dominerende.

Dette er en udfordring, da det ofte vil betyde, at du oplever en situation på to forskellige måder, på samme tid. Hver af udviklingsstrukturerne har nemlig sin egen unikke livsoplevelse, og det er da op til dig at vælge hvilken livsoplevelse, der skal dominere dig.

Dette er altså fordi vores overbevidsthed evner at tage imod netop denne energi fra 'den kosmiske gnist i os', eller sagt på en anden måde – fordi hjerte sanseorganet og sanseorganet for de høje Ego energier, på dette sted i vores udvikling er de mest udviklede sanseorganer i det overbevidste.

Senere i vores udvikling vil vi modtage endnu højere Hjerte energier fra det overbevidste, der sammen med de lave GD-1 energier, vil stimulere den næste udviklingsstruktur.

Denne evne til at modtage energier er nøje afstemt med det pågældende udviklingsniveau *for bevidstheden*. Bevidsthedsudviklingen udvikler det overbevidste, og det overbevidste motiverer bevidstheden til at udvikle sig videre.

Energien sendes ud på en rejse,
og vender hjem igen,
beriget med liv og oplevelser,
og 'en evne' til at forandre.

I de næste afsnit vil jeg vise dig flere eksempler på samspillet mellem overbevidstheden og bevidstheden, samspillet mellem de to evolutioner. Jeg vil starte med fokusere på at give dig et eksempel på en af de 'strukturer', som udvikler sig i overbevidstheden, og som er helt afgørende for det, der dybest set motiverer bevidstheden til at udvikle sig (og til at ville udvikle sig). Jeg snakker om de overbevidste sanseorganer, som vi finder i den personlige del af overbevidstheden.

Disse sanseorganer optager energien fra den kollektive overbevidsthed og sender den videre mod bevidstheden, hvor dens funktion, som vi har set det, er at fremme bevidsthedsudviklingen.

Efter at have diskuteret dette vil jeg gå videre og fortælle dig om kontakten til det overbevidste i de forskellige udviklingsperioder – og om hvordan overbevidstheden altid har stået for den dybeste drivkraft bag vores udvikling – i alle udviklingsperioderne.

2. Udviklingen af sanseorganer i overbevidstheden og bevidstheden
En af de ting som udvikles i din overbevidsthed, er altså dets (din) evne til at modtage energier, og integrere dem i dit væsen. Disse energier kommer som sagt fra den overbevidste evolution (den kollektive overbevidsthed). Du optager energien gennem dine sanse 'organer' i det overbevidste, som konstant er under udvikling.

Lad os se på hvor vi er nu i vores udvikling. Selvom du altså lige nu i din bevidsthed har sanseorganer for Hjerte energien, er de endnu så svagt udviklede, at de kun evner at optage de laveste Hjerte energier – og altså ikke de høje Hjerte energier, der p.t. også optages i dit personlige overbevidste. Hjerte energierne i det overbevidste spænder dog fra nogle der er kun lidt højere end dem som dun bevidsthed evner, og særlig de laveste hjerteenergier i overbevidstheden vækker en higen i din bevidsthed.

På samme måde indeholder du også sanseorganer i det overbevidste, som tager imod højfrekvente Ego energier. De høje Ego energier tages ind gennem sanseorganerne i det overbevidste, og strømmer derefter fra den overbevidste dimension i dig mod din bevidsthed og din underbevidsthed.

Der sker en helt afgørende ændring i vores udvikling i sidste halvdel af Ego perioden: vores bevidste hjerte sanseorganer begynder at dannes, og tage hjerteenergier ind.

Disse hjerte sanseorganer udgøres, som vi skal se det senere, af vores livsoplevelse, den livsoplevelse jeg kalder 'Hjerte livsoplevelsen'. Livsoplevelsen ændrer sig i løbet af vores udvikling og den livsoplevelse, som er dominerende i Ego perioden, vil aftage, og efterhånden helt forsvinde i Hjerte perioden.

Med indgangen til sidste halvdel af Ego perioden vil du altså starte med at sanse hjertet, ikke blot med din overbevidsthed, men nu også med din bevidsthed. En ganske overvældende oplevelse, der i den grad sætter fart på din udvikling mod hjertet.

De bevidste hjerte sanseorganer
Når du altså i starten af Hjerte udviklingsperioden udvikler evnen til bevidst at kunne sanse Hjerte energier, vil der ske flere afgørende ændringer. Din bevidste sansning af hjertet betyder altså, at der for første gang nogensinde er opstået Hjerte energier i din bevidsthed, som du er klar over og bevidst kan mærke.

Dette gør, at selvom vi naturligvis stadig ikke er i stand til bevidst at mærke indstrømningen af *højfrekvente* Hjerte energier *fra vores overbevidste*, da vil disse nu alligevel for første gang kunne forårsage en *'resonansaktivering'* af de Hjerte energier som er i din bevidsthed – fordi vores bevidsthed for første gang overhovedet indeholder hjerteenergier. Effekten af dette er som sagt overvældende.

Den højeste energi i bevidstheden kan tillade direkte kontakt
til en højere modpart i overbevidstheden
gennem resonansaktivering.

Det vil sige, at når du træder ind i Hjerte perioden og udvikler de hjerte sanseorganer *i bevidstheden,* som gør at der nu forekommer (bevidste) Hjerte energier i denne del af dig, da vil Hjerte energierne fra den overbevidste evolution, når disse strømmer ned over dig, forårsage 1) en midlertidig *resonansaktivering* af de nye *bevidste* Hjerte energier, 2) en udvikling af de eksisterende bevidste hjerte sanseorganer, 3) en endnu mere intens higen efter endnu mere hjerte bevidsthed, og 4) en forøget smerte, når vi indhylles i ego ensomheden. Egoets verdensbillede fremstår nu i højere grad utilstrækkeligt.

I det næste afsnit vil fortælle dig om kontakten mellem overbevidstheden og bevidstheden i de forskellige udviklingsperioder (og når jeg skriver 'bevidsthed', da husk, at jeg tidligere skrev at 'bevidsthed' er et *udviklingsprincip*, og at den bevidsthed vi kender fra os selv i dag, ikke var til i tidligere udviklingsperioder, og ej heller vil fremstå i sin nuværende form i fremtidige udviklingsperioder).

3. Kontakten til overbevidstheden i udviklingsperioderne

Din kontakt med det overbevidste
bestemmes af dit udviklingsniveau.

I Ego perioden har du kontakt
med dit personlige overbevidste
gennem livstemaerne og din personlige underbevidsthed.

I Hjerte perioden har du kontakt
via 'højere' livstemaer.

I de Guddommelige perioder
sker kontakten gennem endnu højere aspekter,
af den livsvilje, der oprindeligt kommer fra kilden,
nemlig de aspekter, der udtrykkes af de universelle temaer.

Selve kontakten med det overbevidste ændrer sig gennem din udvikling, og er nøje afstemt med din bevidsthedsudvikling. Kontakten udvikler sig fra at være en kontakt formidlet af instinkterne og livstemaerne, til at være en kontakt formidlet gennem det jeg kalder 'de universelle temaer'. Som det sidste, inden du forlader denne evolutionscyklus, smelter din bevidsthed sammen med overbevidstheden, og de bliver et med hinanden.

Instinkterne og livstemaerne er involveret i at udvikle dig til et væsen som er fuldt individualiseret, og siden ender med at være et med menneskeheden. De første livstemaer vil sammen med instinkterne udvikle det væsen, der besidder kimen til egoets udvikling (det jeg kalder Pre-egoet). Dernæst vil nye livstemaer udvikle det egentlige individuelle væsen, som markerer slutningen af Hjerte udviklingsperioden. Starten på GD-1 perioden vil aktivere de første 'universelle temaer', og dermed påbegynde udviklingen af 'det Guddommelige væsen', der ender med at blive et med kilden til denne udviklingscyklus.

I Ego perioden gælder det altså, at den overbevidste kontakt (som du per definition jo ikke er bevidst om) varetages af *strukturer* (livstemaer og instinkter), som er skabt af de energier vi finder i din *overbevidsthed*.

Instinkterne er ansvarlige for at kanalisere energierne til dig, når du er på et udviklingsstade hvor du ikke har udviklet et egentligt ego endnu, og hvor det er mest vigtigt at stifte bekendtskab med den fysiske dimension, samt at overleve i den (og blive fyldt op med en viljes-energi til at *ville overleve*).

Livstemaerne kanaliserer derimod energien til dig, når du er der i din udvikling, hvor det er vigtigt at du udvikler din psyke. Dette vil være tilfældet i Pre-ego perioden, og endnu mere i Ego perioden. Fra Pre-ego til Hjerte perioden ændrer livstemaerne sig dog således, at de fra at stimulere udviklingen af den primitive psyke, ender med at stimulere udviklingen af 'den højere psyke'.

Den 'højere psyke' betegner den udviklingsstruktur, som vi finder i væsener hvor egoet er færdig udviklet, og hvor hjertet er ved at tage helt over (og hvor den personlige underbevidsthed er ved at forsvinde).

Kontakten i Rod perioden.
I Rod perioden har energierne fra det overbevidste den funktion at aktivere og stimulere *instinkterne,* eftersom disse sørger for at du kan holde dig i live i den fysiske dimension. Instinkterne er din måde at interagere med omverdenen på, og viljen til denne interaktion kommer dybest set fra det overbevidste. Man kan sige, at det overbevidste puster liv ind i instinkterne, som så medierer din kontakt med den fysiske dimension, ved at være i stand til at få dig til at *respondere* på denne dimensions påvirkninger, og få dig til at *reagere* på en måde der er hensigtsmæssig i forhold til at sikre din forsatte eksistens i dimensionen.

I løbet af denne udvikling dannes den første erfaring med den fysiske dimension, og samtidig udvikles dit fysiske legeme til at kunne interagere med dimensionen på en alt mere kompleks måde. Den udviklede interaktion med den fysiske dimension lægger grunden for en udvikling af vores evne til at manifestere os, og skabe i, dimensionen.

De instinkter, der medierer kontakten til den fysiske dimension, er overvejende nogle der kan skelne mellem fare og ikke-fare (denne periodes version af 'behag og ubehag', som jo er et gennemgående princip i alle perioderne).

4. Sammenhæng mellem typen af overbevidst energi, formidlingen af den, samt livsviljen

Hele vores udviklingscyklus kan opdeles i 2 dele. Den første del handler om udviklingen af det individuelle væsen, der bevidsthedsmæssigt når til et niveau hvor det er et med menneskeheden. Den anden del handler om udviklingen af det Guddommelige væsen, der bevidsthedsmæssigt vil nå til at være et med Kilden. Bevidstheds/overbevidstheds princippet er gennemgående, selvom der gradvist sker en sammensmeltning. Formidlingen af overbevidst energi varetages af instinkterne i starten. Siden tager livstemaerne over, med fokus på at udvikle det individuelle væsen, og i de 3 sidste perioder sker formidlingen af de 'universelle temaer', med fokus på det Guddommelige væsen.

Kontakten i Pre-ego perioden

I Pre-ego perioden sker kontakten stadig gennem instinkterne, men i stigende grad også gennem de første livstemaer. Kontakten gennem livstemaerne bliver endnu mere udpræget i Ego perioden, men den starter altså allerede i Pre-ego perioden. Livstemaerne kommer ind i udviklingen fordi det nu (foruden udviklingen af det fysiske legeme samt interaktionen med den fysiske dimension) handler om at udvikle din evne og vilje til at interagere med andre fysiske væsner. Livstemaerne er en 'opskrift' på hvordan denne interaktion skal ske – og således repræsenterer de også de 'regler', der ligger bag udviklingen af psyken.

I Pre-ego perioden vil energierne i det overbevidste 'kanaliseres' gennem instinkterne og livstemaerne. Energierne puster liv i dem, og de 'fortæller' os hvordan vi skal håndtere denne overbevidste energi, hvordan vi skal handle på denne dragende og motiverende energi, som de sender ind i vores primitive bevidsthed.

Din udvikling sker således, som altid, gennem en interaktion med dit overbevidste (her via instinkter og livstemaer), samt gennem den *bevidste* interaktion med livet/det aktuelle livsfelt/andre individer (medieret af den pågældende udviklingsstruktur).
Dette leder til et bevidsthedsstadie, hvor du er klar til at blive knyttet til en gruppe af mennesker, som du identificerer dig med, og som du har kontakt med, gennem din udviklingsstruktur og dine fysiske sanser, i henhold til dine instinkter og aktive livstemaer – alt sammen noget, som altså er skabt, og belivet, af bagved liggende energier kommende fra dit overbevidste.

Kontakten i Ego perioden

I Ego perioden handler din udvikling om at udvikle din psyke, dit ego (individualitet).

Denne udvikling fungerer naturligvis også efter nogle klare regler, som blandt andet definerer værdinormerne i dit ego, og hvordan det/du relaterer sig til verden. Disse regler er, som vi så det i foregående periode, fastsat af livstemaerne.

Dette er perioden hvor du vil udvikle den menneskelige bevidste kontakt, og det er en periode hvor der sker en 'revolution' med hensyn til udviklingen af samfundsstrukturer.

I Ego perioden skabes nu den udviklingsstruktur, som hører til denne udviklingsperiode. Kraften bag dette er et behov efter den overbevidste ego/hjerte energi og behovet er så stort, at det faktum at du endnu ikke kan bevidstgøre denne energi (dette livsaspekt) ikke er til at leve med. Derfor manifesterer det sig i en indre eksistentiel ensomhed (EE) (som Part 2 i bogen blandt andet har fokus på).
Alt hvad EE står for, er i dyb modstrid med dine overbevidste energier (der er det modsatte af denne totale ensomhed), og denne ubalance med den overbevidste vilje udgør faktisk en mægtig kraft, der fører til en isolering af EE bag en 'ubrydelig' grænse, og det er sådan at dit underbevidste bliver skabt.

Skabelsen af underbevidstheden gør at grundlaget for udviklingen af ego bevidstheden nu for alvor er til stede, samt grundlaget for den udviklingsstruktur, der vil lede dig til et stadie hvor du er individualiseret med et harmonisk og stærkt ego.

I denne Ego periode strømmer der nye overbevidste energier ned mod dig, grundet at andre sanseorganer er aktive nu. De nye energier kan aktivere andre livstemaer som kan støtte op omkring en mere kompleks relation til verden, samt til individerne i den. Man er derfor i kontakt med sit overbevidste via flere aktive livstemaer, og måden hvorpå man søger at bevidstgøre disse overbevidste energier er altså tilsvarende mere kompleks. De nye energier/livsaspekter kan nemlig blive en integreret del af dit liv på mange forskellige måder grundet de mange livstemaer.

Kontakten i Hjerte perioden
I Hjerte perioden sker der igen noget afgørende for vores udvikling. Vi opnår, for første gang, en mere intens kontakt til det overbevidste, en kontakt der ikke går igennem vores personlige underbevidste (fordi dette ikke mere eksisterer). Du er kommet et skridt 'tættere på' din overbevidsthed, ment på den måde at du nu udsættes for et renere udtryk af den – fordi du bevidsthedsmæssigt er nået til et stade, hvor du forstår dette udtryk.

Denne kontakt vil samtidig være en mere intensiv kontakt til en dimension, der er tæt forbundet med ikke-inkarnerede væsener, hvorfor kontakten til den ofte vil opleves som en 'åndelig' kontakt af umiddelbar intensitet, og med en stærk 'efterklang'.

Kontakten til overbevidstheden sker stadig overvejende gennem livstemaerne. Du bliver også udsat for resonansaktivering hvorved stærke hjerteenergier for en stund kan skylle ind over dig, og f.eks. føre til oplevelsen af det der ofte beskrives som "det højere selv". De aktive livstemaer er af en anden sammensætning end dem, som man oplever i Ego perioden. Der er således nogle andre temaer i spil i denne fase af din udvikling, temaer som er bedre i stand til at stimulere den højere del af din psyke. Det er nemlig denne del af dig, som nu i den grad er under udvikling.

Derudover kendetegnes hjertebevidsthed, eller Hjerte livsoplevelsen, som sagt ved ikke at 'indeholde' en underbevidsthed (modsat Ego livsoplevelsen, hvor underbevidstheden er en integreret del). Derfor gælder det, at i samme takt som hjertebevidstheden indfinder sig, vil din personlige underbevidsthed udfases. Dette er dog noget, som sker over en lang periode, dækkende mange liv – men det er en proces, som allerede er startet.

Kontakten til overbevidstheden er derfor i Hjerte perioden ændret på flere måder, alt sammen med det formål at lede dig til et stadie af hjerte bevidsthed, som altså er en bevidsthedsform, der blandt andet kendetegnes ved at energier fra den personlige overbevidsthed kan nå, og optages af, din bevidsthed i en mere 'ren' form.

Man er kort sagt kommet tættere på Kilden.

Udviklingsperiode	**Rod**	**Pre-Ego**	**Ego**	**Hjerte**	**GD-1**	**GD-2**	**GD-3**
	Udvikling af det individuelle Væsen				**Udvikling af det Guddommelige Væsen**		
Formidler af Overbevidst energi	Instinkter *Resonans-aktivering*	Instinkter Livstemaer (F.eks primitiv gruppe identitet) *Resonans-aktivering*	Livstemaer (F.eks Individualitet) *Resonans-aktivering*	Livstemaer (f.eks Enhed) *Resonans-aktivering*	Universel tema 1 (Enhed med Kloden) *Resonans-aktivering*	Universel tema 2 (Enhed med Universet) *Resonans-aktivering*	Universel tema 3 (Enhed med Kilden) *Resonans-aktivering*
Bevidsthed	Rod bevidsthed	Pre-Ego bevidsthed	Ego Bevidsthed, Ego Underbe-vidsthed	Hjerte bevidsthed	GD-1 bevidsthed	GD-2 bevidsthed	GD-3 bevidsthed
Over-Bevidsthed	Pre-Ego bevidsthed	Ego Bevidsthed	Hjerte bevidsthed	GD-1 bevidsthed	GD-2 bevidsthed	GD-3 bevidsthed	Kilden
Livsvilje	Vilje til at overleve	Vilje til gruppe identitet	Vilje til individuel identitet	Vilje til individuel enhed med Menneskehed	Vilje til enhed med kloden	Vilje til enhed med universet	Vilje til enhed med Kilden

Figur 13. Kontakten til den bevidste og overbevidste dimension.
Kontakten til det overbevidste (venstre del af figuren der viser de 7 udviklingsperioder i den overbevidste evolution – illustreret som rombe former) kan ske igennem instinkter (små guld diamanter), igennem livstemaer (cylinder), eller via kontakt mellem bevidstheden og de universelle temaer (vist som 5-takket stjerne). Det overbevidste formidler dybest set den 'kosmiske gnist' i os, vist som den store stjerne til venstre. Til højre er vist den bevidste evolution. som er vores bevidste interaktion med livet (vist som jordkloden) der primært sker via 'den personlige udviklingsstruktur', som ses inde i de bevidste udviklingsperioder som en spiral med den farve der symboliserer udviklingsperioden. De udviklingsperioder, der har lilla farve i sig, er dem der ikke behøver at foregå via inkarnationer på jorden.

Oplevelsen af 'dit højere selv'

Lad mig blive lidt ved vores eget udviklingsniveau. Det som er aktuelt for menneskehedens (og din) fremtid er Hjerte udviklingsperioden. Med den følger, som sagt, en ny måde at opleve vores overbevidsthed på – nemlig en mere *direkte og ren* måde, der ikke er farvet af vores underbevidsthed. Denne oplevelse af bevidste Hjerte energier, i kombination med en mere intensiv oplevelse af det overbevidste, kan være en særdeles stærk oplevelse, en oplevelse hvor man opnår den *vished,* som man i Ego perioden altid har savnet, en vished der fortæller dig, at der er mere til livet end det, som dit ego har forsøgt at overbevise dig om, f.eks. en vished om at der er en højere mening med livet, en mening som egoet ikke kender til.

Her er det faktisk mere korrekt at skrive: 'som *du* ikke kender til, når *du* er domineret af Ego livsoplevelsen' – for husk nu at egoet ikke er en separat del af dig som ønsker at styre dig, og som måske endda ikke ønsker dit bedste. Denne opfattelse af egoet er en illusion og er fuldstændig forkert, men desværre en som mange har.

Når jeg derfor i det følgende nævner egoet som en nærmest selvstændig del af dig, så er det kun en skriveform, og fordi det er lettere at skrive det på denne måde.

Når hjerteenergien *dominerer* din bevidsthed, da *ved* du dette. Du er ikke i tvivl. Modsat 'egoets' indbildninger, da skal du intet som helst gøre for at bevare denne oplevelse i dig, denne *viden*. Den er nemlig et faktum, der hviler i sig selv. Den er sin egen kraft. Du skal blot åbne dig for den.

Særlig stærk bliver oplevelsen, når den hjerteenergi, som du har i din bevidsthed, *resonansaktiveres* af de langt højere Hjerte energier i din overbevidsthed. Dette vil give dig en forstærket oplevelse af din bevidste hjerteenergi. Mange beskriver denne oplevelse, som en oplevelse af 'det højere selv', der tilmed kan vise sig som et væsen – stærkt forbundet til dig, men dog repræsenterende en højere bevidsthed. Denne højere hjerteenergi opleves altså af mange nærmest som en separat bevidsthed, og sådan kan det altså opleves når man får forstærket adgang til sit eget personlige overbevidste.

Det som sker, er at du i denne situation selv, midlertidigt, er din egen højere bevidsthed. Du er et med en del af dit overbevidste, og er således i samme grad bevidst ligesom den – og om den dimension, som den virker i. Din direkte erfaring med denne del af dit væsen er dog naturligvis begrænset af dit 'oplevelses apparat' (din udviklingsstruktur), der ikke er vant til denne kontakt, og til disse 'høje energier. Det er derfor at denne del af dig ofte opfattes som en *separat* del af dig, eller endda som et helt andet væsen.

Kontakten i de Guddommelige perioder
De Guddommelige perioder afskiller sig fra alle de andre perioder ved, at du i disse perioder ikke længere behøver at inkarnere på jorden, i den fysiske dimension. Din udvikling er ikke mere afhængig af dette element.

Din kontakt til dit overbevidste er, som vi har set det, generelt set baseret på kanalisering (af de overbevidste energier fra dit *personlige* overbevidste) gennem noget, som 'oversætter' den højere energi, til noget du kan forstå. I starten er kontakten medieret af instinkterne. Derefter tager livstemaerne over. I Ego perioden er livstemaer som f.eks. persona temaet, anima temaet, og et individualitets tema, som *skal* finde udtryk i dit liv. I Hjerte perioden er det højere livstemaer, så som 'enhedstemaet', der bliver dominerende, og som vil føre dig en tilstand, hvor du formår at være *bevidst* et med selve *menneskeheden og viljen til dennes udvikling*.

Når du er nået så langt i din udvikling, er livstemaerne rolle slut, og de vil ophøre med at være en aktiv formidler af overbevidst energi.

På det tidspunkt sker den store transformation af dit væsen, hvorefter din udvikling forsætter i andre dimensioner styret af andre livslove. Disse livslove håndhæves af det jeg kalder 'de universelle temaer', som er livslove med det formål at føre dig til enhed med Kilden – en enhed der sluttelig vil føre til en fuld sammensmeltning af bevidstheden og overbevidstheden.

4. Afslutning.
Lad mig til slut samle op på hvad du har hørt om i dette kapitel. I Pre-ego udviklingsperioden lærer du at blive et med forstadiet til den underbevidsthed, som du senere udvikler op igennem Ego perioden. Du er et med den, men kan ikke erkende den (størrelserne i den – pre-komplekserne, livstemaerne, osv.) fordi 'erkendelsesapparatet' ikke er skabt i dig endnu. Det er altså ikke en bevidst kontakt. Det ego, eller rettere sagt den Ego livsoplevelse, som skal forvalte denne bevidste kontakt, er ikke dannet endnu.

I Ego perioden sker en opdeling af underbevidstheden og bevidstheden, en hændelse der blandt andet er drevet af EE. Dette vil jeg fokusere på i Part 2 af bogen. Der vil således skabes to nye 'ting' i os, nemlig noget der *formår at erkende* (ego bevidstheden), og noget som kan erkendes (underbevidstheden). Du vil derfor efterhånden få bevidst kontakt med underbevidstheden, for at du kan bevidstgøre det, som du skal bevidstgøre for at blive klar til Hjerte perioden - samt skabe det ego og den *individuelle bevidsthed,* som kræves for at du kan komme til at evne Hjerte livsoplevelsen.

Når du er klar til Hjerte perioden (og nu formår at erkende selve egoet, *som en erkendende enhed* i dig, er du kommet til det punkt i din udvikling, hvor det ikke mere er nødvendigt at du overvejende har kontakt med din overbevidsthed *gennem* din personlige underbevidsthed. EE og underbevidstheden vil derfor forsvinde, og vi bliver i Hjerte perioden mere og mere klar til, for første gang, at interagere mere *direkte* med vores personlige overbevidsthed, gennem livstemaer af en endnu højere 'vibration'.

I Ego perioden vil du få bevidst kontakt med underbevidstheden, for at du kan bevidstgøre det, der skal gøre dig klar til Hjerte perioden - samt skabe det ego, og den *individuelle bevidsthed,* som kræves for at du kan evne Hjerte livsoplevelsen.

Den næste udviklingsperiode er GD-1 perioden, hvor du vil komme til at opleve et endnu højere aspekt af den vilje som udgår fra Kilden, nemlig viljen til menneskehedens udvikling, og efter GD-1 perioden vil du i endnu højere udviklingsperioder komme i *bevidst* kontakt med det, som vi *lige nu i vores udvikling* (dvs. i starten af Hjerte perioden) definerer som vores *kollektive* overbevidste, også kaldet 'klodens vilje'.

Det som hjælper os i denne bevidsthedsrejse, er altså de forskellige udviklingsperioder, og netop ved at det foregår i to evolutioner, hvoraf vi ikke er bevidst om den ene (og ikke direkte kan påvirke den med vores bevidste eller underbevidste vilje), da sikres det, at vi *med sikkerhed* vil udvikle os hen imod det mål, som allerede er defineret. Da sikres vores konstante *higen* efter at bevæge os nærmere mod målet.

Du har nu set, at vores udvikling er bygget op på en måde, at vi som væsen indeholder en overbevidsthed som interagerer med en overbevist evolution, samt en bevidsthed som interagerer med den bevidste evolution. Som væsen går vi igennem 7 store udviklingsperioder, og ethvert stadie på denne udviklingsrejse er karakteriseret ved en bestemt energisignatur, opgjort af energier fra de 2 evolutioner. Som menneskehed, og som individuelle væsener, påvirkes vi altså konstant af energier, der tilsammen udgør hele vores *forudsætning* for at interagerer med livet, og hele vores *motivation* for at ville denne interaktion. I appendix 1 går jeg endnu tættere på energiprincippet bag evolutionsprocesserne.

Figur 14. Fra Kosmisk gnist til bevidst oplevelse.
Det personlige overbevidste (midt i figuren, der viser der viser de 7 udviklingsperioder med menneskets nuværende udviklingsniveau, indikeret som en person) modtager energier fra den 'kosmiske gnist' i det kollektive overbevidste gennem de sanseorganer, som er blevet udviklet i det overbevidste. Fra sanseorganerne strømmer et sæt energier (hvis natur er vist ud for de enkelte udviklingsperioder som farvede trekanter, hvis størrelse svarer til der hvor man er halvvejs igennem en periode, og altså på vej ind i en ny) videre mod bevidstheden, hvor de modtages af instinkter (guld-romber), livstemaer (cylinder) eller universelle temaer, afhængig at udviklingsniveauet. Den samlede bevidsthedsoplevelse er udover dette, de erfaringer som man gør sig via de personlige udviklingsstrukturer, som skabes af vores reaktion på de overbevidste energier, samt vores bevidste erfaringer med verden omkring os.

5. HVORDAN DE 2 EVOLUTIONSPROCESSER SKABER BEVIDSTHED

Du har brug for helheden for at forandre dig,
og helheden har brug for,
at du udlever dine erkendelser i den,
for selv at forandre sig.

Helheden forandrer dig,
og du forandrer helheden.

Nu hvor du har hørt om de to evolutionscykler og deres udviklingsperioder, da er det relevant at gå endnu mere i detaljer med hvad deres formål er, og specielt hvordan de 'går sammen' om at sikre dette formål.

Med andre ord – hvordan sikres bevidsthedsudviklingen?

De 2 evolutioner har til formål at *integrere* nye energier/impulser i din bevidsthed, og at påvirke din bevidsthed til at evne at bevidstgøre højere aspekter af livet.

Kort sagt starter en bevidstgørelsesproces med en 'energi-påvirkning', der fører til det jeg kalder "ny-bevidsthed". Denne "ny-bevidsthed" skal derpå *udleves* i livet, før der kan ske en forandring af din bevidsthed. Udlevelsen vil nemlig *forankre* ny-bevidstheden i dit væsen, og forankring (ikke at forveksle med forandring) er absolut påkrævet ***før*** en permanent bevidsthedsudvidelse (dvs. forandring) kan finde sted.

I de følgende afsnit vil jeg fortælle om denne bevidsthedsudviklende proces.

1. De 6 trin til forandring
Forandringen af bevidstheden er et fint eksempel på en proces, der involverer begge evolutioner. Den bevidste evolution har nemlig med 'forankringsfasen' at gøre (hvor en ny-bevidsthed forankres i dig), mens den overbevidste evolution har med 'ny-bevidsthedshændelsen at gøre (hvor du oplever en ny-bevidsthed for første gang). De 2 faser (der tilsammen sikrer integrering af ny bevidsthed i os) er vist i figur 21.
Udviklingsprocessen der leder til irreversibel forandring af bevidstheden, er en proces der involverer 6 trin.

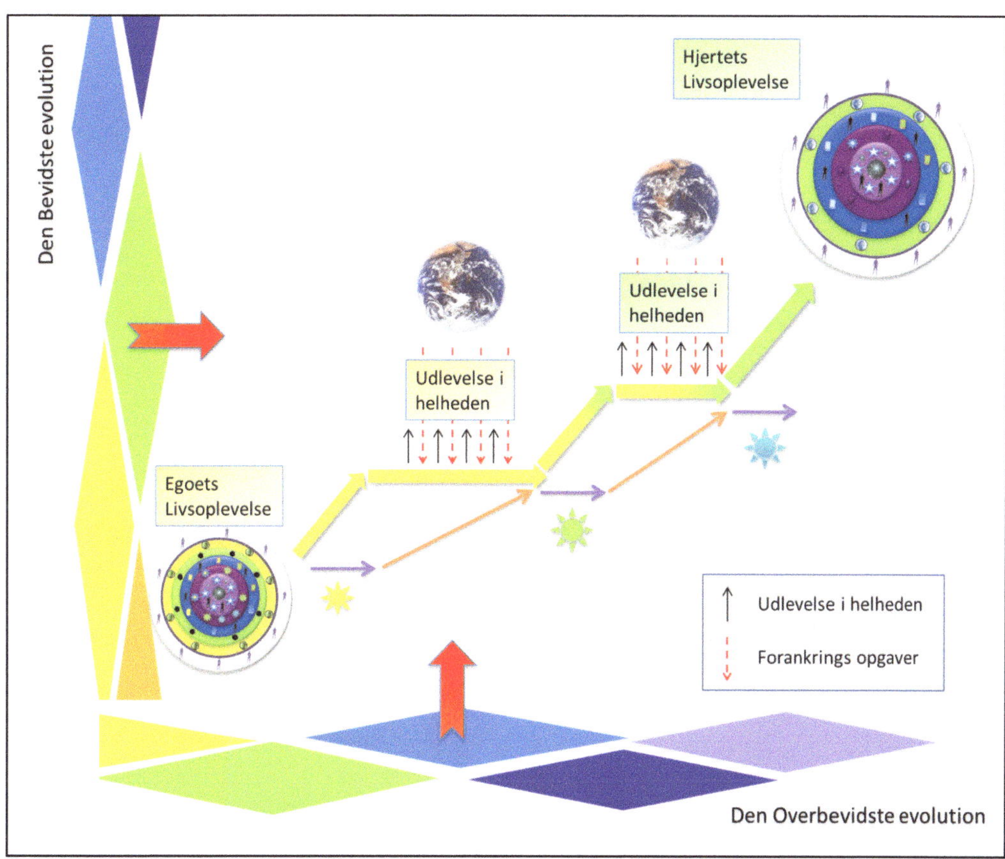

Figur 21. De to Evolutioner fører til forandring af bevidstheden gennem ny-bevidsthed, forankring, og forandring.

Fra Pre-ego til Hjerte perioden handler det om udviklingsprocessen fra ubevidst enhed til bevidst enhed, som er en proces der styres af de to evolutioner. Den overbevidste evolution vil via en energi påvirkning, som optages gennem sanseorganerne i det overbevidste og sendes til bevidstheden, skabe en ny-bevidsthed, som efterfølges af en forankringsfase (der styres af den bevidste evolution), der igen leder til ny-bevidsthed, osv. I forankringsprocessen udlever vi ny-bevidstheden (de små sorte pile) i helheden hvilket medfører en forandring af dit væsen og leder til nye forankringsopgaver (stiplede pile), som efterhånden gør dig klar til endnu en ny-bevidsthed på et højere plan. De tykke gule/grønne pile viser graden af *ny-bevidsthed*, og de orange/lilla pile graden af *forandring*. Læg mærke til at når ny-bevidstheds pilen stiger, da stiger forandringspilen ikke, men når ny-bevidstheds pilen ikke stiger (i forankringsfasen), da stiger forandringspilen, som tegn på at du forandrer dig kun i forankrings fasen. Således styrer den overbevidste evolution ny-bevidsthedsfasen og den bevidste evolution forankringsfasen – og tilsammen fører dette til udvikling af bevidstheden.

Det hele starter med en impuls fra det overbevidste, og ender med en irreversibel ændring af bevidstheden, som faktisk vil virke tilbage på overbevidstheden selv og ændre denne.

Hvor en ny impuls fra overbevidstheden,
igangsætter en forandringsproces i retning af bevidstheden,
da fører en forandret bevidsthed ligeledes til en ny impuls,
i retning af overbevidstheden.

Allerførst skal du se de 6 trin til forandring af bevidstheden opsummeret her:

1) Overbevidst energi påvirkning
Al bevidsthedsudvikling starter fra overbevidstheden. Det er der impulsen til udvikling kommer fra. Det er der den oprindelige vilje kommer fra. Det er der den grundlæggende energi til fremdrift kommer fra. Impulsen kommer fra den kollektive del af dit overbevidste, hvilket vidner om at din egen bevidsthedsudvikling ikke kun kommer dig selv ved, men faktisk bygger på en vilje, der omfatter menneskeheden og mere til. Fra den kollektive del af din overbevidsthed når impulsen det personlige overbevidste, hvorfra den rejser videre mod din underbevidsthed/bevidsthed.

2) Resonans aktivering af din bevidsthed
En ny impuls fra overbevidstheden kan midlertidigt resonansaktivere den lavere form af samme energi som bevidstheden huser, og forårsage et midlertidigt løft af bevidstheden. Dette kan ske igen og igen, og er en vigtig hændelse når bevidstheden skal motiveres til at flytte sig.

3) Resonansbetinget "ny-bevidsthed" (en ny erkendelse af et livsforhold) leder til higen.
De store erkendelser kommer ud af en resonansaktivering af en del af din bevidsthed, hvorved man som sagt midlertidigt løftes til et bevidsthedsniveau, som man jo egentligt ikke er (permanent) på endnu. Når man igen falder tilbage til sit eget niveau, vil man opleve en stor higen (og et stort savn) – en higen efter at komme tilbage igen, en higen efter at gøre den resonans-betingede erkendelse/bevidsthed til en fast del af ens normale bevidsthed og livsoplevelse.

4) Bevidst udlevelse (forankringsprocessen)
For at "ny-bevidstheden" skal kunne blive en del af dit liv, da må den leves og ikke blot erkendes. En resonansbetinget ny-bevidsthed sender normalt en impuls til livet. Livet svarer igen med (meget konkret) at sørge for at du får muligheden for at starte med at udleve din nye livsindsigt. Denne udlevelsesfase er ofte det længste stadie i hele forandringsprocessen.

5) Forankring af den nye bevidsthed
På et tidspunkt vil den nye bevidsthed blive fast forankret i dit væsen, på en måde hvor den smelter helt sammen med din bevidsthed. Forankringsprocessen er da ovre.

6) Forandring af din bevidsthed
Når forankringen er fuldendt, da indtræder det punkt i processen, hvor den endelige forandring af dit væsen indtræder (ofte som et bevidsthedsmæssigt kvantespring). Du er nu for altid forandret – og det som er forandret, er din livsoplevelse. Du oplever nu livet permanent på en anden måde. Dette vil virke tilbage til overbevidstheden og gøre den i stand til at modtage endnu højere impulser, hvorved processen starter forfra.

Energiernes rejse fra det overbevidste
Det hele starter altså med en energipåvirkning, som kommer fra dit overbevidste, fra det som dine sanseorganer i det personlige overbevidste har været i stand til at modtage og sende videre mod din *bevidsthed/underbevidsthed*. Disse energier, som for tiden overvejende er Hjerte energier og høje Ego energier, vil kanaliseres gennem livstemaerne i den kollektive underbevidsthed, som der vil iklæde energierne med det tema (eller de temaer), der bliver aktiveret af energien (dvs. de temaer der *responderer på energien*). Denne, nu tema-iklædte, energi vil derpå nå din personlige underbevidsthed og bevidsthed, hvor energierne nu vil yderligere vil iklædes din *personlige historie* (gennem blandt andet de komplekser, der *responderer på energien*). Sluttelig vil energien i din bevidsthed afstedkomme en higen efter en højere oplevelsesform (og for øvrigt også i starten af Ego perioden skabe den personlige ego udviklingsstruktur, samt strukturerne i det underbevidste, osv.).

Lad os se mere på de 6 trin.

Kvantespring, udlevelse og forankring
For de fleste mennesker er hovedenergien fra det overbevidste lige nu Hjerte energien. Foruden den energi rejse, som jeg lige har beskrevet, vil disse Hjerte energier afstedkomme en *resonans aktivering* af de Hjerte energier, som allerede er en del af din bevidsthed (og ligeså kan høj-ego energier fra overbevidstheden resonans aktivere de lavere Ego energier i vores bevidsthed). Denne resonans aktivering forøger vores nuværende hjerte bevidsthed midlertidigt til en 'kunstig' forøget størrelse.

Vores hjerte *bevidsthed* bliver altså 'pustet op' til en kunstig størrelse, men det opleves alligevel helt konkret, som om man har taget et lille bevidsthedsmæssigt kvantespring til nye højder, med al den nye *livsindsigt og inspiration* det medfører. Med andre ord, dette kvantespring fører til det jeg kalder 'ny-bevidsthed'.

Kvantespringene puster altså vores bevidsthed op til *midlertidig* størrelse, som aftager igen hvis vi ikke gør et eller andet for at integrere denne højere Hjerte energi (denne højere indsigt i livet) i vores bevidsthed. Vær opmærksom på, at der ikke her er tale om de store kvantespring i starten af en ny udviklingsperiode, dem der fører til *permanent* bevidsthedsudvidelse af en helt ny type.
Med denne ny-bevidsthed er vi nået til en ny fase i den proces, der handler om at

ændre/udvikle vores bevidsthed. Vi er nået til *udlevelsesfasen/forankringsfasen*. Det vi nemlig skal gøre med denne ny-bevidsthed, for at integrere den i vores bevidsthed, er at *udleve* den.

Vores higen efter at udleve hjerte ny-bevidstheden eksisterer allerede i os, og dette får livet til at respondere ved nu at give os *hjerteopgaver*.

Livet sender os opgaver (*'forankrings opgaver'*) for at forankre en ny-bevidsthed i os. Forankringsfasen er altså en fase der ligger før en permanent forandring af vores bevidsthed, den forandring som den permanente integrering af de nye hjerteenergier i vores væsen vil afstedkomme. Hele processen er vist i figur 21.

Processen der leder til forandring af din bevidsthed, er altså som følger: Energi påvirkning (med udspring i det overbevidste) → higen og resonans aktivering → ny-bevidsthed → udlevelse (bevidst interaktion med livet) →forankring → forandring (figur 21)

> *"Når du således udlever nye erkendelser (ny-bevidsthed), og på denne måde bringer dem ud i livet, og ind i dit liv, da vil du f.eks. pludselig opleve at situationer, hvor du før ikke formåede at bevare kontakten til dig selv, eller dit hjerte, nu ikke mere kan forårsage en mistet kontakt til dig selv. Faktisk falder det dig nu helt naturligt at være i denne kontakt, og du opdager nu at du på dette punkt har forandret dig. Det startede altså med en ny bevidsthed, og derpå, via din frie vilje, en udlevelse af den, hvorpå den blev forankret i dig, og grundet forankringen skete sluttelig forandringen".*
>
> *Hjertet og egoet*

Hvad du selv er herre over i forandringsprocessen.
Det som du er herre over i denne proces, er selve forankringsfasen, eller i hvert tilfælde det hændelsesforløb i denne fase hvor du (med din frie vilje) *udlever* dine indsigter i livet. Denne fase er det som integrerer en ny-bevidsthed i os og dette leder til 2 ting – til forandringen, og til at vi bliver modtagelige overfor *nye* ny-bevidstheder. Vores forandrede væsen er så at sige det, som gør os klar til en ny energi påvirkning, og dermed til endnu en ny-bevidsthed.

Kun ved at forandre os bliver vi altså klar til (og modtagelig for) nye indsigter i livet fordi vores bevidsthed nu kan rumme dem, og kun ved at der opstår nye indsigter i os, kan vi 'invitere' livet til at sende os nye forankrings opgaver.

Drivkraften bag dette er en higen efter at kende sandheden – en higen efter *at vide,* om den nye indsigt er sand eller ej – og det ved vi ikke før vi har udlevet den. Hvis den via denne udlevelse viser sig at være sand – da vil vi komme til at 'eje' denne sandhed,

fordi den nu er en del af os (fordi vi har altså levet den ud).
I alt dette er der kun en ting som du (med din ego-bevidsthed og ego-vilje) er herre over, og det er selve udlevelsen af ny-bevidstheden. Resten er du ikke herre over – og det er faktisk en hel del. Vi skal se lidt mere på det i næste afsnit, og hvordan det er helt centralt, for at sikre bevidsthedsudviklingen, at det foregår på netop den måde, at der er noget du er herre over, og en hel del, som du ikke er herre over.

Bevidstheds-udviklingen sikres ved de processer, som vi ikke er herre over.

De ting vi ikke er herre over,
sikrer forandringen/udviklingen
af vores bevidsthed.

I den proces der leder til forøget bevidsthed, er der altså nogle ting, som du ikke er herre over – og netop dette faktum sikrer fremdriften. Netop dette faktum sikrer, at vi med sikkerhed altid er i en udvikling, hvor retningen dybest set ikke er bestemt af os selv. Lad os se lidt på hvad vi ikke er herre over.

> *Du er som en person på et skib. Du kan løbe frem og tilbage på skibet og tro at du helt selv bestemmer din retning. Dog, selve skibets retning har du ingen indflydelse på. Skibets retning styres af kræfter, der er helt uden for din rækkevidde, kræfter der kommer fra din overbevidsthed*

Hvis vi ser på bevidstgørelsesprocessen igen, da består den af følgende hændelser:

Energi påvirkning → higen og resonans aktivering → Ny-bevidsthed → udlevelse →forankring → forandring af bevidstheden.

Det som du *ikke* er herre over, er streget under og det er altså energi påvirkning, resonans aktivering, ny-bevidsthed, tildeles forankringen, og sluttelig selve forandringen. Dette er jo egentlig en hel del!
Med hensyn til skabelsen af ny-bevidsthed, da er det som sagt den overbevidste evolution der leverer energien til denne hændelse. Da det er en ny-bevidsthed, som (per definition) endnu ikke er integreret i din bevidsthed, fordi du endnu ikke er nået dertil i din udvikling, da må energien som har skabt denne ny-bevidsthed nødvendigvis være en, som er højere end den af din aktuelle bevidsthed, hvilket jo er tilfældet for den overbevidste evolution, der altså er ansvarlig for den energi påvirkning, der første til ny-bevidstheden (Figur 22).

Eftersom det kommer fra denne evolution, da har du altså ingen *bevidst* indflydelse på at skabe disse ny-bevidstheder, og ingen indflydelse på deres indhold. Du kan uden tvivl arbejde på at gøre dig modtagelig for dem, men du kan altså *ikke* bestemme indholdet af ny-bevidstheden.

Hvad forandrer det overbevidste?

Forandringen af din bevidsthed har flere konsekvenser. Dels oplever du nu verden på en forandret måde og dels har du brug for nye stimuli for at forsætte din udvikling. Ved at realisere noget som du har higet efter, da har du nu brug for at hige efter noget nyt. Dette nye skal, som altid, komme fra dit overbevidste, som derfor skal sende nogle nye energier i din retning der, efter at have 'påklædt' sig den beklædning som livstemaerne og din personlige underbevidsthed giver dem, kan give dig noget nyt at hige efter.

Vi har set at de energier/impulser som dit overbevidste sender mod 'dig' er energier som det har været i stand til at modtage fra dit *kollektive* overbevidste gennem de *sanseorganer,* som er i dit *personlige* overbevidste. Derfor gælder det at hvis dit overbevidste skal formå at sende nye energier (af en højere kvalitet) ned mod din bevidsthed, da må det først udvikle dets sanseorganer – eftersom det jo er disse organer, der bestemmer hvad det er i stand til at modtage fra det kollektive overbevidste.

Derfor vil en forandring af din bevidsthed faktisk også medføre en forandring af din overbevidsthed, med den konsekvens at din overbevidsthed nu kan kanalisere andre energier, livs dimensioner og livsviljer, gennem andre sanseorganer (eller gennem mere udviklede udgaver af de eksisterende sanseorganer) på en måde at de tilslut når din bevidsthed hvor de enten vil styrke en forankrings proces, eller føre til en ny-bevidsthed.

Således ændres dit personlige overbevidste af din *bevidsthedsudvikling* til at kunne modtage og videresende nye energier fra det kollektive overbevidste, fra den 'kosmiske gnist', som jo dybest set styrer vores udvikling.

Det starter altså med en impuls fra overbevidstheden og ender med en ændring af denne.

2. Afslutning.

Vi har nu været igennem Part-1, 'Menneskehedens Udvikling'. I denne Part af bogen er du blevet præsenteret for et verdensbillede, med fokus på menneskehedens udvikling. Du har set at det består af 2 evolutions cykler med hver 7 udviklingsperioder og i alt 14 energier.

Du har også set at mennesket indeholder en kollektiv og personlig overbevidsthed, en kollektiv og personlig bevidsthed, og en kollektiv og personlig underbevidsthed.
I det overbevidste finder vi de 7 overbevidste sanseorganer, samt den 'kosmiske gnist'.
I det underbevidste finder vi, i den kollektive del, livstemaerne som belives af

overbevidste energier (og som er skabt af dem). I den personlige del finder vi andre strukturer såsom komplekserne.
Den overbevidste evolution er i direkte kontakt med dit overbevidste, mens den bevidste evolution er i kontakt med din aktuelle bevidsthed (som p.t. er identificeret med egoet og i mindre grad til hjertet).

Kontakten til den bevidste evolution sker via de personlige udviklingsstrukturer, hvoraf der er 7, en knyttet til hver af udviklingsperioderne i den bevidste evolution. Disse 7 personlige udviklingsstrukturer har hver deres helt unikke struktur og fungerer efter specifikke 'love' og har unikke formål. Ego udviklingsstrukturen består af en række sindstilstande og det vi kalder følelser. I de andre udviklingsstrukturer er det ikke sindstilstande eller følelser som er relevante, men derimod andre ting. I Part-2 af bogen skal vi se meget mere til egoets udviklingsstruktur og dens forskellige sindstilstande.

Bogens part 2 og part 3
Der er naturligvis mere til dette verdensbillede. En af de ting, som vi skal se senere i part 3 af bogen, er at der er flere tilværelsesplaner (eller det jeg kalder 'livsfelter') i livet, som i mere eller mindre grad er tilgængelige for vores bevidsthed, og at de vil blive gjort mere tilgængelige for os gennem en udvikling af vores *livsoplevelse*.

Vi skal desuden se at der findes 7 typer af livsoplevelser, som indeholder fra 3 til 7 'bevidsthedslag' (livsaspekter), og at hele dette utrolige udviklingsunivers har til formål at sætte os i stand at evne at *opleve* livet på nye måder. Vi skal f.eks. se at egoets måde at opleve livet på er en oplevelsesform som er aktuel nu, men ikke i fremtiden, og at der allerede nu er andre oplevelsesformer som er tilgængelige for dig – og som trænger sig på.

Det handler altså om at hjælpe os til nye måder at *opleve* livet på, hvilket vil føre os til stadig højere erkendelse af kilden selv.

Din egen rolle
En større forståelse af det verdensbillede, som jeg har præsenteret for dig, kræver at vi nu vender øjet ind mod os selv, og udforsker vores egen rolle i dette verdensbillede. Fra at have beskæftiget os med de store perspektiver, er det tid til at se endnu nærmere på *det enkelte menneskes* udvikling – det vil sige *din egen udvikling*. I Part-2 ("Menneskets Udvikling") skal det derfor handle om egoets udviklingsstruktur, hvorefter jeg i Part-3 ("Menneske og Kosmos") vil samle op på alt hvad vi har lært, og se endnu nærmere på hvad formålet med vores udvikling egentlig er.

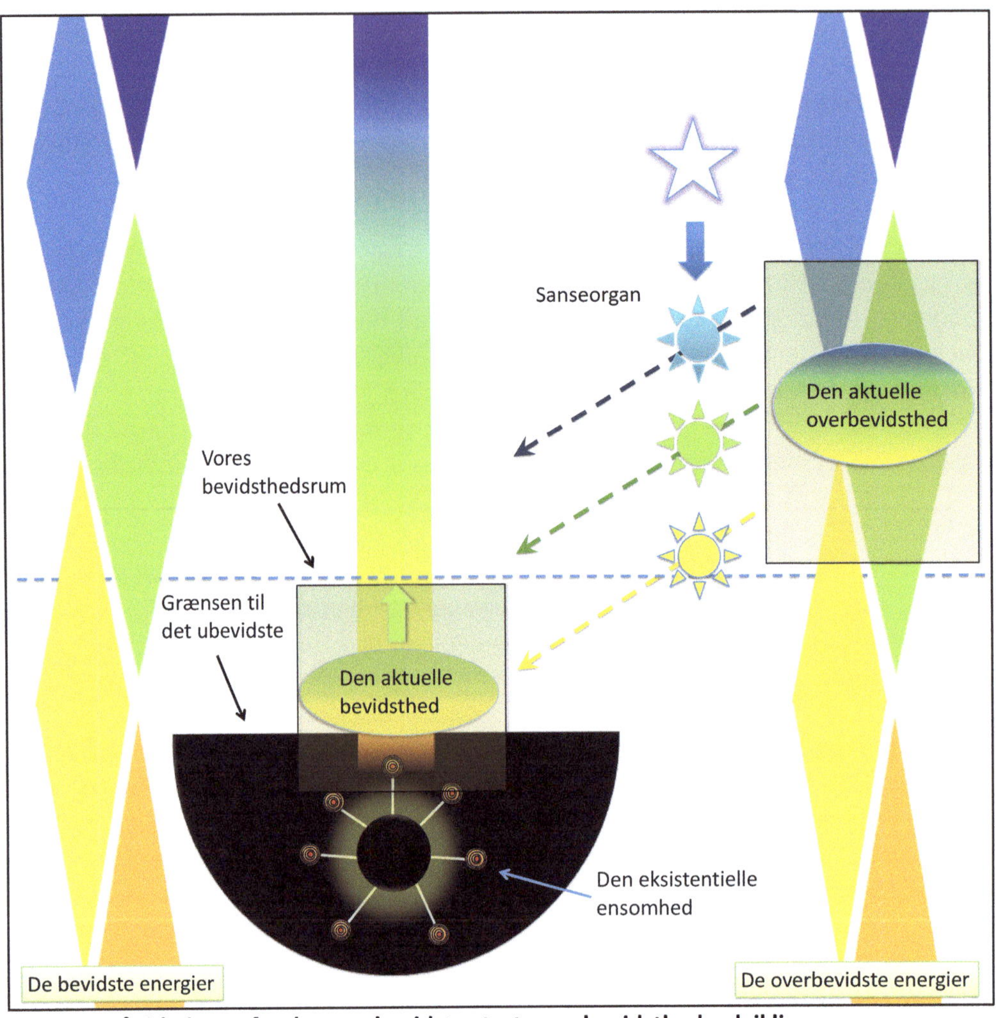

Figur 22. Påvirkningen fra det overbevidste starter en bevidsthedsudvikling.
Vores udviklingsniveau defineres af placeringen af begge vores bevidsthedsrum. Et bevidsthedsrum bevæger sig kun i en retning hvorimod den aktuelle bevidsthed kan bevæge sig i begge retninger inden for bevidsthedsrummet. Overbevidstheden er en halv udviklingsperiode længere fremme end vores bevidsthed med hensyn til hvilke energier den kan tage imod (gennem sanseorganerne). De laveste energier som det påvirker os med svarer til niveauet lige over de højeste energier som vi kan tage bevidst ind, i dette tilfælde høje Ego energier. Disse overbevidste energier strømmer ned mod personligheden og igangsætter den higen og den resonansaktivering (af lavere aspekter af samme type energier i bevidstheden), som leder til de midlertidige resonansstrukturer, der skal til for at starte bevidstgørelsesprocessen af højere livs aspekter. Derved sikres en tilstrækkelig motivation til at 'invitere' livet til at starte forankringsprocessen. Det hele vil ende med at begge bevidsthedsrum flytter sig opad.

PART 2. MENNESKETS UDVIKLING – EGOET OG HJERTET

- Udviklingen af ego og hjertebevidsthed -

Mennesket er på en lang rejse,
gennem utallige bevidsthedsformer
for at nå til stadig højere former for erkendelse,
af Kilden til alt liv

Nu er vi nået til de personlige udviklingsstrukturer og deres tilstande. Vi har allerede set, at det enkelte menneske indeholder en kollektiv del i både vores overbevidste, vores underbevidste og vores bevidsthed. Således eksisterer intet menneske for sig selv som en afskåret enhed, men snarere som en del af en større menneskehed, en del som det er fast forbundet med.

Udviklingsstrukturerne

De personlige udviklingsstrukturer og deres tilstande er et udtryk for *menneskets* bevidsthedsudvikling, og den samlede ophobning af alle menneskers tilstande, er et udtryk for *menneskehedens* bevidsthedsniveau. Tilstandene er vores sanseorganer ud imod livet. Når vi er i en tilstand, da sanser vi noget, og når vi er i en anden tilstand, da sanser vi noget andet. Man kan sige at de personlige udviklingsstrukturer tillader os at se verden gennem forskellige 'vinduer', hvor de forskellige vinduer er de forskellige tilstande.

På samme måde er den samlede ophobning af overbevidste sanseorganer (dvs. overbevidsthedens samlede sanseevne) et udtryk for menneskehedens personlige overbevidsthed, og ophobningen af de kosmiske gnister et udtryk for menneskehedens kollektive overbevidsthed (eller det 'væsen', som manifesterer sig i form af menneskeheden).

Både de overbevidste sanseorganer, samt de personlige bevidsthedstilstande, ændrer sig kontinuerligt, de sidste hurtigere end de første. Dette sker for at sikre, at de overbevidste sanseorganer sender præcis den energi videre, som på bedst mulige måde inducerer netop den udvikling i bevidstheden, som den har allermest brug for.

De kosmiske love sikrer at der er denne sammenhæng, mellem de overbevidste sanseorganer og de bevidste sanseorganer.

Med disse tilstande (tilvejebragt gennem den udviklingsstruktur, som dominerer os) har vi altså taget fat på endnu et lag af menneskets og menneskehedens udvikling. Vi er nu nået til udviklingen af bevidstheden, og skal til at se nærmere på de love, der virker til at sikre dennes udvikling.

De 3 udviklingstilstande

Egoets udviklingsstruktur indeholder mange sindstilstande. De kan dog grupperes i nogle hovedtilstande.

Hvis du er rigtig tæt på EE, da vil du havne i en tilstand, som jeg kalder "vakuum" tilstanden. Dernæst følger tilstanden 'anti-kompensation', og sluttelig 'kompensations tilstanden', som er den dominerende sindstilstand, når du er 'langt væk' fra EE. Disse 3 tilstande er det der udvikler dit ego, og det som afgør hvad du oplever i dit liv.

Det der blandt andet kendetegner disse tilstande, er *integriteten/styrken af dit ego* i dem. Dette varierer nemlig fra tilstand til tilstand. Således har du et stærkt ego i kompensationstilstanden, mens du i vakuum tilstanden har et 'opløst' ego.

Dette har direkte indflydelse på din foretrukne *metode til at blive smertefri*. Denne vil nemlig variere lige fra et Ja til livet ("kompensations metoden") i kompensations tilstanden, til et nej til livet ("anti-kompensations metoden") i anti-kompensations tilstanden. Dette skal vi høre om forneden.

Blokeringen af livstema energierne forøger skabelsen af komplekser
I Part-1 har vi hørt om livstema energierne, og om hvordan disse energier kommer fra livstema 'strukturer', der er aktiveret af energier fra det overbevidste. Vi skal se, at når disse energier flyder gennem dig uden modstand og finder deres naturlige rolle i dit liv, da er konsekvensen altid at du føler dig lykkelig. Altid!

Omvendt gælder det også, at hvis livstema energierne blokeres, da føler du dig ulykkelig og i ubalance. Altid.

Ydermere skal du se at en blokering af livstema energier skaber de strukturer som er i den personlige underbevidsthed, f.eks. komplekserne.

Så vigtige er disse livstemaer, og deres energier, for dit daglige velbefindende.

Terapi og at arbejde med dig selv i udviklingstilstandene
En af de meget vigtige ting vedrørende udviklingstilstandene er deres *energisignatur,* og at hver af tilstandene har deres eget "primære mål" og deres egen "primære motivation" (eller det jeg kalder "dybeste higen").

Dette er noget som jeg føler særlig meget for at videregive, idet jeg ofte har mødt mennesker, som har arbejdet forgæves med dem selv, udelukkende fordi de har brugt de forkerte metoder. F.eks. bruge mange mennesker metoder, der forudsætter et tilpas udviklet ego, også selvom de faktisk er i en udviklingstilstand, der er kendetegnet ved en svækket ego-integritet.

Således ses det ofte at mennesker forsøger at opnå forøget kontakt med deres underbevidsthed, selvom de faktisk er i en tilstand hvis "primære mål" *ikke* er at udforske det underbevidste, men derimod er at *styrke et dis-integreret ('opløst') ego,* så det i fremtiden (i en højere tilstand) er klar til at håndtere underbevidste strukturer uden at blive indhyllet af dem.

Således skal enhver terapi, eller generelt ethvert arbejde med dig selv, defineres af den energi-signatur, der er knyttet til den udviklingstilstand du er i. Både det offentlige system, samt mange psykologer og psykoterapeuter, er overvejende i stand til at håndtere mennesker som er i kompensations tilstanden, mens mennesker i andre tilstande oplever frustrationen over ikke at kunne blive hjulpet ud af deres smertefulde tilstand – samt frustrationen ved at de gængse metoder ikke synes at virke på dem – alt sammen fordi "systemet"/terapeuten ikke har forstået, at traditionelle psykologiske metoder (eller metoder der fokuserer på en direkte kontakt med underbevidste strukturer såsom komplekserne), kan være katastrofalt at bruge, hvis man befinder sig i 'anti-kompensation' eller "vakuum" tilstandene.

Jeg vil derfor i Part-2 forklare hvordan du kan arbejde med tilstands-energierne, og blive bedre til at opdage hvilken tilstand du selv befinder dig i. Og jeg vil fokusere på hvad der er vigtigt at arbejde med i de forskellige tilstande – og hvad du *ikke* bør arbejde med!

Du skal altså høre om tilstande, som du helt sikkert selv befinder dig i, hver eneste dag. Vi skal helt ned i detaljen – helt tæt på hvad der gør *dig* lykkelig, eller hvad der giver *dig* smerte, og frem for alt, hvordan du selv kan arbejde med dine personlige udfordringer.

6. EGOETS SKABELSE

Der var en tid hvor egoet ikke eksisterede.
Så kom den tid, hvor egoet opstod i os.
Efter dette vil der komme en ny tid,
hvor egoet vil ophøre med at være.
Sådan er det for alle livsoplevelser og identiteter.

De fleste mennesker ved godt, at når vi oplever en følelse, da er der mere til den end det, som vi umiddelbart oplever. Vi kan føle os kede af det, men ved at grave lidt i denne følelse, da kommer vi i kontakt med vores underbevidste, vores fortrængninger, vores traumer, osv. Der var altså et ekstra lag til følelsen, et lag som udgøres af vores personlige underbevidste. Dette ekstra lag er for længst accepteret. Det er accepteret så meget, at vi alle er overbeviste om, at for at forstå vores følelser, da skal vi dybere end den umiddelbare oplevelse af følelsen, for der er som sagt noget som ligger bag den, noget som har skabt den. Ved at forstå det dybereliggende lag i en følelse, da forøges vores forståelse af den. Du skal dog se, at det slet ikke stopper ved underbevidstheden. Der er nemlig endnu dybere lag, som vil forøge vores indsigt endnu mere – ikke bare i følelsen, men tillige i hele det verdensbillede, som rummer den. I dette kapitel skal du høre om da egoet, og egoets verdensbillede og livssyn, blev skabt.

En rejse til din og menneskets fortid
Lad mig starte med at tage dig på en rejse tilbage i historien. I din egen historie. Det kan måske virke uvedkommende (i forhold til hvor du er lige nu i dit liv) at gå tilbage til en tid hvor egoet blev skabt, men som altid, så er det vores baggrund, der sætter vores udvikling i perspektiv, også udviklingen af egoet. Fortiden sætter nutiden i perspektiv. Så læn dig tilbage og nyd turen, tilbage til dengang de første spæde tegn af dit ego viste sig, og i den grad ændrede hele din verden.

1. Da Ego livsoplevelsen opstod
Menneskeheden er i en udvikling, og lige nu er der fokus på egoet, og den selvbevidsthed som det står for. Den periode som vi er i nu, har jeg som sagt kaldt 'Ego udviklingsperioden', idet egoet i den grad spiller en hovedrolle i denne periode – og altså for vores udvikling her og nu. Når jeg taler om hvor vi er nået til som menneskehed, da tager jeg udgangspunkt i hvor vi er nået til i *bevidsthedens* udviklingsperioder.

I den første halvdel/fase af Ego udviklingsperioden handler det om at udvikle egoet og din selvbevidsthed via en *adskillelse* til 'gruppen' (dvs.

verden/fællesskabet/menneskeheden) - hvorigennem du lærer at skelne dig selv fra gruppen. I den anden halvdel handler det om at udvikle egoet/selvbevidstheden, gennem en *integration* med fællesskabet, en integration, der ender med en ny identitet og en ny selvforståelse. Du er et sted lige nu i midten af Ego udviklingsperioden, hvor det både handler om definere dig selv via både adskillelse og integration. Dette giver dig nogle helt særlige udfordringer.

Egoet opstod altså i løbet af vores udvikling, og er et resultat af nogle hændelser, der skabte *behovet for at opleve os selv og verden, på præcis den måde som egoet gør det.* Ser vi på mere primitive raser, f.eks. aberne, da har de ikke i samme grad som os et ego eller en selvbevidsthed. Til trods for det ser vi dog visse tegn på selvbevidsthed hos disse dyr, idet de har forskellige roller i en flok, og er 'klar over' deres egen rolle. Forsøg med dem har endvidere vist, at de godt kan være klar over at aben i spejlet er dem selv, og at de kan føle sig kede af det, eller føle glæde (og for øvrigt give udtryk for det gennem tegnsprog). Egoet starter altså ikke hos mennesket. Der er dog ingen tvivl om at det udviklede sig markant hos Homo sapiens, fordi Homo sapiens var blevet klar til en oplevelse af livet, og til en selvforståelse, der tog udgangspunkt i et ego – dvs. *i det verdenssyn,* som egoet står for (og som jeg vil fortælle om forneden).

Egoet står for en ganske særlig, og ganske specifik, måde at opleve livet på, og det vi skal spørge os selv om, er hvordan netop denne måde at opleve livet på kom for dagen, og hvad der præcist definerer denne oplevelse.

Egoet er knyttet til den tredje store udviklingsperiode, Ego udviklingsperioden (Figur 23). Egoet eksisterede ikke før denne periode, og i tidligere perioder var vores selvbevidsthed derfor af en helt anden karakter. I dag ville vi ikke engang kalde det 'selvbevidsthed', men snarere 'selv-<u>u</u>bevidsthed'. Vi er nemlig vant til at opfatte selvbevidsthed, som den er defineret af Ego livsoplevelsen, en livsoplevelse der jo blandt andet karakteriseres ved en udviklet evne til at *skelne os selv fra omverden.*

Før Ego livsoplevelsen kom til at dominere vores livssyn, eksisterede Pre-ego livsoplevelsen. Den gang denne livsoplevelse dominerede vores måde at opleve livet på, da oplevede vi ikke os selv som et individuelt væsen, med *individuelle* behov og mål. Du havde heller ikke en *dualistisk* tilgang til livet. Egoet eksisterede ikke, og behovet for at opleve dig selv som et individuelt væsen eksisterede heller ikke i din bevidsthed. 'Følelser', som vi kender dem i dag, eksisterede ikke.

I takt med at Pre-ego livsoplevelsen udviklede sig, kom du dog efterhånden til et punkt i din udvikling hvor disse oplevelser nåede en 'kritisk masse', der signalerede/startede en indvielse til den næste livsoplevelse. Sulten efter en ny livsoplevelse blev således tilstrækkelig stor.

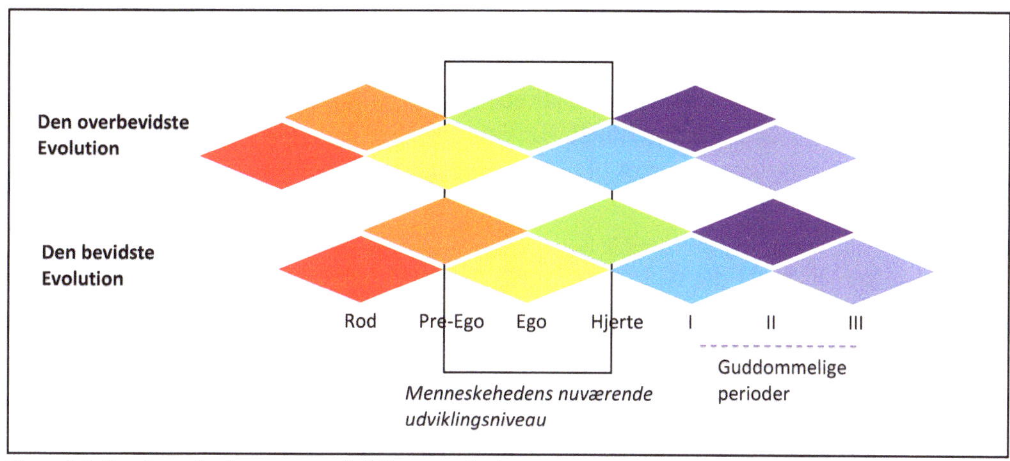

Figur 23. De 2 evolutioner og udviklingsperioderne.
Det ses at hver af evolutionerne kan opdeles i 7 udviklingsperioder, og at den overbevidste evolution er en halv udviklingsperiode 'længere fremme' end den bevidste evolution. Lige nu påvirkes bevidstheden overvejende af Pre-ego/ego energier, og overbevidstheden af ego/hjerte energier. Men Hjerte energierne er dog også begyndt at indfinde sig i bevidstheden. En afgørende hændelse i starten af Ego perioden er indstrømningen af overbevidste Ego og Hjerte energier, som initierer skabelsen af de indre strukturer i ego-personligheden. I løbet af perioden vil der på et tidspunkt starte en indstrømning af bevidste Hjerte energier, hvis formål det blandt andet er at accelerere yderligere struktur-skabelse 'i egoet', dvs. i ego personlighedsstrukturen. De skabte strukturer er både de underbevidste (komplekser/traumer/fortrængninger) og de bevidste strukturer.

Dette startede den indvielse jeg kalder 'ego indvielsen', som skabte den første gnist af egobevidsthed; den første spæde oplevelse af, at du ikke var identisk med den gruppe, som du var en del af. Der blev skabt det første behov efter at kende dig selv *I forhold til den omverden, som du er en del af*; det første behov efter *at blive set af den* - alt sammen fordi den første ego gnist 'fortalte dig', at du ikke var lig med den omverden, som du levede i (og at du derfor måtte være noget andet). Dette behov er stadig en afgørende del af dit liv.

Enhver livsoplevelse har sit helt unikke 'sprog'. Pre-egoets sprog var f.eks. 'glæden' ved at være et med et fællesskab. Med 'glæde' menes dog den type glæde, som kunne opleves via Pre-ego livsoplevelsen, hvilket slet ikke er den samme glæde, som kan opleves via Ego livsoplevelsen. Set fra egoets synspunkt må Pre-egoet nærmest beskrives, som en slags 'bevidstløs' tilstand, men kun ment på den måde, at du ikke var bevidst om dig selv i forhold til gruppen/omverden. Pre-egoet er ved at forsvinde helt ud af vores oplevelse af livet, ligesom egoet og dets sprog (dvs. det vi kalder følelser) vil forsvinde ud af vores liv en dag, og blive helt erstattet af 'hjertets sprog'.

Det kan måske synes besynderligt for nogle at tænke over, at den måde de lige nu føler på vil slutte en dag, men det er altså en helt naturlig konsekvens af vores udvikling.

Det hele startede med en indvielse

Egoet, eller egobevidstheden/livsoplevelsen, er ikke blot en udbygning af Pre-ego bevidstheden, ligesom hjerte bevidstheden ikke blot er en udbygning af ego bevidstheden. Det er i stedet noget fundamentalt anderledes. Der tale om en ny livsoplevelse. Det er som at flytte til helt *et helt nyt land*. Det er som at lære at tale et helt nyt sprog!

Ego-indvielsen flyttede dig til et 'nyt land', landet for egobevidsthed, hvor du skulle lære at tale og forstå et nyt sprog, et sprog domineret af følelser, af 'mig og dig' i stedet for 'vi', et sprog baseret på frygten for at miste 'mig', og på en higen efter at finde mere af 'mig'.

Det startede med at du blev fuldstændig overvældet af behovet for at betræde dette nye land, et land som altså først og fremmest karakteriseres ved at 'mig' opstår!

En Indvielse er karakteriseret ved, at du *oplever verden på en helt ny måde*. Det er derfor at jeg kalder det en indvielse. Det er ikke for at signalere en eller anden 'mystisk' hændelse, men for at pointere, at det drejer sig om en *grundlæggende* ny måde at opleve verden og dig selv på. Det er ikke ment som en 'bevidstheds-eksplosion', hvor du lige med et 'ved det hele', men snarere som en proces, der sagtens kan løbe over et stykke tid. Der er dog tale om et kvantespring, forstået på den måde, at du ser et glimt af en verden, som du helt grundlæggende ikke vidste eksisterede. Du bliver altså *indviet* i en ny måde at opleve livet på.

Pointen ved at kalde det en indvielse er således at gøre det klart, at jeg ikke snakker om en udviklingsproces, der blot lægger et trin på den trappe, som vi allerede står på (hvilket repræsenterer hovedparten af vores udviklingsskridt), men at det derimod er *en helt ny trappe*, et fundamentalt nyt livssyn, og et som *irreversibelt* bliver en del af dig.

I 'ego-Indvielsen' får man for første gang en bevidst oplevelse af en ny verden, 'egoets' verden, en verden hvor du for første gang i din udvikling opdager dig selv, som et selvstændigt individ. Når du først får færten af, at du faktisk er et selvstændigt individ, så er din skæbne forseglet, og du har nu et nyt mål i livet. Du må *for alt i verden* finde dig selv, det 'selv' som du har fået den første oplevelse af, og som du nu ved eksisterer. Der er ingen vej udenom. Der er ingen vej tilbage. Du er for altid forandret!

Den næste gang noget sådan sker er ved indgangen til Hjerte perioden. Igen vil den første oplevelse af hjertet efterlade en intens higen efter at lære denne 'hjerte energi' at kende – og dit liv synes kun at give rigtig mening igennem denne jagt på hjertet, og særligt når det lykkes dig at få kontakt med det. Det er faktisk det, som er ved at ske for dig lige nu i dit liv. Ting som før gav mening, giver ikke samme mening mere. Du har fået et nyt mål i dit liv.

Først skal du miste – og siden skal du få

Hvis vi ser på indgangen til Ego perioden, så forestil dig at du går tilbage i tiden, og at du står på tærsklen af denne nye 'ego-verden'. Det første som sker, er at du mister. Før noget nyt kan manifestere sig, skal du nemlig give afkald på det gamle. Sådan er det i en indvielse. Først skal du miste, og siden skal du få.

Det er ikke rart at miste noget, som man er tryg med, så hvorfor skal det overhovedet til? Det er ikke for at pine dig! Det er ikke fordi at påføre dig smerte. Det er derimod fordi det skaber en forudsætning i dig, for at kunne tage imod det nye på en irreversibel måde, altså på en måde, hvor det til fulde integrerer sig i dit væsen.

Når du træder ind i Ego perioden, da er det din Pre-ego identitet, som du skal miste, før du formår at tage ego-identiteten helt ind. Du skal altså miste noget som er dig yderst velkendt og trygt. Du skal miste dit hjem. Det skete, da egoet trådte ind på din livsscene, og det sker for øvrigt kontinuerligt gennem din udvikling. Ved indgangen til en ny udviklingsperiode, er det dog særlig udpræget.

Tomrummet skaber EE, en drivkraft for egoet

Ved indgangen til Ego perioden eksisterer ego bevidstheden selvfølgelig ikke, men du har fået den første smag for egoet og din individualitet, hvilket har skabt en intens higen efter disse ting. Det første udtryk af EE er derfor dybest set en intens ensomhed fra det *individuelle* selv, som du nu ved eksisterer. Jeg kalder udtrykket for dette moderkompleks for 'den eksistentielle ensomhed' (EE), og fordi EE i starten af Ego perioden relaterer sig til ego-bevidstheden kalder jeg det 'Ego-EE'. Netop dette moderkompleks er helt altafgørende for udviklingen af egoet, og derfor er det så vigtigt, at det bliver skabt. Skabelsen af EE ('Ego-EE') er nemlig med til at starte udviklingen af egoet, og lige så længe egoet er under udvikling vil EE være en del af vores væsen. Det er altså lige nu en del af dit væsen.

En afgørende del af egoets motivation for at flytte sig er at mindske indflydelsen af EE på dit liv (dvs. egoet handler for at kompensere for den indre ensomhed som EE står for). EE er stadig en afgørende del af dit liv, og kunne du se helt ind i dit ego, da ville du finde denne ensomhed i dig selv. Du skal høre mere om EE forneden.

Ser vi endnu dybere på egoet, da vil vi se at det selvfølgelig ikke er egoet som dybest set styrer din udvikling. Egoet er jo noget der skabes, af de *udviklingskræfter,* som står bag egoet.

Som nævnt, optræder disse udviklingskræfter for første gang i vores bevidsthed i starten af Ego perioden, hvor de viser os hvilken selvbevidsthed, som egoet står for. Ud af dette opstår der, som sagt, en stærk higen efter Ego livsoplevelsen, og derfor en lige så stærk reaktion på at vi naturligvis endnu ikke er i stand til at realisere den selvbevidsthed, som egoet står for. Men vi har fået den første smag for det, og i vores overbevidsthed pulser denne Ego energi ned mod os (som vi så i figur 23). Reaktionen er en voldsom ensomhed (en ensomhed, der udspringer af savnet efter det vi fornemmer vi inderst inde er – en egobevidsthed), og en lige så stærk *meningsløshed*, der kommer ud af at vi ikke kan realisere dette nye behov – det behov, der nærmest kan betegnes som den nye 'herre' i vores liv.

At være i konflikt med udviklingskræfterne leder til smerte og meningsløshed, ligesom at leve i balance med dem leder til lykke og livsmening. Særlig i første halvdel af Ego perioden byder udviklingskræfterne dig at opbygge dit ego, og når du lever dit liv på en måde der faciliterer opbygningen af egoet, så oplever du dyb livsmening.

I *tomrummet* mellem den gamle og den nye identitet/livsoplevelse gøres du klar til irreversibelt at modtage det nye livssyn. Du gøres klar til indvielsen, dvs. til at se verden på en fundamental ny måde, en måde du ikke vidste fandtes. Det er som om du med et får en ny sanseevne, til at sanse en ny verden.

En indvielse handler altså om at vise dig en ny og 'højere' måde at opleve livet på. Den starter med først at tage din gamle livsoplevelse fra dig, dit gamle fundament (og din tryghed) i livet. Det nye fundament skal nemlig ikke bygges oven på dit gamle, som om det var en udvidelse af den. Det svarer til at rive en gammel bygning ned og bygge en ny.

Den nye bygning er en ny livsoplevelse og en ny personlighedsstruktur. Det skal du høre meget mere om senere. Lige nu er det vigtigt at du forstår pointen om tomrummet, samt at det er nødvendigt at man skal miste sit hjem, før et nyt åbenbarer sig, i form af en ny livsoplevelse.

En ny personlighedsstruktur tager sin begyndelse

Hvis du ser på figur 23, da kan du se at i starten af Ego perioden er der fuldt blus på de overbevidste Ego energier, og derudover kan du se at Ego energierne har eksisteret i overbevidstheden i en halv udviklingsperiode. Hvad betyder det så? Det betyder at den individualitet, som du nu får den første oplevelse af *i din bevidsthed* (i starten af Ego udviklingsperioden) faktisk allerede har eksisteret i rigtig lang tid i din overbevidsthed.

Man kan derfor sige at du higer efter noget *som allerede eksisterer i dig* (sådan er det for øvrigt altid med en dyb higen). Dette er en af grundene til, at din higen virker så stærk og troværdig på dig. Du *ved* nemlig allerede, at det du higer efter, er virkeligt og sandt! I en halv udviklingsperiode har der altså i dig eksisteret en oplevelse af, at du er et individuelt væsen, selvom din bevidsthed ikke har kunne indeholde denne oplevelse. Alle disse overbevidste oplevelser af dig som et *individuelt* væsen, vælter nu ned i din spæde egobevidsthed – og nærmest eksploderer den! Overbevidstheden begynder at transformere bevidstheden til at kunne håndtere dette nye livssyn.

> ***Tomrummet***
> *Når man går fra en livsoplevelse til en fundamental anderledes livsoplevelse, da opstår først et tomrum hvor man hverken hører hjemme i den gamle eller den nye livsoplevelse. Dette skaber stærke reaktioner, og f.eks. er meget af det der foregår lige nu i verden en reaktion på det tomrum, der er opstået her ved indgangen til endnu en ny udviklingsperiode/livsoplevelse (Hjerte perioden). Det er en reaktion bestående af utryghed, af en søgen tilbage til tidligere livsoplevelser (for at genfinde trygheden), og af en frustration over at denne søgen tilbage aldrig rigtig lykkes. Det er veerne før en fødsel til en ny oplevelse af verden.*

Overbevidstheden er konstant i gang med
at transformere bevidstheden
til at kunne indeholde den energi,
der allerede eksisterer i overbevidstheden

Denne transformation involverer en ny personlighedsstruktur. Med personlighedsstruktur mener jeg den måde hvorpå vores person/psyke er opbygget – med en bevidsthed, underbevidsthed og overbevidsthed. I starten af Ego perioden havde vi slet ikke denne struktur, og oplevede derfor livet ganske anderledes. Vi havde ikke den bevidsthed og underbevidsthed, som vi har i dag, og som er så nødvendig for at vi kan opleve på den måde vi gør det i dag. Det betød at den Ego livsoplevelse der strømmede ned fra din overbevidsthed i starten af Ego udviklingsperioden slet ikke passede til den Pre-ego personlighedsstruktur, som du havde på dette tidspunkt. Før den nye Ego livsoplevelse kunne begynde at vise dig 'en ny verden', en verden hvor du og dit ego er centrum, skulle altså selve din personlighedsstruktur undergå en markant forandring.

I starten af Ego udviklingsperioden blev altså en ny bevidsthed skabt, med et ego i centrum. En underbevidsthed blev skabt, og derudover en solid grænse mellem bevidstheden og underbevidstheden, så at alt det som kunne true bevidstheden kunne fortrænges og gemmes væk i underbevidstheden. Uden denne grænse kan hverken bevidstheden eller underbevidstheden opretholdes – og dette gælder stadig.
Under presset af de nye 'ego-energier' fra overbevidstheden begynder altså personlighedsstrukturen at ændre sig til den struktur vi kender i dag – til den struktur vi naturligvis lige nu tager helt for givet, og kalder vores psyke eller personlighed.

En ny livsoplevelse opstår
De nye overbevidste ego-energier betyder også noget helt afgørende for livstemaerne. Som jeg har nævnt, er det nemlig de overbevidste energier, som aktiverer livstemaerne

og bestemmer det udtryk de har. På dette tidspunkt vil livstemaerne antage et udtryk der minder en hel del om de arketyper (som særligt C. G. Jung beskrev).

I en halv udviklingsperiode har de overbevidste energier aktiveret livstemaer med ego-energien, blandet med Pre-ego energier. Nu for første gang i din udvikling ophører de overbevidste Pre-ego energier, hvilket fører til at livstemaerne ændrer deres udtryk hen imod det du oplever i dag.

Lad mig nævne nogle af de ting, som sker i starten af Ego perioden:

- Nye livstemaer bliver aktiveret og en ny udviklingskraft overtager dit liv, en der står for *dualisme og individualitet*.
- Nye strukturer i din person skabes, f.eks. den struktur vi i dag kalder underbevidstheden. Denne struktur eksisterede ikke (som vi kender den) før Ego perioden.
- Din helt nye bevidsthed bliver med et påvirket af den kraftige overbevidste Ego energi, der nu endelig kan opfanges af bevidstheden.
- Denne bevidsthedseksplosion initierer et dybt savn efter den individualitet, som overbevidstheden pulser ned over dig. Dette savn vækker en dyb frustration, eftersom det overvejende er et savn, som du endnu ikke er i stand til at realisere med din bevidsthed. Grunden er at bevidstheden jo er domineret af Pre-ego energier, og fordi en sådan Pre-ego bevidsthed ikke fatter, og ikke kan håndtere, det som har vækket savnet (og derfor ingen mulighed har for at indfri det). Man higer som aldrig før, men ved altså ikke helt hvad det er man higer efter, eller hvordan man indfrier det. Dette er frustrerende.
- Et moder kompleks fødes. Man er hjemløs, og i konflikt med de aktiverede livstemaer, fordi de ikke finder udtryk i dit liv (eftersom du ikke evner at give dem det endnu). Denne hjemløshed, samt konflikten med de nye livstemaer som jo er stor på dette tidspunkt, afføder en frustration, der kombineret med en dyb ensomhed og savn efter din individualitet, skaber det 'moderkompleks' jeg kalder EE, et kompleks der kommer til at udgøre et kerneelement for Ego livsoplevelsen, og som vil komme til at ligge til grund for udviklingen af din individualitet.

Således er ego-indvielsen noget der starter Ego perioden, samt en lang række af hændelser, hændelser der alle sammen spiller en rolle i at flytte dig til en 'ny verden' hvor Ego livsoplevelsen og følelser er sproget, og hvor dit selvværd (defineret af egoet) bliver det nye omdrejningspunkt i dit liv!

En følelse er en livsoplevelse

I indvielsesprocessen begynder din personlighedsstruktur at ændre sig til at kunne håndtere netop denne livsoplevelse. I starten af Ego perioden har du jo ikke en underbevidsthed, der er adskilt fra din bevidsthed, og derfor har du ingen mulighed for at kunne opleve en følelse, som vi kender den i dag. Når du derfor (i starten af Ego perioden) udsættes for denne livsoplevelse fra din overbevidsthed, da er det på den ene side som en fuldstændig fremmed oplevelse, som du ikke ved hvor du skal 'placere', og på den anden side noget som du fornemmer, faktisk eksisterer inden i dig selv, og som har en voldsom tiltrækningskraft på dig.

Denne oplevelse kalder på dig, og i en hel udviklingsperiode vil du nu gøre alt for at besvare dette kald.

Du gør det den dag i dag. Hver eneste dag af dit liv!

3. En Indvielse – en ny bevidst og overbevidst verden

Lad mig til sidst samle lidt op på dette kapitel. Indvielsen til Ego perioden ramte et væsen, der ikke vidste at individualitet og selvbevidsthed (på 'ego måden') eksisterede, et væsen der ikke kendte til dualitet, og til at være adskilt fra verden/gruppen. Det vidste ikke noget om det vi kalder egoet. Derfor savnede det ikke disse ting. Det var fuldt ud tilfreds med at være en del af kollektivet eller gruppen, og tilfredshed for dette væsen var når gruppen trivedes, når maven var fuld, når kroppen var varm, osv.

En latent livsoplevelse havde dog taget form, og pressede på for at bryde igennem til bevidstheden.

Også i bevidstheden ulmede der en overraskelse, idet personlighedsstrukturen var ved at ændre sig til snart at kunne håndtere den første gnist af denne latente overbevidste livsoplevelse, som naturligvis var Ego livsoplevelsen.

En anden afgørende ting (som du kan se på figur 23) var desuden at Pre-ego livsoplevelsen havde nået sit højeste udtryk i overbevidstheden, og selvom denne livsoplevelse vil forsætte med at være en del af den samlede livsoplevelse i endnu en halv udviklingsperiode, da udvikler den sig ikke længere i din overbevidsthed.

Det betyder at den personlighedsstruktur, som passer til Pre-ego livsoplevelsen begynder at *henfalde og forsvinde*, og en anden vil tage over.

Dette sker i starten af Ego perioden, og lige så snart ego-personlighedsstrukturen starter med at dannes, da vælter den latente Ego livsoplevelse i overbevidstheden ned i den. Dette ryster individet i dets grundvold, men stimulerer til yderligere udvikling af ego-personlighedsstrukturen.

I indgangen til Ego perioden sker der altså en indvielsesproces, der fundamentalt ændrer på din oplevelse af verden. Det igangsætter en udvikling, der har fokus på egoet, og på en verden der i den grad har egoet i centrum. Det er helt som det skal være og det er en del af vores store udviklingsproces. Det er en udvikling som er aktuel for dig i dag, for egoets udvikling er nemlig langt fra slut.

Man kan groft sagt opdele Ego udviklingsperioden i to halvdele, hvor den første halvdel bærer præg af, at individet også er påvirket af Pre-ego udviklingsperioden, og hvor den sidste halvdel bærer præg af at individet også er påvirket af Hjerte udviklingsperioden.

Således er den første halvdel af Ego perioden præget af adskillelsen fra den ubevidste enhed med gruppen (som Pre-ego perioden står for), og den sidste halvdel af den bevidste enhed med gruppen (menneskeheden). Det skal du høre mere om i næste kapitel.

7. Egoets udvikling gennem adskillelse og integration

Udviklingen af egoet forløber i to faser, hvoraf den første bygger på adskillelse og dualisme, og den sidste på enhed. Traditionelt set er det den første fase, som vi forbinder med 'egoet'.

Den første halvdel af Ego perioden
er præget af adskillelsen fra (den ubevidste enhed) med gruppen
og adskillelsen af underbevidstheden fra bevidstheden

Den sidste halvdel af Ego perioden
er præget af den bevidste enhed med gruppen
og enheden mellem bevidstheden og underbevidstheden
samt mellem individet og gruppen

Udviklingen af egoet starter med en indvielse, hvor de intense Ego energier i overbevidstheden for første gang bliver modtaget af bevidstheden. Dette afføder den første gnist af selvbevidsthed og igangsætter Ego udviklingsperioden.

Ego udviklingsperioden kan opdeles i to halvdele, hvoraf det er den første der kendetegner det, som vi traditionelt opfatter som udviklingen af egoet. Den næste del introducerer nogle helt andre spilleregler, og er en periode som fører til afvikling af egoet, men alligevel til yderligere udvikling af din *selvbevidsthed*. Tænk en ekstra gang over dette: egoet afvikles, men selvbevidstheden udvikles.

Det jeg mener er, at hvor hele Ego perioden handler om at udvikle vores selvbevidsthed, da sker det via egoet og dets *dualistiske livssyn* i første halvdel af udviklingsperioden, og i højere og højere grad via hjertes mere *helhedsorienterede livssyn* i den sidste halvdel af Ego perioden.

Sådan forløber alle udviklingsperioderne – først er der en opbyggende halvdel som leder til en efterfølgende afviklingsfase, samtidig med at noget nyt tager over.

Vi er således altid ved at bygge op, og ved at afvikle, på samme tid, og dette gælder både bevidstheden og overbevidstheden.

"Individuation er at blive et med sig selv og samtidig med menneskeheden, som man jo også er. Er den enkeltes beståen således sikret, så er der garanti for, at den organiserede ophobning af de enkelte i staten – også i den stat, der er udstyret med største autoritet – ret beset ikke længere fører til dannelsen af en anonym masse, men til et bevidst fællesskab. Men en ufravigelig forudsætning herfor er det bevidste og frie valg og den individuelle afgørelse. Uden denne frihed og selvstændighed for den enkelte findes der intet ægte fællesskab, og - som vi må sige – uden et sådant fællesskab kan heller ikke, det i sig selv beroende selvstændige individ, trives i længden".
C. G. Jung, 16.22

Dette er et fint citat af Jung, et jeg altid har kunne lide. Han nævner både udviklingen af individualiteten, samt dennes del af et bevidst fællesskab med menneskeheden. Derudover er en vigtig pointe, at fællesskabet er vigtigt for udviklingen af individualiteten.

Sluttelig nævner han endvidere at den bevidste individualitet er en forudsætning for ethvert ægte fællesskab.

Således er den individuelle bevidsthed altså bundet sammen med fællesskabet i et gensidigt afhængighedsforhold!

I udviklingen af egoet, eller mere korrekt sagt, den *selvbevidsthed* som er kendetegnet for denne periode (Ego perioden), da handler det om disse to aspekter som Jung nævner – Individualiteten og fællesskabet. Selvbevidstheden udvikles således gennem *dualiteten* (dvs. adskillelse) i den første halvdel af perioden (der leder til individualiteten), men derefter gennem *integration med fællesskabet* i den sidste halvdel af perioden (noget som er centralt for det som Jung kalder individuationsprocessen). Om din selvbevidsthed altså udvikles lige nu gennem adskillelse, eller gennem integration/fællesskab, kommer altså helt an på hvor du er i din udvikling.

Vores eget liv er et godt eksempel på den udvikling som menneskeheden går igennem. Man fødes og er ubevidst et med sine omgivelser (repræsenteret ved forældrene). Siden adskiller man sig fra dem og udvikler sin individualitet. På et tidspunkt når man til et punkt i sit liv, hvor det ikke længere er nok at dyrke sig selv. Man fornemmer en højere/dybere mening med sit liv, og at det nu er vigtigere end nogensinde at kende denne mening. For nogle udløser dette det vi kalder "midtvejskrisen". Man ønsker at se formålet med sit liv - set i et større perspektiv, ofte et perspektiv der inkluderer andre mennesker og fællesskaber.
Dit eget liv er altså et eksempel på at gå fra at være *ubevidst* et med 'fællesskabet' (Pre-ego perioden), til at være bevidst om dig selv men adskilt fra fællesskabet (Ego perioden), og sluttelig til at være bevidst om dig selv, samt *bevidst* et med fællesskabet

(Hjerte perioden).

En måde at 'undgå' både ungdomskrisen samt midtvejskrisen (eller sørge for at den ikke bliver for voldsom), er at lytte til det voksende indre behov om individualitet eller individuation, og at handle på det – dvs. at leve det aktivt ud i sit liv. Så er der nemlig ikke tale om krise, men i stedet om balance og udvikling, og om at leve det ud, som man higer efter.
Så med udgangspunkt i Jungs ord om individualiteten og fællesskabet vil jeg fortælle mere om de 2 halvdele i Ego perioden.

1. Adskillelsen
Lad mig nu tage dig endnu dybere ind i denne fantastiske udviklingsperiode, som du lige nu befinder dig i. Lad os starte fra starten af og arbejde os igennem perioden, og lad os se på hvordan egoet udvikler sig.

Det er den første halvdel i Ego perioden, der traditionelt forbindes med det vi opfatter som "egoet" – den halvdel, hvor egoet udvikler sig via *dualismen*. På det tidspunkt hvor vi træder ind i perioden, da har vi ikke dette livssyn, og vi er 'ubevidst et' med fællesskabet. Men nu skal det dualistiske livssyn udvikles, og derfor stimuleres vi til at adskille os fra fællesskabet, for at lære at finde os selv. Denne stimuli kommer fra overbevidstheden, som fra starten af pulser energier 'ned' mod os der bærer denne dualitet I sig.

Kodeordene for denne fase er:
Dualisme (ydre og indre), adskillelse, etablering af grænsen til underbevidstheden, den eksistentielle ensomhed (EE).

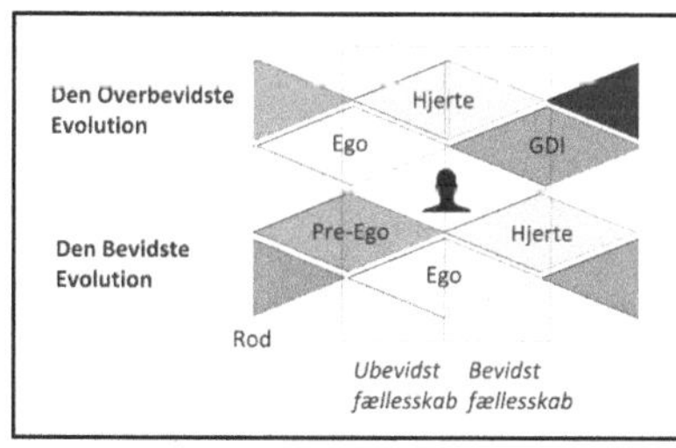

Figur 24. De to halvdele i Ego perioden. Ego perioden kan deles op i to halvdele. Den første er karakteriseret ved et ubevidst fællesskab med gruppen/verden, og udviklingen sker også under påvirkning af Pre-ego energier. Den anden er karakteriseret af et voksende bevidst fællesskab, og er under påvirkning af Ego energier, samt voksende hjerteenergier.

Du er adskilt fra omverden – og knyttet til den
En vigtig pointe er, at sådan som vi fungerer i Ego perioden, da har vi brug for omverden til at definere os. Det kunne i teorien være anderledes, men grunden til at du har brug for omverden til at 'fortælle dig' hvem du er, har at gøre med hvordan livstemaerne er skruet sammen i Ego perioden.

Det er omverden, som skal *se dig* og fortælle dig at du er til, og at dit liv giver mening. Det er sådan du fungerer. Dit nye hjem er altså en individualitet, som er ganske afhængig af omverden, og således tvinges man til at være i dyb kontakt med omverden, selvom man også oplever sig bevidsthedsmæssigt adskilt fra den. En interessant situation!

Ego ensomheden

Lad mig blive lidt ved denne ensomhed, som opstår i dig. Når du træder ind i Ego perioden er der altså fuld blus på de overbevidste Ego energier og påvirkningen fra denne energi er altså særlig udpræget på dette tidspunkt. Når da den første gnist af egobevidsthed optræder i dig kan du for første gang begynde at *opfatte* denne påvirkning bevidst, og du vil rammes af en voldsom higen efter *at kende din individualitet*. Ud af dette opstår en voldsom ensomhed (grundet savnet af din individualitet). Din bevidsthed, som er en Pre-ego bevidsthed er jo helt uforenelig med denne nye Ego energi, og du havner derfor i en konflikt hvor det, som du savner, er helt uforeneligt med som det du er på det tidspunkt (en Pre-ego bevidsthed).

Dette er i den grad en *eksistentiel* konflikt, og mere og mere vil du forsøge at fortrænge Pre-ego livsoplevelsen til underbevidstheden. Efterhånden vil Ego bevidstheden vokse, men i samme grad vokser savnet efter den, samt frygten for at miste den igen til Pre-ego bevidstheden.

Denne ensomhed vil følge dig i resten af Ego perioden (men den vil aftage igennem perioden, og i sidste halvdel helt forsvinde, for at blive erstattet af en anden slags ensomhed, hjerte ensomheden).

Denne ensomhed kan være rigtig svær at håndtere, men den er ikke negativ. Snarere er den et udtryk for hvad du higer efter og hvor du er på vej hen. Den holder dig på vejen – mod Ego bevidstheden.

I starten af Ego perioden er din higen overvejende udefinerbar og uden ord og ikke præget af din bevidsthed, men ikke desto mindre virker den nærmest eksplosiv stærk i dig, eftersom den kommer fra din overbevidsthed hvor Ego energien er på sit højeste. Som altid kommer impulserne fra overbevidstheden i form af stor styrke, stor troværdighed og stor vilje. Så selvom du ikke har ordene og bevidstheden, så er du ikke i tvivl om at din higen er virkelig og rettet mod noget virkeligt, og noget som du har brug for.

Underbevidstheden fødes

Ego-EE, denne kerne af smerte/ensomhed/meningsløshed er uforenelig med udviklingen af en ego-bevidsthed. Det jeg mener er at hvis EE kommer til at dominere din bevidsthed, så kan du ikke opretholde dit ego.

Hvis man tænker på at EE netop er opstået ud af en konflikt med den udviklingskraft, der står for egoet, da giver det mening at det er sådan. EE må simpelthen væk fra bevidstheden, og derfor fortrænges den og bliver bevidsthedsmæssigt isoleret bag en grænse, *grænsen til det vi nu kalder underbevidstheden*.

Men netop dette er en vigtig hændelse for din udvikling. EE vil nemlig opholde sig der, og påvirke din udvikling mod egobevidsthed. Faktisk er den involveret i at opbygge det vi nu kalder vores underbevidsthed.

Hvordan er det at få kontakt til EE. Ja, du kan tænke på når du er i affekt til et af dine indre komplekser/fortrængninger. Da kan det opleves som om du mister al kontrol og nærmest ophører med at være den du er. Dette sker i endnu højere grad med EE, som jo er det store moderkompleks.

EE fortrænges altså – og underbevidstheden er født, og derved er der også skabt det 'rum', som på *den anden side* af grænsen til underbevidstheden skal huse den egobevidsthed, der nu har mulighed for at udvikle sig.

Hele denne udvikling drives i stor grad af denne kerne af ensomhed/meningsløshed, og dit liv i Ego perioden (særlig den første halvdel) vil til en vis grad handle om at kompensere for den, ved at få omgivelserne til at sige det modsatte – dvs. sige at 'du er til' (og at du er blevet set og dermed eksisterer). Det gør at du ikke er helt så ensom, og at dit liv giver mening.

Alt dette styres af overbevidstheden, hvori eksisterer den oplevelse (bestående af Ego energi) af at være et væsen, som er unikt og forskelligt fra fællesskabet. Metoden til at manifestere denne individualitet *i bevidstheden* involverer altså denne kerne af ensomhed og meningsløshed. EE udspringer af det faktum at du oplever at du ikke kan leve uden at opleve dig selv som et individuelt væsen, at livet fundamentalt ikke giver mening uden denne oplevelse.

EE er således dybest en drivkraft der driver dig frem mod individuel bevidsthed.

Adskillelsen fra fællesskabet

I den proces hvor egoet udvikles, da adskiller du dig som sagt fra den verden, som du har været ubevidsthed et med. I samme grad starter derved en ny ensomhed – *ensomheden fra fællesskabet*. Det er helt nødvendigt med denne adskillelse, for at du kan lære at skelne dig fra dette fællesskab, og opdage at du er et individuelt væsen.

I starten af Ego perioden er det altså adskillelsen, som er helt afgørende for udviklingen for egoet, men en interessant ting er, at du derved lægger grunden for en ny slags ensomhed, som vil spille en afgørende rolle i den efterfølgende udviklingsperiode, Hjerte perioden. Adskillelsen fra fællesskabet leder nemlig til en ensomhed fra fællesskabet, som manifesterer sig i det jeg kalder 'hjertesmerte' (eller Hjerte-EE). Hjertesmerten kræver en individualitet (dvs. et udviklet ego), samt en higen efter fællesskabet, hvilket opstår i dig når Hjerte energien er stærk i overbevidstheden, og startet i bevidstheden. I starten af Ego perioden mærker du derfor ikke meget til den, da det er ego-ensomheden og Ego-EE, som er dominerende.

Ego udviklingen gør således op med ego-ensomheden (ved at skabe et stærkt ego), men starter en ny ensomhed, hjerte ensomheden, en ensomhed der dybest set skal gøre dig klar til Hjerte perioden, samt motivere dig igennem den, ligesom ego-ensomheden motiverer dig igennem Ego perioden.

Igennem adskillelsen afvikles Pre-ego bevidstheden/livssynet og underbevidstheden skabes

Ser vi på den bevidste evolution, da ser vi at den udviklingsperiode, som overlapper med hele den første halvdel af Ego perioden, er Pre-ego udviklingsperioden. Man kan altså sige at egoet udvikler sig i denne fase *i kontekst af Pre-ego energier*. Pre-egoet repræsenterer det, som bliver afviklet og egoet det som udvikles.

Pre-ego energierne udgør det, som du rejser dig op fra, og det som du lærer at skelne dig selv fra – og altså det, som du skal adskille dig fra. I sin udviklede form er Pre-ego bevidstheden en slags 'klan'-bevidsthed, hvor du identificerer dig fuldt ud med det fællesskab, som du er en del af. Hele den første halvdel af Ego perioden handler om adskillelsen fra dette fællesskab, som du har været en tæt integreret del af, og om at vågne op fra denne klan-bevidsthed.

Det er som om der i dit væsen eksisterer en højere del af dig selv, en højere bevidsthedsform, og du oplever nu med stigende styrke, at du er adskilt fra denne del af dig selv med din bevidsthed.

At gøre op med klan-bevidstheden

For at komme dette 'højere selv' (ego-individualiteten) nærmere, da adskiller du dig fra det fællesskab, som har været helt centralt for den tidligere bevidsthedsform (klan bevidstheden). Dette bliver som nævnt til starten på din underbevidsthed.

Underbevidstheden i Ego perioden kommer altså fra den klan-'bevidsthed', som har domineret dig i Pre-ego perioden (med dens Pre-ego komplekser, m.m.). Husk på, at Pre-ego perioden kun til sidst i perioden begynder at have noget, der minder om en underbevidsthed.

Med indgangen til Ego perioden udsættes du altså for nye aktive livstemaer/arketyper, samt en eksplosion i din nye egobevidsthed. De nye livstemaer, samt den nye higen efter at kende dit 'højere selv' (som på dette tidspunkt er din Individualitet) får dig at adskille dig fra gruppen.

Adskillelsen sker altså på to niveauer, et ydre niveau (adskillelsen til verden), samt et indre niveau (adskillelsen til din underbevidsthed). Verden og underbevidstheden. Begge disse adskillelser er helt nødvendige for at udvikle den selvbevidsthed, som vi kalder egobevidstheden.

Man kan sige at starten af Ego perioden igangsætter udviklingen af en indre og en ydre dualisme, som er helt nødvendig for udviklingen af ego-identiteten og Ego livsoplevelsen – og som du skal se, da er der en særlig tæt forbindelse mellem netop de ti ting som du har afskåret din bevidsthed fra, underbevidstheden og verden.

I Ego perioden kan man nærmest se verden, som *din ydre underbevidsthed*!

2. Anden halvdel af Ego perioden – integration

I anden halvdel af Ego perioden er der først og fremmest sket det, at de bevidste Pre-ego energier ikke længere er en del af din livsoplevelse. I stedet er Hjerte energierne, og altså det jeg kalder Hjerte livsoplevelsen, begyndt at blive en del af dit liv. Disse energier vil nu danne den kontekst, i hvilken din individualitet skal udvikle sig yderligere. En spændende og ganske anden situation, end da Pre-ego energierne udgjorde denne kontekst.

Kodeordene for denne anden fase i Ego perioden er derfor: *Fællesskab, Integration (ydre og indre), enhed og hjertesmerte.*

Når du træder ind i den anden halvdel af Ego udviklingsperioden er adskillelsen til gruppen/menneskeheden på det højeste, og sulten efter enhed er derfor stor, hvilket støttes af at Hjerte energierne topper i overbevidstheden. Bevidstheden sulter efter enhed og overbevidstheden (med dens 'motiverende' energier) pulser enheds (hjerte) energier ned mod bevidstheden. Samtidig er hjerte bevidstheden brudt igennem og oplever (ligesom egobevidstheden gjorde det i starten af Ego perioden) en eksplosion, et kig ind i en ny verden, en verden der sætter mange reaktioner i gang i individet – først og fremmest en dyb higen efter at lære denne verden endnu bedre at kende.

Lige nu i din udvikling er din personlighedsstruktur ved at ændre sig til at kunne håndtere denne nye Hjerte energi, og ego-energierne har nået deres højeste udtryk i din overbevidsthed. Som altid påvirkes du af energier der går en halv udviklingsperiode tilbage, og skal derfor i den næste halve periode blive påvirket af stadig højere Ego energier fra overbevidstheden (sammen med stadig højere Hjerte energier, der påvirker dig med endnu større intensitet) – men der kommer ikke en højere Ego energi i din overbevidsthed. Fra nu af er det kun Hjerte energien der vil vokse (samt GD-1 energien).

3. Hjerte livsoplevelsen og den sidste fase af Ego perioden

Lad mig slutte af med at komme lidt ind på denne utrolige oplevelse, hvor hjertet begynder at blive en del af dit liv. Det er jo højst aktuelt for de fleste mennesker.

Ligesom med indgangen til Ego perioden, er det vigtigt at forstå at Hjerte livsoplevelsen aldrig kunne ske udelukkende ved en videre-udvikling af Ego livsoplevelsen. Hjerte livsoplevelsen er unik, og helt ind til sin kerne er den anderledes end Ego livsoplevelsen! Derfor kan hjertet dybest set heller ikke forstås af egoet.

Når din livsoplevelse er domineret af Ego livsoplevelsen, da er du optaget af fortiden og fremtiden, og på at kontrollere sidstnævnte. I Hjerte livsoplevelsen er du derimod langt mere til stede i nuet, og oplever derfor ikke de problemer og den smerte, som opstår når man *ikke er nærværende.*

I ego tilstanden har du ikke tillid til andre (idet du oplever dig selv som 'alene i verden'). I hjerte tilstanden har du derimod tillid til den verden, som du oplever dig som en levende del af.

I ego tilstanden har du ikke din identitet inden i dig, ment på den måde at når Ego livsoplevelsen dominerer dit livssyn, da er du afhængig af hvad *verden/omgivelserne* synes om dig. Din identitet er derfor 'forankret i *omgivelserne'* og ikke *dig selv.*

I hjerte tilstanden hviler du derimod *i dig selv*, og her oplever du din identitet som en integreret del af dig selv. Når du oplever dig selv igennem Hjerte livsoplevelsen, da oplever du en kærlighed, som du ikke kan opleve gennem Ego livsoplevelsen – men som du i den grad kan hige efter (grundet de stærke overbevidste Hjerte energier).

Det som kendetegner Hjerte livsoplevelsen er:

- Manglende underbevidsthed i oplevelsen af livet og dig selv (her menes den underbevidsthed, som vi kender i Ego perioden. I Hjerte perioden kalder jeg den i stedet for 'hjertekammeret', hvis formål det er at *opbevare snarere end at fortrænge* – som du skal se senere)
- Tillid til de 'spirituelle dimensioner', og til meningen med livet.
- Nærvær og tilstedeværelse.
- Stor kærlighed til livet, inklusiv dig selv.
- Nye aktive livstemaer, samt en højere aktivering/udtryk af eksisterende livstemaer.
- En forøget evne til at interagere med andre mennesker.
- En higen efter enhed med menneskeheden.

Det som kendetegner Ego livsoplevelsen (overvejende set fra hjertets synsvinkel) er:

- En underbevidsthed i oplevelsen af livet og dig selv (med komplekser, traumer, osv.).
- Lille tillid til de 'spirituelle dimensioner', og til meningen med livet.
- Ringe evne til egentligt nærvær og tilstedeværelse, idet dette for egoet er at miste den så altafgørende kontrol (over fremtiden).
- Lille kærlighed til dig selv – og lille kærlighedsevne generelt.
- En tro følgesvend I form af EE.
- En allestedsnærværende frygt for at miste dig selv til underbevidstheden og EE.
- En vedvarende oplevelse af ikke at være god nok, hvis styrke svarer til hvor meget konflikt du har med de aktive livstemaer.

Der er altså adskillige afgørende og fundamentale forskelle mellem Ego og Hjerte livsoplevelserne. Nogle af de vigtigste er:

1. Ego livsoplevelsen har i sin kerne et sted hvor der ingen individualitet er. Rundt om denne kerne bygges individualiteten, men selvom det lader sig gøre, er det kun den næste livsoplevelse som helt kan 'opløse' kernen.
2. Hjerte livsoplevelsen har i sin kerne en oplevelse af at være en individualitet, som er forbundet med menneskeheden.

En anden vigtig ting omkring disse to livsoplevelser er at Hjerte livsoplevelsen ikke lader sig gøre *uden at man først har erhvervet sig Ego livsoplevelsen*, dvs. en stabil og harmonisk ego identitet, der ikke længere er truet af en Pre-ego identitet. Dette er en vigtig pointe. Du kan altså ikke opleve dig (permanent) forbundet med menneskeheden (på den måde, som det foregår gennem 'Hjerte livsoplevelsen') uden at denne forbundenhed sker via en stærk og harmonisk individualitet.

Når du oplever verden gennem Ego livsoplevelsen indeholder du en kerne i dig, Ego-EE, hvor du ikke oplever, at du er et individuelt væsen. Det er et sted hvor du 'ikke eksisterer' (og med 'du' mener jeg din ego-identitet), og det er et sted hvor du vil 'ophøre med at eksistere' hvis du kommer i kontakt med det. Med at 'ophøre med at eksistere' mener jeg selvfølgelig, at det er din evne til at være centreret i dig selv og opleve dig selv som et individuelt væsen, som 'ophører'. Det er særdeles angstprovokerende at indeholde en kerne, hvor man på denne måde 'ikke eksisterer'.

Ego udvikling er (via erfaring med verden) at kunne skelne mellem dig og verden, og at komme i større og større balance med 'ego livstemaerne' ved at bringe dem ud i dit liv. Det er at bevidstgøre de vigtigste komplekser og mindske frygten for at komme i affekt. Det er at komme til at 'hvile' i dig selv (dit ego) og langsomt at vokse ud over samfundets/verdens syn på dig (helt vil det dog aldrig lykkes egoet på egen hånd). Det er at lære at tilgive dig selv for de ting du Ikke kan (og med tiden opdage, at der intet er at tilgive). Det er at kunne bevare en stærk tro på dig selv, og en tro på at det billede som du har af dig selv består, selv når du er følelsesmæssig modvind. Det er med tiden at lære at se, at 'egoet' i stor grad er en forestilling om dig selv, som er bygget på et fundament, der ikke nødvendigvis er hele sandheden. Det er til sidst at se ud over dette fundament, og ud over de livstemaer, som er en del af det, og derpå at blive klar til at møde hjertet.

Når din egobevidsthed bliver klar til at møde hjertet

Du er lige nu i dit liv ved at træde ind i anden halvdel af Ego perioden. I denne halvdel er dit ego stærkt, og den indre trussel om at du helt kan miste dig selv i en affekttilstand (eller til Ego-EE) er markant reduceret. Din bevidsthed om dit eget væsen og dine styrker gør, at du kan modstå meget uden at 'miste dig selv', og det muliggør, at du nu igen kan forene dig med fællesskabet, *uden at blive lige så 'bevidstløs', som du var i Pre-ego perioden*. Det er først nu at dette kan lade sig gøre. Tidligere i Ego perioden var fællesskabet/verden alt for bestemmende i forhold til hvordan du oplevede dig selv, og man kan ikke forene sig med noget, der dybest set bestemmer over din identitet, uden at miste evnen til at holde sammen på sin egen individualitet. Vi ser det med mennesker, der går ind i en sekt – som jo dybest set fuldstændig bestemmer over dig og din identitet. Sådanne mennesker ender ofte med helt at miste sig selv.

For at forene dig med fællesskabet (uden at miste dig selv) er det altså ganske nødvendigt at du har opnået en tilpas stærk individuel bevidsthed, samt en delvis hvilen i dig selv. Dette gør det muligt at du kan bidrage med din individuelle bevidsthed og identitet til dette fællesskab, i stedet for at kræve at fællesskabet definerer din identitet for dig. Læg mærke til denne forskel.

Når du formår at forbinde dig bevidst med et fællesskab, kan man næsten sige at du vender hjem igen – og genfinder den familie du forlod, da du tog på din rejse for at finde din individualitet. Samtidig med dette er den nye hjerteenergi i dit overbevidste tiltaget til hidtil usete højder. Du er nu klar til at gøre det, som egoet ikke ville have kunne håndtere tidligere (af frygt for at opløses), nemlig at falde i *frivillig afmagt til livet*, at give kontrollen fra dig, at lade dig erobre af livet, og indgå i et langt stærkere fællesskab – uden at miste dig selv i det.

Man kan ikke forene sig med noget,
som bestemmer over hvem du er,
uden at man mister sig selv til dette noget.

Derfor gælder det, at så længe du lader verden
definere hvem du er
kan du ikke forene dig med den

Ægte fællesskab er noget der sker
mellem allerede formede identiteter/bevidstheder.

Figur 25. Fra gruppe-ubevidsthed til gruppe-bevidsthed.
Vi udvikler os fra Pre-ego periodens ubevidste enhed med gruppen (vist til venstre), gennem Ego periodens adskillelse fra gruppen (for at skabe det individuelle væsen), til Hjerte periodens bevidste fællesskab med gruppen/menneskeheden (vist til højre).

Du kan ikke gøre det med det samme i starten af Hjerte perioden, men du kommer til det, for det er en af de ting, som hjertet er ekspert i at gøre! Grunden til at hjertet evner denne afkald på kontrol er, at det som kontrollen har gjort for egoet (nemlig at give det en tillid til, at det ikke vil vælte og falde fra hinanden (dvs. at give det en vis tro på sig selv) slet ikke er et problem for hjertet. Hjertet (dvs. *dig* når Hjerte livsoplevelsen dominerer dig) har nemlig en urokkelig tillid til sit eget værd. Dit selvværd er således ikke længere på spil, når du domineret af hjertet.

Ego livsoplevelsen er ikke en, som du bliver ved med at tro på
Forestil dig en borger i et samfund. Denne borger efterlever de regler, som er udstukket af samfundet. Det er regler, som er et udtryk for samfundets historiske og kulturelle baggrund. Endvidere er der i verden nogle overordnede regler/moralkodeks, som filtreres gennem samfundet/kulturen, og derpå gennem borgeren selv. I borgeren blandes de med hans/hendes egenart (personlige historie), og bliver sluttelig til de overbevisninger, som denne borger har.

Der er altså nogle overordnede regler, som dikteres af verden og derefter af samfundet. Det er dog *samfundet*, der umiddelbart tæller mest, da det er tættest på borgeren. Disse regler/samfundsstrukturer/moralkodeks er noget som du selv tror på, og de udgør det fundament som dine egne overbevisninger bygger på. Kun sjældent er der mennesker som lever uden for disse regler.

Tænk dig da, hvis samfundet/kulturen skifter. Så vil du starte med at tro på noget andet. Du vil ikke længere tro på det, som du engang troede på. Alle dine overbevisninger vil, helt naturligt, ændre sig. Og tænk da hvis du flyttede til en ny verden, og denne verdens trossystemer blev helt integreret i dit væsen. Da ville sågar udgangspunktet for hele dit livssyn ændre sig, og derfor ville alt i dit livssyn nu også ændre sig. Hele dit gamle livssyn og måde at leve på vil være radikalt ændret, og du kan slet ikke forestille dig en anden måde at leve på. At leve på en anden måde ville stride mod alt hvad du dybest tror på, mod alt hvad du kalder moral og etik.

Pointen i denne historie er, at hvis man flytter til et nyt 'samfund', og i særdeleshed til en ny 'verden', og lader denne integrere sig i dit system, så holder du op med at tro på den gamle.

Den gamle verden vil være som at se tilbage på noget, som du troede på da du var barn, men som du nu er vokset fra. Det som en gang afgjorde hvordan dit selvværd trivedes, har nu ændret sig. Det værdifundament, som du havde dengang, er ikke det dominerende fundament mere. Nu betyder det intet for dig mere. Andre regler har taget over.
Præcis det samme sker når energierne i din *personlige overbevidsthed* ændrer sig, hvilket manifesterer sig i aktivering af *nye livstemaer* (et nyt 'samfund'). Så holder du nemlig op med at tro de gamle livstemaer, og deres afledte livsregler, som jo tilsammen danner det grundlag, som hele dit livssyn byggede på.

Denne ændring i de overbevidste energier sker kontinuertligt i vores udvikling – men dog i særlig grad når vi er ved at træde ind i en ny udviklingsperiode. En ny udviklingsperiode medfører noget, som ikke blot er en lille ændring af, eller 'tilbygning' til, en eksisterede livsholdning. Det medfører en helt ny bevidsthedsform! Det medfører et farvel til det gamle livssyn – et farvel til din gamle verden. Du flytter til et nyt 'samfund' i en ny verden, og hele den gamle verden og det samfund du har troet så fast på, forsvinder ud af din bevidsthed. Du holder simpelthen op med at tro på det, som din gamle verden står for. Dette er en revolutionerende ændring af din livsoplevelse.

Lige nu er du midt i en sådan ændring!

I dag udgør 'hjertet' din nye verden. Det er en verden som vil vinde mere og mere indpas på dig, og i samme takt som den indtager dig, vil ego-livssynet blive afviklet. Det er naturligvis angstprovokerende at 'miste' sin gamle identitet – og adskillige sværdslag vil følge før du overgiver dig helt til denne nye livsoplevelse, og før du evner at blive i den. Du har dog intet valg. Se blot på figur 24, der viser at der er fuldt blus på Hjerte energierne i overbevidstheden.

Når påvirkningen er så kraftig fra overbevidstheden, er der er kun en vej, til trods for at det altså kan være angstprovokerende – og det er at lade denne Hjerte livsoplevelse vokse ind i din bevidsthed, og at begynde at leve den aktivt ud i dit liv. Det er der din fremtidige lykke ligger. Det er der du vil opleve den største mening med livet.

Din Ego livsoplevelse er ret så veludviklet på dette tidspunkt. Du har dog også fået din første oplevelse af det jeg kalder 'Hjerte livsoplevelsen'. Denne introducer dig til en helt ny måde at opleve livet på, en måde som du er klar til at tage imod grundet et udviklet ego, samt lang tids påvirkning af overbevidste Hjerte energier.

At få et bevidst blik ind i en 'anden verden' har nærmest en eksplosiv effekt på dig, og fra nu af er dette dit nye mål i livet, og det eneste som virkelig kan give dit liv mening.

Dit højeste mål er nu ikke længere blot at tilfredsstille 'dit ego'. Du tror ikke mere på den verden, og du tror ikke længere på de værdinormer som kendetegner Ego livsoplevelsen! Du tror ikke på dem, og det betyder mindre for dig om du lever op til dem eller ej. Du er ved at bosætte dig i en ny verden!

4. Afslutning

Det er en særlig spændende tid vi lever i, en tid hvor vi er i færd med at opleve et bevidstheds-kvantespring. Dette sker kun få gange i løbet af en udviklingscyklus – og tiden lige nu er et af disse tidspunkter. En spændende, men også særdeles udfordrende fase af vores udvikling. Vi er fanget mellem to livsoplevelser. Den ene er ikke længere fyldestgørende, mens den anden er en, som vi endnu ikke formår at tage helt ind – til trods for at vi higer efter den. Det vi kan, det vil vi ikke, og det vi vil, det kan vi ikke. En udfordrende tid! Det er en periode fyldt med glæde, med higen, og med frustration.

Martinus udtrykker det således i Livets Bog 1, stk. 82:

"Jordmennesket er ikke noget dyr i renkultur,
men det er heller ikke et færdigudviklet menneske.
Det er en såret flygtning mellem to riger".

I denne bog har vi set at det, som vi er 'fanget imellem', er to livsoplevelser, Ego og Hjerte livsoplevelsen. Vi har også set at egoet ikke er en separat eksisterende enhed, eller struktur, i dig. Egoet er et ord til at beskrive *en måde at opleve livet på, og en identitet der opstår når du oplever livet på denne måde*. Et ord, og intet andet!

Der eksisterer altså ikke noget separat og selvstændigt ego i dig, som du kan give skylden for din smerte, eller give skylden for ikke at være så lykkelig, som du ønsker at være. Der er ikke noget 'falsk selv', som fraholder dig fra at være lykkelig! Der er heller ikke noget ego i dig, som er imod dig, eller som har sin egen agenda.

En dag holder du op med at tro på den verden som Ego livsoplevelsen viser dig, samt på det fundament som denne livsoplevelse bygger på. Faktisk er det allerede ved at ske nu. Du ved nemlig godt at egoets verden ikke er hele sandheden, og at leve dit liv efter de love og regler, som egoet sætter op, er ikke mere nok for dig. Inden i dig, i din overbevidsthed, har du vidst dette længe, og nu er denne viden nået til din bevidsthed.

Dette vil i den grad ændre dit livssyn, og det er vigtigt, at du forstår at Hjerte livsoplevelsen ikke blot er en 'tilbygning' til din Ego livsoplevelse. Tilbygninger har du oplevet kontinuerligt i løbet af din udvikling gennem Ego perioden. Hjerte livsoplevelsen er *ikke* en sådan tilbygning, men er derimod en grundlæggende anden måde at opleve livet på, og det skal forstås helt bogstaveligt! Men det er svært at fatte, at det man tror så fast på, kun er en midlertidig sandhed.

En ny verden er ved at åbne sig for dig, og med denne verden kommer et nyt 'sprog', hvorigennem højere dele af livet, kan manifestere sig for dig. Ego periodens sprog er det vi kalder følelser, men følelserne er kun *en af måderne* hvorpå vi kan opleve livet, og din største udfordring, lige nu, er altså at opdage de andre måder at opleve livet på! Følelsernes dominans i vores verden er aftagende. Det sker ved at de 'forfines af den næste livsoplevelse', men set fra vores nuværende sted i udviklingen vil de følelser, som vi oplever lige nu, forsvinde.

Den eneste måde at opleve dette på, er altså ved at udvikle din evne til at kunne rumme Hjerte livsoplevelse. Den vil åbne dine øjne for at egoets oplevelse af livet ikke er den eneste, og så vil den gøre at dit liv får en mening, som du ikke troede var mulig!

8. EGOETS UDTRYK GENNEM 3 OVERORDNEDE TILSTANDE

Egoet har overvejende 3 forskellige udtryksformer, som hver er som et sæt briller, som du ser og oplever livet igennem

Når du forflyttes fra en tilstand til en højere tilstand
går du fra teoretisk viden til oplevet viden.
Når du derimod forflyttes fra en tilstand til en lavere tilstand,
da bliver 'oplevet viden' til 'teoretisk viden'.
Det er hårdt at miste sin oplevede viden,
og man forsøger at holde fast på den,
ofte ved at holde den kunstigt ved live

Du kan lige nu overordnet set opleve verden igennem 3 ego tilstande og 1 hjerte tilstand. I dette kapitel vil jeg komme nærmere ind på de 3 egobevidsthedstilstande.

Jeg har kaldt de forskellige tilstande, "kompensation", 'anti-kompensation' og "vakuum". Det er tilstande som eksisterer i os alle, og de repræsenterer helt bogstaveligt 3 forskellige verdener med hver deres love, med hver deres interaktion med (og oplevelse af) omverdenen, og i den grad med hver deres specifikke krav til terapeutiske metoder.

Derudover er der endnu en tilstand, nemlig den første 'hjerte tilstand'. Denne tilstand er mindre tilgængelig end egotilstandene, og den er fundamentalt forskellig fra de 3 ego tilstande, hvorfor egoet ikke kan forstå denne tilstand.

De forskellige tilstande er mere eller mindre tilgængelige for dig. De styrer hvordan du oplever livet, og hvad i livet som du kan tage ind. Det er derfor særdeles relevant at få indsigt i dem –for bedre at forstå dig selv, og for bedre at forstå hvad det er du har brug for.

1. Egoets tre udtryksformer
Udviklingen af egoet sker igennem 3 hovedtilstande, og den personlighedsstruktur (med en bevidsthed, underbevidsthed, osv.) som knytter sig til Ego perioden er perfekt egnet til at håndtere disse 3 tilstande. Hver af de 3 tilstande er helt afgørende for din udvikling, og selvom vi siger at en er højere end en anden, så betyder det altså ikke, at den er mere rigtig eller forkert end den anden.
De 3 tilstande er alle en del af dit liv lige nu og her. Den øverste tilstand er dog den,

som dominerer dit liv mest. De regler, som gælder for denne tilstand, er altså dem der også overvejende gælder for hvordan du oplever livet og dig selv. Det er nemlig sådan, at der er specifikke regler som er knyttet til hver af tilstandene, nærmest som de regler/love der gælder i et samfund. Du kan derfor se de forskellige tilstande som 3 forskellige 'samfund' med hver deres regler. En regel som f.eks. er helt dominerende i den øverste tilstand er, at dit ego skal bekræftes, og at dit ego-selvværd skal trives. Du tager måske denne regel som en selvfølge, for sådan er det nemlig med regler, som man aldrig har været foruden. En af pointerne ved denne bog er dog at fortælle dig, at det ikke er en selvfølge, og at du skal lære at stille spørgsmål ved disse regler. Når du formår at se dem 'udefra', da har du muligheden for at blive fri af dem og opdage at der findes andre regler, og andre måder at opleve livet på.

Ved at få indsigt i de 'regler', som virker i de forskellige tilstande, og som definerer dig og 'bestemmer' det du ser af verden, da får du et valg overfor dem.

Det vil jeg komme ind på senere i bogen. I dette kapitel skal du først høre om de forskellige tilstande.

2. Introduktion til de forskellige tilstande

Som jeg har nævnt, da gælder det, at i de forskellige tilstande *oplever du livet forskelligt*. Det er særligt når du befinder dig i tilstandene 'anti-kompensation' eller "vakuum", at du vil opleve at dit ego begynder at "opløses". I samme takt, som du bevæger dig ned igennem disse tilstande, bliver du mere og mere "ego-løs", og du kan endda ende med helt at miste fornemmelsen for hvem du er! Derudover oplever forskellige individer på forskellige udviklingsniveauer Ego-tilstandene forskelligt (appendix 5).

Husk at der ikke er en stærk grænse mellem de forskellige tilstande. Der er tale om flydende overgange, og du kan endvidere flytte dig frem og tilbage mellem de forskellige tilstande. Du kan også have forskellige dele af dig, som er i forskellige tilstande på samme tid. F.eks. kan et fortrængt kompleks repræsentere en del af dig, hvor du er i en lavere tilstand, end den som du med din bevidsthed normalt befinder dig i. Hvis et sådan kompleks formår at overtage dig, da vil det forårsage en sænkning af din bevidsthed til en lavere tilstand, hvilket vil påvirke din oplevelse af livet og undertiden opleves, som om du nærmest mister dig selv.

En "rejse" gennem de forskellige tilstande er som en rejse gennem forskellige verdener! Man kan ikke helt forestille sig dem før man står midt i dem. Når man kommer længere ned i tilstandene, opleves det som om der er en *tyngdekraft inde i kernen* af underbevidstheden, som konstant "hiver" i os og gør, at medmindre vi udøver *aktiv modstand* mod den, da vil vi blive trukket nærmere ind mod kernen. Dette er mere og mere udtalt jo lavere tilstand man befinder sig i – og derfor ikke så udtalt i de højere tilstande. Denne kerne er 'farlig' for egoet, og vil 'opløse' det.

Ved at forstå de forskellige tilstande, da vil vi indse hvilke *forudsætninger* vi har for at handle i disse tilstande. Dette er meget vigtigt, og jeg vil faktisk påstå at de fleste af vores problemer sker når vi foretager handlinger, som vi ikke har forudsætninger for at fortage.

3. Når egoet mister integritet, da afføder det smerte
En vigtig pointe når du læser om de forskellige tilstande er det perspektiv de opleves fra. Det bestemmer nemlig om der er smerte forbundet med dem. Det jeg mener er følgende: hvis du kommer fra en øvre 'tilstand-1' og forflyttes til en lavere bevidsthedstilstand ('tilstand-2'), da oplever du et smertefuldt tab.

Hvis du derimod udvikler dig (fra en endnu lavere tilstand, 'tilstand 3') til tilstand-2, da er der ikke smerte forbundet med tilstand-2.

Det er ikke forbundet med smerte
at udvikle sig op igennem
de forskellige egobevidsthedstilstande.
Smerten opstår når man bevæger sig ned igennem dem.

I det følgende beskriver jeg de forskellige tilstande. Jeg har valgt at gøre det ud fra en person, som delvist evner den højeste ego tilstand. Dette omfatter nemlig de fleste personer, inklusiv dig selv. For denne person betyder det altså, at der er smerte forbundet med de lavere tilstande.

Jo længere ned du kommer i de forskellige tilstande, jo større er smerten, lige indtil du slet ikke kan føle noget som helst. Hvad handler da denne smerte om? Den handler om at egoet mister sin integritet, og at du derfor mister din ego identitet, og dermed også din individualitet.

Når egoet derfor 'opløses', da opstår der smerte. Når du mister din individualitet, da opstår der smerte. Når du mister evnen til at holde sammen på dig selv i de 'følelsesmæssige vinde' som du udsættes for, da opstår der smerte. Når du mister den identitet som egoet står for og som du oplever er dig, da opstår der smerte.

Senere i din udvikling må egoet, og ego-identiteten, helt naturligt give plads for en anden identitet (hjerte identiteten/bevidstheden), men det er ikke det jeg snakker om her. Dette er jo ikke forbundet med smerte. Den smerte jeg snakker om, er den der er forbundet med *tabet af din ego-individualitet*, tabet af din evne til at være centreret i dig selv, og tabet af din evne til at 'holde sammen' på dig selv.

Du er et sted i din udvikling, hvor du har brug for disse ting, og derfor gør det naturligvis ondt når de mistes – hvilket er tilfældet når du forflyttes til de lavere ego tilstande.

Det sidste er vigtigt, for det er, som sagt, perspektivet som er afgørende for om de forskellige tilstande giver smerte eller ej. Hvis du har set lyset, da gør det ondt at miste det, men hvis man aldrig har kendt til det, da gør det jo ikke ondt at være i mørket.

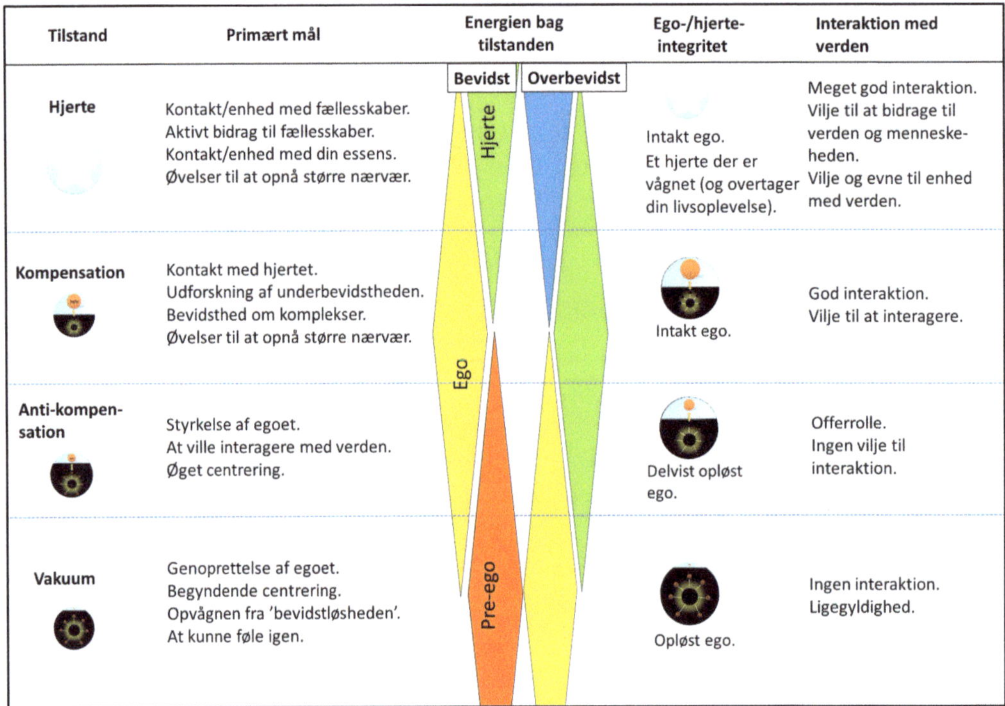

Tilstand	Primært mål	Energien bag tilstanden (Bevidst / Overbevidst)	Ego-/hjerte-integritet	Interaktion med verden
Hjerte	Kontakt/enhed med fællesskaber. Aktivt bidrag til fællesskaber. Kontakt/enhed med din essens. Øvelser til at opnå større nærvær.	Hjerte	Intakt ego. Et hjerte der er vågnet (og overtager din livsoplevelse).	Meget god interaktion. Vilje til at bidrage til verden og menneskeheden. Vilje og evne til enhed med verden.
Kompensation	Kontakt med hjertet. Udforskning af underbevidstheden. Bevidsthed om komplekser. Øvelser til at opnå større nærvær.	Ego	Intakt ego.	God interaktion. Vilje til at interagere.
Anti-kompensation	Styrkelse af egoet. At ville interagere med verden. Øget centrering.	Ego	Delvist opløst ego.	Offerrolle. Ingen vilje til interaktion.
Vakuum	Genoprettelse af egoet. Begyndende centrering. Opvågnen fra 'bevidstløsheden'. At kunne føle igen.	Pre-ego	Opløst ego.	Ingen interaktion. Ligegyldighed.

Figur 26. Kendetegn ved de 3 ego tilstande og den første hjerte tilstand.

4. Tilstanden 'kompensation'

Højeste mål: Skabelsen af et harmonisk ego og kontakt med hjertet.

I den øverste tilstand indenfor Ego udviklingsperioden har man en vilje til at interagere med livet, og en evne til det. I modsætning til de lavere tilstande, oplever man ikke at livet er grunden til ens smerte og mangel på selvværd. Tværtimod oplever man, at livet er midlet til at forløse smerten og opbygge selvværdet.
I denne tilstand søger du derfor livet for at opnå en bekræftelse af din person - en bekræftelse, der vil styrke egoet/selvværdet og *kompensere* for den ensomhed, som egoet altid (mere eller mindre) oplever. Derfor betegnes tilstanden kompensation.

"Kompensations tilstanden" er den øverste ego tilstand. Det er en tilstand med følgende kendetegn:

1. Du oplever en mere eller mindre intakt fornemmelse for hvem du er og hvad du vil (dvs. et mere eller mindre intakt ego – eftersom egoet i denne tilstand ikke er i fare for "opløsning").

2. Som i alle tilstandene kan du komme i affekt, og chancen for dette øges jo mere du bevæger dig ned i tilstanden – men i denne tilstand sker det ikke så tit at et kompleks helt indhyller dig.
3. Metoden til at blive smertefri er overvejende via "kompensationsmetoden" – dvs. ved at søge en bekræftelse fra omgivelserne af din person, der skal kompensere for din indre ensomhed, styrke dit billede af dig selv, og give dig selvværd.

Populært sagt falder meget af det, som man gennemlever i denne tilstand, ind under det som den traditionelle analytiske psykologi beskriver. Vi har set at egoet (dvs. dig når du er domineret af 'Ego livsoplevelsen') grundlæggende føler sig alene i verden og oplever uforeneligheden af dette, hvilket har gjort at du må gå til omgivelserne for at få den identitet, og følelse af liv, som du ikke selv oplever (og som du ikke kan give dig selv, når egoet dominerer dig). Derved lever du, som sagt, på omgivelsernes nåde, i afhængighed til omgivelserne, og måden du relaterer dig til livet på, er altså *kompensatorisk*. Du søger oplevelser, og en interaktion med livet, for at disse oplevelser og bekræftelser skal kompensere for den indre ensomhedsfølelse som karakteriserer egoet.

Når man er i denne tilstand, da gælder det, at hvis du bevæger dig længere ned i den, da bliver du mere og mere negativ i din generelle attitude, og du kan sågar ende med at blive decideret depressiv. Du får også sværere og sværere ved at stoppe det. Det er endda som om der er en voksende *vilje* i dig til at være negativ/depressiv, noget som er særligt aktuelt i de lavere lag af denne tilstand.

I de øvre 'lag' af denne tilstand er det en overkommelig udfordring at sige ja til livet, men jo længere nede du befinder dig i kompensationstilstanden, jo sværere bliver det at fastholde dit "ja" til livet, og at modstå den tiltagende negative vilje – både fordi du ikke kan, men også fordi du ikke mere *vil* modstå den. Din lyst til at sige nej til livet vokser således ned igennem tilstanden.

I kompensationstilstanden siger du for alvor
goddag til hjertet

Kompensationstilstanden har (i de øvre lag af tilstanden) noget som de andre to tilstande ikke har – en bevidst adgang til hjertet! I kompensationstilstanden (særlig i den øvre halvdel) er det nemlig et realistisk mål at søge hjertet, samt at søge bevidsthed om komplekserne og at opøve en større nærværs-evne.

Ser man på de energier man er under indflydelse af i denne tilstand, da giver dette mening, idet det er den eneste tilstand, hvor din bevidsthed kan nås direkte af hjertet (se figur 26, der viser de energier som et almindeligt menneske kan komme i kontakt med).

Kompensationstilstanden er den eneste egotilstand,
hvor du kan nås direkte af hjertet,
på en bevidst måde

Det er fra denne tilstand at man (en dag) opnår fuldstændig 'frigørelse' fra egoet, og altså de 3 ego tilstande, og det er denne tilstand der leder til et harmonisk og stærkt ego. Ikke mange på denne jord har opnået denne frigørelse – og de fleste mennesker har stadig hovedvægten af deres udfordringer indenfor denne tilstand, og har altså stadig et ego, der skal udvikles.

I de højere niveauer af tilstanden flyder ego-livstema energierne mere frit ud i livet (via vores udlevelse af dem) – fordi vi har en rimelig god kontakt til os selv, og fordi vi formår at mærke hvad vi inderst inde vil, og ikke vil – og tillige formår at handle på denne indsigt i os selv. Vi er i større balance med de ego-udviklingskræfter, der byder os at have en stærk ego-identitet, og en individuel bevidsthed.

I denne tilstand er vi gode til at mærke ego-udviklingskræfterne. Dette fører til større bevidsthed om livet og os selv, større tilfredshed ved livet, og en større følelse af, at livet giver mening for os.

Den autonome tyngdekraft

I ego tilstandene er der en 'tyngdekraft', der peger ind mod kernen af de tre tilstande. Den er mindst mærkbar i de øvre tilstande, og størst i de lavere tilstande. Selvom den altså i de øvre lag af tilstanden 'kompensation' næsten ikke mærkbar, er den dog altid mere eller mindre til stede, og hvis man ikke er opmærksom på det, og ikke tilfører aktiv energi til at modvirke den, da vil man langsomt kunne blive 'suget ned' af den – længere ind mod kernen (EE). Dette vil underminere egoet (husk at dette altså særligt gælder for de 2 laveste tilstande). Omvendt rummer tilstandene også alt det, som skal føre dig videre på din vej mod større bevidsthed.

Når du 'suges' længere ned i tilstanden 'kompensation', da har du større tendens til at opleve affekt tilstande, hvor du f.eks. 'overtages' af et kompleks, samt af viljen i komplekset. Dit ego mister sin kraft, og vil så småt begynde at opløses (dog ikke mere, end at du langt overvejende har en rimelig fornemmelse for dit ego). I samme takt som egoet mister kraft, vil du meget levende opleve smerte. Det er en smerte som er forbundet med at blive indhyllet af komplekserne, med at miste ego styrke, og med at have konflikt med dine aktive livstemaer (hvis realisering kræver en vis ego-integritet, selvbevidsthed, og viljestyrke).

Når du er på vej ned i tilstanden, da er det vigtigt at handle, for ellers vil du bevæge dig længere ned i den, og når det sker, vil du opleve, at du mister tilliden til at du overhovedet kan gøre noget ved smerten. Når denne tillid mistes, da er du ved at nærme dig den næste tilstand, som er en tilstand, hvor metoderne til at blive smertefri ændrer sig drastisk. De ændrer sig fra den kompensatoriske metode, der dominerer kompensations tilstanden, til den 'anti-kompensatoriske' metode, som jeg vil fortælle om i det næste afsnit.

Vilje
Bag al udvikling ligger en vilje til den. Der er din personlige vilje som sidder 'i egoet', og som motiverer egoets udvikling, men der er desuden en dybere vilje, som eksisterer på det overbevidste plan i dig.

Du har ingen direkte indflydelse på denne vilje, der dybest set driver hele din udvikling – og som påvirker din bevidste vilje, mere end du er klar over. Om denne vilje gælder det, at når du lever i overensstemmelse med den, da vil du opleve en dyb lykkefølelse, og en dyb følelse af at leve i harmoni med meningen med livet.

At leve i balance med denne vilje er således opskriften på lykke.

Når du bevæger dig ned igennem tilstanden, vil den *personlige* vilje, som styrer hvordan du interagerer med livet, ændre sig, og mere og mere komme fra den vilje, der eksisterer i komplekserne. Det er en vilje, som er forbundet med smerte og frustration, og det er en vilje der ikke er forenelig med et ja til livet.

En af dine vigtigste opgaver i livet er derfor at opdage når din bevidste vilje er ved at blive overtaget af den vilje, der sidder i dine komplekser. En måde hvorved dette kan forhindres er ved at bevidstgøre komplekset, hvilket er formålet med den type terapi, der har fokus på egoet, og altså den terapi som bør benyttes af mennesker, der er i kompensationstilstanden.

For at opsummere kan vi altså sige følgende om denne tilstand:
Særligt i den øverste halvdel af denne tilstand har du en god fornemmelse for hvem du er og hvad du vil, og du indtager generelt ikke en offerrolle overfor livet, og du har en vilje til at interagere med livet og en evne til det. Du oplever, at livet ikke er grunden til smerten og manglen på selvværd, men at livet derimod er midlet til at forløse smerten og opbygge selvværdet. Du søger livet for at opnå en bekræftelse af sin person - en bekræftelse, der vil styrke egoet og dit selvværd.

5. Tilstanden 'anti-kompensation'
Højeste mål: Frigørelse fra EE, samt at skabe et stærkere ego.

Overgangen fra en tilstand til en anden er som sagt flydende, og din bevidsthed kan desuden rumme flere tilstande på samme tid. Det er dog alligevel en god ide at skille dem ad, som jeg har gjort det, for at få en forståelse for, at vi vitterlig kan være i flere tilstande, tilstande som hver repræsenterer et vindue ud til verden, samt et vindue ind til os selv.

Det betyder også, at ligesom vi mennesker er forskellige, da oplever vi livet forskelligt, hvilket er værd at huske på, når vi forsøger at forstå hinanden.

For dit eget vedkommende betyder det f.eks. at når du udvikler dig, da vil din oplevelse af ting fra dit liv ændre sig. Du vil 'se' det på en anden måde. Et eksempel på at flytte sig fra en tilstand til en anden kan være når du havner i en følelsesmæssig affekt, hvilket kan farve din oplevelse af situationen. Din affekttilstand former din oplevelse af situationen. Når du da kommer ud af affekttilstanden, da ser du nu pludselig situationen helt anderledes. Grunden er at du nu er i en anden ego tilstand.

Hvis det f.eks. handlede om en person, som gjorde noget imod dig, da kan det være, at du nu har flyttet dig fra en tilstand hvor du oplevede aggression og vrede, til en tilstand af tilgivelse.

Meget af det man føler i anti-kompensations tilstanden er smertefuldt, og tilliden til livet er lille. I stedet for at opsøge livet for at få det bedre, gør man derfor det modsatte (derfor navnet 'anti')! Man forsøger at sige nej til livet. Grunden er, at man ser livet som værende skyld i ens lidelser. Kort sagt har man i den grad indtaget offerrollen, og man forsøger at blive smertefri ved at afskære sig fra "smertekilden", altså livet selv.

I "anti-kompensations" tilstanden er din udfordring derfor, kort sagt, at styrke et svagt ego, at igen at ville livet, og at komme ud af denne offerrolle, hvilket først vil lykkes delvist i de øvre lag af denne tilstand (og kun for alvor i den næste tilstand). Det handler om at mærke at du *vil* noget, om at føle dig i live igen, og om at udbygge grænsen til det underbevidste for at beskytte dig mod affekttilstande. Det handler dog ikke om hjertekontakt, da du slet ikke kan opfatte Hjerte energien i denne tilstand (med bevidstheden).

Offerrollen
I *anti-kompensations* tilstanden mærker man tydeligere indflydelsen af *viljen* fra den eksistentielle ensomhedsfølelse. Modsat den forrige tilstand 'kompensation', hvor du (til trods for komplekserne) overvejende oplever en *vilje til livet*, da er anti-kompensations tilstanden en tilstand, hvor du vil opleve det jeg kalder *"viljen til ikke-livet"*.

Dette er en reaktion på den stærke håbløshed og ensomhed, som du oplever i anti-kompensation tilstanden, og det er tillige en modreaktion mod livet, idet du altså oplever at livet er skyld i dine lidelser. Du oplever at du er offer for livets uretfærdighed og livets smerte – og formår ikke selv at tage ansvaret for dit liv! Du har indtaget offerrollen!
Når man kommer fra den øvre tilstand, "kompensation", og kommer til at befinde sig i anti-kompensations tilstanden, da oplever man bogstaveligt talt, at man *ophører med*

at være et selvbevidst væsen – og det er der en god grund til, fordi dit ego, som er centrum for din identitet (i Ego perioden), helt bogstaveligt begynder at opløses i denne tilstand. Det har den konsekvens, at din evne til at opleve dig selv som et selvbevidst individualiseret væsen reduceres mærbart. Det bliver selvfølgelig mere ekstremt i vakuum tilstanden, men det starter allerede i anti-kompensationstilstanden – på en meget mærkbar måde.

Din metode til at komme ud af smerten er altså *"anti-kompensatorisk"*, som kendetegnes ved, at du begynder at sige *nej til livet,* og oprigtigt oplever at dette 'nej' er den bedste vej for dig til at blive smertefri. Det er en metode, der passer til denne tilstand.

Man skulle tro, at denne metode bare var negativ og forkert, men den kan faktisk få dig videre, som du skal se forneden.

Kendetegnene for denne tilstand er følgende:

1. *Du har en mindre fornemmelse for hvem du er og hvad du vil (dvs. et mindre intakt ego, fordi opløsningen af egoet er begyndt).*
2. *Du påvirkes endnu mere intensivt af en negativ vilje fra komplekserne, men nu også af en begyndende direkte kontakt med EE, der giver både din reaktion, og din depression, karakter af noget eksistentialistisk.*
3. *Din metode til at blive smertefri vil nu i stigende grad benytte "anti-kompensations metoden" – dvs. "viljen til ikke-livet".*

Anti-kompensation som metode til at blive smertefri

Lad os se på nogle af kendetegnene ved denne tilstand. Først vil jeg dog sige at der er ting som er ens for alle tilstandene, og det er, at vi altid ønsker at blive smertefri. Metoderne til at opnå denne smertefrihed ændrer sig derimod drastisk, afhængigt af hvilken tilstand vi befinder os i.

Den *anti-kompensatoriske reaktion/metode* til at håndtere din smerte, er en måde at reagere på, som er helt karakteristisk for denne tilstand, og den sker sideløbende med en voksende dyb mistillid til livet.

Den manglende livskontakt
igangsætter en 'kompensations reaktion'
eller en 'anti-kompensations reaktion'
afhængigt af bevidsthedstilstanden.

I de lavere tilstande (særligt i 'anti-kompensation' tilstanden), der hvor mørket og ensomheden tiltager, da vil egoet sideløbende med meningsløsheden altså reagere med en *manglende vilje til livet*, det liv som øjensynligt ikke er til at opnå. Eftersom du/egoet faktisk oplever livet som smertekilden, så er dette jo en ganske forståelig reaktion. Troen på livet og lykken er så lille i de lavere lag, at der er opstået en decideret *vilje* til ikke at ville det, en vilje til 'ikke-livet', og til at 'straffe' livet (dybest set dig selv), ved at nægte at tage imod det. Der er opstået den opfattelse, at hvis man kunne stoppe med at ville livet, da ville man blive fri – smertefri.

Denne metode til at blive smertefri er den "anti-kompensatoriske" metode – og tro mig når jeg siger, at der er mange forskellige måder at straffe livet på.

I anti-kompensationstilstanden nærmer man sig den opfattelse,
at for at blive smertefri,
da skal man holde op med at ville livet.

Hvis bevidstheden er i kontakt med disse lag, da vil din reaktion altså blive *'anti-kompensatorisk'*, men hvis din bevidsthed hæves over disse lag, da vil du derimod reagere ved at søge *kompensationen* (og via denne forsøge at komme i kontakt med livet igennem *bekræftelserne).* Hæves den endnu mere, da vil du starte med at modtage *hjerteenergierne* – og dermed også den vidunderlige vilje til livet, som altid følger med hjertekontakten.

Mødet med anti-kompensations tilstanden

Hvis din aktuelle bevidsthed altså sænkes til at komme i kontakt med 'anti-kompensation' tilstanden, da vil du kunne påvirkes med den livsanskuelse, som hersker der - en livsanskuelse, der indeholder en fortvivlelse over den konstante, ja evindelige, smerte, samt en vilje til *ikke* at ville livet.

Vi er ikke mere udviklede, end at de fleste af os kan havne i denne tilstand. Du kan se det, som om du består af et "bevidsthedsrum" der inkluderer alle de 3 ego tilstande, og derudover det jeg kalder 'din aktuelle bevidsthed' som beskriver hvad der *lige nu* dominerer dig. Anti-kompensations tilstanden er altså en del af dit bevidsthedsrum, hvilket betyder at selvom du ikke domineres af den med din aktuelle bevidsthed, da er denne tilstand ikke desto mindre en del af dig.

På denne måde kan vi sige at du har en del af dig, som vitterlig *ikke* vil livet, og som oplever at løsningen på problemet med det smertelige afsavn, er at give afkald på det – for intet liv betyder ingen smerte, og ingen smerte betyder frihed.

Denne del kan være mere eller mindre latent, eller den kan komme til at dominere dig – alt efter hvordan du forvalter dit liv. For det meste er det ikke den dominerende del af dig, men derfor kan den godt være mærkbar.

Når din aktuelle bevidsthed først kommer i kontakt med denne del af dig, da melder det sig altså først som en tiltagende *negativitet*, og siden en mere *depressiv* livsholdning, men som du arbejder dig dybere og dybere ned i lagene i denne ego tilstand, da vil du også arbejde dig hen imod en dybere *eksistentialistisk* depression. Kunsten er at opdage når du er på vej ned i tilstanden, og stoppe det før det er for sent, for som du arbejder dig ned igennem lagene, da øges som sagt også *viljen* til ikke at ville livet, og det bliver derfor sværere og sværere at stoppe 'nedturen', fordi du mere og mere faktisk *ikke ønsker* at stoppe den.

Det virker nærmest dragende at blive i den, og at blive indhyllet endnu mere af den. Det virker dragende at give sig hen til den, at holde op med at gøre modstand mod den, og blive fyldt op med dens endeløse smerte. Det virker dragende at give op – at få fred, og jo mere du indhylles, jo mere synes du, at det er da rimeligt og helt rigtigt at det er sådan – og at det er de andre (som vil have dig til at kæmpe imod) som tager fejl.

Tilstanden anti-kompensation forøger blokeringen af ego-udviklingskræfterne
Når du er i tilstanden 'anti-kompensation', da er der sat en stopper for mange af livstema energiernes muligheder for at flyde igennem dig, og altså for at blive udlevet. Dette er enten fordi de udgør en energi, som du i anti-kompensation tilstanden ikke er i stand til at opfatte, men måske i tiltagende grad endnu mere fordi de repræsenterer det, som du til en vis grad har sagt nej til, nemlig livet.

Den del af egoidentiteten, der er baseret på bekræftelser fra omgivelserne, kan f.eks. kun realiseres hvis du evner at sige ja til livet, dvs. ja til de omgivelser der skal bekræfte dig. Du har i anti-kompensations tilstanden sagt nej til livet, og dette er ikke foreneligt med opbygningen af en stærk og harmonisk ego-identitet.

Konsekvensen er at der er konflikt med nogle af de største indre kræfter i dit væsen, og at den higen, som disse kræfter uundgåeligt allerede har vækket i dig, ikke formår at finde en plads i dit liv. Der er derfor en grundlæggende konflikt mellem din livsførelse, din livsholdning, og de store udviklingskræfter.

Smerten i tilstanden anti-kompensation leder til viljen til ikke-livet
Faktisk er dit problem i tilstanden anti-kompensation, at du ikke har kontakt med dit ego, at din ego-identitet er begyndt at 'opløses', og at du derfor synes at miste det, som du oplever, er dig. Dette ledsages af en uudholdelig smerte, der bliver mere og mere *eksistentiel* af karakter. Der eksisterer meget smerte i disse lavere bevidstheds-regioner.

Er du fuldstændig indhyllet af de lavere lag i anti-kompensations tilstanden, da kan du komme så langt ud at viljen til 'ikke-livet' kan manifestere sig ved, at du ønsker at tage dit liv. Dette er dog en ekstrem reaktion, og ikke den jeg taler om her, og i det efterfølgende. Der er mange andre måder at sige nej til livet på. Det som jeg taler om her, er den situation hvor du *delvist* bliver modtagelig for det meget negative livssyn, der hersker i disse lave regioner. Sker dette, da vil viljen til 'ikke-livet' påvirke dig til at blive mere eller mindre negativ og depressiv, og til at sige nej til livet på en måde hvor du *fravælger livssituationer og personer*, som ellers ville have været gode for dig.

Du træder ikke for alvor ind i livet, men bliver stående på 'sidelinjen', med et ben inde i livet, og et ben uden for livet. Du siger ikke ja, men heller ikke nej, og du oplever fejlagtigt, at du har det frie valg til at sige ja eller nej, som det passer dig. Viljen til 'ikke-livet' har altså ikke indhyllet dig helt, men dog alligevel nok til at du ikke træder helt ind i dette 'farlige' liv, og nok til at gøre det muligt for dig at kunne træde helt ud af det, skulle det blive nødvendigt (fordi du har 'et ben på hver side').
Men du er derved blevet narret til at tro, at du vitterlig kan sige nej eller ja til livet, som det passer dig. Og jeg mener virkelig narret, for livet er ikke noget man siger halvt ja til!
I virkeligheden har du fastholdt dig selv i en situation, hvor du kun tildeles mærker det liv, som du ikke formår at tage helt imod, og som du derfor også konstant mærker savnet efter. Netop dette er den situation, som mange mennesker, mere eller mindre, lever i. Grunden er altså, at du er i delvis kontakt med de lavere bevidsthedslag, og dermed delvist under indflydelse af viljen til 'ikke-livet'.

Samtidig lægger din livsførelse, og dit nej til livet, grundlaget for endnu flere komplekser grundet de blokerede livstemaer/livskræfter, og dette bliver mere udtalt jo længere ned i tistanden du kommer.

I tilstanden 'anti-kompensation' møder du viljen til ikke-livet.
Jo længere du bliver i tilstanden,
jo mere styres du af denne vilje,
og jo mere ønsker du at følge denne vilje,
og at bruge anti-kompensations metoden.

En af konsekvenserne af, at du befinder dig i denne tilstand, er at viljen til 'ikke-livet' tager til. Viljen til 'ikke-livet' er en reaktion på en stærk håbløshed og ensomhed, modsat viljen til livet, som er affødt ud af livsmod og oplevelsen af at være en del af livet. *Viljen til ikke-livet* har anti-kompensations metoden som sin metode til at komme ud af smerten, modsat *viljen til livet* som bruger kompensations metoden. Men til trods for at vi fyldes mere og mere op af denne vilje til Ikke-livet, da ved vi dog godt, *inderst inde*, at vores største og inderste higen, er en higen efter livet selv.

Faktisk er viljen til 'ikke-livet' dybest set affødt ud af, at vi jo er begyndt at blive influeret af høje Ego energier og de begyndende Hjerte energier. Dette har nemlig gjort adskillelsen til din egen individualitet, som du oplever i anti-kompensationstilstanden, smertefuld i en grad der kan være uudholdelig at bære. Som altid gælder det, at i samme grad som de høje Ego energier og Hjerte energier når os, da kan vi ikke leve uden dem.

I anti-kompensationstilstanden formår du ikke at være i bevidst kontakt med hverken hjertet eller dine komplekser.

Dog skal vi, som sagt, huske på at denne vilje til 'ikke-livet', til trods for dens umiddelbare livsfjendtlige attitude, kommer ud af en ganske oprigtig livsanskuelse, der handler om, at du tror at det vitterlig er livet som er skyld i dine lidelser – og i overensstemmelse med dette forsøger denne vilje nu at beskytte dig mod denne smertekilde.

Ved at holde livet lidt på afstand på denne måde giver denne vilje dig en pause til at centrerer dit ego, hvilket efterhånden vil føre til en fornyet sult efter livet via det nu mere centrerede ego.

Anti-kompensationstilstanden karakteriseres ved at være gennemsyret af en manglende accept af dig selv.

Så selv om denne del af dig i den grad kan indgyde dig smerte, så er den ikke desto mindre *helt og holdent på din side*, og denne del af dig forsøger at beskytte dig igennem sin 'anti-kompensatoriske metode', som den mener er bedst for dig. Så mød derfor denne del af dig selv med forståelse og kærlighed, men gør alt for at dette livssyn ikke skal styre dit liv, for de fleste mennesker er nemlig kommet videre fra denne metode.

Når du skal frigøres fra tilstanden 'anti-kompensation'

Som nævnt foroven gælder følgende om tilstanden anti-kompensation: "*du påvirkes endnu mere intensivt af en negativ vilje fra komplekserne, men nu også fra en begyndende direkte kontakt med EE, der giver både din reaktion og din depression karakter af noget eksistentialistisk".*

Du er altså begyndt at få direkte kontakt med EE, og derfor er målet for enhver terapi som er rettet mod mennesker i anti-kompensation tilstanden, at opnå en frigørelse for EE, samt igen at få en vilje til at interagere med livet, og til at bruge kompensations metoden.

Dette kan ikke ske uden en større *centrering* i dig selv – og en styrkelse af egoet. Energierne i denne tilstand inkluderer ikke bevidste Hjerte energier, hvilket vidner om at hjertet ikke kan bruges på samme måde som i kompensations tilstanden (se figur 26, der viser de energier, som er knyttet til de forskellige tilstande). Selvom Hjerte energierne måske er en del af dit *bevidsthedsrum*, da er din *aktuelle bevidsthed* i anti-kompensation tilstanden slet ikke i stand til at tage hjertet bevidst ind.
Ligeså bør *bevidstgørelsen af komplekser,* som er en vigtig og naturlig del af arbejdet med dig selv i den højere tilstand 'kompensation', kun være en (begrænset) del af den

terapi, der er rettet mod anti-kompensations tilstanden – og derudover kun bruges mod de *øvre lag* i denne tilstand. Generelt for anti-kompensations tilstanden gælder det altså, at man skal fokusere på at genoprette evnen til at være centreret i sig selv, på at styrke egoet, og på at få viljen til igen at ville være en del af livet!

Jeg vil om lidt komme mere ind på hvilken terapi, der passer til denne tilstand. Det er et vigtigt emne, fordi den rette terapi, som sagt, varierer signifikant mellem de forskellige tilstande – og fordi fejlslagne terapi-forløb meget ofte kan forklares ved at man brugte en terapi, der var målrettet mod en af de andre ego tilstande.

Din vilje kommer altså i endnu højere grad fra komplekserne, og vil være farvet af en voksende *frustration over ikke at være i kontrol*, og over det som jo gennemsyrer komplekser – en *manglende accept af dig selv*. Således er du i konflikt med dig selv – hvilket fører til ensomhed. Denne 'kompleks-ensomhed' er den direkte vej til en meget større og mere eksistentiel ensomhed, manifesteret via kontakten til EE.

Din vilje er nemlig også påvirket af EE i denne tilstand, hvilket i den grad fører til smerte og modløshed, og til at du nu vil forsøge på, i endnu højere grad, at modarbejde livstema energierne og deres lovmæssigheder – idet du blandt andet har mistet tilliden til, at de overhovedet er i stand til at få en positiv rolle i dit liv.

Opsummering på tilstanden anti-kompensation.
Denne tilstand bringer dig et skridt tættere på EE, og det har en række konsekvenser. Den ego fokuserede terapi, der virker i "kompensations tilstanden", begynder at miste sin effekt her. Det sker fordi den skyder over målet og henvender sig til et ego, der i denne tilstand er begyndt at opløses (og i de laveste niveauer nærmest ikke er til stede). Således vil en terapi, der fokuserer på egoet, henvende sig til noget som ikke længere er der. Derudover vil kontakten til EE og EE-viljen begynde at påvirke din metode til at blive smertefri, og støttet af den manglende tillid til livet, bliver din metode nu den anti-kompensatoriske metode, der altså udspringer af viljen-til-ikke-livet, i stedet for den vilje-til-livet, der dominerer i tilstanden "kompensation".

Med hensyn til ego udviklingskræfterne er konsekvensen at disse for en stor del blokeres (i den forstand, at de ikke flyder igennem dig, og leves ud i livet/får en rolle i dit liv/forløses i dit liv). Dette forøger skabelsen af nye komplekser (dybest set grundet ubalancen med det overbevidste), samt styrker allerede eksisterende komplekser – hvilket kan lede til at du havner i smertefulde affekttilstande.

6. Tilstanden "vakuum"
Højeste mål: at komme tilpas langt væk fra EE, så du kan begynde at samle dit opløste ego, og på denne måde starte med igen at opleve dig som et individuelt væsen, med en grad af livsvilje og evne til igen at føle noget som helst – dvs. glæde og smerte.

I vakuum tilstanden er du hinsides et Ja og nej til livet,
og hinsides glæden og smerten.

I "vakuum" tilstanden handler det om at genetablere et manglende ego, om at komme ud af ligegyldigheden og følelsesløsheden, om igen at mærke smerten og mistilliden (som er det første du vil føle, når du begynder at føle igen), og om at opleve at du er en person med en vilje.

I denne laveste egotilstand oplever man en tilstand hvor man har 'mistet' sin identitet grundet *opløsningen af egoet*, og derved *oplevelsesmæssigt* også har mistet forbindelsen til livet – både til dets glæder og sorger/smerte. Den overvejende følelse er *meningsløshed*, og som vi skal se, en slags *'følelsesløshed'* overfor livet, en følelsesløshed som mere og mere tager over. Jeg har givet denne tilstand navnet vakuum, eftersom man nærmest har en oplevelse af at man ophører med at være. Ligesom et fysisk vakuum er et rum uden stof, er der i vakuum tilstanden efterhånden 'intet mere tilbage' af dig. Du ser livet gennem et vakuum. Det synes ikke at nå dig mere.

Som du bevæger dig dybere ned i denne tilstand, da vil du mere og mere bevæge dig *hinsides* et 'ja' eller 'nej' til livet, og hinsides kompensation og anti-kompensation, som de metoder du bruger til at blive smertefri. Grunden er at disse ting kræver noget, som du i vakuum tilstanden ikke længere har – en vis fornemmelse for hvem du er/ikke er, og for hvad du vil/ikke vil.

Selvom kun få mennesker havner helt i denne tilstand, da har vi den alle i os, og kan blive påvirket af den i mere eller mindre grad. Kun få mennesker oplever til fulde vakuum tilstanden, men mange kender dog til følelsen af at miste fornemmelsen for hvem man er, eller kender følelsen af meningsløshed, i en eller enden grad.
At havne i denne tilstand er atter en konsekvens af at være for længe i de lavere tilstande (under påvirkning af underbevidste størrelser). Din identitetsfølelse er i fare på grund af denne påvirkning. Dit ego er i fare! Det er i fare for at blive 'opløst'.

Du er ved at revertere til Pre-ego bevidstheden, hvilket er det som egoet frygter mere end noget andet.

Denne fare for ego opløsning var betragtelig i tilstanden 'anti-kompensation' men er, som sagt, endnu større i vakuum tilstanden.

Kendetegnene på denne tilstand er:
1. *Du har ingen fornemmelse for hvem du er og hvad du vil (dvs. en opløst ego-identitet).*
2. *Du oplever en følelse, der går fra dyb meningsløshed og håbløshed, til*

fuldstændig ligegyldighed og følelsesløshed.

3. *Du oplever en manglende vilje og ligegyldighed med hensyn til at blive smertefri.*

At træde ind i en ny verden med nye love og regler

Allerførst vil jeg sige, at det at 'miste' sin identitetsfølelse er som at *træde ind i en ny verden, med nye 'love og regler'* – som altså også stiller helt nye krav til de metoder der kan få dig ud af tilstanden, eftersom de forskellige tilstande, som sagt, fordrer *forskellige metoder* til at hjælpe os til at komme ud af dem (eller videre i dem).

Det er nærmest umuligt at sætte sig ind i denne meget smertefulde oplevelse (i de øvre lag af tilstanden, hvor du stadig kan føle) hvis man ikke har prøvet det selv.

De råd man giver mennesker, som befinder sig i tilstanden, vil desværre ofte være en projektion af hvor man selv er, og således ramme *helt ved siden af* – blandt andet fordi disse råd, for at virke, fordrer et delvist intakt ego, hvilket jo netop *ikke* er tilfældet for mennesker i vakuum tilstanden.

Jeg vil i det følgende afsnit nærmere beskrive oplevelsen af når egoet "opløses", og hvorfor det sker. Dernæst vil jeg senere i dette kapitel komme ind på betragtninger vedrørende den terapi, der skal til for at genoprette identitetsfølelsen, og dermed "genoprette" egoet.

Du mister mere og mere dig selv

Vejen til vakuum tilstanden går som regel igennem de andre tilstande, og komplekserne i underbevidstheden er afgørende strukturer i at bane vejen ind mod denne tilstand. Som vi har set det, gælder det at når du bevæger dig ned igennem en tilstand mod den eksistentielle ensomhedsfølelse, da fyldes du mere og mere af en *vilje til at blive i smerten,* og din person bliver mere og mere domineret af en "negativ" energi, og en overbevisning om, at det er selve livet der er ophav til alle dine lidelser, og at løsningen derfor er, at sige nej til det. Langsomt, og oftest *uden at du opdager det,* overtages din bevidste vilje i egoet af den vilje som eksisterer i det underbevidste, og jo længere du forbliver i denne kontakt med de underbevidste 'størrelser', jo mere vil din bevidste vilje "undermineres".

Som regel vil denne vilje fra det underbevidste først komme fra de komplekser, som er ved at overtage dig. Dette er i særlig grad tilfældet for "kompensations" tilstanden, som er beskrevet foroven. Men da komplekserne også fungerer som en 'glidebane' mod den eksistentielle ensomhed, da vil din vilje (hvis du kommer længere ned i tilstandene) blive mere og mere domineret af viljen fra dybereliggende dele, der i en endnu mere rendyrket form, end den vilje man finder i komplekserne, er *en vilje til 'ikke-livet'*. Du vil altså på denne måde, medmindre du gør noget for det, nærme dig tilstandene 'anti-kompensation' og "vakuum" - som om de havde en usynlig tiltrækningskraft overfor dig.

I vakuum tilstanden oplever du altså, at din vilje undermineres. Meningsløsheden stiger. Du mister din realitetssans (bliver et let offer for indbildninger), og efterhånden *mister du din evne til at føle noget som helst.* Du flyder sammen med smerten – og den bliver *det som er* – og du oplever en tilstand, hvor du ikke kan differentiere den fra dit ego, din ego identitet, og derfor *holder du op med at opleve den som smerte.* Det er som om der er et afskærmende tågeslør mellem dig og livet (til alt i livet, selv smerten i livet!).

Du nærmer dig altså mere og mere en tilstand, hvor du er et 'følelsesløst' menneske, fyldt af en meningsløshed, som du ikke engang har en helt klar oplevelse af. Du har 'mistet' den person du var - i en grad, så at du dårlig nok husker hvem denne person egentlig var.

Du fyldes af en udefinerbar 'følelse' af at have mistet noget. Noget vigtigt. Men det opleves mere som en svag erindring, end en egentlig konkret oplevelse. Du har helt mistet kontrollen over dit liv! Livslyst er erstattet af ligegyldighed.

Det kan som sagt være rigtig svært at sætte sig ind i en sådan situation, hvis man ikke selv har oplevet den, og det kan endvidere også være svært at opdage, hvis man selv er på vej ind i den. Men prøv at se bort fra din egen situation, og læs følgende med et åbent sind, og prøv at accepter, at der er mennesker, som slet ikke oplever livet som du selv gør det (givet at du har en rimelig kontakt med dig selv, hvilket jeg går ud fra), og som ikke oplever det, som du måske tager for en selvfølge – nemlig en fornemmelse af din identitet, af hvor du er på vej hen, og en oplevelse af hvor du *vil* hen.

Hele din oplevelse af livet har et *referencepunkt*, og dette punkt er *din oplevelse af dig selv*, af den person du er, din ego-identitet (og senere en højere identitet). Alt i dit liv opleves og erkendes ud fra dette punkt.
Forestil dig nu at dette punkt, denne identitetsfølelse, ikke eksisterede. Det er nærmest umuligt. Men ikke desto mindre er der vitterlig personer, som udsættes for dette tab af identitet. Sådanne mennesker lever ikke rigtigt. De overlever.

Når du 'mister' dig selv – og evnen til at kontrollere dit liv
Lad os se mere på hvad det er som sker, når du mister dig selv og din *kontrol* over livet, i tilstandene 'anti-kompensation' og "vakuum".

I Ego perioden handler det i starten særligt om
at udvikle og bevare kontrollen
over det underbevidste

For egoet handler det meget om kontrol – og derfor er vakuum tilstanden så ekstrem 'farlig' for egoet, idet du i denne tilstand mister kontrollen. Men hvorfor er det da så katastrofalt hvis den mistes? Lad mig dvæle en smule ved dette.

Denne kontrol er så vigtig, fordi den eneste måde, hvorpå egoet kan opretholde sig selv på, er ved at udøve kontrol. Egoet gør alt for at bevare kontrollen over livet, og din interaktion med det. Man kan sige at det er egoets job – og det er et vigtigt job, for uden denne kontrol er din individualitet i fare. Uden denne kontrol er dit ego i fare. Og uden denne kontrol kan du ikke fremstå som (og være) det *centrerede* væsen, der er en *forudsætning for at du kan tage videre skridt mod hjertet.* Kontrollen er altafgørende for din udvikling, og det er egoets job at skaffe den.

Først når ego-integriteten er sikret, vil du opleve et 'vokseværk', der for alvor peger mod hjertet. Dette starter omkring kvart inde i Ego perioden.

I Ego perioden handler kontrollen dybest set om en *kontrol over dit underbevidste*, en kontrol over din interaktion med dette, og altså en evne til at kunne bevare integriteten af dit ego, til trods for påvirkningen fra det underbevidste (fra EE). Denne kontrol er altså en, som du skal holde fast på. Der er mange der tror, at det er vigtigt at mindske kontrollen over det underbevidste, for at kunne blive et med det. Det er en fejl, som kan føre til opløsning af egoet.

Først når ego-integriteten er sikret vil du opleve et 'vokseværk', der for alvor peger mod hjertet (og som vil være motiveret af *lyst,* snarere end af *ulyst* og utilfredshed over ikke at have et intakt og stærkt ego) – og først da vil du være i stand til at give afkald på kontrollen over 'fremtiden', og *samtidig* bevare din integritet i ego.

Du vil blive i stand til at udleve det som jeg har kaldt 'hjerte-tilliden', og da vil du begynde et nyt kapitel i din udvikling, et der har *nærvær* og *livslyst* som faste ingredienser, og et hvor din tillid til din fremtid (og nutid) er så stor, at du ikke mere har behov for at kontrollere den.

Men før dette sker, skal du altså have udviklet *et stærkt ego*, der blandt andet kræver en *kontrol* over det underbevidste, og lad os nu se mere til hvordan det opleves når det, som egoet gør alt for at forhindre, alligevel sker. Lad os se hvad der sker når kontrollen svigter, og du bliver vedvarende udsat for smerte.

Vedvarende smerte opløser egoet
At blive slået *fysisk* på det samme sted i lang tid, vil have den konsekvens, at du til sidst ender med at blive *følelsesløs.* Det kan næsten minde om hvad der sker når du 'bliver slået' af det underbevidste i lang tid. Du ender nemlig også med at blive følelsesløs. Du *mister følelsen for hvem du er!* Din identitet undermineres således af de underbevidste smertelige størrelser.

En *vedvarende påvirkning af lavere energier, fra de lavere bevidsthedstilstande,* vil altså langsomt 'nedbryde' egoet og din evne til at '(er)kende dig selv' – og dermed også din evne til at erkende de 'negative' energier, som du påvirkes af (dvs. at erkende dem *som* negative energier). Du bliver i stedet oplevelsesmæssigt et med dem, og mister derfor også din evne til at kontrollere dem, da kontrol kræver, at du er i stand til at adskille det som skal kontrolleres, fra 'dig selv'.

Derved er du altså gået fra at føle intens smerte og ulyst over livet (tilstanden 'anti-kompensation'), til en tilstand hvor du nu ikke engang rigtig føler smerte mere, men snarere en *ligegyldighed* - overfor alt. Du er kommet i en slags 'vakuum tilstand', hvor du kan betragte livet, men ikke deltage i det, og hvor din følelse overfor livet hverken er lyst eller ulyst. Du føler dig som en *tilskuer til livet,* og alt dette sker som en reaktion på en tilstand af *vedvarende* smerte.

Når kontrollen mistes
Når egoet mister kontrollen, da kan du altså opleve, at du som person *helt bogstaveligt* mister evnen til at opretholde dig selv, som det væsen du oplever at du er. Dette kan være en meget ubehagelig og smertefuld oplevelse. Din oplevelse af din person, den du er, svækkes, hvilket er det samme som at den identitet, som du forbinder dig selv med, svækkes.

Du føler helt bogstaveligt at du 'forsvinder', og at din personlighed 'opløses' - *uden at noget træder i stedet.*

Du reagerer med angst på dette, men eftersom dit centrum (din identitet) – det som normalt skulle håndtere denne angst – er reduceret, da kan du intet stille op mod denne angst - og den har derfor frit spillerum til at fylde dig op.

Det kan nærmest opleves som klaustrofobisk, sådan at blive *invaderet af ukontrollable ubehagelige følelser,* samtidig med at man selv er 'forsvundet'. Det er som at blive invaderet af et *fremmedlegeme,* der langsomt overtager hvem du er, og langsomt overtager kontrollen over dit liv.

Dette er ekstremt ubehageligt, og værre bliver det af, at man virkelig ikke ved om man nu har mistet sig selv – *for evigt* – for der er ingen oplevelse i dig, der fortæller at dette kun er midlertidigt! Der er intet til at modbevise, at dette ikke er for altid. Der er intet som fortæller dig, at du nogensinde får dig selv igen!

Ingen ord kan afhjælpe denne situation. Oplevelsen af mistet integritet, af at miste det som du kender som dig selv, er ganske dominerende, og ord vil blot prelle af på dig.

Det er meget smertefuldt at have det sådan, og beskrivelsen af det skal tages helt og aldeles bogstaveligt! Man oplever altså vitterlig, at man 'ophører' med at eksistere – *uden en garanti for, at det kun er midlertidigt*!

I sandhed en angstfremkaldende oplevelse!

Det er netop denne oplevelse af mistet identitet, som egoet altid kæmper så hårdt for, at du ikke skal opleve!

Det er, som sagt, svært for mennesker, som har deres liv mere eller mindre under kontrol, at forstå, og hjælpe, mennesker som er domineret af et ego, der kæmper for at bevare sin integritet – at forstå mennesker som *ikke* har livet under kontrol, og ikke har en fornemmelse for hvem de er. Ofte vil de råd, der bliver givet nemlig gå ud fra, at dem som de bliver givet til, har en vis kontrol over livet og en vis ego integritet - fordi giveren af rådet *selv* besidder denne kontrol, og *selv* kan bruge disse råd og metoder.

Deres hjælp afspejler således *hvor de selv er (og hvilke råd de selv kan bruge)*. Disse mennesker har svært ved at sætte sig ind i *manglen på kontrol*, og har svært ved at afhjælpe denne. Hvis man vil hjælpe mennesker som har mistet kontrollen, da bliver man nødt til at sætte sig ud over sin egen situation – hvilket absolut ikke er nemt!

Følelsen af hjemve

Når du mister kontrollen og kontakten til hvem du er, da kan du også begynde at opleve en slags *hjemve* – uden dog helt at vide hvor dette hjem er. Du ved at du har mistet noget, men er ikke helt sikker på hvad du har mistet.

Hjemve-følelsen er altså domineret af en oplevelse af *ikke at være hjemme*, snarere end hvor, og hvad, dette 'hjem' egentlig er. Du føler at smerten er for stærk, at den er mere end du kan klare, men oplever at du er helt uden midler til at kunne gøre noget ved det. Du føler hjemve, og du føler en slags *håbløshed* over ikke at have tillid til, at det kan ændre sig – nogensinde! Ordene fra dit intellekt, eller dine venner, siger måske noget andet – *men disse ord er intet mod din oplevelse*. Du har mistet dig selv og oplever et slags smertefuld 'vakuum filter' mellem dig og livet, og et udefinerbart tab.

I denne tilstand kan du (fordi du 'mangler' egoet) ikke *objektivere* smerten, og er derfor snarere *et med den*, og med den meningsløshed, som den bringer med sig.

Husk på at den vigtigste opgave for egoet er at skabe, opretholde, og udvikle din individualitet (et "job", der kræver kontrol over det underbevidste). Dette er *meningen* med Ego perioden (og egoet), og når dette 'fejler', da opleves en stærk *meningsløshed.*

Formålet med Ego perioden
involverer en kontrol over det underbevidste,
og en udvikling af individualiteten.
Når dette formål fejler
indtræder altid en oplevelse af meningsløshed.

De fleste mennesker har en fornemmelse for hvem de er, og derfor er det generelt sådan, at når vi snakker om ego-smerte, da er det oplevet af et ego, som tildeles formår *at rumme smerten* – dvs. det er en smerte, som ikke formår at gøre alvorlig skade på vores evne til at opretholde vores ego.

Et eksempel er den smerte vi oplever i de øvre stadier af tilstanden "kompensation", hvor der er smerte – men ikke en smerte, der kan true egoets integritet. Denne, dybest set ikke-truende smerte, er så langt fra den smerte, som vi kan risikere at opleve i vakuum tilstanden.

Det er vigtigt at du forstår denne forskel. Lad mig derfor gentage det. Hvis man befinder sig i *'vakuum-tilstanden',* da vil man have svært ved overhovedet at føle noget som helst – selv smerten. Det eneste du oplever, er en udefinerbar *meningsløshed,* og en følelse af ikke at være hjemme. Og endelig oplever du altså en dyb *mistillid* til, at du nogensinde vil komme hjem igen.

Når man er 'hjemme' (som man er det i kompensations tilstanden), er det umuligt at forestille sig en tilstand, hvor man ikke ved, om man nogensinde vil vende hjem igen! Det lader sig ikke gøre (selvom man ofte tror det modsatte).

Med hensyn til viljen i vakuum tilstanden, da er den vilje som du oplever en meget basal *overlevelses vilje,* som er langt fra den vilje som man oplever i kompensations tilstanden, hvor man faktisk formår at sige ja til livet, og endda lade sig styre af en vilje, der går ud over dig selv.

Hvis vi husker på følgende: *"Når du lever i overensstemmelse med din vilje i det ovebevidste, da vil du opleve en dyb lykkefølelse, og en dyb følelse af at leve i harmoni med meningen med livet",* så er du i vakuum tilstanden så langt fra denne tilstand af lykke og livsmening, som du kan komme.

Opsummering på vakuum tilstanden
Det er sjældent at man havner fuldstændigt i vakuum tilstanden, men derfor kan den

godt have indflydelse på dit liv. Vi er jo komplekse væsener, og kan derfor godt være i forskellige tilstande, med forskellige dele af os.

Man kan nærmest se hvordan egoet har rejst sig op fra 'vakuum-sumpen' og fundet sig selv, hvorfor denne sump udgør det allermest grundlæggende fundament for din identitet. Vakuum tilstanden er derfor en del af dig, selvom den ikke mere kan dominere din bevidsthed.

Komplekser er fortrængte oplevelser der (da de blev fortrængt) formåede at forhindre, at en ego-livskraft (f.eks. en livstema-kanaliseret energi) fik et optimalt flow igennem dig, og således forhindrede at den blev en del af din bevidsthed, samt at du kunne leve den ud i dit liv. Komplekser står således for en situation, hvor du lever et liv 'imod' den stærkeste indre vilje i dig. Komplekser er ikke en synd. De er ikke forkerte, men derimod en sund måde at reagere på, der er vigtig for din udvikling.
Alle komplekser er en konflikt med en ego-udviklingskraft – uden undtagelse – og for rigtig manges vedkommende er denne livskraft et af livstemaerne.

Når du styres af dem, da skaber de en så stærk reaktion og frustration, fordi de faktisk repræsenterer et 'naturstridigt' liv – et liv hvor ego-livskræfterne/livstemaerne og din inderste higen ikke flyder frit og får et naturligt udtryk i dit liv. Det vender jeg tilbage til i de to næste kapitler.

Komplekserne repræsenterer et 'naturstridigt liv',
imod den kraft, energi, og vilje,
der beliver livstemaerne

Hvis man lever længe nok i denne tilstand, da kan det opleves som om der kun er en løsning – og det er at *holde op med at mærke denne lovmæssige energi fra ego-livskræfterne og fra hjertet (hjerte-livskræfterne)*, at holde op med at mærke denne dybe higen efter at leve i harmoni med ego-livskræfterne. Det er der kun en måde at gøre på, og det er ved at opløse egoet – hvilket sker i vakuum tilstanden. *Egoet opløses derfor, som en form for selvforsvar*. Vær klar over det. Det er ikke negativt som sådan. Det er for din egen skyld. Samtidig er det dog noget du skal gøre alt for at forhindre.

Når egoet opløses
er det et selvforsvar overfor den smerte,
der opstår fordi du lever et 'naturstridigt' liv,
som ikke tillader et udtryk for din inderste higen

Man kan således sige at vakuum tilstanden (for en person, som er nået til sted hvor vedkommende har en ego identitet) er en reaktion på, at man har levet for længe i uoverensstemmelse med det man inderst inde vil, og man er nået til helt at miste

tilliden til at det nogensinde kan ændre sig. Smerten har været intens længe, så intens at du nu er begyndt at blive 'følelsesløs', og i samme takt som at du mister evnen til at føle, da mister du langsomt forbindelsen til 'dig selv', og du havner i et vakuum, hvor du ikke er i kontakt med dig selv, ikke føler smerte, og hvor du hverken har lyst eller ulyst til livet.
Dette kan ses som ultimative frihed for smerten, *en frihed baseret på manglen til at kunne føle noget* – og det virker da også efter hensigten, lige indtil egoet begynder at pulsere i dig igen (hvilket med sikkerhed vil ske).

Enhver aktivering af et kompleks er således et lille pust af vakuum tilstanden, en påmindelse om at den eksisterer inden i os. Men kunne kalde komplekser for *en mini-vakuum tilstand,* som kan vokse sig stor, hvis vi forbliver under deres indflydelse i lang nok tid.

Komplekser kan beskrives som mini-vakuum tilstande,
med et indre program, der forsøger at trække os
længere ind mod dens kerne

Derfor kan man sige, at du oplever vakuum tilstanden hver eneste gang et af dine komplekser aktiveres, hver eneste gang du kommer i en affekt tilstand. De fleste gange vil du have integritet og styrke nok til fastholde dit ego, men bliver 'kompleks-stormen' for stærk, da er der fare for at egoet opløses.

7. Den 4. tilstand – Hjertets tilstand

Den 4. tilstand er i virkeligheden den første tilstand i *den næste udviklingsperiode*, Hjerte perioden. Denne tilstand er fundamentalt forskellig fra de 3 ego tilstande, og den repræsenterer et helt nyt livssyn og en helt ny livsoplevelse – Hjerte livsoplevelsen. Det er i denne tilstand at ego-identiteten forsvinder og erstattes af et *helhedsorienteret livssyn*, og en hjerte identitet, der er så meget stærkere end ego identiteten, en identitet hvor enhed har erstattet adskillelse og ensomhed, og hvor tillid har erstattet mistillid.

Når du evner denne tilstand, da ændres alt for dig, dit syn på verden, dit syn på dig selv, og hvad du vil med dit liv. Det starter en ny higen inde i dig, og dine indre konflikter vil nu begynde at ændre sig til at handle om hvorvidt du lever et liv, der lader denne nye higen komme til udtryk (snarere end at handle om egoet og ego livskræfterne).
Denne tilstand er faktisk allerede en realitet for mange mennesker, og konsekvensen er, at du oplever at du forandrer dig. Det er ikke længere nok at tilfredsstille dit ego. Der skal nu mere til at gøre dig rigtig tilfreds. Det er som om din verden ændrer sig, og at du langsomt 'mister' det som du var. Du synes at miste den person du kender og føler dig tryg ved. En spændende oplevelse, men også til tider angstprovokerende. Det er dog helt som det skal være, og du skal se, at det er et udtryk for grundlæggende

forandringer i dit livssyn, og i din personlighedsstruktur. Hjerte identiteten har nye 'krav' til hvordan du skal leve dit liv, og hvis du lever i overensstemmelse med disse indre krav, da vil du opleve en mening med dit liv, som du ikke troede mulig. Den mening og tillid, der udgår fra hjerte identiteten, er en som ligger ganske uden for egoets forestillingsevne, og en som du først kan sætte dig ind i når du oplever den. Dette vil blive behandlet i PART-3 af bogen.

8. Afslutning

Vi har nu set at du kan befinde dig i forskellige tilstande, og at disse tilstande er ganske afgørende for hvad vi kunne kalde dine terapiforudsætninger – altså dine forudsætninger for hvilken terapi, som du kan tage imod (og dermed hvilken terapi som vil virke for dig). Du kan læse mere i appendix 4 om de terapi former der passer til de forskellige tilstande.

De 3 forskellige ego-hovedtilstande er som 3 forskellige verdener, med hver deres regler, forudsætninger og formål. De mål som gælder i tilstandene, er helt forskellige, og de energier som du skal bruge til at realisere disse mål, er lige så forskellige.

I den laveste tilstand handler det om bevidste Pre-ego og Ego energier, samt overbevidste ego/hjerte energier. I denne tilstand er dit mål en genetablering af egoet.

I den næste tilstand kan du gøre brug af bevidste Ego og Hjerte energier, og overbevidste ego/hjerte energier (og endnu højere energier). I denne tilstand er dit mål en styrkelse af egoet.

I den øverste tilstand kan du tage imod og bruge høje bevidste Ego og Hjerte energier, samt overbevidste Hjerte energier. I denne tilstand er dit mål et harmonisk ego – blandt andet gennem en udforskning og bevidstgørelse af underbevidstheden og dens kompleksstrukturer – og gennem en bevidst brug af hjertet.

Den øverste egotilstand er også den tilstand, som har kontakt til den næste udviklingsperiode og dermed den næste bevidsthedstilstand – hjerte tilstanden. Nøglen som åbner op til den næste periode, er netop at du i den øverste ego tilstand begynder at tage hjertet bevidst ind, hvilket muliggør identifikation med hjertet, samt giver en forsmag på hvordan det er *ikke* at være identificeret med egoet.

Alt i alt skal du altså lære at vurdere og mærke hvilken tilstand du er i, og hvad du derfor har mest brug for, og hvilke midler/energier/terapier du skal bruge for at nå det (se mere om dette i appendix 4). En ting er nemlig sikkert – *det som du har brug for, er det eneste som vil virke for dig*. Når du derfor løber hovedet mod en mur, og når tingene ikke virker for dig, da er forklaringen sandsynligvis, at du dybest set ikke har brug for det, og/eller at du bruger metoder, som du ikke har forudsætning for at bruge. Det er derfor aldrig dig som det er galt med!

> ***Ego og sjæls-psykologi***
> *Hvor egoet står for 'jeg-viljen' og 'jeg-identiteten', da står hjertet for det som i psykologien kaldes for selvet eller 'det højere selv', og inden for den esoteriske psykologi er det 'hjertet' som i særlig grad udgør kontakten til et højere aspekt af dit væsen. Generelt kan man sige, at gennem hjerte bevidstheden får du øjnene op for nye højere dimensioner i dig selv og i livet – deriblandt de mere 'spirituelle' dimensioner. Vedrørende terapi kan man sige at hvor egoet er målet for traditionel psykologi, da er hjertet målet for hvad vi kan kalde en 'sjæls-psykologi'. Dette er en 'psykologi' på et højere plan, en psykologi som er starten på en 'psyko-spirituel' proces, der leder til ny vækst – og til integration af hjertet i bevidstheden. Hjertet åbner altså op til en verden, der bringer din oplevelse af livet et ganske andet lys.*

Du skal derfor ikke lave om på dig selv – men derimod på metoderne, som du bruger til at komme videre. Det er nemlig dem som det er galt med, ikke dig!

> *"Enhver terapi skal forstå, at konflikt og smerte er tegn på en manglende balance mellem den indre higen og den bevidste livs-attitude, og at målet for terapien skal være at rette op på denne ubalance - under hensyntagen til hvilken udviklingstilstand individet befinder sig i".*

Du kan til slut se en opsummering på alle tilstandene her:

"Vakuum" tilstandens mål:

- *At centrere/genskabe dit ego.*
- *At starte med genopbygge en grænse til dit underbevidste og EE.*
- *At fokusere på ukomplicerede oplevelser med livet, gennem en solid jordforbindelse, gennem kropsøvelser, kreativitet, og samvær med mennesker natur og dyr.*

"Anti-kompensation" tilstandens mål:

- *At centrere/genskabe dit ego.*
- *At styrke dit centrerede ego.*
- *At opbygge en stærk grænse til dit underbevidste og EE.*
- *At få dig til at ville bruge kompensationsmetoden.*

"Kompensation" tilstandens mål:

- *At øve dig i at bruge kompensationsmetoden.*
- *At skabe et stærkt og harmonisk ego.*

- *At konfrontere dig direkte med de indre smerte fremkaldende strukturer, såsom komplekserne, traumer og andre fortrængte ting (som også kan være skjulte evner og talenter).*
- *At skabe maximal balance mellem de overbevidste energier og din bevidste attitude.*
- *At for første gang tage hjertet bevidst ind.*
- *At gøre dig klar til den næste udviklingsperiode.*

Den første hjerte tilstands mål:

- *At styrke dit ego yderligere gennem kontakt til fællesskaber.*
- *At bruge hjertet i dit liv.*
- *At styrke din hjerte identitet gennem aktivt bidrag til mennesker og fællesskaber.*
- *At opsøge din inderste essens gennem meditation, nærvær og stilhed.*

Både egoet og hjertet er altså som et par briller, der viser dig en særlig version af virkeligheden/verden. Brillerne selv bygger, som sagt, på et fundament, der stammer fra et unikt sæt af livstemaer, som leder til en unik livsoplevelse, baseret på den dualistiske grundtone, når det drejer sig om egoet, og en mere enhedsorienteret grundtone når det drejer sig om hjertet.

Et spørgsmål er da følgende: hvem er det, som kigger igennem brillerne? Hvem er det egentlig som oplever? Selve evnen til overhovedet at kunne se igennem brillerne, er en af de mest forunderlige ting ved mennesket. Det kræver nemlig 1) en *higen efter at opleve* samt 2) en *evne til at opleve*.

Hvor kommer denne higen fra, og hvad består den af, og hvad betyder det at have en evne til at opleve, via en livsoplevelse? Det vil jeg komme ind senere (kapitel 14) hvor jeg vil introducere dig for "det transformerede livsselv", der besidder denne *oplevelsesevne*, samt "livsselvet", der besidder din *higen* efter en sådan oplevelse.

En anden forunderlig ting ved vores væsen er at de briller, som du tager på, viser dig en verden og en virkelighed, som er baseret på livslove og livsregler (udgående fra livstemaerne). Den er dog også baseret på en *personlighedsstruktur,* som er perfekt egnet til at opleve denne verden. Personlighedsstrukturen har til formål at give dig præcis den oplevelse af verden og dig selv, som passer til hvor du er i din udvikling. Den ændrer sig altså i løbet af din udvikling, og naturligvis også efter det væsen du er.

Således har mennesket *en* personlighedsstruktur, og en fugl *en anden*. Desuden kan din personlighedsstruktur ændre sig i løbet af dit eget liv (selvfølgelig ikke grundlæggende, da dette kræver en større udvikling, end den der sker i løbet af et enkelt liv). Din nuværende personlighedsstruktur tillader dig at fortrænge (fordi den huser en underbevidsthed), hvilket er helt essentielt for den livsoplevelse, som Ego livsoplevelsen står for. Det er vigtigt at du kan fortrænge, og det er vigtigt med en underbevidsthed for din samlede livsoplevelse.

Personlighedsstrukturen altså er nøje afpasset dit eget udviklingsniveau, og er således en dynamisk struktur, der formår at ændre sig i løbet af din udvikling, for hele tiden at danne det bedst mulige fundament for din livsoplevelse.

Du har nu hørt om da egoet blev skabt, og om egoets udtryk. Du har set at egoet er midlertidigt. Du har set at egoet både er en identitet og en særlig måde at opleve livet på – som igen er knyttet til en helt unik personlighedsstruktur, en struktur der foruden bevidstheden, tillader fortrængning af fraspaltede bevidstheder til en underbevidsthed, samt en overbevidsthed til at sætte retningen for dit liv. Alt dette fører til skabelsen af de individuelle identiteter, som tilsammen udgør menneskeheden (Figur 27).

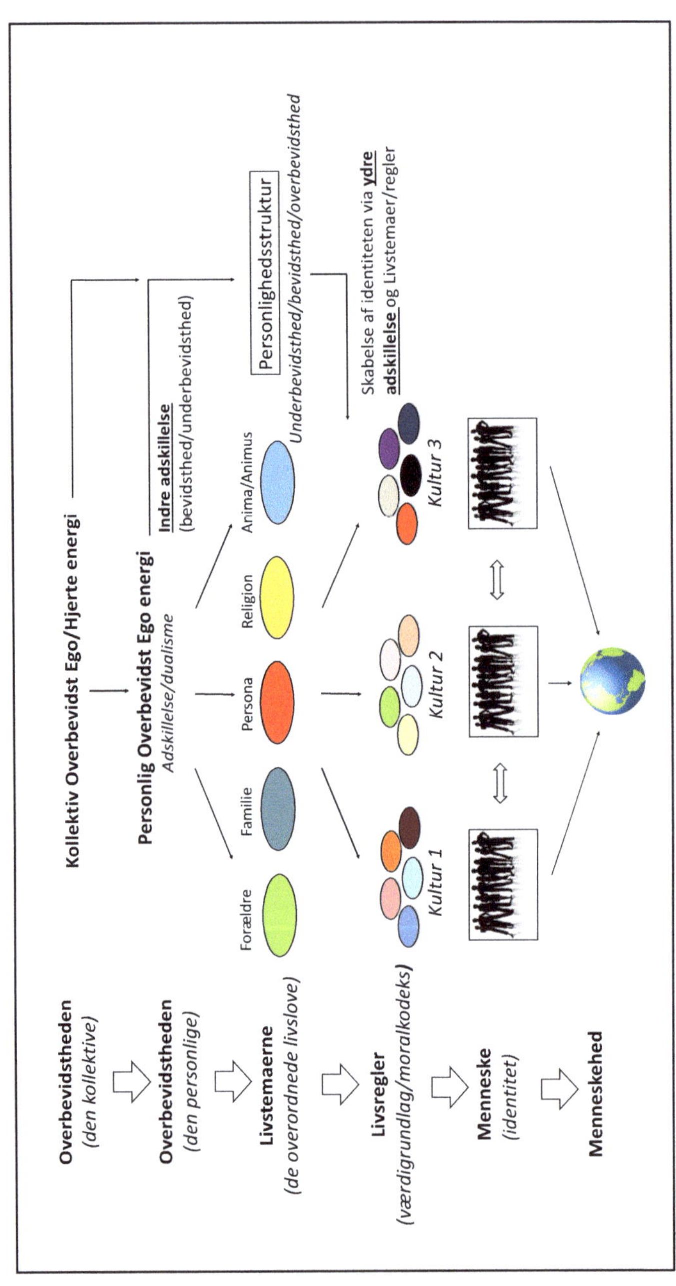

Figur 27. Fra overbevidst energi til den individuelle identitet og menneskeheden.

Ego identiteten er knyttet til en helt unik personlighedsstruktur, en struktur der foruden bevidstheden, tillader fortrængning af fraspaltede bevidstheder til en underbevidsthed, samt en overbevidsthed til at sætte retningen for dit liv. Denne identitet er grundlagt af livsregler, som igen er grundlagt af de aktive livstemaer. Disse temaer er aktiveret af den personlige overbevidste energi, en energi der er er en del af det samlede overbevidste energispektre (dvs. den *kollektive* overbevidste energi).

9. Fra Ego til Hjertebevidsthed-I

- *Afviklingen af egoet og dualismen* -

Med tiden vil egoet afvikles og både den indre og ydre dualisme, samt din underbevidsthed, vil forsvinde. I stedet vil Hjerte livsoplevelsen, den enhedsorienterede livsoplevelse, tage over som din dominerende livsoplevelse.

Transformationen af egoet vil føre til dualismens ophør
og derved forsvinder egoets grundlag.
Du bliver ego-løs,
men mere selvbevidst end nogensinde.

Lige nu er du ophængt mellem to måder at opleve livet på, og derfor også to måder at reagere på når du møder livet. Det er dig som vælger mellem disse to livsoplevelser – og det er noget af en udfordring. Den første, Ego livsoplevelsen, er bygget op omkring et dualistisk livssyn, og den anden, Hjerte livsoplevelsen, omkring et enhedsorienteret livssyn. De kunne altså ikke være mere forskellige. For begge livsoplevelser gælder det at 'som i det ydre, så også i det indre'. Dualismen eksisterer derfor som en ydre og en indre dualisme, og enheden eksisterer som en ydre og indre enhed. Når hjertet en dag tager helt over, da ophører både den indre og ydre dualisme – de to poler smelter sammen, og du er nu et med verden og et med din underbevidsthed, som jo er det der udgør den anden pol i den indre dualisme. underbevidstheden ophører som vi kender den og erstattes med det jeg kalder 'hjertekammeret'. Denne afgørende ændring viser sig i selve opbygningen af de to livsoplevelser.

1. Den indre og ydre dualisme.

Introduktion

Vi har set at egoets fundament er et dualistisk fundament. Særligt i den første halvdel af Ego udviklingsperioden (der hvor de bevidste Hjerte energier ikke har indfundet sig endnu hos individet). Det handler i denne fase af din udvikling om det som er dig, og det som ikke er dig. Dette er dualisme. Du er adskilt fra verden, og du lærer at erkende dig selv *via denne adskillelse*. Hele vores verdensbillede er altså i høj grad dualistisk i denne første halvdel af Ego perioden. Dette gælder stadig for langt de fleste mennesker, og derfor kan det være svært at forestille sig, at det skal slutte en dag, at det faktisk kan være anderledes.

I Ego perioden sker der altså det interessante at du er adskilt fra verden, samtidig med at du identificerer dig med den, og lader dig definere af den. Dit selvværd er ganske afhængigt af omverdens syn på dig, og i stedet for at identificere dig med din inderste essens, da identificerer du dig med din sociale status, din fader rolle, dine penge, din bil, dine fritidsinteresser, din sport, din krop, osv. Alle disse ting opleves ikke som adskilte fra dig; de er en integreret del af din ego identitet. Det er ganske normalt, og det er helt i orden at det er sådan, for i løbet af denne proces kan man sige, at du lærer dig selv at kende. Man kan sige at du bruger omverden til at bygge en ego-Identitet op, som gør dig klar til en dag at se endnu dybere ind i din person.

Det er ikke en falsk identitet, selvom mange påstår det. Vær helt klar over det. Det er bare en ud af mange Identiteter. På et tidspunkt i din udvikling har du brug for den – og på et andet tidspunkt har du ikke brug for den. Du kan være helt sikker på en ting; den er der kun så længe du har brug for den.

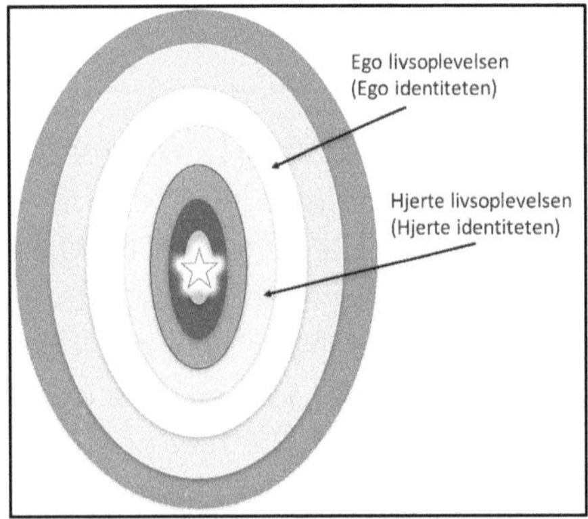

Figur 28. Ego og Hjerte identiteterne er to ud af utallige identiteter, som vi udsættes for på vores vej mod bevidstgørelse af vores inderste essens. For hver gang man skifter en identitet ud med en 'højere', da er det som at aflægge sig sin yderste skal. Dette sker når den indre skal er stærk nok.

Ego identiteten er som en ydre skal, som sørger for at holde dig oprejst, og i stand til at kunne begå dig i denne verden, og sådan vil det være lige indtil det, som er inde bag denne skal, din 'virkelige essens', er stærk nok til selv at holde dig oprejst. Når dette sker, da vil du vokse ud af denne ydre skal, og fremstå som et nyt væsen, der i sandhed vil fremstå som en, der er vågnet op fra en lang drøm!

Denne opvågnen er du midt i lige nu, og derfor er det at du begynder at se ego-identiteten som en tom skal. Kast dog ikke en negativ dom over den, men husk på at det faktisk er den, der har bragt dig til der hvor du er i dag, og at du ikke er færdig med den endnu! Du har blot startet en lang periode hvor en tro væbner, ego-identiteten, skal udskiftes med en ny. Pas på ikke at gøre det til en lang fornægtelsesperiode i stedet, hvor du ikke mere vil stå ved denne del af dig selv.

Den indre og ydre dualisme

Den nye identitet, hjerte identiteten, vil udskifte dualisme med enhed. Dette gælder både den ydre og indre dualisme. Lad mig blive lidt ved dette – og starte med at fortælle dig om hvad denne dualisme er, og hvordan den opstod.

Ego perioden starter med en reaktion på konflikten med ego-livskræften (Ego periodens dualistiske 'hovedtema'), hvilket leder til at du fortrænger denne konflikt og starter skabelsen af den struktur vi kender som underbevidstheden – en struktur, der altså i sit inderste indeholder denne grundlæggende konflikt.

Det er en konflikt mellem 1) den nye higen efter en erkendelse af din egen *individualitet* via et dualistisk livssyn, og 2) en nærmest fuldstændig *manglende evne* til at adskille dig fra omverden og afstedkomme denne erkendelse. Du higer efter 'lyset', men dine øjne forbliver lukkede.

Det at du reagerer med fortrængning i starten af Ego perioden er en helt unik måde at håndtere konflikt på (og noget du på dette tidspunkt ikke har prøvet før), og det er det som lægger grunden for det, vi kunne kalde *den indre dualisme* – som altså er, at du har adskilt dig fra en del af dig selv. For din nye ego-identitet vil det opleves som om din underbevidsthed er helt adskilt fra dig – og nærmest er fremmed for dig, modsat din identitet (i bevidstheden). Den indre dualisme er hermed skabt, og vil nu fremover udvikles i løbet af Ego perioden, særlig i løbet af den første halvdel af perioden. Lige nu i din udvikling er den indre dualitet faktisk på toppen af sin udvikling, og fra nu af vil den reduceres.

Med skabelsen af den indre dualisme er der også sket noget andet. Den indre dualisme lægger nemlig grunden for den ydre dualisme. Den ydre dualisme handler om at opleve sig som adskilt fra din omverden, og denne adskillelse vil nu lære dig at se (og kende) dig selv *i forhold til* denne omverden. Det vil lære dig at opbygge din identitet.

Din identitet er altså i et dualistisk forhold til både din underbevidsthed og din omverden. Interessant nok, så står netop omverden og underbevidstheden i et meget tæt forhold til hinanden. Alt hvad du fortrænger havner nemlig i omverden grundet projektionsloven.

Det er der en god grund til, som vi skal se.

Når livstemaer slukkes og tændes
Du motiveres til det dualistiske livssyn af de livskræfter som står for dette (og som er knyttet til dette livssyn), ligesom du senere motiveres til enhed med verden når livskræften for 'enhed og fællesskab' aktiveres. Livskræfter og livstemaer kan aktiveres og deaktiveres. Når du opnår den indre enhed (med din underbevidsthed), da vil dette initiere en 'deaktivering' (slukning) af 'individualitetskræfterne' og tænde for 'enhedskræfterne', som byder dig at integrere din indre enhed, og stærke individualitet, *i fællesskabet*. Dette sker selvfølgelig under stærk påvirkning fra overbevidstheden af dennes enheds energier (hjerte energier og højere energier).

Når vi har nået en tilstrækkelig *stærk ego identitet,* så signalerer dette altså, at vi er klar til at gå videre. Tidligere i din udvikling skete det ligeledes, at individualitetslivskraften blev aktiveret af en stærk og harmonisk *ubevidst enhed med gruppen* (udviklet i perioden før Ego perioden), kombineret med en stærk overbevidst påvirkning af Ego energier.

Ego perioden startede altså med en konflikt med individualitets temaet. Dette førte til skabelsen af underbevidstheden og dermed til den *indre dualisme*, hvilket muliggjorde den *ydre dualisme* og dermed muligheden for at projicere din underbevidsthed ud i denne. Med din underbevidsthed projiceret ud i verden, da vil du efterhånden opnå bevidsthed om denne og atter opnå en indre enhed – ikke den ubevidste enhed, som du kom fra i slutningen af Pre-ego perioden, men nu en bevidst enhed.

Som i det indre, så også i det ydre

Den indre dualisme muliggør den ydre dualisme, og den indre enhed muliggør den ydre enhed. Dette er et interessant. Det fortæller at dit forhold til verden *afspejler dit forhold til dig selv*. Er du i konflikt med dig selv, da er du i konflikt med verden. Er du i konflikt med verden, da er du i konflikt med dig selv. Hader du dig selv, da hader du verden. Er din psyke dualistisk opbygget med en bevidsthed og en underbevidsthed, da er dit forhold til verden dualistisk. Er du derimod et med dig selv, da er du et med verden, og elsker du dig selv, da elsker du verden. Dit indre hænger sammen med verden, og du kan ikke opleve enhed med verden, medmindre du oplever den med dig selv.

Grunden er at enhed med verden kræver at du *ser* den, at du virkelig *ser* den for hvad den er, og dette kan ikke lade sig gøre, så længe du bruger omverden til at projicere din underbevidsthed ud i. Så ser du nemlig ikke verden, men derimod *dig selv* i den. Du tror at du ser verden (og dine medmennesker), men det gør du ikke. Det er dine egne projektioner, som du ser. Dette er rigtig svært at forstå for en egobevidsthed, som jo er fuldstændig overbevist om, at den da ser ganske klart! Det er umuligt at forstå for denne bevidsthed, at den ikke ser verden, men overvejende sig selv i den.

Det er jo ikke sort-hvidt, ment på den måde at det ikke er muligt at se omverden så længe du har en egobevidsthed, og er domineret af en Ego livsoplevelse. Det er en glidende overgang, hvor egobevidstheden opbygger en vis evne til det, og hvor Hjerte livsoplevelsen (der virkelig formår at se verden, og dine medmennesker) langsomt tager over og løfter sløret for dit syn – både det indre og ydre syn.

En ting kan jeg dog sige med sikkerhed, og det er at du ser en hel del mindre af verden end du selv tror. Dette er et faktum. Et eksempel på 'ikke at se', kan være kontakten med et andet menneske. Man ser dette menneske, men lige så snart det åbner munden, da kommer du i kontakt med dine egne reaktioner og følelser, som da kan overtage scenen, hvorpå du nu er mere i kontakt med dig selv, end med dette menneske. Det kan være særlig udpræget med din partner, eftersom hun/han virkelig kan trykke på nogle knapper, som vækker følelser i dig. Det kan lyde helt paradoksalt, at af alle mennesker er det for mange netop deres partner, som de undertiden mindst ser, eller at man nogle gange *ser* et menneske mere, når man ikke er i samme rum med dem!

Jeg skrev at den indre dualisme muliggør den ydre, men hvorfor egentlig det? Da du i perioden før Ego perioden var ubevidst et med dig selv og verden omkring dig (f.eks. den gruppe du var en del af), eller i perioden efter Ego perioden opnår at være bevidst et med dig selv, da er der en ting som gælder om begge situationer: der er i begge tilfælde ingen indre dualisme, ingen underbevidsthed, og ingen ydre dualisme. Det viser at den ydre dualisme opstår på grund af din indre dualisme, *der opstår når underbevidstheden skabes* i Ego perioden.

Ligesom du i Ego perioden bringer din indre dualisme (den pol som ligger i underbevidstheden) ud i verden, da bringer du i Hjerte perioden din indre enhed ud i verden. På denne måde bruger du verden, både Ego perioden og Hjerte perioden til at få øje på dig.

Både i Ego og Hjerte udviklingsperioderne
bruger du verden,
som en helt nødvendig del
af din bevidsthedsudvikling

At opleve *enheden med verden* sker via integrationen af din indre enhed med verden. Via denne integration vil du opleve verden og dig selv, og *annullere den gamle måde at være i kontakt med verden på,* den måde der handlede om *projektioner fra underbevidstheden*. Igennem denne enhed vil du endda afvikle underbevidstheden, som du kender den i dag. Dette vil naturligvis give dig en helt anden oplevelse af livet, hvilket jeg vil vende tilbage til forneden.
I Ego periode opstår dualismen fordi du har brug for den for at skabe din nye ego-identitet, mens enheden opstår når du er nået til et punkt i din udvikling hvor videre udvikling, f.eks. af din identitet, kræver denne *enhedsoplevelse*. Det er interessant at du på denne måde *bruger verden, som en helt nødvendig del af din bevidsthedsudvikling,* både i Ego og Hjerte perioden.

2. Den dualistiske livsoplevelse *(ego livsoplevelsen – og følelsen)*
Nu har du hørt om den indre og ydre dualisme. Lad os nu se mere på Ego livsoplevelsen (Figur 29). En Ego livsoplevelse består af 7 bevidsthedslag. Karakteristisk for Ego livsoplevelsen er bevidsthedslaget (alle lag kaldes for 'bevidsthedslag') for det personlige underbevidste, altså der hvor dine komplekser, traumer, osv. eksisterer.

Jeg skrev tidligere: *"De fleste mennesker ved godt, at når vi oplever en følelse, da er der mere til den end det som vi umiddelbart oplever. Vi kan føle os kede af det, men ved at grave lidt i denne følelse, da kommer vi i kontakt med vores underbevidste, vores fortrængninger, vores traumer, osv. Der var altså et ekstra 'lag' til følelsen, det lag, som er vores personlige underbevidste. Dette ekstra lag er jo for længst accepteret. Det er accepteret så meget, at vi alle er overbeviste om, at for at forstå vores følelser, da skal vi dybere end den umiddelbare oplevelse af selve følelsen. Vi skal trænge ind i hvad der egentlig ligger bag den, hvad der har affødt den, og hvad den egentlig handler om. Den umiddelbare oplevelse af følelsen er altså langt fra nok til at kunne forstå den. Ved at forstå det dybereliggende lag, da forøges vores forståelse af følelsen. Det jeg siger nu er, at det stopper slet ikke der. Der er endnu dybere lag, som vil forøge vores indsigt endnu mere med hensyn til hvordan vi reagerer på livet."*

Følelser er 'egoets sprog'. Følelsen skal hjælpe individet skal lære at forstå verden og sig selv via Ego livsoplevelsen. Egobevidstheden skal fuldendes, hvilket sker når tilpas meget af lag 5 (Figur 29) er forløst og inkluderet i bevidstheden. Det vil betyde, at energien fra de dybereliggende lag nærmest passerer lige igennem lag 5, uden at *tage en yderligere iklædning* på der.

Følelser er en af måderne hvorpå livet kan opleves. Når vi er helt omgivet af dem, og helt identificeret med egoet, da har vi det med at tro at de udgør den *absolut eneste måde af opleve livet på*. Vores oplevelse af livet fortæller os, at det er sådan. Måske der endda er en del af os, som fortæller os, at selvom vi engang har været af den overbevisning at der er mere til livet, så var denne oplevelse bare en indbildning, en illusion, og at det vi oplever lige nu – med egoet i centrum - er livet som det virkeligt er – og at der simpelthen ikke er mere til livet.

Dette er et særdeles begrænset udsyn til, og oplevelse af, livet – men et som ego-identiteten tror fuldt og fast på.

Men det er dog, som sagt, ikke den eneste måde at opleve livet på. Der er i den grad mere til livet! Din største udfordring, lige nu, er at opdage de andre måder at opleve livet på! Du opdager det kun ved at udvikle din evne til at kunne rumme Hjerte livsoplevelsen. Den vil åbne dine øjne for, at egoets oplevelse af livet ikke er den eneste. Den vil også hjælpe dig til at opleve de dybere lag i en følelse (i den lange periode hvor din livsoplevelse er en blanding af Ego og Hjerte livsoplevelserne), og så vil den gøre at dit liv får en mening, som du ikke troede var mulig!
En følelse består af de 5 indre lag, som ikke er bevidste, og de 2 ydre lag, som har med bevidsthed at gøre. Alle bidrager til din samlede oplevelse af følelsen – og alle lag er en del af enhver af de følelser, som du nogensinde vil opleve!

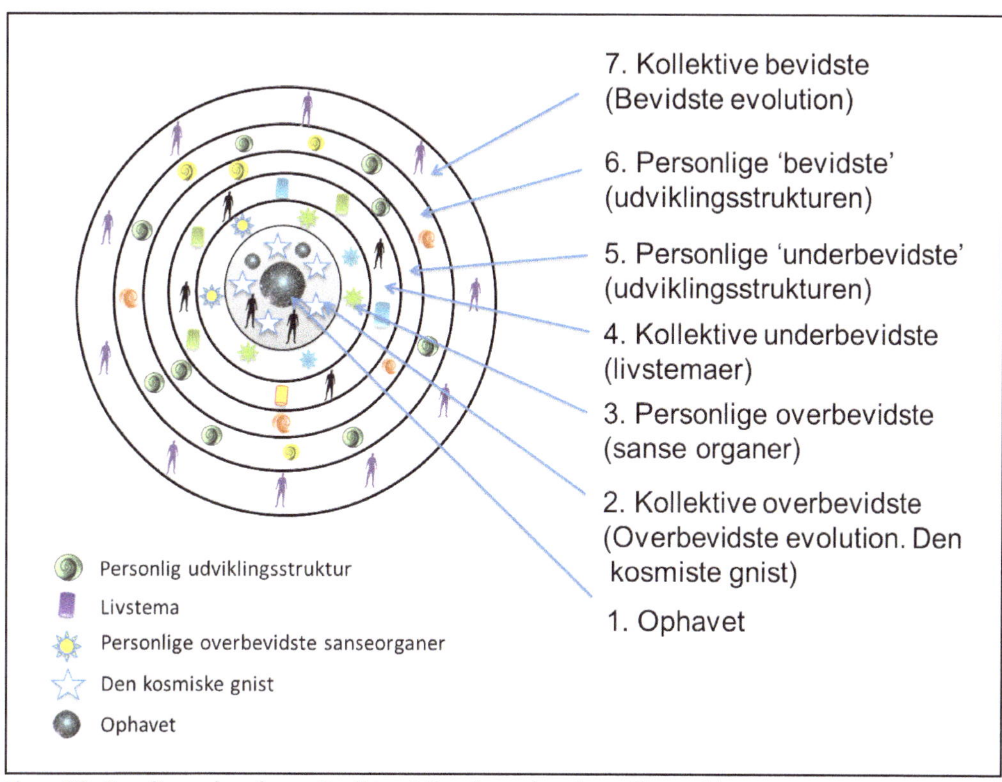

Figur 29. Ego livsoplevelsen. De 7 lag i Ego livsoplevelsen. Hver af lagene er repræsenteret af livstemaer, følelser, sanseorganer i overbevidstheden vist med forskellige symboler, hvis farve viser hvilken type energi der driver dem.

Kildens rejse til din bevidsthed

Der er et ophav til din, og alle andres, eksistens. Vi kan lige nu kalde det for 'Kilden'. Denne Kilde er en del af alt hvad du oplever i livet, inklusiv alle dine følelser. Man kan se en følelse, som noget der opstår efter at Kilden har været på en lang rejse gennem flere *bevidsthedslag*, med det mål at nå 'dig'. Kilden har et sprog, som du ikke forstår med din bevidsthed, og den må derfor oversættes til noget som du forstår. Det er det, som denne rejse, gennem flere bevidsthedslag, handler om.
Lad mig fortælle om denne rejse.

Lag nummer 1 - *Kilden*

Den inderste kerne i en følelse er selve ophavet til den, 'Kilden' selv (Figur 29). Det er det 'unævnelige', som også er ophavet til din eksistens. Det ønsker at manifestere sig gennem din bevidsthed, men din bevidsthed er ikke i nærheden af at kunne forstå eller opfatte dette ophav. Kilden må ud på en lang rejse for at kunne blive til noget, som du forstår med din egobevidsthed. Tænk engang at dette højeste aspekt af livet, også er en del af enhver følelse i dig, selv de følelser som kan virke overfladiske og ligegyldige.

Lag nummer 2 – *Den kollektive overbevidsthed - Udviklingskræfterne*
Det næste lag i en følelse kommer fra dit *kollektive* overbevidste, som repræsenterer den del af livet, der kommer fra menneskehedens overbevidsthed. I dette lag eksisterer det som har med hele menneskeheden at gøre, og ikke kun med dig selv. Denne kraft er repræsenteret i enhver følelse. Den står for det samlede udviklingspotentiale for mennesket (dvs. hele 'energi-spektret'). Den står for de udviklingskræfter, som skaber din personlighedsstruktur, og som ligger bag det dualistiske livssyn, livstemaerne, osv.

Lag nummer 3 – Den personlige overbevidsthed
Det næste lag kommer fra dit *personlige* overbevidste. I dit personlige overbeviste evner du altså at modtage 'energier' fra det kollektive overbevidste. Dem som du modtager indgår dernæst i et samspil med din bevidsthed/underbevidsthed, og 'kanaliserer' lige præcis den energi videre, som disse dele af dig har brug for. Det er også her, at din dybeste higen eksisterer samt din vilje til fremdrift, og dette er derfor et lag der i den grad spiller en rolle for din udvikling. Dette lag er altså også en del af enhver af dine følelser.

Lag nummer 4 – *livstemalaget ('det kollektive underbevidste')*
Det næste lag er også et kollektivt lag. Det er det lag som rummer livstemaerne, og som i psykologien nærmest kan beskrives, som 'det kollektive underbevidste'. Jeg kalder det her for 'livstemalaget'. Dette lag har den funktion, at det bestemmer de overordnede temaer for alle dine følelser – på en måde så det ikke er dig muligt at opleve en følelse, som er udenfor disse temaer.

Dette lag sætter altså rammen for hvad der er følelsesmæssigt muligt for dig at opleve. Der er latente livstemaer og der er aktive livstemaer. Livstemaer er jo underordnet det overbevidste, og tilsammen udgør alle livstemaerne (latente og aktive) hele det spektre af livstemaer, som er knyttet til de energier der findes i det kollektive overbevidste, mens de *aktive* livstemaer repræsenterer de energier, der er i dit *personlige* overbevidste (Figur 30).

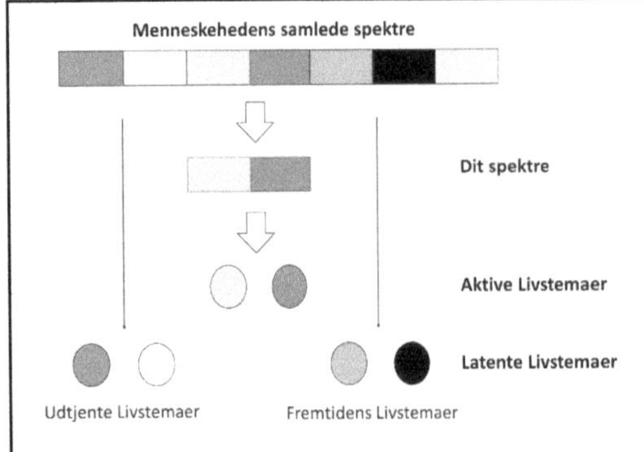

Figur 30. De overbevidste energier og livstemaerne. Energierne det kollektive og personlige overbevidste bestemmer det samlede spektre af livstemaer samt hvilke der er latente og hvilke der er aktive.

Selvom dette lag er lidt som den skjulte virkelighed bag dine følelser, reaktioner og overbevisninger, da er det faktisk nu blevet muligt at komme i kontakt med (en del af) det. Det kræver øvelse og ekstrem årvågenhed, men at opdage dette lag i

dig, og i dine følelser, er en ganske utrolig oplevelse, en af de oplevelser der kan ændre dit liv!
Det er helt bogstaveligt at blive observatør til *fundamentet for dine følelser,* inklusiv din smerte, og opleve at denne smerte kun er virkelig, så længe dette fundament er en realitet og så længe du tror på det.

Lag nummer 5 – *den personlige underbevidsthed, og den anden pol i den indre dualisme.*
Dette lag er det personlige underbevidste, altså endnu et personligt lag. I dette lag af dig selv finder vi dine minder, fortrængninger, skjulte talenter, som alt sammen fortæller om din *personlige* livshistorie. Her finder vi også kompleksstrukturerne, med alle deres lag og alle deres mange forbindelser til hinanden.
Det er dette lag som rummer ting, som hidrører fra din bevidsthed, og dennes interaktion med verden, og det er dette lag, som udgør den anden pol i din indre dualisme.

Lag nummer 6 – *bevidstheden, ego-identiteten og den ene pol i dualismen.*
I dette lag finder vi din personlige bevidsthed. Det er her vi finder *bevidsthedsrummet,* samt *din aktuelle bevidsthed*. Det er her vi finder din *ego-identitet*.

Lag nummer 7 – *Den kollektive bevidsthed*
Dette er det sidste lag, og det tredje kollektive lag. Det er menneskehedens kollektive bevidstheds lag. Det er menneskehedens bevidsthed. Du er en del af menneskeheden, og ligesom du bidrager til menneskehedens udvikling, da virker menneskeheden også tilbage på dig. Menneskehedens samlede bevidsthed udgør den ramme, som din egen bevidsthed udvikler sig inden for. Til stadighed påvirkes du af hele denne bevidsthed, fra det laveste til det højeste aspekt af den. Du påvirkes altså af bevidsthedsvibrationer, som er lavere end din egen aktuelle bevidsthed, eller lig den, eller som er højere end den. De sidstnævnte kan du som sagt ikke tage ind, men derfor kan de godt igangsætte en higen i dig, om at blive bevidst om højere livsaspekter.
Den kollektive bevidsthed tester derfor dine højeste evner til bevidstgørelse – hele tiden. Du er en del af menneskeheden og denne samhørighed er ikke en envejskommunikation, men en meget aktiv tovejskommunikation, som er afgørende for din udvikling.

Lagene i en følelse
Lag 1+2+3+4+5+6+7 – en følelse opstår.
En følelse er altså en 'energi' der starter i 'Kilden', en energi der påtager sig mange forklædninger. Denne 'forklædte' energi vil nå din egobevidsthed – og vil forsøge at påvirke din bevidste attitude på en måde, så at der opstår større balance mellem denne og din overbevidsthed, og altså mest muligt flow af de overbevidste energier (ego livskræfterne/livstema energierne) gennem dig, og ud i 'dit' liv. Der er en grund til dette, og det er når der er *mest mulig balance med livstemaerne/ego-livskræfterne*, da

har disse energier/kræfter de bedste muligheder for at skabe en oplevelse i dig af den 'højeste' slags. Dette er det umiddelbare formål med dit liv, og sådan har det altid været!
Når du oplever en følelse, da oplever du alle lagene på en gang! Alle lagene tilsammen er selve definitionen på en følelse. På enhver følelse! Din oplevelse af følelsen er dog langt overvejende domineret af de 2 yderste personlige lag, det personlige bevidsthedslag (lag 6) og det personlige underbevidste lag (lag 5). Det er blandt andet disse 2 lag, som vi kender fra den analytiske psykologi, en psykologi der altså er særligt fokuseret på dit ego/jeg, og på dine komplekser.

Som du allerede har set, er det også de to lag, der udgør de 2 poler i den indre dualitet, den dualitet der er så vigtig for din identitet, livsoplevelse, og bevidsthedsudvikling.

2. Den enhedsorienterede livsoplevelse - *(Hjerte livsoplevelsen – enheds-livsoplevelsen)*
Dette kapitel har jo fokus på dualismens ophør, hvilket sker når den næste livsoplevelse bliver en større del af dit liv, så lad os se lidt på denne oplevelse.

At 'vågne op til en ny verden', er dybest set at opleve en mere oprindelig form af den energi, som kommer fra ophavet/Kilden. Det vil sige, at når du formår at 'pille det lag' ud af livsoplevelsen, der står for underbevidstheden, da er du kommet et skridt nærmere ophavet til den. Egoet oplever gennem en specifik personligheds struktur. Opnår du derimod hjerte bevidsthed, da opleves livet gennem en anden type struktur. Selve denne struktur skal du høre mere om i næste kapitel.

Hjerte livsoplevelsen giver en helt anden oplevelse, og når man formår at opleve livet på denne måde, da formår man samtidig at *indse* at Ego livsoplevelsen (og det som definerer hvad egoet tror på) er en illusion i den forstand, at det altså kun udgør *en* måde at opleve livet på, en måde som nu ikke længere er fyldestgørende for dig. Illusionen er ikke selve egoet, eller Ego livsoplevelsen, men at egoet (du) ikke tror, at der er andre måder at opleve livet på.
Det er vigtigt at være klar over at det ikke er selve egoet som er illusionen, særligt når man møder mennesker, som vil forkaste og fornægte egoet og dets måde at opleve livet på, ud fra den overbevisning at det er en 'forkert' måde at opleve livet på.

For det første er det ikke rigtigt, og for det andet er det for øvrigt ofte egoet der styrer disse mennesker, selv om de helt sikkert tror at det er noget højere.

Egoets måde at opleve livet på er en 'lavere' måde at opleve livet på, end hjertets måde at opleve livet på – men altså ikke en dårligere eller mere forkert måde at opleve livet på. På samme måde gælder det, at en bevidsthed baseret på højere energier end hjerte-energierne, ikke er en mere rigtig måde at opleve på end hjertets måde at opleve

livet på. Det er bare en måde at opleve livet på, i en mere 'afklædt' form.
En hjerte-oplevelse består af 4+2 lag.

Hvor en følelse (dvs. en Ego livsoplevelse) består af 5+2 lag, da består en hjerte oplevelse af 4+2 lag. Ikke nok med at der mangler et lag i Hjerte livsoplevelsen, så er nogle af lagene ydermere også kvalitative forskellige fra dem vi finder i en ego-følelse (Figur 31). Dette skal vi se nærmere på nu.

Lag nummer 1 - *Kilden*
Den inderste kerne i en hjerte oplevelse er, som for alle livsoplevelser, det 'unævnelige', 'Kilden' til din hele eksistens, og til alle dine livsoplevelser. Også når du har hjertebevidsthed må dette ophav ud på en længere rejse, for at kunne blive til noget som hjertebevidstheden forstår.

Lag nummer 2 – *Det kollektive overbevidste*
Det næste lag i en hjerteoplevelse kommer fra dit kollektive overbevidste, ligesom det var tilfældet for en følelse.

Lag nummer 3 – *Det personlige overbevidste*
Det næste lag er dit personlige overbevidste. Her er der en forskel mellem Ego og Hjerte livsoplevelserne. Laget repræsenterer den energi, som du formår at modtage fra det kollektive overbevidste, og for hjertet er denne energi det jeg kalder "GD-1" og "GD-2" energier (og højere Hjerte energier end dem som bevidstheden kan opfatte), mens der i Ego livsoplevelsen indgår hjerte og "GD-1" energier (og højere Ego energier end dem som er i bevidstheden). Du skal her blot se GD energierne som *højere energier,* der er dominerende i *højere bevidsthedsformer.* De er dog så langt fra vores nuværende udviklingsniveau, at jeg ikke vil beskrive dem nærmere her.

Lag nummer 4 – *livstemaerne.*
Det næste lag er også et kollektivt lag. Det rummer som sagt livstemaerne. Sammenlignet med Ego perioden (ego livsoplevelsen), er der er afgørende forskelle med hensyn til hvilke der er aktive, og hvilken energi de aktive livstemaer er aktiveret af. I Hjerte livsoplevelsen er livstemaerne aktiveret af Hjerte energier, samt højere energier (GD-1/GD-2) energier, modsat i en følelse hvor de er aktiveret af ego/hjerte/GD-1 energier.

Der er altså helt nye livstemaer som nu er aktive, og så er der livstemaer som også var aktive i Ego livsoplevelsen, men som havde *et lavere udtryk* i denne livsoplevelse.

For livstemaet 'religion' betyder det f.eks. at du kan være religiøs både når du er domineret af Ego livsoplevelse og Hjerte livsoplevelsen, men at denne religiøsitet tager forskellige udtryk.

Stimuleret af hjerte/GD-1/GD-2 energier vil det religiøse livstema fylde dig med en higen efter at udleve en oplevelse af *enhed med andre mennesker*, og med den 'spirituelle dimension' – snarere end at dyrke en guru (eller selv forsøge at blive en), som tilfældet er i Ego perioden.

Lag nummer 5 – *bevidstheden og hjertekammeret*

I en følelse (dvs. i Ego livsoplevelsen) er dette lag det personlige underbevidste, men for en Hjerte livsoplevelse eksisterer dette lag ikke. Lag nummer 5 svarer derfor til det lag som er nummer 6 i en følelse. Dette er altså laget, som rummer din aktuelle bevidsthed i Hjerte livsoplevelsen. Det er her vi finder din personlige bevidsthed og din hjerteidentitet.

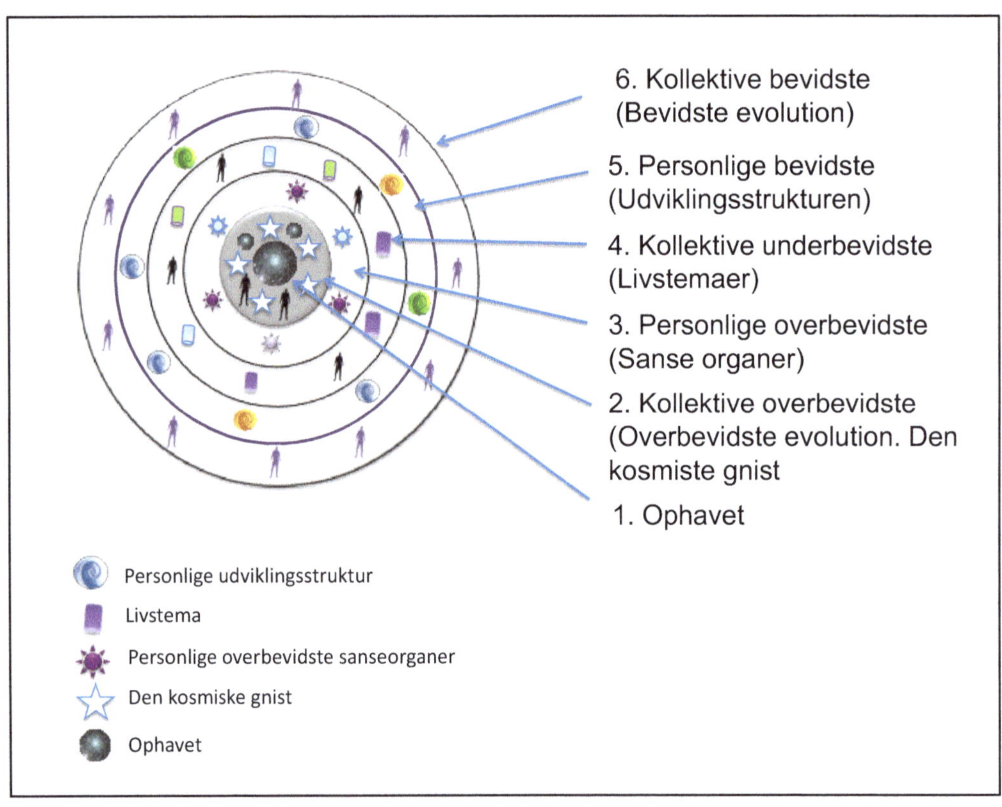

Figur 31. Hjerte livsoplevelsen.

De 6 lag i Hjerte livsoplevelsen. Hver af lagene er repræsenteret af livstemaer, sanseorganer i overbevidstheden, vist med forskellige symboler hvis farve viser hvilken type energi der driver dem.

Det som var det personlige underbevidste i Ego livsoplevelsen, finder vi i et udtryk jeg kalder 'hjertekammeret', som er et lag der er 'smeltet sammen med' hjertebevidstheden. Hjertekammeret er et sted hvor dine minder og oplevelser kan 'opbevares', men ikke et lag hvortil du kan fortrænge ting. Hjertekammeret er altså en del af lag 5.

Husk dog på at det ikke er sådan, at din underbevidsthed med et forsvinder når du får hjerte bevidsthed. Sådan er det ikke, idet det jo er en glidende overgang, og den sidste rest af ego underbevidstheden forsvinder først om en halv udviklingsperiode, hvilket er om lang tid!

Lag nummer 6 – *Den kollektive bevidsthed*
Dette lag er som vi har set det menneskehedens kollektive bevidsthed. Det som er unikt ved mennesker der har hjerte bevidsthed, er at de kan tage nye højere energier ind fra lag 6, sammenlignet med mennesker som er domineret af Ego livsoplevelsen.

3. At opleve via Hjerte livsoplevelsen
Når det personlige underbevidste begynder at forsvinde.
En af de unikke ting ved hjertets måde at opleve livet på, er altså at oplevelsen er uden det lag, der står for dit personlige underbevidste.

Denne iklædning mangler fuldstændig i Hjerte livsoplevelsen. Laget der har med det 'kollektive underbevidste' (livstema laget) at gøre er der stadig, men det personlige underbevidste mangler som sagt. Der er også andre forskelle, men lad os starte med det lag som mangler.

Allerførst vil jeg dog lige igen minde dig om, at din samlede oplevelse lige nu er en blanding mellem Ego og Hjerte livsoplevelsen. Nogle vil sikkert sige, at de da har fuld hjerte bevidsthed, til trods for at de har et ego og en underbevidsthed, men til dem vil jeg sige, at dette ikke lader sig gøre. Hvad der derimod kan lade sig gøre er at have en stærk og mærkbar kontakt til hjertet, samtidig med at man har en egobevidsthed og en underbevidsthed.

En hel del mennesker oplever dette, men mange har det stadig som deres største livsudfordring at nå til dette stadie.

Lad os da se mere på Hjerte livsoplevelsen. Når en energi fra det overbevidste ikke skal igennem dit personlige overbevidste, da oplever du naturligvis en 'renere' form for denne energi.

Det er som en oplevelse af livet, der ikke er påvirket af alle dine fortrængninger og komplekser (dvs. din underbevidsthed).

Al smerte forsvinder
Hjerte livsoplevelsen er en oplevelse, der formår at hæve sig op over dit ego, og som derfor lader dig se en verden, der rækker ud over egoets verden, og ud over alt det som egoet tror så fast på.

Det er så fantastisk at virkelig *opleve*, at egoets måde at opleve verden på, vitterlig kun er en af de mange måder hvorpå livet kan opleves, og at det er dig muligt at opleve livet på andre (og 'højere') måder. Det er en stor ting at opleve, at det som egoet tror på ikke længere er den fulde sandhed.

At kunne opleve livet 'med hjertet', betyder at al den smerte, som du oplever når du er identificeret med egoet, fuldstændig forsvinder. Og jeg mener virkelig *al din smerte, og alle dine problemer.*

Udfordringer bliver, men det ego, som i dig ofte 'omformer' udfordringer til problemer og smertefulde reaktioner, er ikke længere den dominerende part af din aktuelle bevidsthed.

Din smerte kommer overvejende fra din underbevidsthed,
og når denne ikke længere er en del af din livsoplevelse,
da er du både smertefri og nærværende.

Du bliver fuldstændig nærværende
Manglen på dit personlige underbevidste vil også påvirke dit nærvær. Det er nemlig interaktionen mellem din aktuelle bevidsthed og din underbevidsthed, som gør dig tilstede i din underbevidsthed, på bekostning af din interaktion med (og nærvær i) livet her og nu. Underbevidstheden (den personlige) er det sted i dig, hvor fortid og forventet-fremtid eksisterer, men hvor nutiden ikke har en plads. Derfor sker tilstedeværelsen i underbevidstheden altid på bekostning af tilstedeværelse i nuet. Men når din underbevidsthed ikke er en del af din livsoplevelse længere, da er du fuldstændigt nærværende i den, og at være til stede i nuet er altid en ekstrem *livsbekræftende* og smertefri oplevelse. Hvor bevidst du er i dette nærvær afgøres af dit bevidsthedsniveau.

Nærvær i livet
opleves altid som livsbekræftende
uanset situationen

En af de interessante ting ved nærvær er at det altid opleves som livsbekræftende – uanset hvordan det opnås. Forklaringen er, at når du ikke er optaget af din underbevidsthed, og er til stede i nuet, da bliver du lykkelig. Hver eneste gang!

Der er mange måder at opnå nærværet på. Der er 'interesse-medieret' nærvær (at dyrke en hobby/interesse). Der er meditation. Der er kontakt med mennesker eller dyr. Alle disse måder at blive nærværende på har en ting tilfælles, og det er at de handler om at du ikke er indhyllet af underbevidstheden når det sker, men i stedet er 'indhyllet' af nuet.

Smerte, og det at være ulykkelig, kan simpelthen ikke lade sig gøre når man er til stede i nuet. Det er ikke nemt at være til stede i nuet, men når det lykkes, er det nærmest som om en magisk oplevelse, og ofte en oplevelse du aldrig vil glemme. Dette nærvær er en af de ting, som følger Hjerte livsoplevelsen.
Nærværet er en videnskab i sig selv, og i nærværet er det altså ikke muligt at føle den smerte som egoet oplever (husk nu at ordet 'ego' dækker over både *Ego livsoplevelsen* og *ego-identiteten*, og husk endvidere at det ikke betyder, at du indeholder et separat oplevende ego inden i dig, og at det er en 'skriveform' når det beskrives som sådan).

I nærværet er der fuld accept af alt i livet. Faktisk er man hævet over begrebet accept/ikke-accept, eller retfærdigt/uretfærdigt. Egoets smerteoplevelse er derimod altid associeret med en manglende accept af smerten, og med at det dybest set er uretfærdigt at den opstår. Denne manglende accept er faktisk en væsentlig bestanddel af smerten – som egoet oplever den. Ydermere er egoets smerteoplevelse tæt knyttet til underbevidstheden, og vil således formå at fjerne dig fra nuet når du oplever den.

Når du altså domineres af Ego livsoplevelsen gælder det, at du ofte ikke accepterer den smerte du oplever, og at du er indhyllet af underbevidste størrelser (som jo for en stor del består af sider af dig selv, som du heller ikke accepterer). Denne manglende accept er en del af egoet, og sådan skal det faktisk også være.

I Hjerte livsoplevelsen er du nærværende, og når man er til stede i nuet, så er alt hvad der eksisterer berettiget til at eksisterer, alene *fordi* det eksisterer. Dette er en slags logik, som ikke findes i egoets univers, en logik som egoet hverken forstår eller accepterer. Det er en logik, som er udenfor egoets domæne.

Hjerte livsoplevelsen er hævet fuldstændig over begrebet accept (når der er accept, da er der også ikke-accept, og dette er ikke tilfældet for hjertet). Accept/ikke-accept er kun noget man oplever, så længe man er influeret af Ego livsoplevelsen. Hjertet *accepterer virkeligheden*, uanset hvad den byder dig på. Dette er en ganske 'mystisk' oplevelse - særligt for egoet. Hele egoets grundlag er at være ophængt mellem smerte og glæde, bekræftelse og det modsatte. Derfor er en verden, som er helt hævet over dette, en helt uforståelig verden for egoet – og slet ikke inden for dets rækkevidde.

At få et kig ind i denne 'hjerte-verden', er en oplevelse som ingen anden. Det er ganske fantastisk ikke at skulle bruge energi på at forholde dig til om noget er retfærdigt eller uretfærdigt, acceptabelt eller ikke-acceptabelt. Det er fantastisk ikke at føle uretfærdighed, i det ydre og i det indre.

Med denne holdning forsvinder alle dine problemer som dug for solen! Det er simpelthen ikke muligt at have problemer med denne livsholdning. Helt bogstaveligt kan problemer ikke eksistere, når du oplever livet på denne måde. Opgaver og udfordringer består som sagt, men problemer forsvinder. En ganske vidunderlig oplevelse.

Det kan være svært for egoet at forestille sig hvad der driver og motiverer dig i livet, når du evner denne Hjerte livsoplevelse, denne måde at 'se' livet på. Det er fordi vi er så vant til at blive drevet af egoets livssyn, og af dets måde at opfatte livet på. Vi er så vant til at blive drevet af en indre ensomhed, af vores behov for bekræftelse, af en utilfredshed over livet som det er lige nu, at det kan være svært at forstå, og forestille sig, hvad der skal motivere dig, hvis du acceptere livet som det er, og hvis du ikke oplever uretfærdighed. Men husk på at din forestillingsevne har sine begrænsninger – særligt når den kommer fra egoet. Det er nemlig helt umuligt for egoet at forestille sig oplevelser, som ligger over egoets egen evne til at opleve livet, og det er umuligt for egoet at forestille sig en anden drivkraft, end den som driver egoet selv.

Egoets drivkraft er, som sagt, baseret på at blive smertefri, på at have tillid til at grænsen til det underbevidste holder, så det ikke er i fare for at blive indhyllet af de størrelser, som har hjemme der (dvs. komplekserne og ultimativt EE). Tænk da på at skulle forestille sig en tilstand, hvor livet er fyldt med mening, hvor underbevidstheden med alle dens størrelser ikke mere er en fare og aldrig mere bliver det, fordi den ikke er til mere. Det er selvfølgelig helt umuligt for egoet, og *for dig* i det omfang du er domineret af Ego livsoplevelsen.

Egoet prøver naturligvis alligevel at forestille sig denne 'hjerte-tilstand', og her er det helt normalt at en egobevidsthed forestiller sig at hjertets livssyn er forbundet med at vi bliver helt apatiske og initiativløse, at vi helt mister vores ambitioner og vilje til udvikling, og at vi mister vores vilje til at ville dette eller hint i livet, at vi bare passivt accepterer alt, og holder op med at se livet for hvad det er. Eftersom egoets motivation for at flytte sig i livet, jo er baseret på at få smerten til at stoppe, på at opsøge velbehaget, på at tro på din egen eksistens, da er det ganske naturligt og forventet, at egoet tror at enhver motivation og vilje til udvikling forsvinder, når alle disse grundlæggende ego-motivations-faktorer forsvinder.

Intet er dog mere usandt. Faktisk er du med hjertets livssyn tættere på ikke bare din energi i det overbevidste, men også den vilje som eksisterer der. Dette er en vilje, som er så meget større og kraftfuld, end den som egoet besidder. Det er en vilje som motiverer dig til at forfølge nye udviklingsmål, mål der er fundamentalt forskellige fra dem som egoet forfølger. Det er en vilje som er tættere på kilden, på ophavet til din eksistens. Mennesker som besidder Hjerte livsoplevelsen, er således også altid mennesker, der fremstår som havende en særlig evne til målrettet at kunne udleve/realisere deres indre vilje og livsmål, og en særlig vilje til at stå ved dem selv.

Du oplever en konstant indre kærlighed til dig selv
Tænk på hvor meget energi, som du dybest set har brugt (og bruger) på ikke at føle dig god nok. Oceaner af energi! Egoet lider mere eller mindre konstant under en mangel på selvværd, og dets handlinger har i høj grad fokus på at kompensere for dette. Prøv at forstil dig hvis dette ikke på nogen måde var tilfældet. Sådan bliver det når du opnår hjertebevidsthed.

Når man er domineret af sit ego, da er det umuligt helt at forestille sig hvordan det er at blive denne byrde kvit. Nogle byrder forstår man nemlig først rigtig, når de forsvinder. Men gennem Hjerte livsoplevelsen, da vil du opleve hvilken dyb kærlighed du har til dig selv, og du vil forstå og opleve, at denne kærlighed er en mægtig kraft, som ikke på nogen måde kan påvirkes negativt af hvordan du lever dit liv eller af hvad andre synes om dig.

I modsætning til egoets selvværd, som hele tiden er i mere eller mindre fare, da er denne hjerte-kærlighed en konstant levende del af dit indre. Med denne kærlighed som en del af din livsoplevelse, vil der opstå et selvværd som er større end nogensinde, og som du ved aldrig nogensinde vil forsvinde.

Dette er en helt utrolig oplevelse, en oplevelse som egoet aldrig kommer til at kunne sætte sig ind i, og det giver dig en fantastisk frihed med hensyn til alt hvad du foretager dig i dit liv, for du ved nu, at uanset hvad du foretager dig, så er dit selvværd aldrig på spil!

Forandringer i livstema laget
Når du oplever livet via Hjerte livsoplevelsen, da er du modtagelig for nye livstemaer, der ikke kun har at gøre med dig selv, men med din rolle som individ *i et større perspektiv*. I Hjerte livsoplevelsen er de livstema-aktiverende-energier hjerte/GD-1 energier, eller endda endnu højere energier. For Hjerte livsoplevelsen betyder det altså, at du ikke bare er fri af det personlige underbevidste (med alt hvad det indebærer), men også oplever en overvældende motivation til at udforske dette fantastiske liv endnu mere. Du ser 'ud over dig selv', og ønsker at lære det som er 'ud-over-dig' at kende.

Opsummering på en Hjerte livsoplevelse
En Hjerte livsoplevelse medfører en række dybdegående forandringer, sammenlignet med en Ego livsoplevelse. Dette har at gøre med, at de energier som er i

overbevidstheden *i Ego perioden* (hjerte og højere energier, i den sidste halvdel af denne periode vil komme til at befinde sig i din egen *bevidsthed* når du når til Hjerte perioden (se f.eks. figur 24).

Sådan er det jo med udviklingen, at energier/livsoplevelser kontinuerligt forflyttes fra overbevidstheden til bevidstheden.
Igennem hjerte bevidstheden oplever du livet meget anderledes. I Hjerte livsoplevelsen mangler det 'personlige underbevidste', og du kommer i direkte kontakt med nye energier, eller dimensioner af livet (og dig selv). i Ego perioden har du kontakt med det *'psykiske livsfelt'*, og i Hjerte perioden kommer du i kontakt med *'hjertets livsfelt'* – et livsfelt der er fyldt med Hjerte livsoplevelser fra individer, der i stand til at rumme denne livsoplevelse. Effekten af dette vil være en oplevelse af enhed, af fællesskab, og af samhørighed.

Derudover vil du med Hjerte livsoplevelsen opleve et nærvær, som ikke er muligt, når du er domineret af egoets livssyn. Hjertets livssyn leder også til at din smerte forsvinder, og til at du opdager hvilken enorm kærlighed du selv bærer rundt på. Det vil være en kærlighed til dig selv, som vil gøre at dit selvværd bliver stort og urokkeligt, og det vil være en kærlighed til livet, som fører til en dyb og ubrydelig tillid til det.

Som vi har set det, da sker den første halvdel af Hjerte udviklingsperioden sideløbende med Ego udviklingsperioden, og det vil sige at din oplevelse af livet oftest er en blanding af hjertets og egoets livssyn. Fuld hjerte bevidsthed kan derfor kun opstå i midten af dennes udviklingsperiode, dvs. der hvor Ego perioden slutter. I små øjeblikke kan vi godt opleve hjertet rent, men ikke på en irreversibel og permanent måde, for dette kræver nemlig, at vi for altid har sagt farvel til egoets dominans. Hjerte bevidsthed er altså en proces hvor vi sideløbende med egoets realisering, oplever en voksende realisering af hjertet, og det sker på netop denne måde fordi de to realiseringer *er gensidigt afhængige af hinanden. Ego*ets fulde realisering kræver hjertet, og hjertets realisering kræver et stærkt og harmonisk ego.

Egoets fulde realisering handler om at opnå en stærk individualitet, selvbevidsthed og selvindsigt, som gør at egoet er i balance, og ikke mere kan komme i affekt til underbevidstheden, grundet indsigten i denne. Dette sker når der er en tilpas stor balance i lag 5 (Ego livsoplevelsen).

Hjertets realisering handler om at nå til at kunne opleve livet, uden at det underbevidste tager din opmærksomhed. Det handler om at livet ikke mere skal nå dig igennem det filter, som udgøres af din underbevidsthed.

Hjerteoplevelsen for de fleste mennesker
For de fleste mennesker udgør egoet stadig den dominerende del af deres

livsoplevelse. Men hjertet rører på sig. De overbevidste Hjerte energier er ligeledes på deres højeste, og de bevidste hjerteenergier er begyndt at nå vores bevidsthed. Mere og mere vil vi opleve disse 'lyn' fra det overbevidste, og på denne måde få en forsmag på hvad der venter os.

Vores nuværende udviklingsstadie kan sammenlignes med det stadie, der svarer til da vi kun havde en svag antydning af Ego livsoplevelsen (dvs. den gang Pre-ego livsoplevelsen var dominerende). Tænk på hvor meget der er sket siden, og hvilken enorm bevidsthedsudvikling mennesket er gået igennem. Det samme, og mere, venter os nu, hvor vi er i starten af Hjerte udviklingsperioden.
Forskellen mellem vores nuværende stadie, og det stadie der svarer til midten af Hjerte udviklingsperioden (der hvor Ego udviklingsperioden er slut) kan være svær at forestille sig. Det ville være som at have bedt det individ, der i starten af Ego perioden oplevede en svag antydning af egoet (og en Pre-ego/gruppe bevidsthed, der var på sit højeste) hvordan det vil være at have et stærkt udviklet og harmonisk ego, en stærk oplevelse af sig selv som et individuelt væsen, og en bevidsthed med stor erfaring i at bevidstgøre underbevidste størrelser (i den underbevidsthed, som ikke engang var færdigdannet i starten af Ego perioden).

Dette ville naturligvis være helt umuligt – og mindst lige så umuligt er det for os, at forestille os hvordan det er at have fuld hjertebevidsthed (selvom vi ofte tror fast på at vi godt kan forestille os det). Vi har meget i vente, meget at lære. Langsomt men sikkert vil vi udvikle os mod denne tilstand, og mere og mere vil vi stifte bekendtskab med Hjerte livsoplevelsen, og via denne afvikle det vi lige nu kender som vores personlige underbevidsthed samt den indre dualisme, til fordel for et enhedsorienteret livssyn. Faktisk er vi allerede godt i gang med denne transformation af vores bevidsthed.
Dette betyder dog også, at når vi har en konflikt i hjerte identiteten, da må der nye midler til at hjælpe med at løse den. Vi har set at når ego identiteten har problemer, da kan det afhjælpes via psykoterapi. Dette har været den metode, som vi har udviklet til at afhjælpe ego konflikter. Overfor konflikter med hjerte identiteten kan denne metode dog ikke bruges. Der skal en helt anden metode til, en helt anden terapiform, en som vi skal udvikle, og det er virkelig en udfordring at forstå dette, når vi er så vant til altid at søge efter en psykisk årsag til vores problemer. Dette kan du læse meget mere om i appendix 4.
Således lever vi i den grad i en spændende tid, en tid hvor egoet og hjertet lever side om side i os, og hvor vi skal forsøge at give plads til dem begge. Vi er i en tid hvor et livssyn er ved at aftage, og et andet er ved at tage over. Vi er i en tid hvor den livsoplevelse, der har været helt central for vores udviklingsproces, og ligget bag skabelsen af den bevidsthedsform, og de samfundsstrukturer som vi kender, nærmer sig sit højdepunkt.
Vi er i en tid hvor vi er på vej til at indse, at der er andre måder at opleve livet på og andre måder at leve livet på.

10. FRA EGO TIL HJERTE BEVIDSTHED-II

– ændringen af din personlighedsstruktur -

Vores bevidsthed, ego identitet, og underbevidsthed
udgør den 'bevidstheds-struktur', vi har i dag.
Denne er ganske forskellig
fra de tidligere udviklingsperioders bevidsthedsstrukturer,
og lige så ganske forskellig
fra fremtidige bevidstheds-strukturer.

Lige nu er din oplevelse af livet særlig domineret af det vi kalder vores bevidsthed, samt af vores underbevidsthed (og de psykiske strukturer vi finder i denne underbevidsthed). Vi tager det naturligvis for givet, at vi består af denne bevidsthed og underbevidsthed, og endvidere er det helt normalt at synes, at selvom disse ting måske kan udvikles og forfines, da kan de ikke undergå en markant og grundlæggende forandring.

I dette kapitel skal du dog se, at vores psykiske struktur ikke altid har været som den er nu, og at den i den grad er ved at undergå en særdeles grundlæggende forandring!

Kun når du ikke kan acceptere og elske dig selv
opstår et behov inden i dig
om at fortolke fortiden, og kontrollere fremtiden
på bekostning af nuet

1. Udviklingsperioder og vores oplevelsesapparat

Menneskeheden går, som beskrevet tidligere, igennem 7 store udviklingsperioder, hver repræsenterende et specifikt aspekt af livet. Den tredje udviklingsperiode er den hvor de fleste mennesker befinder sig. Det er "Ego udviklingsperioden", hvor der er fokus på at udvikle din ego-individualitet, også kaldet din 'egobevidsthed'. Som det gælder for alle perioder, overlapper den med den næste periode, Hjerte udviklingsperioden, og vi (menneskeheden) er på det sted i vores udvikling, hvor vi er ved at træde ind i Hjerte udviklingsperioden. Det betyder at vi er ved at stifte bekendtskab med en helt ny måde at opleve livet på, og det betyder at det i os, som *formidler og opfatter livet,* er ved at ændre sig til at inkludere hjertet.

Vores 'oplevelsesapparat' ændrer sig

Din underbevidsthed er ikke hvad den har været, og din bevidsthed er ikke hvad den har været. Det sidste er nemmere at acceptere end det første (vi accepterer jo at vi har udviklet vores bevidsthed i løbet af vores liv), men tænker man lidt over det, da synes

det logisk at underbevidstheden, som den er nu, umuligt kan være identisk med det, som den var da du blev født.
Ved at acceptere at underbevidstheden/bevidstheden ændrer sig i løbet af din udvikling (som jo dækker over mange liv), da har vi nu pludselig nogle nye spørgsmål at udforske. To af de vigtige spørgsmål er følgende: hvordan har underbevidstheden/bevidstheden (dvs. det vi kunne kalde vores personlighedsstruktur) ændret sig, og hvordan vil den ændre sig i fremtiden?

Inden vi kommer til dette, så lad mig blive lidt ved det at vores underbevidsthed/bevidsthed ændrer sig. Hvad menes med 'ændring'? En ændring kan jo betyde, at vi fylder den op med minder, komplekser, fortrængninger, glæder og sorger, osv., og på denne måde ændrer *indholdet* af underbevidstheden. Det kan dog også betyde at underbevidstheden, *som grundlæggende struktur,* ændrer sig.

Der er altså 2 typer ændringer, som vi skal forholde os til: ændringen af *indholdet* og ændringen af *'formen'* (dvs. selve personlighedsstrukturen).

Forneden skal du se, at det som ændrer sig i løbet af din udvikling, er *både indholdet og formen*!

Indholdet er med til at definere hvem du er og hvordan du oplever livet, dvs. det jeg kalder din livsoplevelse. Formen er det som muliggør, at indholdet kan eksistere, og er altså vigtig for at definere din livsoplevelse.

Der er altså afgørende forskelle mellem formen og dens indhold, og det er vigtigt at skelne mellem disse ting.

2. Ændringen af din bevidsthedsstruktur
I Hjerte perioden lærer du at opleve livet på en ny måde. Denne nye måde at opleve livet på sker sideløbende med en betragtelig ændring i vores væsen – og en vigtig pointe, som ikke mange er klar over, er at for at opleve livet fundamentalt *anderledes*, da må også selve 'oplevelsesapparatet' ændre sig. 'Oplevelsesapparatet' er her din personlighedsstruktur!

Man kan se det som om man udvikler nye sanser for at sanse nye dimensioner/aspekter af livet, og at man samtidig afvikler gamle sanser, som ikke er vigtige længere. Dette er sket mange gange i løbet af vores udvikling, og det vil blive ved med at ske.

Det er sket for de fysiske sanser, og det sker altså også for de ikke-fysiske sanser.

Når sanserne ændrer sig
At vores psykiske sanser ændrer sig, og at vores psykiske struktur ændrer sig, i løbet af

vores udvikling er slet ikke så mystisk. I den fysiske verden sker det, som sagt, hele tiden. Vores psykiske sanser har udviklet sig til det de er nu, og de vil blive ved med at udvikle sig. Det som oplever livet i dig, og det som medierer denne oplevelse lige nu, er ikke det samme som vil opleve livet i den næste udviklingsperiode (den du er på vej ind i nu). Hvad det betyder skal vi se forneden – og du skal se, at selv inden for dette liv kan du udvikle dine sanser på en ganske mærkbar måde.

Bevidsthedsudvikling er at ændre din måde at opleve livet på,
samt det i dig som oplever det

Den personlighedsstruktur som passer til dit ego

Inden jeg forsætter med egoet, vil jeg atter slå fast, at selvom jeg omtaler 'egoet' som om det var en selvstændig eksistens, da har du set i forrige kapitel, at det i virkeligheden er en livsoplevelse, *samt den bevidstheds-identitet, der opstår i dig, når du oplever verden via netop Ego livsoplevelsen*. Det er blot nemmere at omtale det som egoet, men nu ved du (igen) hvad jeg mener.

Lad os se på den psykiske struktur (eller den 'personlighedsstruktur'/ 'bevidsthedsstruktur'), som eksisterer når egoet skal udvikles. Den identitet vi kalder egoet, er centrum for din udvikling i Ego udviklingsperioden, og derfor er hele vores personlighedsstruktur skabt til at støtte op omkring dette, og skabt til at skabe et fundament, der på optimal måde tillader udviklingen af dette ego.

Det vi kalder egoet kunne slet ikke eksistere uden at vores personlighedsstruktur er lige præcis som den er nu - med en bevidsthed, underbevidsthed, og diverse fortrængningsmekanismer som giver mulighed for at skabe komplekser, traumer osv. Endvidere er vores personlighedsstruktur perfekt egnet til at respondere på *et helt specifikt sæt af aktive livstemaer*, der danner de overordnede regler og livslove, som ligger bag dannelsen af egoet.

Hvis man ser på disse 'ingredienser' i vores personlighed, da gælder det at *alle disse ting tilsammen* udgør din livsoplevelse, den livsoplevelse som du har lige nu. Man kan sige at din ego-identitet spiller en særlig vigtig rolle lige nu i din livsoplevelse, men ego-identiteten er blot en del af alt det, der tilsammen udgør din livsoplevelse.

Ingredienserne i din Ego livsoplevelse er altså overbevidstheden, bevidstheden og underbevidstheden, samt de strukturer der findes der, og de livslove, som de er underlagt.

En illustration af samspillet mellem overbevidstheden, livstemaerne, personlighedsstrukturen og omgivelserne kan ses i figur 32. Lad mig tage dig igennem figuren med fokus på Ego livsoplevelsen, og derefter i næste afsnit beskrive personlighedsstrukturen når Hjerte livsoplevelsen er dominerende.

I figuren går en pil fra overbevidstheden til livstemaerne. Det viser at livstemaerne 'aktiveres' af den energi der udgår fra overbevidstheden. Det er den *personlige* overbevidsthed der vises (til forskel fra den kollektive overbevidsthed), og derfor fortæller energierne om hvad *du* kan håndtere med din overbevidsthed. De fortæller om den latente livsoplevelse (høj-ego/hjerte) som eksisterer i din overbevidsthed, og som du derfor et sted i dig *ved* er til og higer efter *med din bevidsthed*. Dette er til enhver tid din dybeste higen i livet.

De energier som udgår fra overbevidstheden, er altså lige nu høje Ego og Hjerte energier. Der vil være overvægt i Ego og Hjerte energier, og denne kombination af energier vil som sagt aktivere *et helt specifikt sæt af livstemaer* – og ydermere give disse livstemaer *et helt specifikt udtryk.*

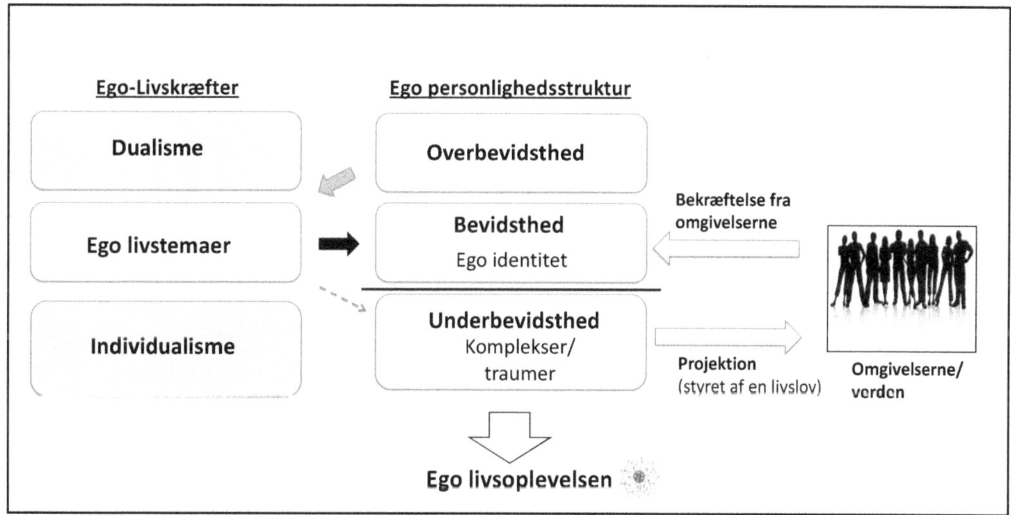

Figur 32. Samspillet mellem overbevidstheden, livstemaerne, personlighedsstrukturen og omgivelserne, i den udviklingsperiode der har fokus på udviklingen af egoet.

Det udtryk som de får i Ego perioden er at det kommer til at handle om 'Individualitet', 'dualisme', 'persona', og alle de andre livstemaer som passer til udviklingen af egobevidstheden. Disse livstema energier og ego livskræfter vil ligge bag skabelsen af det vi kalder personlighedsstrukturen, hvilket vises med en sort pil over mod bevidstheden/underbevidstheden (overbevidstheden er en del af personlighedsstrukturen, men det er særlig bevidstheden/underbevidstheden som skabes af ego-livskræfterne).

Den stiplede pil viser en konflikt med et livstema/livskraft. Når du f.eks. har konflikt med et livstema, da vil der ske en fortrængning som vil danne kimen til et kompleks/traume. Komplekserne finder vi i underbevidstheden (og underbevidstheden selv skabes og udvikles ved indgangen til Ego udviklingsperioden). Figuren viser også at der er en grænse til underbevidstheden. Det er faktisk derfor at underbevidstheden overhovedet kan eksistere, og dermed også derfor at bevidstheden kan eksistere! Uden denne grænse ville de smelte sammen og både bevidstheden og underbevidstheden ville ophøre. Der er dog naturligvis en tæt kontakt mellem bevidstheden og underbevidstheden.

Komplekser har deres udspring i en konflikt med et livstema – og er underlagt loven om projektion, således at alle disse indre konflikter projiceres ud i omgivelserne (vist med en pil ud mod omgivelserne). Man kan sige at livstemaet, der jo er kollektivt af natur og således gælder hele menneskeheden, manifesterer sig i det enkelte menneske, og medmindre det finder udtryk i vedkommendes liv, projiceres det tilbage til menneskeheden, men med en *forbindelse til det enkelte menneske,* der sikrer en konstant *fokus på temaet,* lige indtil den dag hvor det pågældende menneske formår at give det udtryk i sit eget liv.

På denne måde sikres det, at du til stadighed konfronteres med det livstema, som ikke har den rolle i dit liv, som det burde have.

En ganske effektiv mekanisme til at sørge for at du udvikler dig.

Din tro på livstemaerne – de øverste sandheder
Du kan forestille dig selv som en borger i et samfund og altså se livstemaerne/livskræfterne som de overordnede regler i dette samfund, regler som du tror på og lever efter. En spændende tanke er da, hvad der sker hvis du holder op med at tro på disse regler, eller hvis de simpelthen forsvinder og erstattes med andre regler! Det vil jeg diskutere forneden, for det er præcis det som sker, når hjertebevidstheden indfinder sig! Faktisk er du allerede lige nu (med stor sandsynlighed) begyndt at sætte spørgsmålstegn ved noget af det, som du ellers har troet så fast på i det meste af dit liv.

Det er vigtigt at du tror på livstemaerne, og på det som er vigtigt for at opbygge ego identiteten. Det at du f.eks. tror på det i dig, som 'dikterer' at du skal opnå anerkendelse fra omgivelserne (for at opnå selvværd), er en af grundene til at egoet kan udvikles, og derfor har det været så vigtigt at du har troet på dette. Ligeledes er det vigtigt at du tror på det der dikterer, at du skal finde din egen individualisme - via et *dualistisk* livssyn. Det er vigtigt for egoets eksistens, og for at du kan opnå den form for selvbevidsthed, som kan skabes *på grundlag af netop disse præmisser.*

Det at egoidentiteten opbygges via din interaktion med livet gennem aktive livstemaer, er essentielt for ego-identitetens natur. Du kan nemlig se egoet som *en specifik form for selvbevidsthed* (en ud af mange forskellige specifikke former for selvbevidsthed), der opstår ud af et lige så specifikt sæt af livstemaer (og livsregler).

Den måde som du opnår selvbevidsthed på, er altså ikke noget som du selv har fundet på. Det kommer i høj grad fra livstemaerne (og de affødte livsregler), som ligger 'over' din bevidsthed. Derfor er det vigtigt at du tror på dem.
De store udviklingskræfter, der ligger bag både den grundlæggende dualistiske indgang til livet (i Ego periode), samt de aktive livstemaer, kan dog ændre sig i takt med din egen udvikling. Dette fører f.eks. til nye livstemaer hvilket vil betyde at egoets grundlag forsvinder! Derfor vil egoet selv forsvinde (eller transformeres), og hele din livsoplevelse vil ændres til noget andet – baseret på de nye præmisser/livstemaer.

Det er det som sker når du træder ud af Ego perioden, og det er det som faktisk allerede er startet ved indgangen til Hjerte perioden (husk dog at du til trods for dette kun er halvvejs igennem Ego perioden, og at egoets udvikling ikke er færdig endnu).

Mekanismen til bevidsthedsudvikling
- Hvordan ingredienserne i din aktuelle Ego livsoplevelse og personlighedsstruktur skaber fundamentet for udvikling -
Alle de ting som jeg har nævnt (de utallige livstemaer, holdningen i samfundet/omgivelserne, det at du består af en bevidsthed, overbevidsthed, underbevidsthed med fortrængningsmekanismer, osv., udgør altså tilsammen fundamentet for vores livsoplevelse, og også fundamentet for at vi kan udvikle os, *med afsæt i det bevidsthedsniveau som vi har nu*. Igennem disse ting skabes de muligheder for vækst, som vi har brug for. De udgør simpelthen formlen for hvordan en dualistisk selvbevidsthed skabes (ego-identiteten). Denne identitet er bygget op omkring livstemaer som "forældre temaet", "persona temaet", og en adskillelse fra andre, en indre ensomhed, og et behov for at blive set og defineret af verden – samt en række af andre temaer hvor det ofte er dig selv som er i centrum (f.eks. temaet for "religion"). Alt dette har ført til samfundsstrukturer med en række af livsregler, som du lige nu tror på og bygger din identitet op omkring, og frem for alt bygger dit selvværd op omkring. Det som du oplever som selvværd bygger altså på hele dette fundament – og virker så længe fundamentet består, og så længe du tror på det, men så heller ikke længere.

Med tanke på den personlighedsstruktur, der er aktuel i Ego livsoplevelsen, da gælder det at vores fortrængninger, komplekser og traumer giver os muligheden for at *beskytte vores bevidsthed*, og de udgør derfor en vigtig *del af en metode til at bruge vores omverden til at udvikle os.*

Det handler om hvad du gør når du har en konflikt, som du ikke kan løse. Til at starte med fortrænger du den ofte. Det er fint nok, for det beskytter dig imod noget du ikke kunne håndtere, men det er jo ikke en varig løsning, for konflikten er der jo stadig. Så hvordan kommer du videre – mod en varig løsning. Hvilken metode skal du benytte dig af for at komme af med konflikten? Ja, det er der faktisk allerede 'tænkt' på. Du skal nemlig benytte dig af noget, som allerede er sat i gang, i det øjeblik du fortrængte konflikten, og som sker helt automatisk.

Således er fortrængningen noget der står for en kortsigtet løsning, samt noget der sætter gang i en langsigtet løsning.
Den kortsigtede løsning er at du formår at holde sammen på dig selv, mens den langsigtede løsning er at *bruge vores omverden* til at løse dine egne konflikter, og her er det at komplekser og traumer spiller en helt afgørende rolle. Komplekser og traumer er nemlig underlagt en 'livslov'. Vi kan kalde den 'projektions-loven'. Den sørger for at fortrængninger altid projiceres ud i omverden, hvorpå vi vil begynde at bruge denne til at bearbejde det, som førte til fortrængningen. Når vi derfor overfører noget til komplekser, da underlægges dette automatisk *loven om projektion,* og ender derfor op i omgivelserne. Sådan fungerer det for alle mennesker inklusiv dig selv. En ganske smart måde at få vores egne problemer overført til vores medmennesker.

Denne metode er specifik for vores *nuværende* personlighedsstruktur – og gælder altså ikke for tidligere eller fremtidige personlighedsstrukturer. Det fortæller noget om hvordan vi lige nu og her løser vores indre konflikter – og hvordan vores personlighedsstruktur er skræddersyet til at støtte op om dette. Vi ser så at sige det i omverden som vi ikke magter at erkende i os selv. Vi ser den konflikt i omverden, som vi ikke kan håndtere i os selv – og denne mekanisme virker *fordi* de livskræfter, der ligger bag Ego udviklingsperiode, har motiveret/dikteret os til en *dualistisk* livssyn, hvorved vi ser omverden helt *adskilt fra os selv.*

Var vi ikke underlagt denne 'dualistiske livskraft', da havde vi ikke kunne bruge *projektionen af underbevidstheden,* til at løse vores egne konflikter og opnå udvikling. Du projicerer jo ikke noget over på noget som du er et med!
Vores nuværende personlighedsstruktur er altså affødt af udviklingskræfterne og det dualistiske livssyn, og denne struktur er altså skræddersyet til projektionsmetoden. Læg mærke til at der altså er tre ting som hænger fuldstændigt sammen: Et dualistisk livssyn, en personlighedsstruktur, og en projektionsmetode til at hjælpe dig i din udvikling mod den individuelle bevidsthed.

Personlighedsstrukturen er ikke permanent
Der eksisterer altså en *mekanisme til bevidsthedsudvikling* – og den virker der hvor vi er i vores udvikling, men denne mekanisme er ikke noget som altid vil være en del af vores liv fordi vores personligheds-struktur ændrer sig, og derved også vores livsoplevelse

Mere primitive væsner har ikke den samme personlighedsstruktur som os. Et dyr har f.eks. ikke den samme personlighedsstruktur som dig, og oplever livet ganske anderledes. Denne forskellige livsoplevelse har at gøre med en forskel i den fysiske struktur (f.eks. hjernen), en forskel i dyrets bevidsthedsudvikling, men altså også i den ikke-fysiske 'personlighedsstruktur' – i dyrets 'oplevelses apparat'. Med en anden struktur mener jeg altså en grundlæggende anden 'fremtoning'. Med kroppen som eksempel kan vi altså sige at alle mennesker har den samme struktur (kropsbygning med et hoved, to arme og to ben, osv.) selvom vi ser forskellige ud. Ligeså har langt de fleste samme psykiske struktur.

.

Enhver periode forbereder dig til den næste periode

Enhver periode forbereder dig til den næste periode. Hvordan forberedes du til dette i Ego perioden? Du har set hvordan du bruger omgivelserne og mennesker til at opnå ego-selvværd (og ego bekræftelse) og til at (for)løse det i underbevidstheden, som du ikke kan håndtere. Dette knytter dig jo faktisk til omgivelserne, til dine medmennesker, og ved på denne måde at være forbundet til omgivelserne, da forberedes vi samtidig til den næste udviklingsperiode, hvor det altså handler om at blive bevidsthedsmæssigt knyttet tættere til menneskeheden og dine omgivelser. De metoder du bruger i Ego perioden (dvs. lige nu) er altså nogle, som udvikler dig her og nu, samt forbereder dig til 'fremtiden' (dette princip virker for øvrigt i alle perioder). Lige nu sker denne forberedelse gennem komplekser og projektioner, og derfor har du faktisk brug for dine komplekser.

At udvikle sig indebærer altså blandt andet at din psykiske struktur ændrer sig. Det kunne også kaldes din bevidsthedsstruktur. Dette gjaldt da du trådte ind i Ego udviklingsperioden, og det forsætter naturligvis når du træder ind i Hjerte perioden. Det sker selvfølgelig flydende, bortset fra ved indgangen til en ny udviklingsperiode, hvor der sker et kvantespring i din udvikling, der modsvares af en tilsvarende ændring i din bevidsthedsstruktur for at kunne støtte op omkring (og manifestere) kvantespringet.

3. Fra Ego livsoplevelse til Hjerte livsoplevelsen

Den overordnede struktur for vores liveoplevelse
er givet på forhånd
og er helt uafhængig af vores personlige historie

I det følgende vil jeg fokusere på ændringen af vores personlighedsstruktur, og på vores livsoplevelse, når vi fyldes mere og mere af Hjerte livsoplevelsen. Du skal se hvordan afviklingen af dualismen følger hånd i hånd med afviklingen af underbevidstheden, og leder til et nyt verdenssyn (samt et nyt syn på dig selv).

Enhver af de 7 udviklingsperioder er knyttet til en specifik måde at opleve livet på, en specifik livsoplevelse. Det betyder, at selvom vi alle har vores personlige historie, som jo i den grad farver vores livsoplevelse, så er den overordnede struktur for denne livsoplevelse givet på forhånd. Den er altså overvejende ens for væsener der er i samme udviklingsperiode (på samme måde, som deres krop jo er det). Derfor er vi nu alligevel alle sammen forskellige og individuelle unikke væsner.

'Hjerte livsoplevelsen' – når underbevidstheden 'forsvinder'
Vi er på vej ind i Hjerte udviklingsperioden, og som nævnt foroven betyder det at vores livsoplevelse ændrer sig, at vores personlighedsstruktur ændrer sig, at de livstemaer og livslove som ligger bag vores person ændrer sig, og derfor at vores oplevelse af livet ændrer sig. Hvad betyder det så helt konkret? Hvad betyder det, at hjerte bevidstheden vil begynde at fylde mere og mere i vores livssyn?

At forestille sig hvordan det er at have fuld hjerte bevidsthed er svært, for ikke at sige umuligt. Jeg snakker nemlig her om det stadie hvor Ego perioden er slut, og hvor du er halvt inde i Hjerte perioden. Du skal altså forestille dig at være foruden det, som lige nu dominerer dit livssyn (egoet), og du skal forestille dig, at opleve livet med en personlighedsstruktur, som ikke eksisterer i dig endnu.

Når vi prøver at forestille os dette stadie, da forestiller vi os ofte os selv som en person med et fuldstændigt harmonisk og stærkt ego. Vi forestiller os et ego, som hviler i sig selv. Vi forestiller os altså en Ego livsoplevelse, hvor der er balance mellem bevidstheden og underbevidstheden. Med denne forestilling er vi dog allerede på fejlspor, for det er *ikke* Ego livsoplevelsen, som vi skal forestille os. Den eksisterer jo ikke længere, når vi har fuld hjerte bevidsthed! Vi skal forestille os noget andet, og det er som at bede en blind om at forestille sig den verden han står i. Det er selvfølgeligt ikke muligt. Når vi bruger 'egoet' til at forestille os hvordan det er at opleve livet uden dette ego i centrum for vores oplevelse, da beder vi om noget som er umuligt.

Hvis vi ser på det stadie som du er på lige nu ('egobevidsthed'), og sammenligner det med stadiet 'fuld hjerte bevidsthed', så er der mange vigtige forskelle, som forklarer hvorfor to individer, på disse to udviklingsniveauer, er afgørende forskellige.

Lad mig lige gentage hvad jeg skrev om metoden til udvikling i Ego perioden: Et individ på vores nuværende udviklingsstadie er under indflydelse af livskræfter som står for individualitet – dvs. udvikling af individet gennem et dualistisk verdensbillede. Dette er det overordnede livssyn, og det er dette livssyn som skaber det centrum for din selvbevidsthed, som vi kalder egoet. Ydermere er der i forbindelse med dette livssyn adskillige livstemaer, som står for forældrebindingen, religiøsitet (med egoet i centrum), persona, osv. Alle disse støtter op omkring Ego livsoplevelsen, og skaber det grundlag, som hele ego psyken er bygget på. Denne psyke indeholder en bevidsthed og en underbevidsthed. Hvis vi er i konflikt med et livstema, da fraspaltes bevidstheden om denne konflikt (medmindre vi håndterer den) til underbevidstheden, hvor den kan udgøre kimen til et 'kompleks'. Underbevidstheden *er derved en mekanisme til at opbevare livstema-konflikter, som man ikke umiddelbart kan løse.* Formålet med dette er at beskytte egoet, og integriteten af egoet. Derudover er formålet at igangsætte den lovmæssige projektionsmekanisme, der altid virker fra netop underbevidstheden, og som sikrer at du ser ubalancen *i dine omgivelser* – indtil du en dag er klar til at se den i dig selv.

Faktisk kan vi gå så vidt som at sige, at *du projicerer hele din identitet ud i omgivelserne, og først når du opnår hjertebevidsthed hentes den hjem igen.* Din identitet ligger derfor hos omgivelserne, som derved har 'magten' over den. Du defineres af dine omgivelser. Du gør det for at finde dig selv, og for at nå dertil hvor du, og ikke omgivelserne, definerer hvem du er. Du gør det for at lære at skelne dig selv fra omgivelserne. Du gør det fordi du er styret af "Individualitets-livskræften".

Da ethvert kompleks og traume dybest set grunder sig i en konflikt (eller ubalance) med et livstema (en livskræft), da er det derfor en særdeles interessant situation når du opnår *balance* med livstemaerne. Det betyder nemlig at grobunden for de ego-konflikter, som har fyldt så meget i dit liv, er væk. Du har derfor heller ikke brug for de mekanismer, der hjalp dig til at løse disse konflikter. Der er intet mere (ikke flere livstema-ubalancer) at projicere ud på dine medmennesker, og du har ikke brug for det der muggjorde denne projektion – hvilket jo er underbevidstheden, og den projektionslov der herskede over denne underbevidsthed.
Derfor forsvinder underbevidstheden og projektionsloven, og din person forandres for altid. Gamle sanser fralægges eftersom de har udtjent deres rolle, og nye sanser udvikles til at varetage din videre udvikling.

Den ydre og indre dualisme

Der er den indre dualisme
mellem bevidstheden og underbevidstheden
og der er den ydre dualisme
mellem bevidstheden (individet) og omverdenen.

Omverdenen afspejler i virkeligheden underbevidstheden,
og i Ego perioden kunne den med rette kaldes
'den ydre underbevidsthed'.
I næste udviklingsperiode skal den dog blive
'den ydre bevidsthed'.

Livstemaerne/livskræfterne har altså lagt grundlaget for din ego-personlighedsstruktur bestående af en bevidsthed og et ego med et dualistisk livssyn.

'Som i det ydre, så også i det indre'. Den indre dualisme og den ydre dualisme hører sammen. Den indre dualitet, der altså handler om at du har en underbevidsthed som er adskilt fra din bevidsthed, gør at dit ego kan bestå uden hele tiden at blive opslugt af livstema konflikter (fordi du kan gemme dem væk i din underbevidsthed). Den efterlader dog også et savn i din person efter at blive hel, efter at forene sig med det af dig selv, som du har fortrængt. For at opnå dette har vi set, at du har brug for den ydre verden, for at projicere ud i den, og via denne projektion vedblive med at være opmærksom på det i dig som du savner, indtil du en dag kan opnå det som du savner. Denne projektion virker naturligvis kun hvis du har et dualistisk syn på omverden. *Projektion kræver dualisme (altså en som projicerer, og noget som projiceres over på, som er forskelligt fra den som projicerer – dvs. dualisme)*, og projektion er nødvendig for din egen udvikling hen mod enhed med dig selv. Men når der ikke længere er brug for disse projektioner, fordi du har bevidstgjort tilstrækkeligt meget af din underbevidsthed og opnået den højeste egobevidsthed, da vil du fralægge dig denne måde at opleve dig selv på. Man kan sige at du bliver et med dig selv. Den indre dualisme ophører, og erstattes med indre enhed.

Kun igennem bevidst enhed
kan du for alvor få øje på noget andet
end dig selv

Men hvad så med den ydre dualisme? Din ny-fundne balance med dig selv, og afviklingen af projektionerne gør, at du nu for første gang også formår at *se omverden* (og dine medmennesker) gennem andet end dine egne projektioner. I stedet for at se verden via dine projektioner, da ser du den for hvad den egentlig er, og snarere end at *integrere omverdens syn på dig i din egobevidsthed,* ønsker du nu at integrere din bevidsthed ind i omverden, for du ser nu at de hører sammen – og du ønsker at bidrage til denne enhed.

Når den indre dualisme på denne måde afvikles, da ophører nu også den ydre dualisme. Begge former for dualisme har udtjent deres formål, og skabt en bevidsthed, som nu går ind i en ny udviklingsfase, en fase hvor der ikke er brug for dualisme, men snarere for det modsatte.

På denne måde kan du se at dualisme er perfekt skræddersyet til udviklingen af egoet og Ego livsoplevelsen, men ikke til Hjerte livsoplevelsen, hvorfor den forsvinder når vi starter med at evne denne måde at opleve livet på.

Transformationen af underbevidstheden

Lad mig vende tilbage til hvad der egentlig sker med underbevidstheden, den underbevidsthed som i den grad (lige nu i din udvikling) afspejler den du er, og i den grad styrer dine reaktioner, når du møder livet/mennesker.

Jeg snakker jo her om den *personlige* underbevidsthed, og spørgsmålet er hvad der sker med dig når den forsvinder? Spørgsmålet er desuden om den virkelig forsvinder? Prøv først at se på følgende illustration (Figur 33). Den viser samspillet mellem overbevidstheden, livstemaerne, personlighedsstrukturen og omgivelserne i den udviklingsperiode, der har fokus på udviklingen af hjerte bevidstheden.

Af denne figur kan vi se at meget er ændret (sammenlignet med figur 32).

Fra overbevidstheden udgår stadig den energi der aktiverer livstemaerne (vist som den øverste pil), men energien er en anden, hvilket betyder at de temaer, som var aktive i Ego perioden, ikke længere er aktive (eller har fået et højere *udtryk*). I stedet er der andre livstemaer, som responderer på den nye energi, hvilket har vidtrækkende konsekvenser.

Der er også en pil (den stiplede pil), som indikerer en konflikt med livstemaerne/livskræfterne. Det betyder at når dit liv er i ubalance med livstemaerne, da oplever du det mere rent end i forrige periode. Du oplever det som 'hjertesmerte'.

I den forrige periode manifesterede en sådan ubalance sig som komplekser, der blev synlige via omgivelserne (eller ved brud på bevidsthedstærsklen). Dette er ændret nu til en *direkte kontakt* med hjerte bevidstheden, en direkte bevidsthed om konflikten.

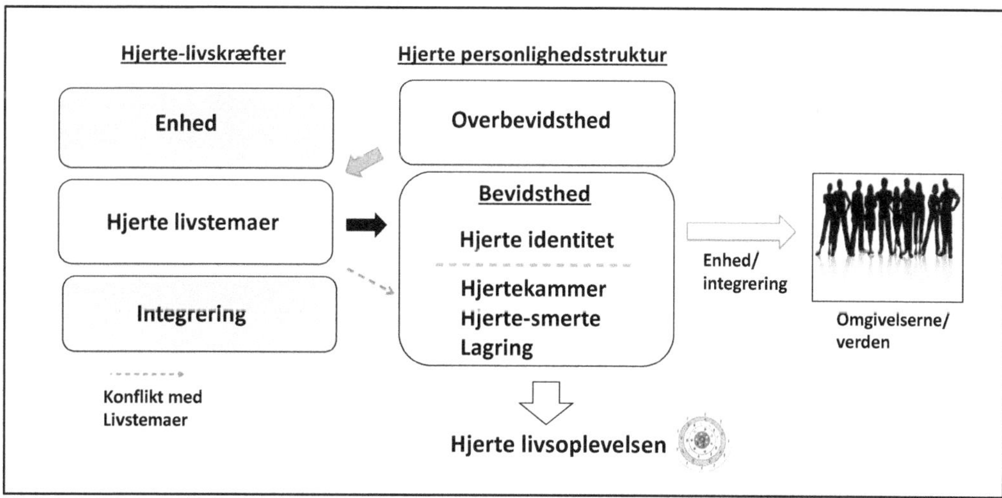

Figur 33. Samspillet mellem overbevidstheden, livstemaerne, personlighedsstrukturen og omgivelserne i den udviklingsperiode der har fokus på udviklingen af hjerte bevidstheden (se teksten for forklaring).

Den direkte kontakt sætter dig i stand til at opleve kræfterne bag livstemaerne, i deres rene udtryksform. Dette formår en egobevidsthed ikke. Man kan sige at den er beskyttet mod dette, for den direkte kontakt betyder, at man oplever en eventuel ubalance med et livstema langt mere intenst i Hjerte perioden, og det kræver en stærk individualitet ikke at blive væltet omkuld af sådanne kræfter. Denne stærke individualitet er opnået i Ego perioden.

De nye energier skaber en ny personlighedsstruktur. Denne personlighedsstruktur er anderledes end den vi har nu. Centrum for din selvbevidsthed er ikke (som for egoet) afhængig af omgivelsernes syn på dig. Læg derfor mærke til at pilen fra omgivelserne til din bevidsthed ikke er der mere (ligesom pilen fra underbevidstheden til omgivelserne er væk) (Figur 33). Dit selvværd er nemlig ikke mere afhængig af omgivelsernes bekræftelse af dig. Egoets motto, 'at leve er at blive set (af omgivelserne)', gælder ikke længere. Du ved at du er god nok (faktisk er selve begrebet god/ikke god ophørt med at eksistere), og din kærlighed til dig selv er intakt og urokkelig.

Dit 'selvværd' handler nu ikke mere om at være 'god nok', men snarere om din evne til at integrere dig selv, dine holdninger, og din bevidsthed i omgivelserne/fællesskabet/menneskeheden.

Der går dog en pil fra din *bevidsthed* til omgivelserne. Det betyder, at du 'overfører' din bevidsthed til omgivelserne. Du integrerer, som sagt, din bevidsthed, din selvbevidsthed, i omgivelserne, i menneskeheden – for ultimativt at opnå at blive et med den (dog på den måde, at du stadig bevarer din individualitet – modsat tidligere i Pre-ego udviklingsperioden, hvor du også var et med din gruppe, men blot på en ubevidst måde, og hvor det var gruppen som fungerede som din identitet).

Faktisk er det hvad din udvikling lige nu handler om: at integrere din bevidsthed i verden omkring dig – i menneskeheden. Derfor er 'adskillelsesperiode' (Ego perioden), og dualismens periode, i den grad slut. *Dualisme er erstattet med integration,* og denne grundlæggende forandring afspejler sig i en lige så grundlæggende forandring af personlighedsstrukturen.

Den nye personlighedsstruktur

Til hjerte bevidstheden er altså knyttet adskillige ting, som har indflydelse på personlighedsstrukturen. Vi har set at der er aktiveret nye livstemaer, at overbevidstheden indeholder nye energier, at (ego) komplekser/traumer er væk – ligesom ego-selvværd og dualisme er væk. Projektionen af underbevidstheden ud i omgivelserne er derfor også udtjent. I stedet er det nu din bevidsthed, som integreres i omgivelserne/menneskeheden. Endelig er der opstået det jeg kalder *'hjertesmerte',* som er noget der opstår *direkte i bevidstheden,* som følge af ubalance med et livstema (hvor dette i Ego perioden førte til komplekser/traumer). Læg mærke til at alle disse ting er helt nye ting, set i forhold til Ego perioden. Man kan derfor rolig sige, at der sker en hel del fundamentale ændringer!

Vi har altså en personlighedsstruktur, hvis bevidsthedscentrum udvikles via *integration,* snarere end den tidligere *dualistiske adskillelse*. Det er altså en bevidsthed, som hviler på nogle præmisser (og livstemaer), der er ganske uforståelige for en egobevidsthed.

For en hjerte bevidsthed
er hele præmissen for en underbevidsthed væk,
for du fortrænger nemlig ikke mere.

At opleve livet via Hjerte livsoplevelsen er som at flytte til en anden verden, med helt andre grundlæggende værdier. Der er ikke længere brug for en underbevidsthed, hvori du kan have dine fortrængninger/komplekser og traumer – for du har dem ikke længere. Grunden er at det som skaber alle dine fortrængninger, ikke eksisterer længere. Fortrængninger opstår jo grundet en konflikt med de livstemaer/livskræfter der er knyttet til Ego perioden, og disse temaer er ikke længere aktive. De har udtjent deres rolle.

Den energi i overbevidstheden som skal aktivere dem, er der ikke mere. Nu er der en anden energi, som aktiverer andre livstemaer. Derved er de livstemaer, som lagde grunden for hele underbevidstheden (samt egobevidstheden) væk. Du er på et nyt niveau, og din måde at håndtere livstemakonflikter på sker nu ikke længere via fortrængning og projektion, men via hjertesmerte.

Hjertesmerte er ubalancens nye manifest

Din måde at håndtere livstema konflikter på
sker nu ikke længere via fortrængning og projektion,
men via hjertesmerte.

Hjertesmerte skal, som sagt, ikke projiceres for at løses, eller for at du kan få øje på den, for den er nemlig ikke fortrængt. Du oplever den *direkte* i din bevidsthed, ligesom du er i direkte kontakt med livstemaerne og kræfterne bag disse.

Hjertesmerte *Hjertesmerte er opstået ud af ubalancen med dit liv og enheds-/integrationskræfterne. Det er en smerte som kan manifestere sig i en oplevelse af at dit liv ikke er meningsfyldt.*

Har du da ikke en underbevidsthed? Svaret er nej, og ja! Det er nej i den forstand, at du nu ikke mere har en underbevidsthed, hvor du kan fortrænge oplevelser/konflikter til, og derpå bruge projektionsloven (som er ophørt). Men svaret er ja i den forstand, at du har et sted i din personlighedsstruktur, hvor du kan *opbevare* oplevelser, minder, og sågar hjertesmerte. Man kan kalde det for en slags hjerte 'underbevidsthed'. Jeg kalder det dog for "hjertekammeret", for at gøre det klart, at det ikke er som den

underbevidsthed vi har nu.
Der er en svag grænse mellem hjertebevidstheden og hjertekammeret, som vist i figur 33 med den stiplede streg.

I Hjerte livsoplevelsen er grænsen til underbevidstheden væk, og den har derfor fuld adgang til dit bevidsthedscentrum. På den måde er din underbevidsthed ikke adskilt fra dig, modsat ego-underbevidstheden, som i den grad var adskilt fra 'dig'.
Selvom ego-underbevidstheden og hjertekammeret begge indeholder oplevelser og sågar smertefulde oplevelser, da skal der i den grad skelnes mellem disse dele af personlighedsstrukturen, idet de er forskellige og tjener forskellige formål.

Livet med hjerte bevidsthed – når du holder op med at tro på dit 'ego-verdensbillede'.
Hvordan er livet så med denne nye personlighedsstruktur? At forestille sig hvordan det er at få denne nye bevidsthedsform ind i vores liv er svært (for ikke at sige umuligt) – særlig hvis man forsøger at forestille sig hvordan det er at få fuld hjertebevidsthed. Det ligger simpelthen for langt væk fra der hvor vi er nu. Den lille grad af hjertebevidsthed som du besidder nu, er intet mod det jeg kalder fuld hjertebevidsthed.

Det er dog ikke så svært at forestille sig et stadie, hvor vores bevidsthedsform og livssyn stadig er domineret af Ego livsoplevelsen, men hvor Hjerte energier *er ved at indfinde sig*, og begyndt at påvirke vores syn på livet.

Dette kan du godt forestille dig, og faktisk er det allerede startet for de fleste mennesker, og du selv befinder dig ganske sandsynligt også i en tilstand, hvor dit livssyn er ved at undergå en forandring, fordi hjertebevidstheden i dig er ved at vågne op.

For at illustrere hvordan dette opleves, da forestil dig nu en borger i et samfund, en borger der (som de fleste andre borgere gør det) efterlever de regler, som gælder for det pågældende samfund. Det er regler, som er et udtryk for den kulturelle baggrund for samfundet, samt de mere overordnede regler, der gælder for det meste af verden.

På denne måde er der altså nogle regler, en moralkodeks, og en etik, som 'filtreres' gennem samfundet/kulturen, og derefter gennem borgeren selv, hvor det blandes med borgerens egenart (personlige historie), og sluttelig bliver til de overbevisninger, som denne borger tror på.

Der er altså nogle overordnede regler, som dikteres af verden og af samfundet – hvor de sidste umiddelbart tæller mest, da de er tættest på borgeren. Disse regler udgør det fundament, som dine egne personlige overbevisninger bygger på. Du tror på reglerne. Du lever efter dem, og kun sjældent er der mennesker, som lever helt uden for dem.

Tænk dig da, hvis samfundet/kulturen og dets regler ændres. Hvad vil det betyde for dig? Det vil have den effekt på dig, at du vil starte med at tro på noget andet. Du vil nu ikke længere tro på det, som du engang troede på. Alle dine overbevisninger vil, helt naturligt, ændre sig.

Vi kan tage tanken endnu videre og tænke på hvis du endda flyttede til en ny verden. Da ville sågar udgangspunktet for hele dit livssyn ændre sig, og alt i dit livssyn ville nu derfor også ændre sig. Hele dit gamle livssyn og måde at leve på ville være radikalt ændret – og faktisk ville også den glæde og smerte, som er udsprunget fra dit tidligere udgangspunkt også ændre sig.

I denne lignelse er Verden et symbol på den Kollektive overbevidsthed. Samfundet/kulturen er de livstemaer, som er aktiveret af energierne fra den personlige overbevidsthed.

Du kender det godt, for det er nærmest som at se tilbage på det man troede på, da man var barn. Man forstår da godt hvorfor man troede som man gjorde, men det værdifundament man havde dengang, og det man troede på dengang, dominerer dig ikke mere på samme måde. Man er ikke længere dette barn (selvom det er en del af dig). Det fundament som barnet havde er som din gamle verden, og denne verden udgør ikke længere hele din sandhed og dit livssyn! Den er dog helt sikkert stadig aktuel for andre mennesker (i dette tilfælde overvejende andre børn) men for dig bygger den på nogle livsregler og 'livslove', som du bare ikke tror på længere. Det er ikke længere dine regler og dit livssyn – og en anden vigtig pointe er, at det ikke mere betyder noget for dig, om du overholder disse regler! Du er simpelthen ligeglad. Engang betød det alt at leve efter disse love og regler – men nu betyder det intet. Engang var dit *selvværd* afhængigt af om du efterlevede disse regler, men nu er du fuldkommen ligeglad! Andre regler har nemlig taget over. Du bor ikke længere i barnets verden, og dikteres derfor ikke mere af denne verden.

Præcis det samme sker når energierne i din personlige overbevidsthed ændrer sig og aktiverer nye livstemaer (skaber et nyt 'samfund'). Så holder du op med at tro på de gamle slukkede livstemaer, samt de livsregler som udsprang fra disse, regler som dannede det grundlag, som hele dit livssyn byggede på.

Dette sker kontinuerligt i vores udvikling – men dog i særlig grad når vi er ved at træde ind i en ny udviklingsperiode. En ny udviklingsperiode medfører noget, som ikke blot er en lille ændring *af en eksisterede livsholdning*. Det medfører en helt *ny bevidsthedsform*! - og et farvel til den gamle – et farvel til din gamle verden. Du flytter til et nyt samfund i *en ny verden*, og hele den gamle verden og det samfund du har troet så fast på, forsvinder ud af din bevidsthed, og du holder op med at tro på det, som denne verden står for.

Dette er en revolutionerende ændring af din livsoplevelse.

I dag er du ved at finde ud af, at 'egoets verden', og alt hvad denne bygger på, ikke er den eneste verden som eksisterer. Hjertet udgør din nye verden. Det er en verden, som vil vinde mere og mere indpas på dig, og i samme takt som den indtager dig, vil ego-livssynet blive afviklet (sammen med al den smerte, der er født ud af dette livssyn – hvilket vil sige nærmest AL den smerte, som du lige nu oplever!). Det er naturligvis angstprovokerende at 'miste' sin gamle identitet – og adskillige sværdslag vil følge, før du overgiver dig helt til denne nye livsoplevelse/verden, og før du formår at blive i den. Du har dog intet valg, eftersom der er fuldt blus på Hjerte energierne i overbevidstheden. Beslutningen er taget. Når påvirkningen er så kraftig fra overbevidstheden, er der er kun en vej, til trods for at det kan være angstprovokerende. Det du skal forsøge, er at lade denne Hjerte livsoplevelse vokse ind i din bevidsthed, og begynde at leve den aktivt ud i dit liv.

Det er ligesom da mennesket for mange år siden trådte ind i Ego perioden. Det startede med, at det for første gang oplevede en gnist af sin egen individualitet, og da dette skete, holdt det op med at tro på det gamle Pre-ego baserede livssyn, som var at opnå livsmening gennem hvad vi kan kalde en *ubevidst kontakt med fællesskabet*. Denne ubevidste enhed med fællesskabet/gruppen var nu ikke mere nok. Mennesket havde fået din første oplevelse af sin egen individualitet, og fra da af var dette målet for dets liv. Kun denne oplevelse ville nu give livet mening.

Nu er du ved at træde ind i endnu en ny udviklingsperiode. Din Ego livsoplevelse er ret så veludviklet på nuværende tidspunkt. Du har fået dine første oplevelser af det jeg kalder 'Hjerte livsoplevelsen'. Dette har introduceret dig til en helt ny måde at opleve livet på, en måde du var moden til at tage imod grundet dit udviklede ego, samt lang tids påvirkning af overbevidste Hjerte energier. At på denne måde få et bevidst blik ind i en anden måde at opleve verden på, har nærmest en eksplosiv effekt på dig, og dette er dit nye mål i livet, og det eneste som virkelig kan give dit liv mening. Det er nu ikke længere nok for dig at tilfredsstille 'dit ego'. Du tror ikke mere på denne ego-styrede verden, og du tror ikke længere på de værdinormer som kendetegner Ego livsoplevelsen! Du tror ikke på dem, og det betyder mindre for dig om du lever op til dem eller ej. Du er ved at bosætte dig i en ny verden, og din personlighedsstruktur er ved at forandre sig til at passe til denne nye verden.

Du er i en overgangsfase hvor den gamle ego verden ikke mere er fyldestgørende, og hvor den nye 'hjerte verden' ikke helt er inden for rækkevidde, selvom den er tæt på. Du går dog en spændende tid i møde, hvor du sammen med resten af menneskeheden vil opleve en intensiveret udrensning af Ego energier, til fordel for den hjerte bevidsthed, der nok skal komme til at dominere dig og dit livssyn og vise dig en ny verden. Du er faktisk midt i processen, hvor du blandt andet er ved at øve dig i at se verden på en ny og anden måde, ved i første hånd at lære at observere 'dit ego' (dvs. din Ego livsoplevelse) og på denne måde lære at 'opdage' det.

11. AT VÆRE I KONFLIKT MED LOVEN

- de fraspaltede bevidstheder -

Fra livstemaerne udgår de love,
som du forsøger at følge.
Når det ikke lykkes, da fraspaltes den bevidsthed,
som er klar over dette.

Det er ikke i sig selv et problem hvis du bliver moppet, eller hvis du ikke er en helt, eller ikke trives med sine forældre, eller ikke er klog, eller ikke har et stærkt ego, eller ikke bliver bekræftet af verden. INTET af dette betyder noget i sig selv, og når du fortrænger hændelser, som har at gøre med disse ting, da er det faktisk IKKE hændelsen du fortrænger – for den er nemlig hverken smertefuld eller problematisk. Det er noget helt andet. Det er din reaktion på hændelsen, din helt egen *personlige oplevelse* af den.

Deri ligger problemet. Denne reaktion/oplevelse er nemlig i konflikt med nogle love, som man ikke må være i konflikt med, i hvert tilfælde ikke så længe man tror på dem. Denne konflikt består nemlig kun så længe du selv tror på loven. Hvis du stopper med at tro på den, da forsvinder ALLE de fortrængninger som er forbundet med den. Og det er rigtig mange!

Smerte er dybest set er et savn
efter en fraspaltet bevidsthed,
som blev fraspaltet grundet, at du forbrød dig
mod den lov, der udgår fra livstemaerne.

Lad mig bruge dette kapitel til at samle op på denne part af bogen, samt fokusere lidt på hvorfor vi overhovedet havner i de forskellige tilstande, som vi nu har hørt om.

Det dybere formål med egotilstandene
er at bringe os i kontakt med
de fraspaltede bevidstheder,
som holder os tilbage i vores udvikling.

1. De fraspaltede bevidstheder – og om at 'bryde Loven'

En fraspaltet bevidsthed er en fortrængt livsoplevelse om en konflikt med et livstema. Lad mig starte med livstemaerne og din tro på dem, og derefter fortælle om de fraspaltede bevidstheder, dem der lægger kimen til ethvert af dine komplekser.

Livstemaerne og din tro på dem definerer din livsoplevelse

Smerte er dybest set et savn
efter en fraspaltet bevidsthed,
som blev fraspaltet grundet at du 'forbrød dig'
mod den lov, der udgår fra livstemaerne.

At tro på at livstemaerne er til ('vismanden', 'skyggen', 'helten', 'anima', 'animus', 'forældre' temaet, 'elskeren', magikeren', 'rebellen', 'eventyren', 'troldmanden', og senere 'fællesskabet', 'tillid til kosmos') og at de har en rolle i dit liv, er uden tvivl en udfordring. Det er som at blive gjort opmærksom på en usynlig kraft, og i stedet for at måle og bevise den med et apparat, da skal du bruge *dig selv* til at opdage denne kraft.

Dit eget sind, og dine egne psykiske og 'spirituelle' sanser, er det 'apparat', som du skal bruge. Kraften er den usynlige skaber af dit liv, og gennem evolutionen har det været meningen, at du ikke har kunne se og sanse denne kraft. I stedet har det været meningen at du skulle 'se' de love, som livstemaerne manifesterede. Det var nemlig lovene du skulle efterleve. Skaberen bag dem, dvs. livstemaerne, skulle forblive skjulte.

Nu er du imidlertid nået til et sted i din udvikling hvor dette har ændret sig. Det er på tide at du erkender livstemaerne, og lærer at observere nogle af de livsregler som udgår fra dem. Ikke dem alle, bare dem der er knyttet til egoets udvikling. Det er på tide at du opdager, at der er andre måder at opleve livet på.

Lad mig uddybe hvad jeg mener. Den måde du oplever livet på, er baseret på nogle værdinormer, en moral, en etik, og en masse overbevisninger (ofte det samme som det jeg kalder 'livsregler'). Alt dette kommer fra flere ting. Det kommer fra din dualistiske måde at opleve livet på, fra din ego identitet, din ego personlighedsstruktur, og fra livstemaerne og deres udtryk i samfundet/kulturen/nærmiljøet (livsreglerne).

Alt dette tilsammen giver sig udslag i din livsoplevelse, dine værdinormer, din tro og overbevisninger. Livstemaerne har en særlig rolle i at skabe din overordnede indgang til livet, men er altså ikke det eneste, som er ansvarlig for dine overbevisninger. Lige så vigtig er den struktur, som formår at respondere på disse livstemaer. Denne ego-personlighedsstruktur er skabt af endnu mere grundlæggende kræfter, som jeg kalder ego-udviklingskræfterne.

Der er altså mange ting, som hænger sammen, og som tilsammen skaber din oplevelse af livet, samt fundamentet for din bevidsthedsudvikling.

Det er ikke nemt at se bag om livstemaerne/livskræfterne, men at du f.eks. er forbundet til dine forældre, er ikke noget du selv har fundet på, og det er heller ikke noget, som bare er sket mere eller mindre tilfældigt. Det er heller ikke sket fordi du naturligvis er tæt på dem fra starten af livet. Din binding til dine forældre er såmænd langt mere kontrolleret og styret. Der er nemlig en livstema-lov, som dikterer dette, ligesom der er en lov som dikterer forældre at have omsorg for sit afkom.

Ego verdensbilledet

Hvad kendetegner dette verdensbillede? Det er en måde at opleve livet som udspringer ud af en dualistisk livsoplevelse. Dit selvværd defineres ikke af dig selv, men er noget som skabes når du bliver bekræftet af verden (samfundet og mennesker). Det handler om at styrke din identitet (via bekræftelser) og om at føle dig set, for på denne måde at kompensere for den indre ensomhed, som altid følger egoet. Det handler om at kontrollere dit liv og kontrollere din underbevidsthed for at undgå affekttilstande. Meningen med livet (når egoet dominerer) er at leve op til de roller, som samfundet accepterer, for selv at blive accepteret, og om at opbygge en identitet der er i balance med de værdinormer og livsregler som eksisterer i samfundet og i din kultur. Alle aktive livstemaer er gennemsyret af denne Ego energi, hvilket bestemmer måden hvorpå du realiserer dem.

At du ønsker at opdage din individualitet, er heller ikke noget du selv har fundet på. Der er en lov for dette.

At 'helte rollen' betyder noget for dig er ikke noget du har fundet på. Der er et livstema for dette.

At du ønsker at skabe en familie, er ikke en tilfældighed. Der er et livstema for dette.

At alle dine ego relaterede sorger og glæder er en afgørende del af dit liv, er ikke sket ud af et tilfælde. Det sker fordi du ligger under for nogle *værdinormer*, som er formet ud af de livstemaer og udviklingskræfter, som ligger bag Ego livsoplevelsen og udviklingen af egoet.

Det spændende ved dit liv lige nu er blot, at du er ved at vokse ud over disse livstemaer og værdinormer, *og ud over egoets (dvs. Ego livsoplevelsens måde at opleve verden og dig selv på).*

Der er altså en række love og regler som du følger, og som du lader definere hvem du er, hvor vigtig du er, hvor god du er, hvor succesfuld du er, hvor troende du er, osv.

Disse love danner dit fundament i livet, og lige så længe du tror på dem, da vil du følge dem, og lade dem bygge din identitet op.

Tænk da på hvordan det ville ændre dit liv hvis du ikke troede på dem. Tænk f.eks. på hvis det var helt var op til dig selv at bestemme hvor god og værdifuld du er!

Som sagt er det helt forunderligt, at hvis tager vi egoet, så gælder det at når du ikke længere tror på ego-værdinormerne, og på det som definerer ego-selvværdet, da opløses den smerte, der er forbundet med det!

Dette er værd at tænke lidt over.

Al din smerte er nemlig en illusion i den forstand, at det er noget du bilder dig selv ind – fordi du tror på ego-livstemaerne (og de afledte *livsregler* og *værdinormer*). At sige at al smerte også er meningsløs, er dog at gå for langt, for så længe du tror på ego-livstemaerne og Ego livsoplevelsen, så har du til en vis grad brug for denne livsoplevelse, og dermed også den smerte (og glæde) som følger med den.

Lad mig sige det igen: tag ikke dit verdensbillede for givet. Tag ikke din smerte for givet. Tag ikke dine problemer for givet. De er kun 'virkelige', fordi du tror på dem, og på de bagvedliggende 'kræfter', som danner grundlaget for dem. Overvej om det er på tide at tro på noget andet.

Jeg ved at det er langt nemmere sagt end gjort, men selv et lille skridt på vejen kan gøre en stor forskel! Blot ved at lære at blive opmærksom på nogle af de livsregler, som er knyttet til egoet og dets dualistiske måde at opleve på, da har du taget et vigtigt skridt på vejen. At observere vores måde at opleve livet på, og vores måde at reagere på, er noget som vi alle skal øve os i, og det er en naturlig del i den proces, som skal lede dig til en ganske anden måde at opleve livet på.

Det mest realistiske er at man *reducerer* troen på egoets verdensbillede, snarere end at man slet ikke tror på det. Det kan man gøre ved at *stille spørgsmål* ved det, i stedet for bare at godtage det.

Der er dog mange der allerede nu er overbevist om, at de slet ikke tror på ego-verdensbilledet mere, men hvor det i virkeligheden blot er noget, som de bilder sig selv ind. Det er helt normalt at falde i denne fælde.

Det mest realistiske er, at du lidt efter lidt får øjnene op for ego-verdensbilledet, og i samme grad holder op med at tro fuldt og fast på det – og lad mig sige til dig højt og klart, at blot ved at reducere din tro på egoets verdensbillede en lille smule, da vil du opleve, at det kan få stor indflydelse på dit liv!

I egoets verdensbillede er det dualismen der dominerer, og dit selvværd (og din identitet) defineres for en stor del af omverden – hvis krav og normer du forsøger at leve op til. Når du holder op med at tro på dette verdensbillede, da vil du f.eks. opdage, at dit selvværd kommer indefra og ikke udefra! Det kan du faktisk starte med allerede i dag!

En fraspaltet bevidsthed er en fortrængt livsoplevelse

Det har ikke konsekvenser at bryde en lov man ikke tror på, men det har konsekvenser at bryde en, som du tror på – og konsekvensen er en konflikt, der leder til fortrængning. Lad mig forklare hvad jeg mener med det.

Så længe du tror på dit verdensbillede og de livstema-love/livsregler/værdinormer der definerer det, så længe har det konsekvenser at bryde disse love. Konsekvensen er at der skabes det jeg kalder 'de fraspaltede bevidstheder'. Vi finder disse bevidstheder i kernen af et kompleks og en fortrængning.

Det gælder for alle mennesker, at de indeholder mange fraspaltede bevidstheder, som er blevet fortrængt til underbevidstheden.
Hvad mener jeg så med 'fraspaltet bevidsthed'? Du kan starte med at tænke på dem som en fraspaltet del af din person, der i processen er blevet til en slags 'miniperson', med egen vilje og personlighed, og som lever i din underbevidsthed.
Denne bevidsthed/miniperson kan faktisk godt komme til at dominere dig, hvis du udsættes for hændelser, der minder om det der førte til fortrængningen i første hånd. Denne 'person' har ofte en anden livsoplevelse end din identitet i bevidstheden, og også tit et lavere selvværd.

Ud fra en fraspaltet bevidsthed
skabes det som psykologien kalder et kompleks

Så hvordan blev denne 'person' skabt? Inden fortrængningen var der en livsoplevelse, som var i konflikt med ego-udviklingskræfterne (ego identiteten, livstemaer, livsregler, værdinormer). Det går ikke at være i konflikt med udviklingskræfterne. Fortrængningen kan derfor ses som en fortrængning *af denne livsoplevelse* – som derved henvises til din underbevidsthed.

Lad mig prøve at komme endnu tættere på hvad jeg mener. Du har f.eks. fortrængt en oplevelse fra dit eget liv, hvor du var i konflikt med 'forældre temaet' (det kunne være at dine forældre afviste dig), eller 'Helte-temaet' (du endte måske med at være det modsatte af en helt), eller selve ego identiteten (du blev drillet og mistede dit selvværd/ego identitet), eller religionstemaet (du oplevede en dyb eksistentialistisk meningsløshed ved tilværelsen, og ved dit liv), eller persona temaet (din maske til verden fejlede, og de så noget, som du ikke ønskede de skulle se).
Alle disse temaer kan du ikke håndtere at være i konflikt med, og du fortrænger derfor oplevelsen om denne konflikt. Disse temaer opleves som en lov, ment på den måde at de ikke er opstået ud af en tilfældighed, men er skabt af noget som er større end dig,

og når du er i konflikt med dem, da oplever du det som om du er *oppe imod noget som er større end dig*. Du oplever det som en konflikt du ikke kan vinde. Du bliver magtesløs, kommer i afmagt i forhold til smerten ved konflikten, og ender derfor med at fortrænge den.

Det jeg så siger er, at konflikten og smerten *ikke er opstået på grund af den specifikke hændelse eller situation, som skabte den* – men udelukkende fordi den har skabt *en ubalance med et livstema som du tror på*.
Temaerne selv er jo noget, som er blevet skabt at kræfter større end dig, og grunden til at konflikten overhovedet opstår er, som nævnt, at du tror på disse temaer (temaer som familie, helt, osv.). Havde du ikke troet på dem, da havde der ikke været noget at fortrænge, til trods for hændelsen!

Det starter altså med en livsoplevelse, som du ikke kan håndtere, fordi den er i konflikt med ego livskræfterne. Du fortrænger den derfor, med det formål at din bevidste livsoplevelse nu bliver en som ikke er i konflikt. I din underbevidsthed har du derimod den anden oplevelse, som er i konflikt. Den fraspaltede bevidsthed. Og nu gør du naturligvis alt for at den 'lave', og konfliktfyldte, livsoplevelse ikke skal komme til at dominere dig og styre dit liv.

Kan man så bare lade en sådan fraspaltet bevidsthed være? Både ja og nej. Alle fraspaltede bevidstheder har en konflikt med en ego-udviklingskraft (f.eks. et livstema eller med ego-identiteten). Er det et tema, da er denne konflikt imod den lov som siger, at det pågældende tema *skal* have en harmonisk plads i dit liv. Er konflikten stor nok, da vil denne 'lavere' bevidsthed holde dig tilbage i din udvikling – og du bliver nødt til at konfrontere den, for du har brug for at udleve livstemaet.

Her er der dog noget vigtigt, som du skal være opmærksom på. Hvis du agter at få kontakt med den fraspaltede bevidsthed igen, og altså føre den tilbage til bevidstheden, så er dette kun en god ide hvis *din bevidsthed har ændret sig siden fortrængningen skete*. Hvis den nemlig har det, da kan den nemlig transformere den fraspaltede bevidsthed, hvorved den mister sin magt over dig. Er din bevidsthed derimod den samme, så vil du blot få den opfattelse at den fraspaltede bevidsthed har helt ret (hvilket den ikke har). Du har ikke noget at stå imod med, og i stedet for at ændre den med din nu udviklede bevidsthed, da ændrer den fraspaltede bevidsthed din bevidsthed, og du er nu tilbage til den smertefulde konflikt igen.

Du indeholder mange fraspaltede bevidstheder, men Ikke alle holder dig tilbage, og det er derfor ikke alle, som du nødvendigvis *må* konfronteres med, for at løfte dit niveau.

Mens din oplevelse af livet er helt, eller delvist, domineret
af Ego livsoplevelsen,
da vil et brud med livstema loven altid have den konsekvens,
at bevidstheden om dette bliver fraspaltet,
og henvises til et liv i din underbevidsthed.

En fraspaltet bevidsthed har altid brudt loven

At være en fraspaltet bevidsthed kan nærmest ses som en bevidsthed, der er kommet i 'fængsel' fordi der gjorde dig opmærksom på, at du ikke lever i overensstemmelse med den øverste lovmagt!

Når denne bevidsthed er en del af dig, da er du selv lovbryderen, men med dens fravær, da er den tilbageblevne bevidsthed atter i overensstemmelse med loven. Blot har du dog 'mistet' en del af dig selv.

Man kan derfor også se det som at det er den fraspaltede bevidsthed som har 'brudt loven', fordi den f.eks. har en oplevelse af dig der ikke er i overensstemmelse med loven (livstemaerne), og den er derfor blevet henvist til 'fængslet' (underbevidstheden).

Som vi har set, er det jo blandt andet livstemaerne, og det de står for, som er selve loven, og er dit liv i modstrid med dem, da leder det til fortrængning og dannelsen af komplekser. Der er en god grund til at det leder til netop komplekser. Komplekser er nemlig lige netop det, som der skal til for at du bliver i stand til at løse konflikten. Komplekserne er nemlig *håndhæverne af livsloven,* gennem deres lovmæssige projektion ud i verden. Komplekser og andre underbevidste strukturer vil altid projiceres ud i verden. Sådan fungerer de, og det skal vi være glade for. Denne projektion tvinger dig nemlig til at have fokus på det i andre mennesker, som du ikke kunne håndtere hos dig selv, lige indtil du formår at vende blikket indad og lære at håndtere det hos dig selv. Indtil du magter dette vil du se 'splinten i din broders øje, men ikke bjælken i dit eget', og det er helt OK, for i det mindste holdes fokus på det du mangler at lære.

Livstemaerne er selve loven.
Komplekserne er håndhæverne af den,
og de opstår når din bevidsthed bryder loven
og fraspalter et stykke bevidsthed ned i underbevidstheden
hvor den vil udgøre kimen til komplekset.

Allerførst vil jeg slå fast at 'loven' er din *guide til udvikling*, og at 'bryde den' naturligvis *ikke* er en synd! Det er altså ikke forkert at bryde den (selvom vi skal efterstræbe at lade være). Det har blot en konsekvens – og en af konsekvenserne er, som vi skal se, *fortrængning, manglende selv-accept, og kompleksdannelse.*

At 'bryde' loven er ikke en synd,
men det fører til fortrængning, manglende selv-accept
og til kompleksdannelse.

I Ego perioden, hvor det handler om at udvikle din Ego livsoplevelse, er der en række af livstemaer, hvis formål det er at *skabe rammerne for udviklingen af denne oplevelse*. Den lov, som en fraspaltet bevidsthed ofte er i konflikt med på dette tidspunkt af din udvikling, er en som er blevet defineret af de livstemaer, der er knyttet til Ego livsoplevelsen.

Hvad er det som man fortrænger?
Når du fortrænger, er det som fortrænges, helt præcist *en bevidsthed om dig selv, hvor loven ikke blev overholdt*.

Der er 3 typer af love, som du skal overholde:
1) Formålsloven. Den dikterer, at du skal skabe en individualitet, en ego identitet gennem et dualistisk livssyn.

2) Livstema loven. Denne sikrer de overordnede temaer for hvordan du skal opleve livet, temaer der *skal* have en plads i dit liv.

3) Livsregel lovene, som er specifikke for det samfund du lever i, og det miljø/kultur du er vokset op i, og som ligger under livstemaerne (og derfor dybest set er et *samfundsspecifikt udtryk for livstemaerne*).

Når du ikke overholder disse love, er der konflikt.

Når vi tænker over fortrængninger, så handler det f.eks. om at fortrænge en situation/hændelse. Og nu kommer jeg så og snakker om livslove, osv. Vi kan derfor spørge os selv om hvad det egentlig, som vi fortrænger. Er det selve hændelsen (som de fleste tror), eller en konflikt med en livslov?

Det er som sagt det sidste.

Hændelsen er i virkeligheden 'ligegyldig', og hændelsen er i sig selv hverken traumatisk eller smertefuld! (jeg snakker ikke om de hændelser, hvor der er et fysisk chok involveret, som også kan lede til traumer og fortrængninger).
De livslove som er relevante for denne diskussion, er naturligvis dem der relaterer sig til egoet (snarere end hjertet eller Pre-egoet, hvor man ikke på samme måde fortrænger), eftersom netop disse love er særlig aktive og dominerende i de fleste menneskers liv lige nu. Jo mere aktive de er, jo mere kan vi ikke leve med at være i konflikt med dem, og jo mere fortrænger vi, når vi er det.

De livstemaer som er mest aktive, er altså dem som det er mest traumatisk at være i konflikt med, og det samme gælder livsreglerne (Figur 35). Disse ændrer sig i løbet af din udvikling, eftersom udviklingen af bevidstheden modsvares af en udvikling af overbevidstheden, som jo er det der bestemmer hvilke livstemaer der er aktive.

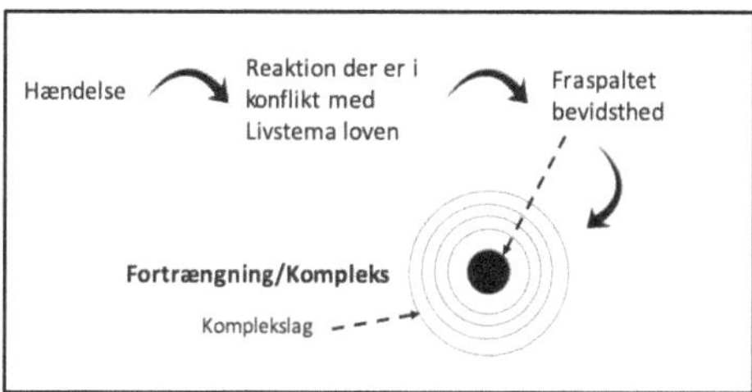

Figur 35. Processen der leder til fortrængning. *Det starter med en hændelse, og derpå din reaktion på den. Hvis denne reaktion f.eks. leder til underminering af egoet eller til konflikt med et dominerende livatema, da er det noget du ikke kan leve med, og du fortrænger bevidstheden om denne hændelse.*

Livstemaer, livsregler og værdinormer

Du har altså nogle værdinormer, som fortæller dig hvad der er godt og dårligt, samt hvordan man skal være som person. Disse værdinormer er dybest set defineret af livstemaerne (og livsreglerne), og når du er i konflikt med dem, da opstår der fortrængninger og smerte.

Når du er i konflikt med dem, da sker der desuden det interessante, at du ikke synes om dig selv. Dit selvværd er således *helt bundet op til den rolle, som du formår at give livstemaerne i dit liv*, og i hvilken grad du lever op til de værdinormer, som du har.

Du tror måske, at du selv har defineret dine værdinormer, men det har du ikke. Du har derimod valgt at tro på dem. Tænk lidt over forskellen.
Hvis du troede på nogle helt andre værdinormer, da ville din oplevelse/mening ændre sig fuldstændigt, og det samme gælder for alle de fortrængninger der da ville bygge på de forrige værdinormer.

I samme grad som du holder op med at tro fuldstændigt på dit ego, og din Ego livsoplevelse, vil den smerte, der er forbundet med dit ego, ændre sig eller endda helt forsvinde! Og det er en hel del smerte!

Fortrængninger er i virkeligheden
når din egen mening om dig selv
bliver henvist til din underbevidsthed
fordi den er i konflikt med et livstema

Livstema konflikter leder til konflikt med 'hovedformålet'

Vi har nu set at hver eneste livsoplevelse er knyttet til nogle specifikke livstemaer, og når de livstemaer, som er knyttet til din livsoplevelse, ikke finder deres naturlige plads i dit liv, da er reaktionen i dig altid en som fører til konflikt. Konflikten vil naturligvis være med det specifikke livstema, men en interessant ting er, at alle de forskellige

konflikter som man kan have, fører hen til det jeg kalder udviklingsperiodens 'hovedformål', og gør at du også får en konflikt med dette formål. Det er derfor sådan, at du også får konflikt med dit selvværd (dit ego-selvværd).
Når dit liv altså er i konflikt med livstemaerne, og dermed med din overbevidsthed, da går det ud over dit selvværd! En interessant sammenhæng.

Grunden er, at det er realiseringen af livstemaerne/livsreglerne i dit liv, som er nødvendige for skabelsen af dit ego.
Ego identiteten, og den selvbevidsthed som den står for, er noget der skabes *når du lever en dualistisk grundholdning ud igennem de forskellige (aktive) livstemaer.*

Livstemaerne er altså opskriften på den ego identitet, som er så vigtig for vores udvikling.

Det er ikke nok bare at have et dualistisk livssyn. Man skal nødvendigvis udleve dette livssyn *på en helt særlig og specifik måde* (defineret af livatemaerne/livsreglerne) for at opnå ego identiteten og ego-selvværdet.

Grundpillerne
I selve ego identiteten, og din selvforståelse, er der ingredienser der skabes, når en dualistisk grundoplevelse ser og møder verden gennem livstemaerne. Det er i dette møde at grundpillerne i ego identiteten skabes.

En grundpille består af 3 ting:
1) En dualistisk grundholdning,
2) verden/livet og en interaktion med denne,
3) livstemaerne og deres love og regler.

Denne treenighed udgør en grundpille, som der er lige så mange af, som der er aktive livstemaer. Der er mange grundpiller der minder om hinanden, og som hører under det samme livstema. Man kan se det som om de går sammen og skaber en 'super-grundpille' der altså består af utallige 'under-grundpiller', som kan ses som *forskellige oplevelses-aspekter inden for samme overordnede livstema.*

En livstemakonflikt er en konflikt
med en af de grundpiller,
som din ego identitet er gjort op af

Når du derfor har konflikt med et livstema, *da er der konflikt i en af de grundpiller, som ego identiteten udgøres af.* Dette fører altid til konflikt med selve Ego livsoplevelsen/ego identiteten, og altså hovedformålet med Ego udviklingsperioden.

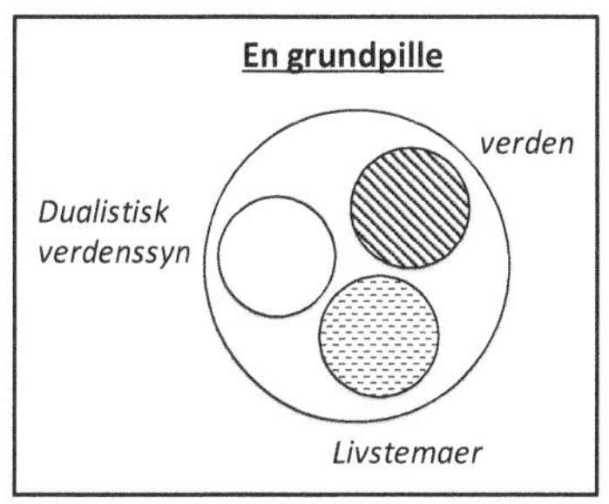

Når dit liv er i balance med hovedformålet, da *accepterer* du dig selv, og når dit liv er i ubalance med dette formål, da accepterer du ikke dig selv – fordi din livsførelse har 'negativ' indflydelse på ego identiteten, og dermed er i konflikt med hoved formålet.

Accept af dig selv er således et udtryk for i hvilken grad dit liv er i balance med de aktive livstemaer (og livsregler), og i dybere forstand med hovedformålet (Ego livsoplevelsen/ego-identiteten).

Kort sagt er dit ego selvværd et udtryk for hvor godt din ego-identitet trives.

Accept af dig selv
er et udtryk for i hvilken grad
dit liv er i balance med ego livskræfterne

At alle livstema konflikter fører til konflikt med hovedformålet betyder, at en konflikt med et givent livstema, i Ego perioden, altid fører til en *manglende accept af dig selv* (dvs. en *'anti-bekræftelse'*).

Dette er et interessant faktum, og det betyder f.eks. at et problem med 'forældre' temaet ender med at føre til manglende selvværd. Lad mig gentage det. Har du et problem med et aktivt livstema, da går det altid ud over dit selvværd.

Billedmæssigt kan man se hovedformålet befinde sig i centrum, med kontakt ud til alle andre livstemaer, og hver eneste gang nogle af dem ikke flyder ud i dit liv på en harmonisk måde, da flyder hovedformålet heller ikke frit ud i det, hvilket er en smertelig oplevelse.

Nogle fraspaltede bevidstheder kræver bevidst kontakt
Hver periode er knyttet til det evige princip: *'livsbehagsprincippet'*, og når du er i konflikt med hovedformålet, da er konsekvensen altid en negativ effekt, med hensyn til livsbehaget i den pågældende livsperiode.

I Ego perioden er livsbehag *når egoet styrkes*, mens i andre perioder er det noget andet (fysisk tryghed i Rod perioden, at gruppen trives i Pre-ego perioden, eller enhed med menneskeheden i Hjerte perioden).

Livsbehag.
I alle udviklingsperioderne handler det dybest set om at bruge det tilknyttede livsfelt (livsdimension) til at udleve sin livsvilje til at opnå større livsbehag. Livsbehaget betyder noget specifikt i hver af perioderne, selvom princippet er det samme. I Rod perioden kan livsbehag have med kroppens varme, og med næring, at gøre. I Ego perioden dækker det f.eks. over det at blive bekræftet, mens det i Hjerte perioden kan dække over glæden ved at være en bidragende del af fællesskabet.

Nogle af de fraspaltede bevidstheder/oplevelser/'mini-personer', som har 'forbrudt sig mod loven', og som er blevet fortrængt, er ikke desto mindre forblevet aktive. De er blot nu til stede i din underbevidsthed. Men underbevidstheden er jo i høj grad en del af din personlighed, hvilket betyder at de stadig er en integreret del af dig, en del som det kan være nødvendigt at se nærmere på.

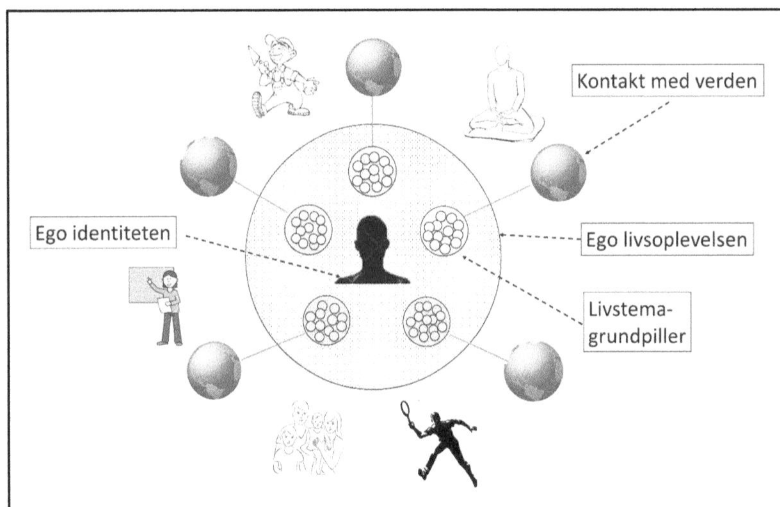

Figur 36. Ego identiteten. Ego identiteten skabes gennem mødet med et dualistisk livssyn og verden, via de regler der defineres af livstemaerne.

Man kan se dem, som en kerne med adskillige fangearme, der stikker ud og forbinder sig til andre dele af din underbevidsthed. Blot fordi noget fortrænges, er det jo langt fra uvirksomt. Snarere tværtimod, og disse fraspaltede bevidstheder er gode eksempler herpå. For at bryde deres dominans, da er det nødvendigt at få bevidst kontakt med nogle af dem (men ikke med dem alle).

Når du udvikler dig fra en livsoplevelse til den næste,
da hæver du dig bevidsthedsmæssigt over de livstemaer,
der hidtil har styret dit liv,
og du forstår nu, at de kun kunne styre dit liv,
fordi du troede på dem

2. At genoprette balancen

Reintegreringsloven

Lad mig fortælle om et nyt livstema, 'Reintegreringstemaet', og den affødte lov, 'Reintegreringsloven'. At det ligefrem er et tema, og en lov, fortæller at det er noget som er helt essentielt for din udvikling. Husk også på at når jeg kalder noget en 'lov', så er det fordi *det er noget som gælder for os alle*, og fordi vi intet valg har overfor den, så længe vi er knyttet til dens udviklingsperiode.

Denne lov handler om hvor vigtigt at bringe dine fortrængte 'fanger' i balance med 'loven' igen. Den handler også om at du har brug for dine fanger, og brug for den oplevelse det er at bringe dem hjem igen. Husk på at de er en del af din indre dualisme, ligesom verden omkring er polen i den ydre dualisme. Dine fanger deler derfor noget med verden, og at integrere dem i din bevidsthed er faktisk en forløber for den næste integreringsproces, der sker i Hjerte perioden hvor netop den ydre verden skal 'integreres' i din bevidsthed. Ved at øve dig på at bringe fangerne hjem, gør du dig klar til næste udviklingsperiode/livsoplevelse. Derfor har du brug for disse indre fanger.

Men hvordan gør vi det? Vi kan jo ikke gå tilbage i tiden og genopleve den hændelse, der førte til lovbruddet, og reagere på en anden måde (husk nu at det er *din reaktion*, snarere end selve hændelsen, der førte til 'lovbruddet'/konflikten).

Du kan heller ikke bare tænke den indre 'miniperson' væk. Din eneste mulighed for at gøre noget ved det bygger på: indsigt, tilgivelse, og at bringe fangen i balance med en lov, der kaldes 'reintegreringsloven'. Den lov har at gøre med at fjerne fanger fra underbevidsthedens mørke, og reintegrere dem i bevidsthedens lys!

Eftersom det er en lov, da betyder det, at det *ikke* er op til dig, om du vil, eller ikke vil, hente dine indre fanger hjem igen. Hvis de når en vis 'størrelse', så er du nødt til at finde ind til dem. De *skal* hjem! Se dem som en del af dig, som du ikke bare kan efterlade, mens du forsætter på din rejse, eller endnu mere korrekt, som det der vil give dig *evnen til at forsætte* din rejse.

Ved at reintegrere dine fanger i bevidstheden fjerner du nemlig ikke bare noget som holder dig tilbage, du får noget *som kan hjælpe dig frem*. Du får noget, som ofte er ganske nødvendigt for, at du overhovedet kan komme videre.

> *Livstemaet for 'Reintegration' bliver ofte aktiveret omkring livsmidten, og har at gøre med det som Jung kaldte "individuation". En ubalance med dette livstema kan føre til midtvejskrise.*

Reintegreringsloven er en lov, som i særlig grad træder i kraft senere i livet, hvorfor selve den oprindelige fortrængning, hvis den skete tidligt i livet, ofte ikke var i konflikt med denne lov (fordi livstemaet 'reintegration' endnu ikke var aktiveret). Men det bliver det senere i livet, og så opstår konflikten. Senere i livet får vi derfor behov for at genforene os med nogle af de ting, som vi har fortrængt. Dette gælder for os alle, og særlig ved livsmidten er dette tema aktivt, og hvis vi ikke efterlever det, så er det som om livet ikke rigtig giver mening.

Du og din bevidsthed har brug for at opløse denne indre fortrængning, denne indre fange, for at komme videre i din udvikling. Grunden er det jeg beskrev foroven (at den 'lille' reintegrering med fangen er en forløber for den store reintegrering med menneskeheden), og at din selvopfattelse stadig er påvirket af fangens syn på dig, dvs. det syn, der dominerede dig i den situation, hvor fangen blev fortrængt – og det i en grad, at det nu er blevet en hindring for din videre udvikling.

Alle fanger er nemlig fanget i en tidslomme, hvor tiden ikke bevæger sig, og således har stået stille lige siden fortrængningen. Du skal derfor være klar over, at når du trækker en fange ud af underbevidsthedens mørke ind i bevidsthedens lys, da starter tiden igen at bevæge sig for denne del af dig. Meget hurtigt vil den blive en del af din bevidsthed, og man kan med rette sige at du bliver til noget, som du aldrig har været før. *Du forandrer dig*. Det er faktisk en af de mest 'effektive' måder at forandre dig på! – og ikke sjældent er det lige netop den forandring, som var nødvendig for at du kunne tage det næste skridt på din udviklingsrejse.

På denne måde har du ikke bare fjernet noget, som gav dig smerte og holdt dig tilbage, du har også fået noget der har forandret dig, og gjort dig i stand til at evne det næste stadie på din bevidsthedsrejse. Set på denne måde er dine indre fortrængninger/fanger *dine indre gaver,* som skal hjælpe dig i din udvikling!

For at komme videre må balancen altså genoprettes. Dette sker hvis 1) du bringer fangen i balance med den "nye" lov, reintegreringsloven (og som sagt, særlig fra livsmidten er dette altså en lov, som dikterer os til at integrere fortrængte sider af os selv i vores bevidsthed, og derigennem blive til 'større' mennesker), og 2) hvis du formår at *tilgive dig selv,* for ikke at have været i stand til at leve dit liv i balance med livstema energierne, tilgive dig selv for at reagere på en måde, der underminerede dit ego, tilgive dig selv for at have en mening om dig selv der, nedbryder dit selvværd.
Du har en del af dig (fangen), som stadig ikke kan tilgive dig selv, og det er vigtigt at du får kontakt med denne del, og at du med *din nu større bevidsthed* lader tilgivelse og kærligheden strømme igennem denne del af dig.

Med de fraspaltede bevidstheder handler det altså om *tilgivelse og integrering.*

For hver gang det lykkes for dig, da vil der ske det, at du vil komme til at opholde dig mere i højere bevidsthedstilstande, hvilket vil give dig en lykkefølelse, og desuden have konkret indflydelse på det som du møder i dit liv.

Det sidste skal du tage helt bogstaveligt, idet det vil påvirke hvem du møder, hvad du møder, og hvilke situationer som helt konkret optræder i dit liv. En ret utrolig tanke – men sådan er det. Denne ændring i de bevidste energier, vil 'sende' et signal til vores overbevidsthed om at sende endnu højere energier ned mod os. Disse højere energier fra overbevidstheden vil derpå aktivere andre livstemaer, eller de samme livstemaer på en ny måde. Således er konsekvenserne mange hvis vi flytter os opad i egoets bevidsthedstilstande, idet der er et helt konkret samspil mellem livet og din måde at forvalte det på.

3. Når loven brydes – og du ikke står ved dig selv

Du accepterer ikke den del af dig selv, som bryder loven

Lad mig blive lidt ved hvad der sker, når loven brydes. Vi har set at der er steder i underbevidstheden, hvor du ikke accepterer dig selv. Det startede ofte med en situation hvor du simpelthen *ikke kunne* stå ved dig selv, og derfor blev nødt til at fortrænge denne del af dig selv, sammen med hændelsen.

Derved kom denne del af dig selv til at eksistere i din underbevidsthed, hvor den fik indflydelse på dit forhold til dig selv.

Problemet er nemlig at du i denne del af dig stadig bærer rundt på en smerte, og stadig ikke står ved dig selv. Der skete jo det, at dengang du fortrængte denne (nu fraspaltede) bevidsthed, da frøs du tiden for den. Det gælder derfor, at når du kommer i kontakt med denne del af dig, da reagerer du *på sammen måde,* som du gjorde dengang. Og hvis du var barn da fortrængningen skete, da reagerer du derfor, den dag i dag, som dette barn.
Den mening du havde om dig selv dengang, den oplevelse af dig selv som brød med et livstema, den har du stadig. Efter mange år bryder du altså forsat loven – i denne fortrængte del af dig selv.

Men se positivt på det – det er ikke i selve hændelsen problemet ligger, og det er godt for denne hændelse eksisterer ikke mere, så du kan intet gøre ved den. Problemet ligget ligger i oplevelsen af den og af dig selv i den, og denne oplevelse eksisterer stadig, og derfor kan du gøre noget ved den.

4. At opnå Balance mellem bevidstheden og overbevidstheden

Lad os nu se mere på det som retter op på ubalancen, og på hvorfor det hjælper at konfrontere det, som forårsager ubalancen.

Lad os sige at du bliver drillet, og at du tror på dem der driller dig. Dvs. at både de og dig, ikke synes at du er god nok. Ikke at være god nok er jo en slags 'anti-bekræftelse',

som er et brud med ego-identiteten, der jo lever af bekræftelser. Det er et brud med formålsloven.
Du mister selvværd på grund af lovbruddet, men altså *ikke på grund af drilleriet*. Læg mærke til det. Lovbruddet er *din* reaktion, dvs. *dit* ansvar. Dette er en vigtig pointe. *Drilleriet har i virkeligheden intet at gøre med dit selvværd*. Det har ingen direkte indflydelse på dit selvværd – i modsætning til den lov som brydes af din reaktion.

> ***Et tankeeksperiment***
> *Prøv af forestil dig at det var OK at blive drillet, at det var OK ikke at være god nok. Forestil dig at det var OK ikke at blive bekræftet, og at det var helt fint hvis andre mennesker ikke kunne lide dig. Det er måske ikke nemt at forestille sig, for det er jo klart, at dette slet ikke er i orden. Men hvorfor er det ikke i orden. Det er det du skal overveje.*
> *I teorien kunne det jo være ligegyldigt at man ikke var god til fodbold, fik gode karakterer, var populær hos pigerne, blev drillet eller ej. Men det er åbenbart ikke i orden. Prøv at tænk over det – og hvorfor det er et problem. Prøv at se bort fra, at du tager disse ting som en selvfølge. Det er nemlig faktisk ikke dybest set en selvfølge, at disse ting/hændelser ikke er i orden, og at de leder til smerte. Smerten føles kun naturlig, fordi du tror på det fundament den bygger på. Tro på noget andet – og smerten mister sit fundament - og forsvinder! Så kan det da godt være, at du stadig har lyst til at få gode karakterer eller være god til fodbold. Det vækker blot ikke smerte hvis det ikke lykkes. Smerten er væk – men lysten er tilbage – fordi du ændrede din tro.*

Tænk da hvis du kunne annullere disse love. Så ville du være fuldstændig fri!

Et af budskaberne i denne bog er at denne frihed vil du opleve i samme takt, som du formår at opleve livet via det jeg kalder Hjerte livsoplevelsen!
Et lovbrud starter altid med en manglende evne til at overholde loven
Hvorfor sker lovbruddet af den lov, der byder dig at acceptere dig selv og styrke dit ego? Det sker fordi man simpelthen ikke kan andet. Man *mangler* evnen til det. Det har altså at gøre med noget som man *ikke besidder*, snarere end noget som man besidder, og når jeg snakker om, at man kan blive smertefri gennem indsigt og tilgivelse, da handler det altså dybest set om at indse, at lovbruddet sker på grund af, at *man mangler evnen til at overholde den*.
Indser man dette, da kommer tilgivelsen faktisk helt af sig selv, for man tilgiver i så fald sig selv for at man ikke havde *en forudsætning for at overholde loven*. Når man gør noget fordi man ikke har forudsætning til at gøre andet, så er det jo klart at det kan tilgives. Faktisk er der jo intet at tilgive!

> *Lovene er skabt uafhængigt af dig og dit væsen. Du følger dem bare, og de er til fordi det er evolutionært hensigtsmæssigt at mennesker lever efter dem. De er nemlig helt afgørende for vores udvikling, i første hånd den, som fører os til en stærk egobevidsthed, og til tærsklen af en ny bevidsthedsform – hjertebevidstheden.*

Det handler derfor om at tage ansvar for dit liv, om at tilgive dig selv for alle de ting du ikke evner – og at gøre det så godt du kan, med det som du evner.

Det er helt normalt at være i en situation i dit liv, hvor du ikke har forudsætning for at være balance med en specifik lov – og hvor din videre udvikling *kræver* at denne forudsætning udvikles i dig.

Det vil du opleve igen og igen.

En måde at udvikle forudsætningen på, er ved at udsætte dig for den lov, som du altså ikke kan overholde. Loven eksponerer nemlig din manglende forudsætning, så du kan arbejde med den. Det gøres ved at udsætte dig for *livssituationer*, igen og igen, hvor denne lov kommer i spil, og altså udfordrer din manglende forudsætning. Dine livssituationer har derved at formål, og at have tillid til dette formål bag det som livet byder dig, giver dig en dejlig konstruktiv indgang til dit eget liv, og til de ting der sker i det.

At fortrænge noget, er faktisk det samme som at eksponere det. Dette er en af de vigtige grunde til at du fortrænger. Når du fortrænger, da starter du nemlig med at bruge omverden til at komme videre, *fordi du projicerer dine fortrængninger ud i den*. Sådan virker underbevidstheden nemlig. Den projicerer sit indhold ud i verden. Altid. Dette tvinger dig derved til at holde fokus på det du ikke kan håndtere i dig selv. Du ser det i omverden, men det vil hjælpe dig til en dag at se det i dig selv.

At vende processen og bringe fangerne hjem igen
Dit selvsyn, dit følelsesliv, din glæde og din smerte, er et udtryk for i hvilken grad du lever i overensstemmelse med loven, en lov der er manifesteret igennem de livstemaer og livsregler, som er aktive i dit liv.
En hændelse inducerer derfor hverken glæde eller smerte i dig - før den er målt op imod loven (de love, livstemaer, og livsregler, som er aktuelle for dig).

For at opnå balance må du starte med at få kontakt med *udgangspunktet for ubalancen*, med den *bevidsthed* der førte til ubalancen (der hvor du mistede dit selvværd) – og derpå skal du se den med forståelse og tilgivelse.

Ved at hente den hjem til bevidstheden sættes tiden atter i gang for den fraspaltede bevidsthed, og livstema energien kan da atter strømme friere igennem dig.

Hver eneste af udviklingsperioderne
har deres eget regelsæt,
som skal sikre vores udvikling gennem denne udviklingscyklus.

Når du bevidsthedsmæssigt
formår at hæve dig op over dette regelsæt,
da ophører det med at være aktuelt for dig,
og bliver erstattet af et nyt.

Fortrængninger har et formål, der peger mod næste udviklingsperiode
Der er som sagt et livstema, som begynder at strømme mere og mere igennem dig i løbet af dit liv. Jeg kalder det 'reintegreringslivstemaet' eller 'integrationslivstemaet'. Det viser at fortrængninger har et formål, og ikke blot er en mekanisme, der gør at du (egoet) kan komme videre fra traumatiske hændelser.

Fortrængninger har flere funktioner. De er som sagt nødvendige for at egoet kan klare sig overfor stærke følelsesmæssige påvirkninger. Derudover er de et vigtigt *middel* for os, når vi skal efterleve 'reintegreringslivstemaet'. Dette tema handler som sagt om at tage noget til sig, som du tidligere har nægtet, eller ikke har kunne acceptere. Det ligger tæt op ad det Jung karakteriserede som individuationsprocessen, og det er som sagt et tema som bliver særlig aktiveret i livsmidten.

I selve den proces - hvor du udviser accept, tilgivelse, og forståelse (for noget i dig selv) er der en uhyre vigtig lærdom, som er særlig aktuel for den næste udviklingsperiode, Hjerte perioden. Lærdommen er *at inkludere noget i din verden, gennem accept og kærlighed.* Reintegreringslivstemaet gælder i Ego perioden overvejende *dig selv,* men i Hjerte perioden får det et højere udtryk og kommer til at gælde *andre mennesker*, da det nu er dem, som skal inkluderes i din verden.
Således starter du i Ego perioden med at øve dig på noget, som skal blive en central del af den næste periode.

5. Afslutning

Jo lavere tilstand du befinder sig i, jo større tendens har den til at *sprede sig* til andre områder af dit liv.
Du kender det måske fra dig selv, at en negativ holdning har det med at brede sig fra det som den var rettet imod, til at blive en generel livsholdning.

Det er dog helt som det skal være – og det at det spreder sig til andre dele af dig, er en *måde hvorpå din konfrontation med den pågældende del af dig øges*, noget der åbenbart er brug for, illustreret tydeligt af din manglende evne til at håndtere den.

En fraspaltet bevidsthed er som en person med en bevidsthed. Du har mange sådanne 'personer' inden i dig, med meget faste holdninger til dig (husk at de i virkeligheden blot er en del af dig, og den bevidsthed, og den holdning, de står for, er jo din bevidsthed og holdning, som du bare har gemt væk). Enhver konflikt med en af disse personer.er således en konflikt *med dig selv.*

Egobevidsthedstilstandene hjælper dig til at få kontakt med disse indre personer, og særligt de personer der, uden at du måske er klar over det, har stor indflydelse på dit liv. Det er en stor udfordring at skulle bryde deres dominans over dig – også fordi det er svært at sige farvel til en 'livsledsagerske' (sådan kan de nemlig opleves, også dem der smertefulde og begrænsende), men ved at gennemgå den proces, der starter med *kontakt og tilgivelse,* kan du gøre op med denne indre negative holdning til dig selv, og erstatte den med *tilgivelse* og *accept.* Det hele er baseret på en *indsigt,* der lader dig opleve, at da du brød loven, da kunne du simpelthen ikke gøre andet, idet du ikke havde *forudsætningen* for at overholde denne lov.

Igennem tilgivelsen og indsigten vil du forandres. Igennem integrationen i bevidstheden, af den fraspaltede bevidsthed, vil du forandres. Denne oplevelse af en indre irreversibel forandring, og af enhed med dig selv, vil hjælpe med at gøre dig klar til den næste udviklingsperiode. Denne periode er en som karakteriseres ved en livsoplevelse, som rummer oplevelsen af enhed med menneskeheden. Den rummer et fuldstændigt fravær af ensomhed (EE) og indre *følelsesmæssig* smerte, og den rummer en meningsfuldhed på et helt nyt niveau! Det er faktisk en periode som allerede er startet, og som allerede nu, hvor du læser dette, virker inde i dig.

Jeg skrev i starten af dette kapitel: *"Fra livstemaerne/livskræfterne udgår de love, som du gør alt for at følge. Når det ikke lykkes, da opstår der konflikt. Konflikten er med loven, snarere end med den handling der afføder konflikten".*

Det er ikke manglen på selvværd og accept fra omgivelserne, som er smertefuldt. Det er ikke disse ting i sig selv, som er et problem. Det er derimod smertefuldt at være i konflikt med ego-formålet (som handler om at opbygge en egoidentitet, der jo er afhængig af disse ting). Det er ikke smertefuldt at have konflikt med dine forældre. Det er smertefuldt at have konflikt med forældre livstemaet. Det er ikke smertefuldt når verden ikke synes om dig, og ikke ser det du ønsker de skal se. Det er smertefuldt at have konflikt med persona livstemaet. Det er ikke smertefuldt når du ikke er en del af fællesskabet. Det er smertefuldt at have konflikt hjerte-formålet når det begynder at vågne op inden i dig.

Men hvis du stopper med at tro på et livstema (eller en livsregel), da stopper den smerte der er relateret til dette livstema. Det starter faktisk allerede når du får øje på det.

Jeg synes at det er en ret fascinerende tanke, at al din smerte baserer sig på en tro på noget (livstemaer), som du ikke selv har defineret.

Hvad kan du da gøre? Hvad har det med dit liv at gøre. Ja, det er et spørgsmål, som jeg vil komme mere ind på i appendix 3, der har fokus på "afviklingen af egoet". Det jeg fortæller dig om i dette appendix, er at den oplevelse som du har af dit liv, ikke er den eneste oplevelse, ikke er den fulde sandhed, og at der med sikkerhed er helt andre måder at opleve livet på, måder som bygger på andre fundamentalt anderledes grundværdier.

Ubalance	**Balance**
Hændelse - Lov1 brydes	Tilgivelse
Manglende selvaccept og enhed med dig selv grundet Lov1 bruddet – Lov2 brydes	Loven genoprettes (og en større lov om integration følges)
Fortrængning/Bevidsthed fraspaltes (bevidstheden om Lov1 og Lov2)	Enhed med sig selv
	Bevidstgørelse (af den fraspaltede bevidsthed)
Ensomhed – du er blevet 'mindre'	Tryghed – du er blevet 'større'
Blokering af Livstema energier	Livstema energier strømmer frit
Ubalance med Overbevidste energier.	Balance mellem overbevidsthed og bevidsthed.

Det du kan gøre, er at starte med *at stille spørgsmål ved dine oplevelser, ved dine tanker, og ved dine følelser.* Lad være med altid at tage dem for at være den eneste sandhed. Måske der er en anden måde at opleve og føle på. I stedet for at godtage dem, og lade dig indhylle af dem, så *observer* dem. I stedet for at lade dem styre dig, så *observer* dem.

Det er ganske muligt at observere f.eks. følelser – før de overtager dig, men har de først overtaget dig, da er det rigtig svært at komme fri af dem igen. Ved at observere en følelse, da kan du opdage hvor den kommer fra, og du vil ofte indse, at denne følelse ikke har helt ret i det den prøver at fortælle dig. Den er ikke forkert. Den *er.* Men den skal ikke nødvendigvis styre dit liv, og tage patent på den fulde sandhed.

Hvis du vil opleve nogle af de andre utrolige livsoplevelser, da må du tænke ud over det, som ligger til grund for din nuværende livsoplevelse. Du må bryde ud af din nuværende livsoplevelse, og risikere at forandres på en måde, så at du aldrig kan vende 'hjem' igen. Du må have tillid til at der findes et andet hjem, et hjem der vil give dig endnu mere lykke, end den du oplever lige nu.

Mange vil dog nok mene, at et realistisk scenario er at det sker i små skridt, snarere end et stort skridt hvor al din smerte forsvinder. Dette er jeg enig i – men også uenig i! Lad mig forklare hvorfor. Jeg selv har oplevet at være fuldstændig nærværende, og gennem dette nærvær oplevede jeg livet gennem andre 'briller' – via en anden livsoplevelse. Jeg kunne observere min gamle livsoplevelse, og *se* al den smerte der udsprang af denne livsoplevelse. Jeg kunne se mig selv på en ny måde – og i denne oplevelse var jeg fuldkommen smertefri. Det var ikke en ekstase, en fantasi rejse, og min pointe er her, at selvom jeg vendte tilbage til min 'gamle' livsoplevelse og min gamle smerte, da var det ikke mere på samme måde. Jeg var for altid forandret – og *vidste* at min gamle livsoplevelse ikke var den eneste sandhed, selvom den udgav sig for at være det. Denne viden er meget værd. Denne viden giver mod, håb, og tillid. Modet til at gå videre, håbet på det gode, og tilliden til at jeg ikke vandre alene, og at jeg udvikler mig.

Vær helt klar over at der er en verden til forskel mellem 1) at vandre i smerte og ikke tro på at det bliver bedre (og at smerten er meningsløs), og 2) på at vandre i smerte og tro på at den har et formål, og at den vil holde op når dette formål er udtjent.

Så selvom jeg stadig kan opleve smerte, er jeg for altid forandret, og jeg mærker forandringen fra jeg står op til jeg går i seng!
Og jeg bliver ved med at forandre mig. Min oplevelse af at have observeret min smerte, mit 'ego', har for altid forandret mig, og det er som om det virker som et slags mantra, som jeg kan sige inden i mig selv, når følelsesstormen raser og truer med at indhylle mig. Så siger jeg dette 'mantra', og kommer til at huske på, at der findes en tilstand hvor jeg ved at smerten er en illusion, der kun kommer til live gennem min tro på den, og så sker det at stormen lægger sig en smule – men nok til at jeg ved, at jeg har ret, nok til at jeg kan ikke længere indhylles af smerten. Dette er noget jeg bruger i min dagligdag. Det har indflydelse på hele min dag – og det er netop sådanne praktiske og realistiske virkemidler, som også kan ændre din dagligdag!

Så jeg er enig i at det er sjældent (men ikke umuligt), at man oplever en banebrydende forandring, hvor man med et bliver fri for al smerte. Derimod er det *ikke* sjældent, at man oplever en banebrydende forandring, der medfører at noget af din smerte forsvinder, og at du ser markant anderledes på den smerte der bliver tilbage. Dette ligger med sikkerhed inden for dine muligheder. Og du kan opleve det i dag.

Hvad skal du da gøre? Det første du skal gøre, er ikke at afvise ideen om, at du i din oplevelse er indhyllet i en grad, som du ikke kan forestille dig. Du er indhyllet af Ego livsoplevelsen, der kommer med sit helt eget fundament, med hensyn til hvad der er vigtigt, rigtigt, forkert, og godt eller dårligt. Du er indhyllet i en grad, som du slet ikke er klar over.

Jeg skal altså bede dig om at acceptere eksistensen af en anden virkelighed, som du ikke er klar over eksisterer. Det er meget forlangt. Det ved jeg. Du skal da heller ikke bare godtage det, men blot ikke være afvisende. Så kan du nemlig selv undersøge det. Gå på opdagelse, og godtag ikke blindt alle dine oplevelser af livet.

Ligesom din moralkodeks har ændret sig igennem dit liv, da er det kodeks, der dominerer dig lige nu ikke uforanderligt. Det vil forandre sig – og du vil forandre dig – og inden i dig (i din overbevidsthed) eksisterer det, som du (din bevidsthed) vil forandre dig imod.

Accepter din oplevelse af livet. Anerkend den. Handl i forhold til den. Men stil spørgsmål ved den, og anerkend også, at lige nu og her har du evnen til at opleve dit liv på en anden måde.

En måde at opleve, at din nuværende oplevelse af livet ikke er den eneste, er som sagt ved at observere den. Det er det, som du skal starte med at lære. Du skal lære at observere din oplevelse af livet, og dine følelsesmæssige reaktioner på diverse situationer. Ved at observere skaber du et valg for dig selv, og når du oplever at din reaktion vitterlig kan observeres, da vil dette samtidig være en oplevelse, der fortæller dig, at eftersom du kan observere din reaktion/livsoplevelse, da kan den ikke være den eneste.

En situation hvor din observationsevne virkelig hjælper dig, er altså når du er indhyllet i smerte. Når du kommer i affekt, og lykkes med at observere det i dig som er i smerte, da er det en fraspaltet bevidsthed, som du observerer. Dette er jo en slags 'miniperson' inden i dig, som har reageret på en hændelse i livet, der var i modstrid med en livstema lov (og som derved underminerede ego-identiteten).

Den fraspaltede bevidsthed danner kimen til skabelse af de komplekser, der er i din underbevidsthed, og den eneste måde at opløse dem på er gennem tilgivelse og kærlig indsigt. De er fanget i en tidslomme hvor tiden er frosset, og nogle af disse tidslommer fylder så meget i dig, at du er nødt til at tø dem op og få tiden til at gå igen. Dette gøres gennem *tilgivelse, kærlighed og ved at du tager den indre 'person' til dig*, og får 'personen' til at opleve, at det fundament (dvs. de livstema-love og din tro på dem) der ligger til grund for den lovstridige reaktion, ikke er aktuelt for dig mere.

Når fundamentet for den konflikt, der ledte til den fraspaltede bevidsthed samt skabelsen af komplekset, således ikke eksisterer mere, da vil komplekset forsvinde, og den smerte, som det indeholdt, vil ligeledes forsvinde.

12. EN OPSUMMERING AF DE 2 EVOLUTIONS PROCESSER

I dette kapitel vil jeg for at afslutte Part 1 og 2 af bogen forsøge at samle trådene, eller rettere sagt, samle op på de to evolutionsprocesser og det verdensbillede, som du er blevet præsenteret for. Dette vil fungere som en god introduktion til bogens Part 3, der har fokus på 'Livsoplevelsen' og 'Menneskehedens Bevidsthedsnetværk'.

Hvis ikke du ønsker at få repeteret part-I og II af bogen nu, og i stedet vil starte med kapitel 15 ("Livsoplevelsen"), så kan du springe dette kapitel over.

1. Personligheden

Vores personlighedsstruktur – en struktur med 3 dele

Lad mig starte med at opsummere det jeg har skrevet om personligheden. Jeg har vist at opbygningen af menneskets personlighed groft set kan deles op i bevidstheden, underbevidstheden, og derudover noget højere som generelt ikke er os bevidst. Nogle giver denne del andre navne, men jeg selv kalder det som sagt "overbevidstheden".

Både bevidstheden, underbevidstheden og overbevidstheden
er i en udviklings proces,
der er nødvendig for at vi kan udvikle
vores evne til at opleve livet.

Alle 3 dele af os er under udvikling. Det er altså ikke kun vores bevidsthed som forandrer og udvikler sig. Vores underbevidsthed forandrer sig f.eks. når vores bevidsthed formår at trænge igennem barrieren til den, og kaste sit lys på nogle af de strukturer, som befinder sig der. På en måde kan man sige, at vi i dette tilfælde henter en del af os selv hjem til bevidstheden, hvorved vi forandrer både bevidstheden og underbevidstheden.

Underbevidstheden er også under indflydelse af det overbevidste. Dette sker gennem overbevidsthedens påvirkning af den del af os som kaldes det *kollektive underbevidste,* hvori befinder sig *"livstemaerne".* Vi har set at disse livstemaer bogstaveligt talt bestemmer de overordnede temaer som underbevidstheden indordner sig under, og de udgør de livslove, som ligger bag skabelsen af underbevidstheden og dens psykiske strukturer. De er formidlere af den energi der driver underbevidstheden. Livstemaerne selv belives derimod af det overbevidste.

Hvis vi nu ser på bevidstheden og overbevidstheden, så er begge disse dele af os altså i udvikling. Bevidstheden er i kontakt med den bevidste evolution igennem det som jeg kalder *"de personlige udviklingsstrukturer"*, og overbevidstheden er i kontakt med den overbevidste evolution gennem *"sanseorganer"* i det *personlige* overbevidste.

Det kollektive og det personlige princip

Både bevidstheden, underbevidstheden, og overbevidstheden kan opdeles i en personlig del og en kollektiv del (Figur 37). Den kollektive del af det overbevidste 'opfattes' af den personlige del af dit overbevidste, som da efterfølgende 'kanaliserer' det, som den har kunne modtage, gennem endnu en kollektiv del af dig, nemlig den kollektive del af din underbevidsthed. Derfra vil den nå til den personlige del af din underbevidsthed, hvor den vil konfronteres med komplekserne og de andre strukturer i denne del af dig. Fra underbevidstheden vil den også nå din bevidsthed.

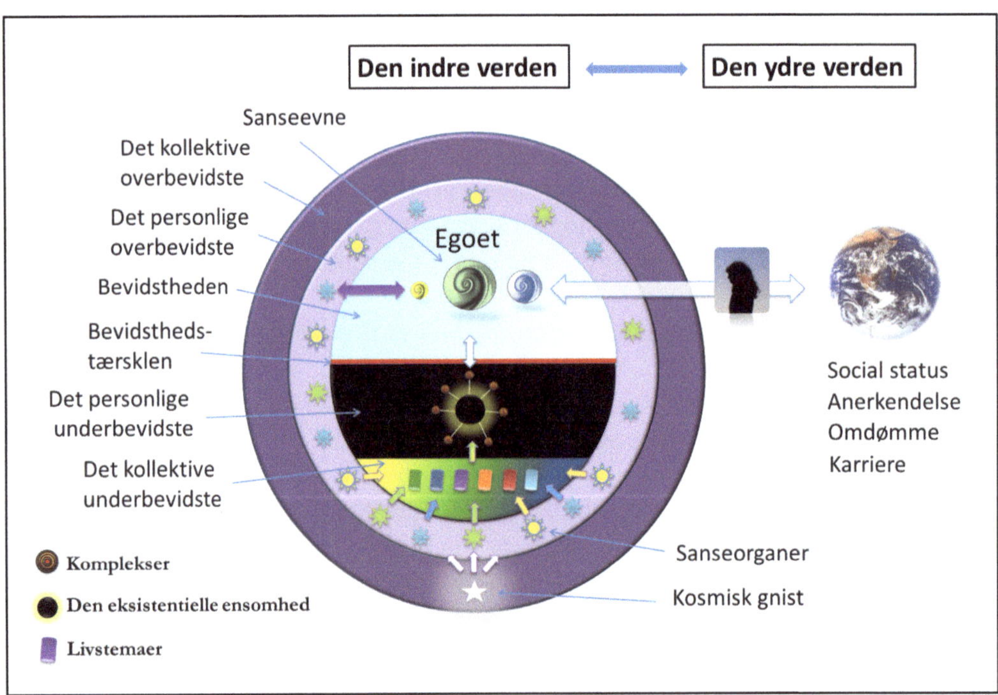

Figur 37. Det overbevidste, det bevidste, og underbevidstheden.
Vores væsen består af flere dele: en kollektiv og personlig overbevidsthed, en kollektiv og personlig underbevidsthed, og en bevidsthed som huser egoet i denne periode af vores udvikling. Hver af de forskellige dele rummer deres egne strukturer som er indikeret i figuren og beskrevet i teksten.

Også bevidstheden findes altså i en personlig og en kollektiv form. Din personlige bevidsthed indgår i et samspil med den kollektive bevidsthed (eller "den bevidste evolution") som vil "optage" (eller påvirkes af) hvorledes du håndterer/udlever din *aktuelle* bevidsthed, og hvorledes du håndterer påvirkningen fra både de kanaliserede overbevidste energier, samt de kollektive *bevidste* energier. Det er i dette fascinerende spændingsfelt at din egen bevidsthed opstår og udvikler sig. Man kan ligefrem se det som en "energi rejse" fra overbevidstheden til underbevidstheden og bevidstheden, hvorfra den vender tilbage til udgangspunktet – og ændrer dette.

2. Menneskehedens evolutionscyklus

De 2 evolutioner – den bevidste og den overbevidste

En af de centrale ting ved denne bog er at vores udviklingscyklus er gjort op af 2 sideløbende evolutioner. Der er "den bevidste evolution" og "den overbevidste evolution". Den bevidste evolution har med menneskehedens *bevidsthed* at gøre, og den overbevidste evolution har med udviklingen af menneskehedens *overbevidsthed* at gøre. Den ene er desuden involveret i din egen personlige *bevidste* interaktion med livet, og den anden i din personlige overbevidste interaktion med livet. Begge disse evolutioner udgør således hele fundamentet for din personlige udvikling.

Bevidstheden og overbevidstheden udvikler sig

Bevidstheden er under udvikling – og denne udvikling omfatter (per definition) den del af livet som du er bevidst om. Den bevidste interaktion med livet sker på dette tidspunkt i din udvikling i særlig grad gennem diverse *sindstilstande*, der tilsammen udgør det jeg kalder egoets *personlige udviklingsstruktur*.

Hver af evolutionscyklerne har deres specifikke opgave. Overordnet set har den overbevidste evolution med udviklingen af din overbevidsthed at gøre – hvis opgave det er at sikre *viljen* og *motivationen* bag udviklingen af din bevidsthed, samt fuldstændigt at kontrollere *retningen* for den.

Den bevidste evolution har med udviklingen af din bevidsthed at gøre, ved blandt andet at udgøre den 'bevidsthedsdimension', som du kan interagere med bevidst, og udleve din bevidsthed ud i, og således gennem denne udlevelse forankre stadig højere bevidsthedsformer i dit væsen (husk at ordet 'bevidst' ikke står for det samme i alle udviklingsperioder, men for et gennemgående princip).

Overbevidstheden er også under udvikling, og det er en del af os som vi jo, per definition, normalt ikke er bevidst om. Overbevidstheden er i kontakt med en dimension af livet, som heller ikke er umiddelbart tilgængelig for bevidstheden – nemlig *den overbevidste evolution.* Menneskeheden påvirkes altså af (og befinder sig i) 2 evolutions cykler – som spiller 2 forskellige roller for vores udvikling. Tilsammen udgør de 'den opskrift', der på perfekt måde sikrer vores udvikling.

3. Udviklingsperioderne

7 specifikke udviklingsperioder og 6 specifikke energier

Både den bevidste og overbevidste evolution kan inddeles i udviklingsperioder, hvoraf der er 7 perioder i en hel udviklingscyklus. Udviklingen af menneskehedens bevidsthed

og overbevidsthed sker således igennem disse specifikke udviklingsperioder, som karakteriseres ved at de repræsenterer en dybere og dybere indsigt i livet og os selv, en kontakt med nye livsaspekter – eller dimensioner af livet.
Vær opmærksom på, at når der snakkes om udviklingsperioderne, så er det generelt sådan, at det er udviklingsperioderne i *den bevidste evolution* der tænkes på.

De 6 Grundenergier
Enhver af de store udviklingsperioder har i alt 6 grundlæggende energier at gøre godt med. Af disse 6 energier er man ikke påvirket af alle sammen på en gang, idet det skifter hen igennem udviklingsperioden. Til enhver tid er man dog altid under indflydelse af 4 aktuelle energier på samme tid (undtagen ved indgangen til en ny periode), en aftagende og en tiltagende bevidst energi, samt en aftagende og en tiltagende overbevidst energi. Energierne optages i din overbevidsthed og bevidsthed, og udgør din forudsætning for at indgå i livet, som et væsen i udvikling.

Perioderne i vores udviklingscyklus udgøres af Rod perioden, Pre-ego perioden, Ego perioden, Hjerte perioden og de tre Guddommelig perioder, GD1-3. I Rod perioden starter du med at være (ubevidst) et med den fysiske dimension gennem en særdeles begrænset interaktion, medieret af din begyndende 'fysiske bevidsthed', der er drevet af et slags automatisk *instinkt*-motiveret program. I slutningen af perioden er du derimod i stand til en meget mere kompliceret interaktion med dimensionen, hvor du formår at udleve en mere udviklet form for *livsvilje*, der vil føre til en mere udviklet *behags-oplevelse.*

I Ego perioden starter du med at være et med den psykiske dimension, det psykiske livsfelt, gennem en begrænset interaktion, medieret af din begyndende ego bevidsthed. I slutningen af perioden er du derimod i stand til, med din nu udviklede egobevidsthed, at udleve højere dele af dit væsen, og via dette at indgå i en langt mere kompleks interaktion med den psykiske dimension. Blandt andet kan du bruge denne interaktion til at skaffe dig en psykisk behagsoplevelse (læs mere om "livsbehagsprincippet" i ordlisten bagerst i bogen).
Alt dette gør dig efterhånden klar til det bevidsthedsmæssige kvantespring i slutningen af udviklingsperioden, der fører til en erkendelse via Hjerte livsoplevelsen af egoet selv (af selve Ego livsoplevelsen), samt af en 'ny verden' (et sådan kvantespring, eller "*indvielse*", oplever vi i slutningen af alle udviklingsperioderne.

Du starter altså i Ego perioden med at opbygge din *bevidsthed om egoets verdensbillede og livssyn*, og ender med at blive bevidst om egoet selv, *som en erkendende og oplevende enhed,* inden i dig, som dit vindue til verden, og først når dette sker er du bevidsthedsmæssigt *permanent* vokset ud over egoet, og klar til at træde ind i en ny udviklingsperiode og en ny personlig udviklingsstruktur.

Energi-aspektet
Den overbevidste evolution er en halv udviklingsperiode længere fremme end den bevidste evolution, og er derfor påvirket af højere energier. I figur 4 ser du at de enkelte udviklingsperioder i udviklingscyklen 'indeholder' i alt 6 forskellige energier, der tilsammen udgør de *energimæssige forudsætninger,* som en periode har – og altså også de energier, som vi selv har til rådighed, når vi er i den pågældende periode.

Din dybeste livsmotivation kommer fra overbevidstheden eller højere bevidstheder
En anden interessant ting, som kan ses ved figur 4, er at de individer, som er meget fremskredne i deres udvikling (mindst en halv udviklingsperiode længere fremme), vil med deres bevidsthed have nået et stadie, der svarer til hvad mindre udviklede individer har nået – med deres *bevidsthed*!

Der er altså mennesker som har et bevidsthedsniveau, der svarer til overbevidsthedsniveauet hos andre mennesker. Derved kan disse fremskredne individer faktisk direkte *påvirke overbevidstheden hos de mindre fremskredne individer,* og på denne måde stimulere og motivere til vækst.

Eftersom et af hovedformålene ved den overbevidste evolution, er at fungere som det sted hvorfra den dybeste livsmotivation og livsvilje kommer fra, har dette nogle interessante perspektiver, som jeg kommer ind på i de følgende kapitler. Der skal du blandt andet se, at din dybeste og mest afgørende motivation for at ville leve og udvikle dig kommer fra din overbevidsthed, og altså også delvist fra de individer, som er i stand til at påvirke den *med deres bevidsthed*!

Det er derfor at højt udviklede væsner virker som magneter på andre væsner, der ikke er nået så langt i deres udvikling.

4. De personlige udviklingstilstande; sanseorganerne til den bevidste evolution
Sanseorganerne til den bevidste del af livet varetages af det jeg kalder "de personlige udviklingsstrukturer". Med ordet 'sanseorgan' mener jeg at det er disse udviklingsstrukturer, som er er helt afgørende for din bevidste interaktion med, og sansning af, livet.

Vores livsoplevelse bestemmes af 2 udviklingsstrukturer
Ligesom mennesket til enhver tid er påvirket af 2 udviklingsperioder, er det derfor også til enhver tid påvirket af 2 udviklingsstrukturer, en *aftagende* (knyttet til den aftagende udviklingsperiode) og en *tiltagende* (knyttet til den tiltagende udviklingsperiode). En af disse vil udgøre den *dominerende* udviklingsstruktur, mens den anden vil udgøre den *inferiøre* udviklingsstruktur. Lige nu gælder det for de fleste mennesker at den dominerende (men aftagende) udviklingsstruktur er ego-udviklingsstrukturen, mens den inferiøre (men tiltagende) er hjerte-udviklingsstrukturen. Sagt med andre ord, så er

vi domineret af egoets livssyn, men er alligevel allerede nu begyndt at opleve, at der er andre måder at opleve livet på.
Udviklingsstrukturerne sikrer at vi har netop *den* interaktion med livet, der er mest befordrende for vores udvikling. Udviklingsstrukturerne (i Ego perioden med dens egotilstande) står for det sprog, som livet skal oversættes til, for at vi kan forstå det.
Der er 7 udviklingsstrukturer med hver deres sprog, og lige nu er Ego periodens udviklingsstruktur, som sagt, særlig dominerende. Derfor er det sprog, som vi oplever kontakten til livet igennem, i høj grad "følelses-sproget". Dette sprog er det, som vi forstår, og det som vi taler lige nu – i modsætning til fremtiden, hvor andre "sprog" vil tage over. Allerede nu mærker vi faktisk det næste sprog – nemlig "hjertets sprog". Dette er ikke et følelsessprog, og Hjerte livsoplevelsen karakteriseres som sagt ved ikke at indeholde laget for underbevidstheden – det lag, der er dominerende i Ego livsoplevelsen.

Allerede nu er denne nye Hjerte livsoplevelse på vej ind i dit liv!

Ego udviklingsstrukturen
I bogen har vi set at Ego udviklingsperioden (og Ego udviklingsstrukturen) blev startet af en overbevidst energi.

Lad os se lidt på Ego udviklingsperioden som eksempel, da det er den mest relevante periode for de fleste mennesker. Denne udviklingsperiode blev skudt i gang da overbevidste høje Ego energier strømmede ned over vores væsen og blev en del af os. Denne egoenergi førte til 2 afgørende ting, som lagde grunden for hele dannelsen af underbevidstheden:
1) tilblivelsen af det jeg kalder *den eksistentielle ensomhed*, EE, som en afgørende energikilde bag hele ego udviklingen, og som det der står bag de sekundære strukturer i underbevidstheden (komplekser mm),
2) aktiveringen af *nye* livstema*er* (aktiveret af de nye overbevidste energier), som derved begyndte at sende nye livstema energier mod os.

Nye aktive livstemaer og en ny inderste energikilde (EE) er *netop det,* som vil motivere os til at søge 'højere former for liv' (i dette tilfælde var dette egoet) og dybere indsigt i os selv.

I denne udviklingsplan er der desuden taget højde for hvad der sker i det tilfælde, at vi ikke lader livstema energierne få en aktiv rolle i vores liv (hvilket de jo *skal* have), dvs. hvis livstemaerne blokeres af vores underbevidsthed/bevidsthed.

Da sker der nemlig 2 ting:
1) der skabes en mangel på indre balance (grundet blokeringen af livstema energien), som vi ikke kan leve med, en ubalance der karakteriseres ved en uoverensstemmelse

mellem den overbevidste vilje og vores bevidste 'livsførelse',
2) vi bringes tættere på EE, noget som vi i den grad heller ikke kan leve med (dels på grund af EE-smerten, og dels på grund af at kontakt med EE kan 'opløse' egoet, hvilket gør EE farligere *end noget andet* for egoet.

Begge ting bidrager til dannelsen af komplekser – *ubalancens 'repræsentant' i underbevidstheden* – som nok skal sørge for, at vi før eller siden får genoprettet balancen.

Ego tilstandene
Lad os se på ego udviklingsstrukturens tilstande. Ego periodens udviklingsstruktur består af en række tilstande, der fungerer som egoets (ego-bevidsthedens) vindue mod verden, og som giver egoet det, som der er brug for i dets (din) udvikling – og som ydermere tillader egoet at 'se' lige præcis det af verden, som det har brug for at se, og som det kan håndtere at se. Du kan se dem i figur 38. Overordnet set eksisterer der 3 tilstande: "Kompensation", 'Anti-kompensation', og "Vakuum" tilstandene.

Hver af disse tilstande er helt bogstaveligt som sin egen verden, med eget regelsæt, og med sin egen tilknyttede livsoplevelse og livsopfattelse – og dette skal forstås helt bogstaveligt. Fælles for dem er dog, at i alle tilstandene ønsker vi at opnå smertefrihed. De har blot hver deres metode til at nå til denne smertefrihed (og det er blandt andet det, som en eventuel terapi skal tage hensyn til. Det kan du læse mere om i appendix 4).

Ego tilstandene 'bestemmer' hvilke *energier* (eller *aspekter* af dig selv og livet) som du er i stand til at modtage, og det er disse energier, der kan fortælle præcis hvilken terapi (eller psykologisk metode) der vil virke for dig, og hvilken der absolut ikke vil virke. Hvis man derfor forstår at tyde et menneskes "energi-signatur", da ved man hvad det kan tage ind, samt hvad det umiddelbare udviklingsmål for dette menneske er.
De energier der er knyttet til den ego tilstand som du befinder dig i, er altså et udtryk for din evne til at have bevidst kontakt med livet og dig selv, og hvis en tilstand f.eks. er knyttet til meget lave Ego energier (f.eks. vakuum tilstanden), da er din evne for ego bevidsthed i denne tilstand stærkt reduceret. I dette tilfælde er den rigtige terapi en, som forsøger at *genoprette* ego integriteten (f.eks. 'nærværs terapi'), snarere end en som forudsætter at du allerede har et stærkt ego, der kan håndtere kontakt og konfrontation med smertefulde strukturer i din underbevidsthed.

Ego tilstandene og deres specifikke metode til at opnå frihed fra smerte
For hver tilstand er der som sagt knyttet en specifik *metode til vækst* (og til at blive smertefri). Der er groft sagt 3 metoder, 'følelsesløshed', 'anti-kompensation', og 'kompensation'. Vores mål er at nå til kompensationsmetoden, da det er den som tillader den største bevidste kontakt med livet og os selv.

Det er værd at bemærke, at det kun er ego tilstandene, som er opbygget på denne måde. Udviklingsstrukturen for både den forrige periode (Pre-ego perioden), og den som kommer efter (Hjerte perioden), er ikke bygget op på denne måde.

Ego periodens sprog er følelsessproget

Alle udviklingsperioder, og dermed alle udviklingsstrukturer, har deres eget helt specifikke sprog. Dette gælder selvfølgelig også for Ego perioden.

I samme grad som vi befinder os i Ego perioden, og derfor bevidsthedsmæssigt er identificeret med egoet, foregår vores oplevelse af livet via egoets sprog. Dette sprog er det, som vi traditionelt kalder *følelser*.

4. Livstemaer og livsfelter

To andre vigtige livsaspekter er det jeg kalder *livstemaerne* og det jeg kalder *livsfelterne*. Livstemaerne er de livslove som f.eks. sætter den tone i det *kollektive* underbevidste, som det *personlige* underbevidste samt bevidstheden må 'rette sig ind efter'. Livstemaernes rolle i vores udvikling lige nu, er således at sætte struktur på hele din personlige underbevidsthed, og således blandt andet definere hele din psykiske oplevelse af livet.

Livsfelterne er de *dimensioner i livet* som muliggør, at du dels kan interagere med det, dels udleve dig selv i det, og endelig gennem disse dimensioner komme i kontakt med andre individer, som er på samme sted i deres udvikling.

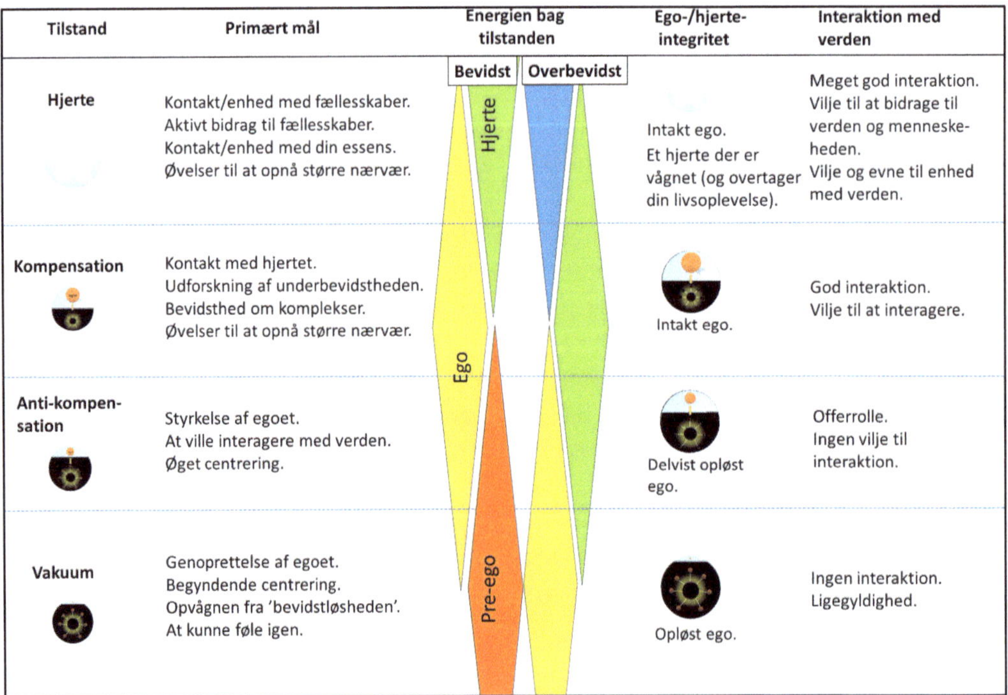

Tilstand	Primært mål	Energien bag tilstanden	Ego-/hjerte-integritet	Interaktion med verden
Hjerte	Kontakt/enhed med fællesskaber. Aktivt bidrag til fællesskaber. Kontakt/enhed med din essens. Øvelser til at opnå større nærvær.		Intakt ego. Et hjerte der er vågnet (og overtager din livsoplevelse).	Meget god interaktion. Vilje til at bidrage til verden og menneskeheden. Vilje og evne til enhed med verden.
Kompensation	Kontakt med hjertet. Udforskning af underbevidstheden. Bevidsthed om komplekser. Øvelser til at opnå større nærvær.		Intakt ego.	God interaktion. Vilje til at interagere.
Anti-kompensation	Styrkelse af egoet. At ville interagere med verden. Øget centrering.		Delvist opløst ego.	Offerrolle. Ingen vilje til interaktion.
Vakuum	Genoprettelse af egoet. Begyndende centrering. Opvågnen fra 'bevidstløsheden'. At kunne føle igen.		Opløst ego.	Ingen interaktion. Ligegyldighed.

Figur 38. Kendetegn ved ego tilstandene.

Livstemaerne

Som jeg beskrev foroven, findes overbevidstheden, underbevidstheden og bevidstheden i en kollektiv og en personlig form. I alle disse dele/former finder vi et utal af strukturer. En af de mest afgørende ting for vores udvikling, er altså det jeg kalder livstemaerne.

> ***Livstemaer**.*
> *De store livslove som ligger bag personligheden, bag egoet og højere bevidsthedsformer, og endda bag hele menneskehedens udvikling, manifesterer sig som livstemaerne. Det meste i dit liv handler dybest set om at forsøge at leve i overensstemmelse med disse temaer – og når det lykkes, bliver du altid lykkelig og oplever at dit liv nu giver mening.*

Livstemaerne hører til menneskehedens *kollektive* underbevidsthed, men den energi der kanaliseres igennem dem, er et udtryk for din *personlige* evne, til at kunne optage de overbevidste *kollektive* energier i din *personlige* overbevidsthed. Livstemaerne modtager altså energi fra din *personlige overbevidsthed* og giver den videre til din *personlige underbevidsthed* (som en livstema energi), hvor den vil starte en interaktion med dine strukturer i denne del af din person (såsom komplekser). Efter på denne måde at være 'siet gennem de underbevidste strukturer', vil energien sluttelig nå din bevidsthed som en følelse/oplevelse/stemning/mm. Der ligger derved en masse bag det du oplever som en følelse.

Livstemaerne eksisterer altså i den *kollektive* underbevidsthed, og derfor påvirker de alle mennesker. De kan være latente eller aktive. De aktiveres af overbevidste energier. Deres funktion er at kanalisere disse overbevidste energier ind i nogle temaer, der passer til den udviklingsperiode, som du befinder dig i, og som bedst hjælper dig igennem den. Deres påvirkning af dig er så stærk, at du *aldrig* har et valg overfor dem, ment på den måde, at du ganske enkelt bliver nødt til at give dem en aktiv rolle i dit liv. Det er nærmest som om du er oppe imod en urkraft. Alle livstemaer er lovmæssigheder. Hvis du ikke formår at give dem et udtryk i dit liv, da vil dette altid føre til en følelse af manglende livsmening, og ikke sjældent til fortrængning og skabelsen af komplekser. Faktisk gælder det, at alle dine komplekser i dit underbevidste, *uden undtagelse,* kommer fra en konflikt med et af dine aktive livstemaer. Omvendt gælder det også, at når et aktivt livstema får en rolle i dit liv, da er konsekvensen altid, *uden undtagelse*, en følelse af mening og glæde.

Forskellige livstemaer er aktive i forskellige udviklingsperioder, men det gælder også at de *samme livstemaer* kan aktiveres af *forskellige typer* af energier, og således kan det samme tema manifestere sig på forskellige måder. F.eks. er der flere eksempler på at både (den overbevidste) Ego og Hjerte energi kan aktivere det samme livstema, hvilket vil føre til forskellige udtryk. Vi ser det med det religiøse livstema. Dette tema vil nemlig når det aktiveres af Ego energien manifestere et tema, der vil involvere en bekræftelse af egoet, hvorimod det samme livstema, aktiveret af Hjerte energien, vil manifestere et tema, der går ud på at søge en mening med livet, en mening der går ud over egoets forherligelse, og snarere involverer andre mennesker.

Når livstemaloven brydes, spaltes bevidstheder fra
Konflikt med et livstema leder til dannelse af komplekser i underbevidstheden. Alle komplekser er skabt på grund af en konflikt med et livstema. Denne konflikt ledte til fraspaltningen af en bevidsthed ned i underbevidstheden, hvor den kom til at udgøre kimen til et kompleks. Alle komplekser er således kommet til veje fordi en livstema energi ikke formåede at få en rolle i vores bevidsthedsliv!

I Ego perioden er vi derfor gjort op af en central bevidsthed, samt en række af fraspaltede bevidstheder, som vi kontinuerligt forsøger at 'hente hjem' igen. Dette er i den grad et centralt tema for denne periode i vores udvikling.
Der hvor vi er i vores udvikling er der overordnet set to livstemaer, som er helt afgørende. Det er "Individualitetstemaet" og "enhedstemaet". Det første tema får sin energi fra de overbevidste Ego energier, og det andet tema fra overbevidste Hjerte energier.

Individualitetsloven, som er knyttet til "individualitetslivstemaet", oplever et vældigt energiboost i starten af Ego perioden, og det er faktisk så kraftigt, at det bliver den altdominerende lov i første halvdel af Ego perioden.

I Ego perioden er du på en evig jagt
efter brudstykker af dig selv,
som du både skal hente hjem,
samt tilgive dig selv for
at du en gang vendte ryggen til

Ego perioden starter med en indvielse, hvor individet oplever det første møde med egobevidstheden, en helt ny måde at opleve livet på, og kombineret med de stærke overbevidste høje Ego energier er det startskuddet til det nye livstema, "individualitetstemaet", eller "individualitets" *livsloven.*

Da man på det tidspunkt naturligvis kun lige er begyndt at opdage din egen individualitet, er man rigtig langt fra at opleve sin fulde individualitet, og altså langt fra at kunne efterleve denne individualitetslov. Denne konflikt mellem din oplevelse af, at der eksisterer en måde at være et individuelt væsen på, og din manglende evne til at realisere denne individualitet, vil manifestere sig i en dyb og grundlæggende meningsløshed og ensomhedsfølelse (som jeg altså kalder EE, eller Ego-EE). Således opstår den EE, der vil følge dig gennem hele Ego perioden, og særlig dens første halvdel (i den sidste halvdel vil den mere og mere blive erstattet af Hjerte-EE).

"Enhedsloven" knytter sig til "fællesskab" livstemaet. Det handler om *enhed med menneskeheden,* og denne lov/dette tema vil også begynde at manifestere sig fra starten af Ego perioden grundet at overbevidstheden også gennemgår en indvielse på dette tidspunkt, hvorved enhedsoplevelsen opstår i din personlige overbevidsthed. En bevidst efterlevelse af enhedsloven kræver dog et selvbevidst individualiseret væsen, og i starten af Ego perioden er du jo langt fra dette. I takt med at det selvbevidste væsen opstår, da begynder enhedsloven at så småt at blive aktiveret. Særlig aktivt er det dog først i sidste halvdel af Ego perioden.

Den sidste halvdel af Ego perioden er også første halvdel af Hjerte perioden, og ligesom det skete for Ego perioden, vil hjerteindvielsen manifestere sig i en dyb og grundlæggende meningsløshed og ensomhedsfølelse, en ny og 'højere' version af EE (Hjerte-EE), idet ensomheden nu ikke så meget handler om en ensomhed møntet på dig selv, men om en ensomhed i forhold til menneskeheden. Mange mennesker oplever lige nu denne higen efter at være i balance med enhedsloven.

Der er mange livslove. Hvis alle disse love definerer dit verdensbillede og oplevelse af livet, tænk da over hvad der sker hvis de ændres. Da ændres hele din verden! Andet er ikke muligt. Det er præcis det som sker, når vi når til den livsoplevelse, der følger efter egoets.

Når vi forbryder os mod en af disse livslove, da initieres (i Ego perioden) ofte en fortrængning af bevidstheden om dette, bevidstheden om vores mangel på selvværd *grundet lovbruddet*, og således eksisterer der inde i ethvert kompleks en fraspaltet bevidsthed – om et lovbrud, samt om det efterfølgende tab af selvværd.

Når denne fraspaltede bevidsthed er blevet en del af underbevidstheden, da vil den starte en lovmæssig interaktion med livet gennem projektioner som vil 1) holde dig fokuseret på det som ligger til grund for det hele – en manglende forudsætning for at kunne overholde loven, og 2) helt konkret tiltrække livssituationer, der vil udfordre denne manglende forudsætning.

Således vil en manglende forudsætning (som du har brug for at erhverve dig i din udvikling) igangsætte en proces hvor den ved hjælp af underbevidstheden vil føre til konkrete ændringer i dit liv, som vil hjælpe dig videre på din udviklingsvej – i dette tilfælde mod et sted, hvor du ikke længere har denne mangel.

Hvis vi til slut ser på vores udvikling gennem de store udviklingsperioder, og sammenholder dette med livstemaerne, da kan man sige at i Rod og Pre-ego perioderne er instinkterne den afgørende energi kilde til vores liv. De er dog underordnet de store livstemaer, og instinkterne 'styrer os' altså i overensstemmelse med disse temaer, der er helt afpasset efter hvad vi kunne kalde den 'instinktuelle bevidsthed'.

I Ego perioden kommer vi tættere på nye temaer, og i Ego livsoplevelsen kanaliseres disse livstema energier gennem det underbevidste (og nu ikke bare gennem instinkterne) før de når os. Vi forsøger i denne periode, som i andre perioder, at leve i overensstemmelse med livstemaerne på bedst mulige måde. Egoet har det ofte med at 'råbe højst', men den stærkeste kraft kommer nu alligevel fra livstemaerne og deres energier.
Når vi går fra Pre-ego perioden (hvor livstemaerne overvejende når os gennem instinkterne og 'pre-komplekserne'), til Ego perioden, er vi derved *bevidsthedsmæssigt* kommet tættere på livstemaerne, idet der er mere bevidsthed forbundet med egoet end med Pre-egoet.

Går vi nu videre til Hjerte livsoplevelsen, da gælder det at denne livsoplevelse ikke indeholder laget for det underbevidste. Livstemaerne kan således mere direkte kontakte laget for bevidsthed (med de personlige udviklingsstrukturer). Med Hjerte livsoplevelsen indgår altså livstemaerne, som en langt mere 'levende' del. Man kan sige, at du nu evner at forvalte de store livslove på en mere bevidst måde. Du er tildeles bevidst om den kraft som de indeholder, og om hvad de står for. Du mærker den vilje der ligger bag disse love, og i større grad end i tidligere perioder, bliver det til din egen vilje. En ganske utrolig oplevelse! Du fornemmer således ikke blot din egen retning i livet, *men hele menneskehedens retning,* og du fornemmer i særdeleshed 'spillereglerne' for den rejse som menneskeheden er på. Denne oplevelse indgyder dig en samhørighedsfølelse med menneskeheden, og oven i dette fornemmer du altså den store vilje bag hele denne udvikling, den vilje som kommer fra overbevidstheden, en udvikling hvoraf du selv er en del. Dette påvirker tydeligt din egen vilje til fremdrift, og til at gøre en positiv forskel for menneskeheden. Det er denne livsoplevelse, som er dit næste store evolutionsmål!

Når du behersker Hjerte livsoplevelsen fuldt ud, da er du ikke længere under indflydelse af ego og hjerte livstemaerne, og på det tidspunkt vil du være klar til at forsætte din udvikling andre steder end på denne klode, og klar til at leve dit liv i andre livsfelter.

Livsfelterne
Livsfelterne er også en central del af mit verdensbillede. Der er i alt 7 livsfelter. Hver af dem er knyttet til sin egen udviklingsperiode, udviklingsstruktur og livsoplevelse. Livsfelterne hører under den kategori jeg kalder *livskar*. De er nemlig som et kar, der defineres *ud fra det indhold som de fyldes op med*, et indhold der udgøres af livsoplevelser. Der er adskillige livskar som jeg fortæller om senere.

Livsfelternes rolle er f.eks. at formidle kontakt mellem de bevidstheder, som oplever livet via den type livsoplevelse, som passer til livsfeltet. Afhængigt af hvor du er i din udvikling kan du både skabe og modtage i livsfelterne. De fleste mennesker er optaget af ego udviklingsstrukturen, og har derfor adgang til det psykiske livsfelt. Dette livsfelt kan ses som en ikke-fysisk 'kommunikations dimension'. Når nogle tænker på dig så påvirker det dig, og det du selv tænker bliver en del af dette psykiske felt, og kan påvirke mennesker, som har adgang til det. Dette gælder alle mennesker, uanset hvor de befinder sig.

Livsfelterne er som nogle nervebaner, der repræsenter 7 forskellige dimensioner af livet, hver knyttet til sin egen udviklingsperiode.

Livsfelterne er det, der binder os sammen til en enhed. De er som vores nervebaner, og de findes i forskellige varianter, repræsenterende forskellige dimensioner af vores væsen og livet.

Livsfelterne og skabelse
Jo mere ego-bevidst du bliver, jo mere indflydelse har du på det psykiske livsfelt. Det som skaber den oplevelse vi kalder tanker og følelser er Ego livsoplevelsen. Denne Ego livsoplevelse vil lagre sig i det psykiske felt, og derigennem få indflydelse på alle andre menneskers Ego livsoplevelse – særlig når der er affinitet mellem deres og din Ego livsoplevelse.

Med vores livsoplevelse påvirker vi altså andre menneskers livsoplevelse gennem det livsfelt, der 'passer' til livsoplevelsen.

Det er ikke muligt at være i kontakt med noget, uden at påvirke dette 'noget'. Når du således sanser et livsfelt *via din livsoplevelse*, da påvirker du det, da ændrer du det, da skaber du i det, og da ændrer du alle væsner, som har kontakt med det.

Det som du manifesterer i den fysiske livsfelt, er din fysiske krop – og den del af din livsoplevelse, der har at gøre med denne dimension. Det som du manifesterer i det psykiske livsfelt, er dine tanker og følelser, *via din Ego livsoplevelse* – lige fra de primitive følelser, der ligger lige over instinkt niveauet, til de høje tanker/følelser, der er startet med at blive influeret af hjertet.

Din fysiske manifestation påvirker andre fysiske væsener, samt den fysiske dimension. Din psykiske manifestation påvirker andre menneskers følelser og tanker, samt selve det psykiske livsfelt – og sådan forsætter det.

Hjertet og dets livsfelt
I Hjerte perioden evner vi Hjerte livsoplevelsen. Dette muliggør det jeg kalder *'åndelig' manifestation*, altså en manifestation i hjertelivsfeltet, *med vores bevidsthed*, samt i GD-1 livsfeltet med vores overbevidsthed.
I Hjerte perioden har vi været gennem den fysiske manifestation via vores krop, den psykiske manifestation via vores psyke/ego, og nu kommer altså den 'åndelige'

manifestation via Hjerte livsoplevelsen. Hjertets livsfelt knytter sig, som sagt, særlig meget til Hjerte livsoplevelsen (og altså til mennesker i Hjerte udviklingsperioden), og er blandt andet stedet hvor vores enhedsoplevelse lagrer sig. Det er også i dette felt at den lykkefølelse, som opstår ud af et intenst nærvær i livet (blandt andet grundet fraværet af underbevidstheden), lagrer sig.

Der er nye livstemaer knyttet til Hjerte livsoplevelsen (ligesom det er tilfældet for alle livsoplevelser), og de hjælper blandt andet til at oplevelser inden for deres 'domæne' lagres i det livsfelt de er knyttet til.

Hjerte livsoplevelsen vil manifesterer sig, lagre sig, i hjertets livsfelt, og der vil det nå ud til alle andre væsener, som formår at være i kontakt med dette livsfelt. To ting afgør styrken af denne kontakt; dels hvor meget bevidsthed der er forbundet med din Hjerte livsoplevelse (i starten af Hjerte perioden, er kun en lille del af din samlede aktuelle bevidsthed knyttet til Hjerte livsoplevelsen), og dels hvor meget det påvirkede væsen er i kontakt med hjerte livsfeltet. Dem som har mest affinitet til din Hjerte livsoplevelse vil påvirkes mest af den. Dem som er over den vil ikke påvirkes. Din påvirkning er således altid mest rettet mod væsener på samme niveau, og dernæst via 'efterdønninger', væsener på lavere niveauer.

På denne måde manifesterer vi os altså i de forskellige livsfelter, via vores forskellige livsoplevelser, og fylder livsfelterne med det liv som kommer til at udgøre deres essens, og det som de vil påvirke alle mennesker med.

5. Bevidsthedsudvikling - forandringen af livsoplevelsen

At udvikles er at forandres. Selve forandringsprocessen hvor din bevidsthed udvikles *irreversibelt* er en ganske forunderlig proces, som afspejler mange af de fundamentale ting ved udvikling, samt intentionen bag den.

I bogen har du set, at processen der leder til forandringen af din bevidsthed, nøje følger et bestemt hændelsesforløb. Dette er: overbevidst energi påvirkning → higen og resonans aktivering af din bevidsthed → ny-bevidsthed (en ny erkendelse af et nyt livsforhold) → bevidst udlevelse → forankring af den nye bevidsthed → forandring af din bevidsthed.

Det gælder altså at før *forandring* af dit væsen kan ske, må først *forankringen* af en ny-bevidsthed finde sted, og at denne forankring kræver *udlevelse* i livet - af din *oplevelse* af livet - og af dine indsigter og erkendelser. Sluttelig vil forandringen føre til en ny oplevelse af livet – en ny *livsoplevelse* – hvilket jo var meningen med hele processen.
At udvikle sig er altså at lære at *opleve* livet på en anden måde. En ny (og mere udviklet) oplevelse af livet er således en naturlig konsekvens af en foregående forandring af dit væsen (her snakker jeg om en *permanent* ændret oplevelse af livet).

Udvikling følges til enhver tid
af en ændret måde
at opleve livet på.

Det handler altså dybest set om livsoplevelsen, og om at nå dertil hvor livsoplevelsen ændrer sig til at kunne indeholde stadig højere aspekter af livet og dig selv.

> ***Bevidsthed***
> *Bevidsthed er en livskraft der går igen i alle udviklingsperioder. Kort sagt er bevidsthed at lære at skelne dig selv fra det livsfelt, der er knyttet til den livsperiode, som du befinder dig i. Forskellige livsfelter giver ordet "bevidsthed" helt forskellige betydninger, men princippet, og kraften, bag, er den samme.*

Menneskeheden – og dermed dig selv - står foran en bevidsthedsforandring, som er svær at fatte, men som ikke desto mindre vil være en realitet i en ikke så fjern fremtid – og som en hel del mennesker faktisk oplever allerede nu. Men for at vi alle kan nå dertil, befinder menneskeheden sig i en kæmpe udrenselsesproces af det lavere ego, og den livsoplevelse som det repræsenterer.

Udfordringen for os handler altså om en 'opvågnen' til en *ny måde at opleve livet på*, en opvågnen, som er noget du lige nu godt kan begynde at stræbe efter, og arbejde imod. Det jeg forsøger at give videre til dig er, at det er et ganske realistisk mål at sætte for dit eget liv. Målet er at nå til at evne en helt ny livsoplevelse, der i den grad rækker ud over Ego livsoplevelsen!

6. PART-3 - Livsoplevelser og menneskehedens bevidsthedsnetværk

Lad mig til slut i denne opsummering give dig en lille introduktion til Part-3 af bogen. Denne del af bogen vil have fokus på livsoplevelsen, og det jeg kalder menneskehedens bevidsthedsnetværk. Begge ting er i den grad et meget centralt aspekt i det verdensbillede, som jeg forsøgt at give videre til dig, så her følger lidt om hvad du har i vente I resten af bogen.

Den bevidste og overbevidste livsoplevelse

Livsoplevelser eksisterer i både en bevidst og en overbevidst form. Lad os se lidt på den overbevidste form.

Overbevidstheden består af en kollektiv og personlig del. I den *personlige* del af dit overbevidste finder vi de sanseorganer, der optager energier fra det *kollektive* overbevidste. De fungerer ved at optage 'energi' fra den *kollektive* del af det overbevidste. Hvilke sanseorganer *der er aktive* i at modtage de overbevidste energier, afhænger af dit udviklingsniveau. I Ego perioden er nogle sanseorganer aktive, mens andre sanseorganer er aktive i Hjerte perioden.

Derudover har du set, at i løbet af din udvikling vil de samme sanseorganer optage højere og højere former af 'den samme' energi, inden for en udviklingsperiode. Det mest aktive sanseorgan (eller den energi som optages fra det kollektive overbevidste) er altid en halv udviklingsperiode 'foran' det niveau, som vores bevidsthed befinder sig på. Eftersom de fleste mennesker lige nu befinder sig i Ego/Hjerte udviklingsperioden er de aktive sanseorganer lige nu høj-ego, hjerte og GD-1 organerne.

> ***Livsoplevelsen***
> *Livsoplevelsen beskriver vores måde at opleve livet på. Der er 7 forskellige livsoplevelser som består af 3-7 bevidsthedslag. Dybest set er de alle Kildens manifestation i et sprog der passer til vores udviklingsniveau, det sprog der altså knytter sig til den udviklingsperiode vi befinder os i.*

Når energier fra det *kollektive* overbevidste optages gennem dine sanseorganer, og bliver en del af dit *personlige* overbevidste, manifesterer det sig i en *livsoplevelse i overbevidstheden*. På samme måde vil din interaktion med den bevidste evolution manifestere sig i en *livsoplevelse i din bevidsthed*. En afgørende forskel mellem de 2 livsoplevelser er, at de livsoplevelser som overbevidstheden evner, som sagt, altid er op til en halv udviklingsperiode længere fremme end dem, som vi evner med vores bevidsthed – og det er altså fordi den overbevidste evolution er en halv udviklingsperiode længere fremme.

Således kan man sige, at vi faktisk alle sammen allerede nu evner, i en 'højere' del af os (i overbevidstheden), det som vi med bevidstheden udvikler os imod og higer efter, nemlig en 'højere' livsoplevelse.

En livsoplevelse består af 'lag'

At udvikle sig er at kunne rumme en ny livsoplevelse. Livsoplevelsen, din evne til at opleve livet, er altså noget helt centralt i din udvikling, og igennem alle udviklingsperioderne er det denne evne, som udvikles til at kunne rumme stadig højere aspekter af livet.

I kapitlet om livsoplevelsen vil jeg beskrive livsoplevelsen i alle udviklingsperioderne. Du skal se, at den kan bestå af 3-7 bevidsthedslag, og at den livsoplevelse som dominerer dig lige nu, består af 7 lag. Af disse lag kender du det lag som huser din aktuelle bevidsthed, og det lag som psykologien karakteriserer som det underbevidste lag, men der er altså 5 lag mere, som alle er en del i *alt* hvad du lige nu oplever, enhver glæde, enhver smerte, enhver angst, enhver lykkefølelse, og i det hele taget enhver følelse!
Som eksempel på en livsoplevelse kan vi se på Ego livsoplevelsen. Den består af 7 lag. Lag nummer 6 er der hvor vi finder din egobevidsthed, og lag nummer 5 er fokus for den analytiske psykologi, nemlig din personlige underbevidsthed. Lag nummer 4 er det kollektive underbevidste, som særlig Jung startede med at beskrive. Men foruden de 3

lag jeg nu har nævnt, er der 4 lag mere, og alle 7 lag er med i *hver eneste* af egoets livsoplevelser, i hver eneste følelse du oplever, lige fra dem du synes er "ligegyldige" til dem der synes vigtigere og dybere, og selvom du har mest kontakt med de yderste lag, da er det faktisk muligt at få begrænset kontakt med de indre lag. I Part 3 vil beskrive alle de 7 livsoplevelser.

Livsoplevelsen og livsfelter
Jeg vil også vise dig, at det netop er livsoplevelsen som giver dig bevidsthedsmæssig adgang til det jeg kalder de 7 *livsfelter* (eller dimensioner) – og adgang til dine *medmennesker* via livsfelterne. Det er livsoplevelsen som 'bestemmer' hvilke *sanseplaner, eller livsfelter,* som du har adgang til, og det er livsoplevelsen der har med *manifestation og skabelse* at gøre i de forskellige livsdimensioner – dvs. også din påvirkning af disse dimensioner.

Livsoplevelsen og netværket
Via livsoplevelsen er vi forbundet til alle andre mennesker i et utroligt netværk hvori vi alle er i færd med at udvikle os. Jeg vil i Part 3 beskrive dette netværk, og hvad det er som holder os sammen i det, og på hvilken måde vi er afhængige af hinanden for at kunne udvikle os. Mit håb er, foruden at vise dig denne fascinerende del af livet, også at forøge ansvarsfølelsen i dig, over for dig selv og over for dine medmennesker.

Ligesom du selv, er nemlig også dine medmennesker påvirkede af hvordan du lever dit liv. Hverken dine tanker eller dine handlinger "er toldfrie", og i alt hvad du foretager dig, indgår du i et levende bevidsthedsnetværk, der indeholder alle levende væsener.

Dette netværk, og bindingerne i det, involverer alt det som du er gjort op af. Således skal vi se, at der udgår bindinger fra både de kollektive og personlige dele af din overbevidsthed/underbevidsthed/bevidsthed til andre individer. Alt i alt giver det et komplekst og, som sagt, fascinerende netværk – hvis formål det er at sikre ikke bare din, men hele menneskehedens udvikling.

Man kan faktisk sige at menneskeheden er en 'struktur' bestående af individer, der er bundet sammen i et kæmpe netværk. De enkelte individer har brug for dette netværk for at kunne udvikle sig, og har samtidig mere og mere brug for at være i bevidst kontakt med det, for at føle at livet giver mening (denne bevidste kontakt er formålet med Hjerte udviklingsperioden).

7. Afsluttende kommentarer
Denne opsummering har vist dig et verdensbillede som består af 2 evolutions cykler, 14 energier, 7 Livsfelter, 7 typer af livsoplevelser med 3-7 lag (i alt 39 Lag, hvoraf ingen er helt identiske), en kollektiv og personlig overbevidsthed, en kollektiv og personlig bevidsthed, en kollektiv og personlig underbevidsthed, utallige livstemaer, 7

overbevidste og bevidste sanseorganer, 7 personlige udviklingsstrukturer med hver deres unikke struktur og 'love' og formål!

Konsekvensen af alt dette er en udvikling af os som individer, en bevidsthedsudvikling, og en udvikling af vores livsoplevelse – og dette skal som sagt være fokus for Part 3 i bogen.

Part 3 vil vise dig noget ganske forunderligt, nemlig at alle de forskellige livsaspekter er indeholdt i vores livsoplevelse. Instinkter, livstema energier, underbevidsthed, bevidsthed og overbevidsthed, livsfelter. Det hele er der, og er f.eks. en del af alt hvad du *føler*. Det kunne være når du kigger på et andet menneske og føler glæde, når du går ude i naturen og føler tilfredshed, når du føler sorg, når du oplever at livet giver mening, når du griner, når du græder, osv. Måden disse aspekter blandes sammen på, og hvor meget de er repræsenteret i en *bevidst* oplevelse, ændrer sig i løbet af vores udvikling, og manifesterer sig overordnet set i 7 kategorier – kaldet 'de 7 livsoplevelser'.

Hele vores udviklingscyklus handler om disse livsoplevelser, om at udvikle vores evne til at 'kunne indeholde' dem. Alt i vores udvikling handler om at integrere den nuværende livsoplevelse, og gøre os rede til den næste. De er, som vi har set det, vores sanseorganer til selve livet!

PART 3 – MENNESKET OG KOSMOS

- om at vågne op til en ny virkelighed –

Livsoplevelser er måden hvorpå den indre kilde
manifesterer sig på - til os,
så vi flytter os fremad
i vores udvikling

13. LIVSOPLEVELSEN I UDVIKLINGSPERIODERNE

1. Introduktion

Ophavet til vores alles eksistens, og det der ligger til grund for den, formår at manifestere sig for os på en måde, så det øger vores bevidsthedsudvikling hen imod det stadie hvor vi formår at skabe en direkte og bevidst kontakt til dette ophav, denne kilde til vores liv.

Måden Kilden formår at manifestere sig på, er via det jeg kalder *livsoplevelser*.

Livsoplevelser er meget forskellige i de forskellige udviklingsperioder. Som du har set, da gælder det at i egoudviklingsperioden er liveoplevelser f.eks. overvejende gjort op af det vi kalder 'følelser', mens i hjertets udviklingsperiode er livsoplevelsen en ganske anden, og er f.eks. helt 'renset for' vores personlige underbevidsthed.

I dette kapitel skal det handle om livsoplevelsen i de forskellige udviklingsperioder. Som du skal se om lidt, er det faktisk muligt at beskrive denne oplevelse ret præcist, og i det efterfølgende vil jeg fokusere på, at netop vores livsoplevelse er fundamentet for hele vores bevidsthedsudvikling, og kilden til forandring.

Man kan sige at vi styres frem gennem livsoplevelse efter livsoplevelse af de 2 evolutionsprocesser. Formålet med disse processer er således at udvikle vores evne til *livsoplevelse,* hvilket kontinuerligt vil lede til ny *skabelse* og *manifestation*, og på denne måde påvirke ikke bare os selv, men også det liv, som vi udlever os selv i.

Formålet med evolutionsprocesserne
er at føre til ny livsoplevelse,
og ny livsudlevelse

Lad det dog være sagt allerede nu, at selvom jeg forneden vil fortælle om Ego livsoplevelsen, Hjerte livsoplevelsen, osv., da er *din samlede livsoplevelse* en blanding af begge disse livsoplevelser, og udviklingen fra egobevidsthed til hjertebevidsthed er naturligvis en flydende overgang fra det ene til det andet.

Der er 7 forskellige livsoplevelser i en udviklingscyklus, en til hver af udviklingsperioderne. I de 3 første perioder er livsoplevelsen delt op i 7 bevidsthedslag. I Hjerte perioden sker der dog noget; der bliver et lag mindre. I de sidste 3 udviklingsperioder bliver der desuden et bevidsthedslag mindre for hver udviklingsperiode, idet det integreres med et andet – og man kan sige at vi kommer et lag tættere på kilden for hver periode (Figur 39).

For mennesket (dem som er trådt ind i Hjerte perioden) er der derfor 2 livsoplevelser tilgængelige, en bestående af 7 lag og domineret af egoet, og en som består af 6 lag, domineret af hjertet. I glimt kan man endda opleve endnu højere livsoplevelser (og dermed højere tilværelses planer), hvilket kan være en stor oplevelse, selvom det kun er en kortvarig oplevelse.

De forskellige livsoplevelser adskiller sig fra hinanden både med hensyn til antallet af lag som de indeholder, og med hensyn til kvaliteten af lagene. I figur 39 er det f.eks. vist hvordan nogle typer af lag ikke er med i livsoplevelsen for den næste periode. Det gælder som sagt f.eks. laget der huser det underbevidste. Dette lag er med i Ego livsoplevelsen, men ikke i Hjerte livsoplevelsen. I GD-1 perioden er ydermere laget for det kollektive underbevidste væk.
Derudover skal vi se, at selvom de samme lag er til stede i to forskellige udviklingsperioder, da er de kvalitetsmæssigt forskellige. Således er laget for det kollektive underbevidste til stede i både Ego og Hjerte livsoplevelsen, men det indeholder forskellige livstemaer, eller de samme livstemaer aktiveret med forskellige

energier (i dette tilfælde af en Hjerte energi eller en GD1 energi). Endelig viser figuren hvilke lag vi er i *bevidst* kontakt med. I Ego livsoplevelsen kan der være bevidsthed om komplekserne (selvom mange dog ikke er bevidste, særlig i første halvdel af denne periode), mens i Hjerte livsoplevelsen kan der indgå en begrænset bevidst oplevelse af livstemaerne (nogle af dem) og med selve formålet med dem.

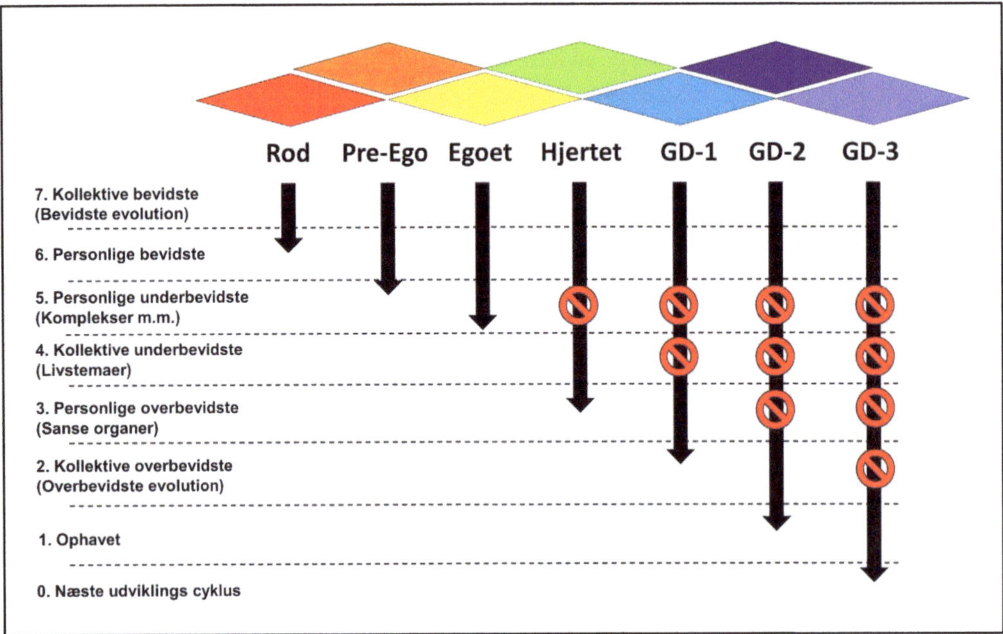

Figur. 39. En oversigt over lagene i de forskellige livsoplevelser.
Pilene viser hvad vi er i bevidst kontakt med. Det ses også at hjertet ikke har laget "det personlige underbevidste", og ligeledes at de efterfølgende udviklingsperioder mangler visse lag. I teksten forneden kan vi desuden læse at de lag som er fælles mellem de forskellige livsoplevelser, dog er ganske forskellige *i deres indhold*. Således er livstemaerne i laget "det kollektive underbevidste" forskellige i ego og hjerte perioderne, og ordet 'bevidst' betyder noget forskelligt i de forskellige perioder.

Der er altså afgørende forskel mellem livsoplevelserne med hensyn til antal lag og kvaliteten af lagene, og i det følgende skal du høre mere om de forskellige måder at opleve livet på.

2. Livsoplevelsen før egoet

Vi starter med de 2 livsoplevelser før Ego perioden. Det er Rod periodens og Pre-ego periodens livsoplevelse.

Livsoplevelsen i Rod perioden

Inden vi udviklingsmæssigt når til Ego livsoplevelsen, der jo kendetegnes ved *følelser*, da har vi været gennem to foregående udviklingsperioder, Rod og Pre-ego perioderne.

I disse perioder er livsoplevelsen en oplevelse bestående af 7 bevidsthedslag. Det som dominerer livsoplevelsen i disse perioder, er som altid laget med udviklingsstrukturen, samt det underliggende lag, som her er fyldt med symboler for instinkterne (Figur 40). I Rod perioden er der tale om de mest 'primitive' instinkter, som vi vil opleve i denne udviklingscyklus (men instinkter som dog er helt afgørende for individets overlevelse). Det er overlevelsesinstinkterne, kombineret med en primitiv evne til at sanse behag og ubehag – men altså på en måde, hvor der ikke er bevidsthed med i oplevelsen (bevidsthed som vi forstår den i den periode, som vi befinder os nu).

Alle de andre lag er også en del af livsoplevelsen, men mere som en *urkraft,* der leverer energien til overlevelsesinstinktet. De overbevidste sanseorganer optager overvejende Pre-ego energier, med hvilke de beliver livstemaerne til at stimulere til vækst henimod større sansning af verden.

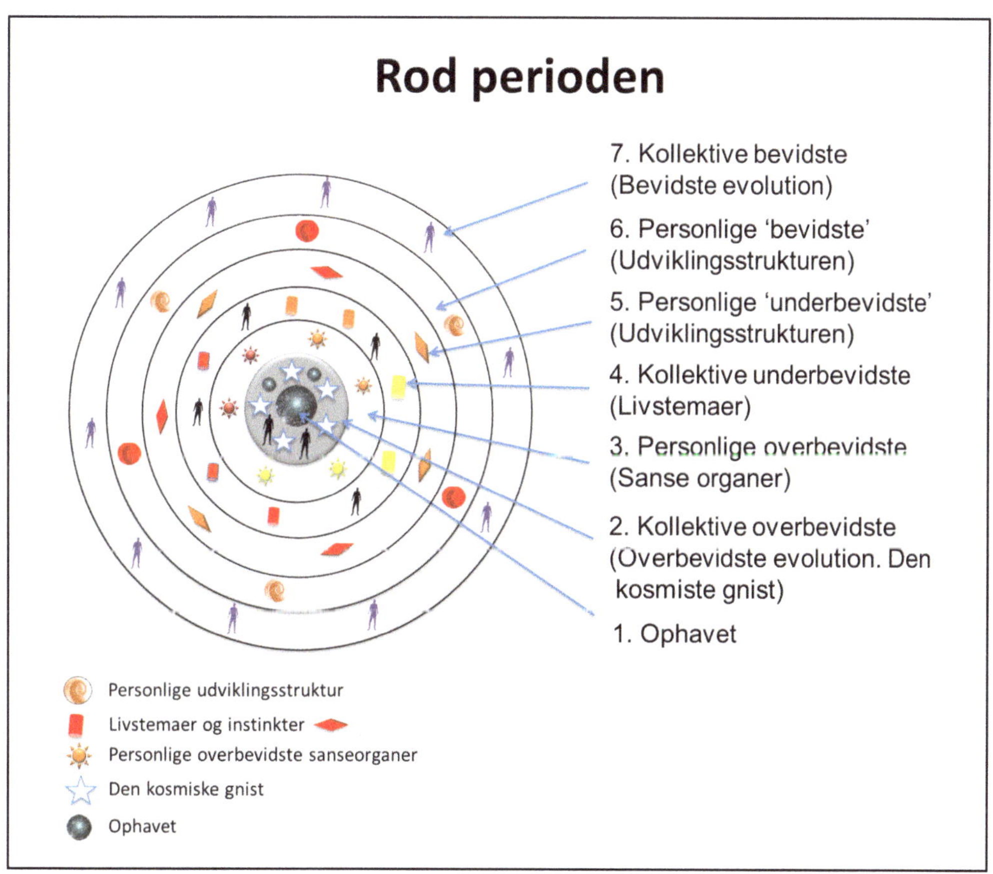

Figur 40. Livsoplevelsen i Rod udviklingsperioden.
De 7 lag i Rod livsoplevelsen. Hver af lagene er repræsenteret af instinkter, livstemaer, følelser, og sanseorganer vist med forskellige symboler, hvis farve viser hvilken type energi der driver dem. I denne oplevelse er der ikke en bevidsthed og en underbevidsthed som vi kender den, men *princippet* er til stede.

De livstemaer som er aktive, er blandt andet dem, der står for en primitiv gruppebevidsthed og samvær med andre væsener (og som sagt, i forhold til den bevidsthed vi lige nu besidder, kunne man også kalde det gruppe-*ubevidsthed*). Alt dette vises med farverne på livstema eller sanseorgan symbolerne (orange er Pre-ego, gul er ego, og rød er rod, og symbolerne tager farve efter den energi de er belivet af).

Udviklingsstrukturen er rød og orange, indikerende at den har til formål at udvikle vores 'bevidste' attitude til verden og livet til et niveau, hvor den er klar til at rumme de orange Pre-ego energier, men at det sker via den røde energi.

Udviklingsstrukturen er fokuseret på vores fysiske manifestation og interaktion med den fysiske dimension. Ligesom senere udviklingsstrukturer har med f.eks. sindstilstande (i egoets udviklingsperiode) at gøre, kan man sige at Rod periodens udviklingsstruktur har med fysiske tilstande at gøre – med det formål at udvikle vores evne til at interagere med den fysiske dimension.

Livsoplevelsen i Pre-ego perioden
Den næste livsoplevelse finder vi i Pre-ego udviklingsperioden. Denne er vist i figur 41. Igen er oplevelsen domineret af instinkter, men nu af en anden farve fordi det er en anden og mere udviklet form for instinkter. Desuden kan vi se, at den personlige udviklingsstruktur er rød, orange og gul, fordi den skal hjælpe os til at blive klar til at Ego perioden (symboliseret med den gule farve).

Ligesom udviklingsstrukturen i Ego perioden består af sindstilstande, består udviklingsstrukturen i Pre-ego perioden blandt andet af mere og mere udviklede gruppe-samværs-tilstande. Således er en af de nye ting i denne periode (i modsætning til Rod perioden), at bevidstheden så småt begynder at vågne, en bevidsthed der begynder at minde om den vi selv kender til.

Skabelsen af pre-komplekserne.

I Pre-ego perioden skabes de første anlæg.
De er fundamentet til det som i den næste periode
kendes som underbevidsthedens komplekser.
Disse anlæg kaldes pre-komplekserne.

Komplekserne spiller en afgørende rolle i udviklingen af vores ego-bevidsthed, og allerede i Pre-ego perioden vil der skabes de første anlæg til de komplekser, som for alvor opstår i Ego perioden. Jeg kalder dem *pre-komplekser*, og i Pre-ego perioden vil de overvejende være fokuseret på en primitiv oplevelse af ubehag.
Det som inducerer skabelsen af pre-komplekserne er den *ændring i livstema energier,* som finder sted i denne udviklingsperiode. Som altid kommer livstema energierne fra

den personlige overbevidsthed.

Livstemaerne har farven orange, gul og grøn. Den største aktivator er den gule Ego energi (som repræsenterer en hel periode) og det livstemaerne har til formål er at stimulere til en vækst, der peger i retning af denne udviklingsperiode.

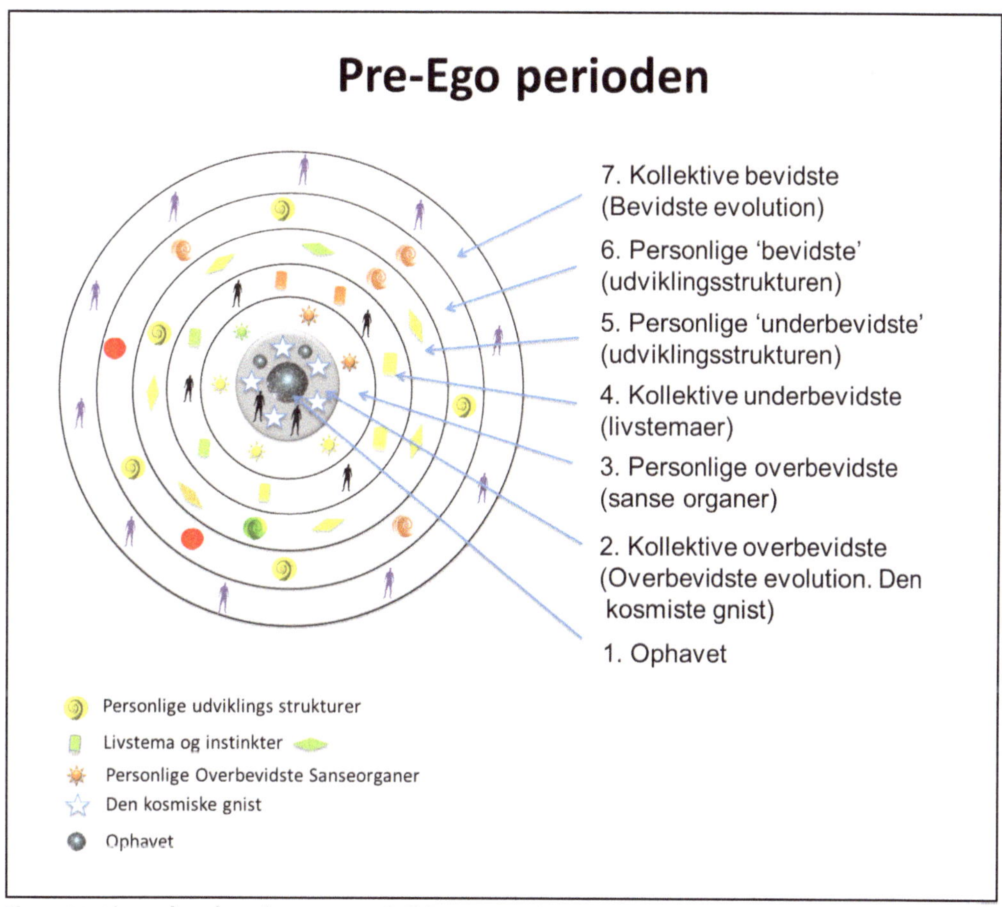

Figur 41. Livsoplevelsen i Pre-ego udviklingsperioden.
De 7 lag i Pre-Ego livsoplevelsen. Hver af lagene er repræsenteret af instinkter, livstemaer, følelser, og sanseorganer vist med forskellige symboler, hvis farve viser hvilken type energi der driver dem. Husk at de samme lag i den næste livsoplevelse (Ego livsoplevelsen) har samme navn, og repræsenterer samme princip, men er ganske forskellige, og er på et fundamentalt andet niveau.

Særlig når Ego energien begynder at aktivere livstemaer begynder pre-komplekserne at skabes. Pre-komplekserne er en reaktion på de livstemaer, der er aktiveret af ego-energien (gul farve). Det er det første tegn på at individet begynder at kunne skelne mellem *individuel*t behag og ubehag.

Pre-ego livsoplevelsen
Livsoplevelsen i denne periode er en oplevelse der (som i de andre perioder) indeholder 'energi' fra alle lagene. Tilsammen giver de individet en oplevelse af veludviklet sansning af behag og ubehag, af en 'bevidsthed' om andre væsener, og særligt en udviklet gruppe bevidsthed. Endnu er bevidstheden om din egen egerart og individualitet kun meget lidt til stede.

Der er altså tryghed i samværet med andre, og tryghed i at identificere sig med andre i en gruppe – og så er der denne overbevidste voksende higen efter at opdage *dig selv*, og denne indre fornemmelse af, at man ikke *er* de andre, at man ikke er identisk med gruppen.

Alt dette sker fordi der er nye sanseorganer i den personlige overbevidsthed, der optager nye energier, som aktiverer nye livstemaer, der stimulerer til skabelse af en primitiv underbevidsthed, der blandt andet indeholder pre-komplekserne.

3. Livsoplevelsen i Ego og Hjerte perioden

> *En dag oplevede jeg at se ind i en følelse, ind i dens grundstruktur. Jeg oplevede ganske tydeligt, at den var gjort op af mange lag, her kaldet bevidsthedslag. Disse lag havde dybest set til formål at facilitere en vilje, som kommer helt inde fra 'Kilden'.*

Ego livsoplevelsen er en ud af i alt 7 fundamentalt forskellige livsoplevelser. Den er bygget op omkring 7 forskellige bevidsthedslag. Den repræsenterer den tredje livsoplevelse. i den udviklingscyklus som vi befinder os i. Ego livsoplevelsen beskriver hvordan du oplever livet, når du er domineret af det dualistiske livssyn. Ud af dette dualistiske livssyn opstår det vi kalder ego identiteten, eller kort sagt egoet.

En følelse består af 5+2 bevidsthedslag
Hvis din aktuelle bevidsthed overvejende er under indflydelse af dit ego, da vil du som sagt opleve energierne fra dit overbevidste som følelser, eftersom *følelser er det sprog som ego bevidstheden taler og forstår.*

Hvis vi ser på en følelse, da kan man sige at når du oplever en følelse, så udsættes du for overbevidste energier iklædt en livstema iklædning, samt uden på denne, endnu en iklædning bestående af ting fra din personlige underbevidsthed (blandt andet dine komplekser). Rejsen fra den øverste energi til følelsen er således foregået gennem forskellige 'lag', og alle disse lag *er en del af følelsen.*

Jeg har allerede beskrevet Ego livsoplevelsen i part-2, så her får du bare en opsummering af denne unikke oplevelse af livet.

Opsummering på Ego livsoplevelsen:

- Følelser er egoets sprog.
- Ego livsoplevelsen består af 5+2 lag.
- Er man domineret af egoet, da må ophavet/Kilden melde sig i form af følelser for at vi/egoet skal kunne opfatte det.
- Alle lag skaber *tilsammen* det vi kalder en følelse.
- Egoets grænse for indsigt stopper ved lag 5. Egoet kan derfor ikke komme i direkte og bevidst kontakt med livstema laget.
- Egoets fulde realisering fører til at lag 5 forsvinder ud af vores livsoplevelse.
- Når dette sker, vil vores livsoplevelse være domineret af Hjerte livsoplevelsen.
- Udviklingen af en stærk og harmonisk ego bevidsthed gør dig klar til den næste livsoplevelse, Hjerte livsoplevelsen.

I part-2 beskrev jeg også Hjerte livsoplevelse indgående, men her er en opsummering af hvad denne livsoplevelse handler om.

Opsummering på Hjerte livsoplevelsen:

- Bevidsthedsudviklingen mod Hjerte livsoplevelsen aktiverer en ny personlig udviklingsstruktur.
- Et af de sikre kendetegn for hjertet, er en dyb tillid til livet.
- Hjerte livsoplevelsen består af 4+2 lag.
- Laget med den personlige underbevidsthed er ikke en del af Hjerte livsoplevelsen.
- I Hjerte livsoplevelsen er man derfor fuldkommen smertefri, fyldt med selvtillid, og har et urokkeligt selvværd.
- Er man domineret af hjertet kan man opnå direkte kontakt med energier fra det overbevidste (dog ikke sådan at man bevidstgør dem).
- Hjertets grænse for indsigt stopper ved lag 3. Hjertet kan derfor komme i direkte og bevidst kontakt med noget af livstema laget, samt i delvis kontakt med det personlige overbevidste lag.
- Hjertets fulde realisering medfører at lag 4 forsvinder ud af vores livsoplevelse.
- Når dette sker, vil vores livsoplevelse være domineret af endnu højere dele af os selv – og vi vil nærme os det sted i vores udvikling, hvor det ikke er nødvendigt at vi forsætter vores udvikling på jorden.

Her en oversigt af de to livsoplevelser (se dem også i figur 29 og 31).

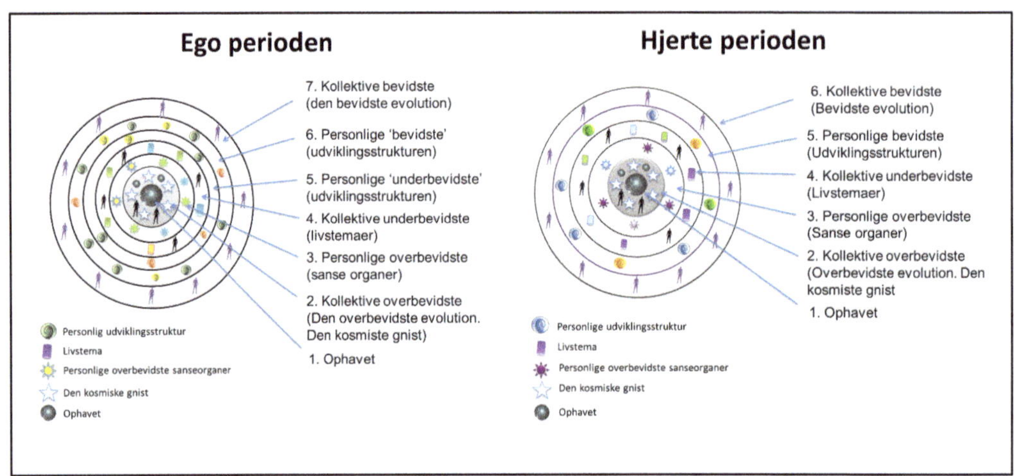

Figur 42. Livsoplevelsen i Pre-ego udviklingsperioden.

9. Oplevelsen af livet fra de Guddommelige tilstande

Lagene i en GD-1 livsoplevelse.

Livsoplevelsen i de Guddommelige perioder er så langt fra hvor vi er lige nu, og så langt hævet over vores fatteevne, at det er helt umuligt at forstå denne livsoplevelse. Jeg vil derfor ikke bruge så meget tid på den i denne bog.

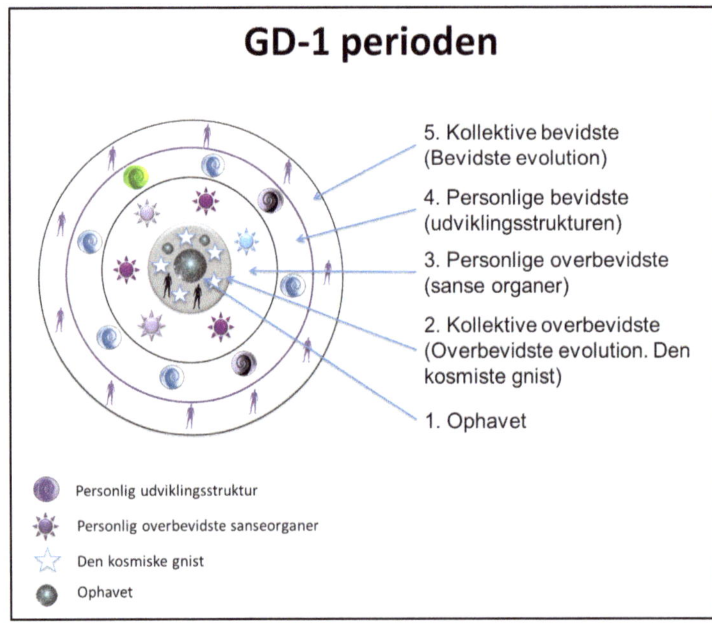

Figur 43. Livsoplevelsen i Den Guddommelige periode-1.

De 2 inderste lag består af Ophavet og den 'kosmiske gnist'. I det 3 lag er der forskelle fra Hjerte livsoplevelsen, idet dette lag rummer nye sanseorganer, som er i stand til at optage energier fra endnu højere Guddommelige dimensioner. Denne personlige over-bevidsthed er der *direkte* kontakt med når man evner GD-1 livsoplevelsen, ligesom hjertet også havde direkte kontakt med denne dimension (blot med andre/lavere energier i den). Det er

naturligvis en kontakt, der i starten af udviklingsperioden er lille, men som opbygges hen igennem perioden, til at være en fuld bevidst kontakt. Når dette sker, da igangsætter det de næste sanseorganer, og du møder en ny personlig udviklingsstruktur.
Det sidste lag er den kollektive bevidsthed, fra hvilken du kan optage energier fra menneskehedens kollektive bevidsthed. I denne tilstand som jeg her beskriver som GD-1 tilstanden er du bevidsthedsmæssigt næsten hævet over det yderste punkt i det bevidsthedsspektre, som hele menneskeheden spænder over. Derfor vil det heller ikke være nødvendigt for din egen udvikling, at du lever dit liv på jorden længere, og gør du det alligevel, da er det eget frie valg.

Livsoplevelsen her er præget af en bevidst kontakt med fællesskaber, som vi ikke kan sætte os ind i, fællesskaber som er større end det fællesskab som selve menneskeheden udgør. Det er fællesskaber med væsener. der har direkte kontakt med den personlige og kollektive overbevidsthed, og således med 'spirituelle' niveauer, som vi naturligvis endnu ikke kan fatte.

GD-2 og GD-3 livsoplevelserne
I GD-2 livsoplevelsen er endnu et lag væk, laget for det personlige overbevidste. Det betyder at din bevidsthed er i direkte kontakt med det kollektive overbevidste. I GD-3 livsoplevelsen er også laget for det kollektive bevidste væk og bevidstheden smelter nu sammen med selve Kilden. Bevidsthedens rejse er fuldendt, og den er nu atter vendt hjem til Kilden med en bagage fyldt med gaver, bestående af alle de livsoplevelser som den har været udsat for på sin lange rejse gennem alle udviklingsperioderne.

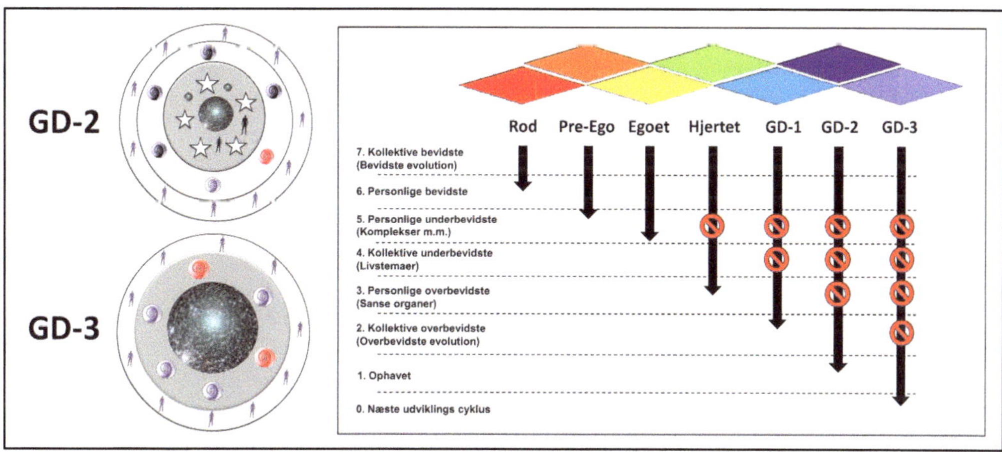

Figur 44. Livsoplevelsen i Den Guddommelige periode-1 og 2.

10. Afslutning
Vi kan altså se at man ganske nøje kan beskrive ingredienserne i en livsoplevelse. Disse mange ingredienser i de forskellige lag, er med til at skabe din livsoplevelse. Nogle er

dominerende i 'forgrunden', mens andre ligger i 'baggrunden'. Alle er de dog en del af din oplevelse, og med træning kan du sagtens udvide dine sanser, til at opfatte de dybere lag i din oplevelse. Her har jeg i hvert tilfælde givet dig en beskrivelse af de forskellige lag i din livsoplevelse, hvilket giver dig noget at fokusere din opmærksomhed på, når du forsøger at trænge dybere ind i din egen livsoplevelse.

Livsoplevelsen binder os sammen i et imponerende netværk, som du skal høre om i kapitel 17. Mennesker der er domineret af den samme livsoplevelse, har den *samme type oplevelse* af livet. Med det mener jeg, at oplevelsen er underlagt de samme love, som manifesterer sig i form af lignende livsoplevelses-lag, samt i den samme opbygning af lagene. Mennesker med samme slags livsoplevelse har derfor *den samme slags* oplevelse af, og indsigt i, livet – og som vi skal se i næste kapitel, har de adgang til samme livsfelt, hvor de kan interagere med hinanden (og alle andre mennesker), samt manifestere deres egen livsoplevelse.

Mennesker med samme type livsoplevelse har således det samme fundament for at interagere med livet – og er ligeledes underlagt de samme begrænsninger. Disse mennesker vil desuden dele deres dybeste higen med hinanden, eftersom livsoplevelses-laget der står for overbevidstheden (den personlige) er gjort op af de samme ingredienser, og modtager energi gennem tilnærmelsesvis de samme sanseorganer.

Til trods for dette er vores livsoplevelse jo ikke identisk, selvom vi er domineret af samme type livsoplevelse. Det som gør at vi har forskellige livsoplevelser (men dog af *samme type*) er naturligvis 1) at det fra menneske til menneske er *forskelligt* hvor meget vores livsoplevelse er farvet af Ego og Hjerte livsoplevelserne og 2) at selvom to mennesker begge oplever livet gennem Ego livsoplevelsen, da er der jo lag i denne livsoplevelse, som er helt *personlige* og derfor helt forskellige (lagene for det personlige overbevidste, personlige bevidste, og personlige underbevidste). Endelig er de kollektive lag heller ikke identiske. Strukturerne er nok identiske, men i hvilken grad f.eks. livstemaerne i det kollektive underbevidste er aktiveret, og af hvilken energi, er forskelligt fra menneske til menneske.

Alt dette gør at ikke to mennesker har den samme livsoplevelse – uanset om de i deres opbygning minder om hinanden.

Livsoplevelsen er essentiel for alt liv, for al udvikling, og for al forandring. Så kort kan det siges. Alt i vores udvikling handler om at udvikle vores livsoplevelse. Via livsoplevelsen er vi i kontakt med livsfelterne, og med hinanden gennem disse felter. Vi er i kontakt med livstemaerne og strukturerne i de kollektive lag, og via livsoplevelsen manifesterer vi os, og skaber, i de livsdimensioner som livsoplevelsen giver os adgang til. Via livsoplevelsen er vi dybest set i kontakt med den øverste Kilde til alt liv – der således er en del af alle vores livsoplevelser igennem hele vores liv.

Alt i vores evolution kredser omkring netop livsoplevelsen. Hele vores evolutionscyklus kan på denne måde ses som en kæmpe 'struktur' opbygget af livslove, der tilsammen udgør *fundamentet for udvikling*. Men det er love og strukturer uden liv i sig selv, bortset fra *intentionen* bag deres eksistens (uden denne ville de ikke eksisterer).

Intentionen udgår fra Kilden selv, og udgør det *energimæssige fundament* bag hele denne evolutions struktur (og den grundlæggende vilje bag vores evolution) – men det som skal puste liv i alle disse strukturer og love er netop vores livsoplevelse!

Livsoplevelses er 'sjælen' i evolutionsstrukturen, og på denne måde kan man sige, *at det hele dybest set handler om udviklingen af livsoplevelsen.*

I de næste kapitler skal vi se endnu nærmere på denne livsoplevelse og dens helt essentielle rolle for vores liv og udvikling.

Kilden udgør det energimæssige fundament bag hele vores evolution.
Fra den kommer energien bag denne kæmpemæssige struktur,
som de 2 evolutionsprocesser udgør,
men det som puster liv i strukturen,
og det som lader alle livslove komme til live,
er vores eget sanseorgan til livet,
sanseorganet kaldet vores livsoplevelse.

Livsoplevelsen udgør selveste 'sjælen' i evolutionsstrukturen,
og det som er hovedingrediensen
i Kildens egen udvikling.

14. Livsoplevelsen som forudsætning for udvikling

Livsoplevelsen er sjælen i den evolutionsstruktur,
der danner fundamentet for vores udvikling
gennem den nuværende evolutionscyklus.

Hele vores udvikling er tæt knyttet til vores livsoplevelser. Som vi udvikler os, vil vores livsoplevelse ændre sig, som et resultat af vores gerninger og udlevelse af os selv, og for at give os den vækstmulighed, som vi har brug for. Vores livsoplevelse vil have indflydelse på vores bevidsthed, på vores kontakt til livets forskellige tilværelsesplaner, på vores evne til at manifestere os og skabe i en livsdimension, på vores kontakt til de forskellige dimensioner i os selv, og på vores påvirkning af andre individers overbevidsthed. Lige nu er vores største udfordring som menneskehed at opnå Hjerte livsoplevelsen.

I dette kapitel vil jeg atter bringe livsoplevelsen helt i centrum og vise dig flere eksempler på hvor stor en rolle den spiller for din udvikling.

1. Livsoplevelser og bevidsthed

Livsoplevelsen er den *forudsætning* vi har for at interagere med livet. Denne forudsætning ændres hele tiden, for at afpasse sig vores udviklingsstadie.

I de tidlige perioder, såsom Rod perioden, kan vi se at vores interaktion med livet blev styret af instinkter. I Rod periodens livsoplevelse er disse instinkter vist i det lag der ligger lige under udviklingsstrukturen. Der er ikke et lag for underbevidstheden, og der er ikke komplekser, og udviklingsstrukturen indeholder ikke sindstilstande, som den gør i egoets udviklingsperiode. Derfor er der ikke i Rod periodens livsoplevelse forudsætningen for at opleve den *bevidste* interaktion med livet, den som vi nu oplever. Selv hvis skaberen selv dikterede, at en person i Rod perioden godt måtte opleve verden med den bevidsthed, som dagens mennesker kender, da ville det ikke kunne lade sig gøre fordi personens aktuelle livsoplevelse simpelthen ikke giver *forudsætningen for en sådan bevidst livsoplevelse.*

Graden af bevidst interaktion
med verden omkring dig og med dine medmennesker
bestemmes af din livsoplevelse.

I Ego udviklingsperioden ændrer vores livsoplevelse sig til at indeholde nye lag, der giver os nye forudsætninger for interaktion med livet. Et af lagene er *det underbevidste lag*, og derudover er udviklingsstrukturen gjort op af sindstilstande og fokuseret på egoet, og man kan sige at behag/ubehags oplevelsen er løftet op på et nyt niveau – nemlig fra instinktniveauet til følelsesniveauet, et niveau beregnet til at udvikle den bevidste oplevelse af os selv og den bevidste interaktion med livet.

Den næste livsoplevelse, Hjerte livsoplevelsen, giver os endnu en ny forudsætning, og det er at opleve livet fuldstændig uden ego smerte, uden angst og frygt, og uden at blive fjernet fra nuet af en underbevidsthed/egobevidsthed, som er så fokuseret på fortiden og fremtiden. Hjerte livsoplevelsen giver os den forudsætning, fordi den er *opbygget anderledes* end Ego livsoplevelsen. Den indeholder ikke laget for underbevidstheden. Dens udviklingsstruktur har ikke med sindstilstande at gøre, og den har ikke Ego-EE som energikilde. Den giver mulighed for en *ny bevidst interaktion med livet,* i nuet, via en ny udviklingsstruktur, og en direkte forbindelse til den personlige overbevidsthed, samt en vis bevidst kontakt med den livsdimension der indeholder de store livstemaer.

Livsoplevelsen er omdrejningspunktet for alt liv, for al udvikling, og for al forandring. Den er et udtryk for vores oplevelse af Kilden selv.

Den måde Hjerte livsoplevelsen er bygget op på, muliggør en fundamentalt *anderledes bevidst interaktion med livet,* end tidligere livsoplevelser gjorde. Samtidig muliggør denne livsoplevelse også en ny interaktion mellem den personlige overbevidsthed og den kollektive overbevidsthed, hvilket jeg vil fortælle om forneden.

Til slut vil jeg nævne, at der er en anden bevidsthedsoplevelse, som også ændres når vi går fra ego til Hjerte livsoplevelsen, og det er ny-bevidstheden, eller 'bevidstheds lynene'. Når ny-bevidstheden ændrer sig er det selvfølgelig på grund af vores bevidsthedsudvikling, for når bevidstheden udvikles, da skal der 'højere' bevidsthedslyn til at give dig den ny-bevidstheds oplevelse, som din udvikling kræver.

Livsoplevelsen giver dig forudsætningen
for bevidst, overbevidst, og ny-bevidst
interaktion med livet.

2. Livsoplevelsen og livsfelterne

En anden ting som livsoplevelser har en indflydelse på, er din evne til at have bevidst kontakt til de store tilværelsesplaner, eller dimensioner, i livet (hvoraf det fysiske er en af disse dimensioner). Jeg kalder de forskellige tilværelsesplaner for 'livsfelter', og du kan se en beskrivelse af dem i figur 45 og 46. Et livsfelt indeholder alle de livsoplevelser, som er af den type der har en affinitet til livsfeltet. Samtidig er det livsfeltets funktion af skabe *kontakt* mellem de livsoplevelser som det indeholder. Et livsfelt er som en livsdimension, og udgøres f.eks. af det fysiske felt, det pre-psykiske og psykiske felt, osv., lige til det kosmiske livsfelt. Et livsfelt muliggør at livsoplevelser kan manifestere sig.

Det første livsfelt er altså det fysiske, som du for første gang får kontakt med i Rod udviklingsperioden, via dennes livsoplevelse.

Det næste livsfelt er det 'pre-psykiske' livsfelt, som du får kontakt med i Pre-ego perioden. Dernæst er der det psykiske livsfelt, som er særlig aktuelt for mennesket lige nu, og som har kontakt med både det bevidste og personlige underbevidste i vores personligheder. Kontakten til dette livsfelt starter i Pre-ego perioden, og tager for alvor fart i Ego udviklingsperioden, via Ego livsoplevelsen.

Livsfelt/Dimension	Bevidsthed	Energi kilde	Tilknyttet Livsoplevelse
Kosmiske felt (GD-3) 	*Guddommelig bevidsthed (Et med ophavet)*	*Ophavet (Kosmisk energi)*	*Guddommelig Livsoplevelse 3*
Hjerte, GD-1 og GD-2 felterne 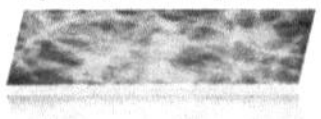	*Hjerte/Guddommelig bevidsthed (samhørighed med andre væsner)*	*Universel energi*	*Guddommelig Livsoplevelse 1-2* *Hjerte Livsoplevelse*
Pre-psykiske/Psykiske felt 	*Ego bevidsthed/underbevidsthed (Tanker/følelser)*	*Underbevidsthed (EE)*	*Egoets og Pre-Egoets Livsoplevelse*
Fysisk felt	*Fysisk krop (fysisk kontakt)*	*Instinkter*	*Rod Livsoplevelse*

Figur 45. Sammenhængen mellem Bevidsthed og de 7 Livsfelter (her vist i 4 grupper).

Det næste livsfelt, 'hjertelivsfeltet', får en vigtig rolle for din udvikling i Hjerte udviklingsperioden. Det er et livsfelt som du lige nu har kontakt med via din personlige overbevidsthed. Vi har set at det er Hjerte livsoplevelsen, der muliggør kontakt til denne dimension (eller tilværelsesplan) af livet. Når du opnår det udviklingsniveau hvor du har hjerte bevidsthed, *da vil dette livsfelt blive tilgængeligt gennem din livsoplevelse.*

I særlig grad sker det når du rammes af et "bevidsthedslyn" fra overbevidstheden, som kan resonansaktivere din hjertebevidsthed og give dig en midlertidig oplevelse af hjerteenergien, som den eksisterer i overbevidstheden (og altså en intensiveret kontakt til hjerte livsfeltet).

Som din hjertebevidsthed udvikler sig, vil denne kontakt til hjertelivsfeltet blive alt mere permanent og intens.

De næste livsfelter er de Guddommelige livsfelter. De findes i 3 varianter, GD-1, GD-2 og GD-3 livsfelterne.
For at kunne være i bevidst kontakt med de 3 øverste livsfelter, da kræves en endnu 'højere' livsoplevelse end hjertets – hvilket kun meget få individer besidder. Når vi er helt ude af egoets udviklingsperiode, kan vi for første gang udsættes for de første *bevidsthedslyn* fra denne dimension af livet (og først i anden halvdel af Hjerte perioden begynder det Guddommelige livsfelt-2 så småt at blive en permanent del af vores bevidste oplevelse af livet).

Der er endnu et livsfelt, det Kosmiske livsfelt, svarende til det kollektive overbevidste tilværelsesplan. Dette livsfelt bliver en bevidst del af din livsoplevelse i den sidste udviklingsperiode.

Der er altså 7 Livsfelter (en for hver udviklingsperiode), og du kan betragte den bevidste og overbeviste evolution som et stort spekter af energier holdt sammen af livsfelterne. Livsfelterne er indeholdt i hinanden, og hele denne store 'struktur', dette evolutions-livsfelt, *interagerer med alle væsener gennem deres livsoplevelse*. Det har jeg illustreret i figur 47, der viser både den bevidste og overbevidste livsoplevelse, samt hvilket livsfelt, der er tilgængelig for de bevidstheder og overbevidstheder, der er i kontakt med evolutionsfeltet.

Lad mig lige samle op på dette inden jeg forsætter: du er altså i kontakt med 7 forskellige tilværelsesplaner/livsfelter, og kontakten sker via lige så mange forskellige bevidsthedsniveauer i dig selv; det fysiske livsfelt får du kontakt med via det vi kunne kalde 'rod bevidstheden'. Det psykiske/pre-psykiske livsfelt får du kontakt med via Pre-ego bevidstheden, ego bevidstheden og din underbevidsthed. Hjerte og GD livsfelterne får du kontakt med via de tilsvarende bevidstheder.

Kontakten til et livsfelt sker hvad enten du er bevidst om den pågældende del af dig selv eller ej – men når bevidstheden udvikles i dig, da intensiveres altså kontakten til det 'tilsvarende' livsfelt – og ligeså dine muligheder for *at skabe i denne tilværelses-dimension*, samt opnå forbindelse til alt hvad der eksisterer i denne dimension. Når du f.eks. opnår ego bevidsthed, da 'åbnes' det psykiske livsfelt for dig og bliver tilgængeligt for bevidst kontakt, og i samme grad, som du opnår hjertebevidsthed åbnes det næste livsfelt for din bevidsthed.

Den bevidste evolution er et stort spekter af energier
holdt sammen af livsfelter
og i stadig kontakt med et utal af væsener
gennem deres livsoplevelse.

En af grundene til at et livsfelt bliver tilgængeligt for direkte kontakt er at bevidstheden i en pågældende udviklingsperiode aktiverer *nye livstemaer*. De nye livstemaer er nemlig *knyttet til et nyt specifikt livsfelt* – hvortil dine livsoplevelser nu dirigeres og lagres. Sammenhængen mellem livsfelter og livstemaer kommer jeg tilbage til i næste kapitel.

Den overbevidste evolution er en halv udviklingsperiode længere fremme end den bevidste evolution, og dette gælder også livsoplevelsen, samt de livsfelter der er tilgængelige. De forskellige dele af dit væsen har altså kontakt til forskellige livsfelter, der alle bidrager til din samlede livsoplevelse.

3. Livsoplevelser og manifestation/skabelse

Et andet vigtigt aspekt ved livsoplevelsen er, at man også kan se den som middel/forudsætning for manifestation og skabelse. Ordet manifestation defineres traditionelt som "åbenbaring" og "at komme til udtryk". Ordet skabe betyder at "give liv eller eksistens, at forårsage at noget opstår; at frembringe noget nyt, tilvejebringe eller etablere noget som i øjeblikket ikke er til". Når du manifesterer dig i en dimension, da skaber du automatisk – og ændrer dermed den dimension som du manifesterer dig i. Dette kan aldrig være anderledes. Prøv f.eks. at forestil dig at du med et manifesterede dig i en fysisk dimension i et fysisk legeme. I det øjeblik du manifesterer dig i dimensionen, da ændrer du på den. Den er ikke den samme med dig, som uden dig. Bare det at du står på den fysiske jord, og flytter på den jord eller de sten du står på, vil ændre på den fysiske dimension. Manifestation er derfor altid lig skabelse og ændring.

Livet kan, som sagt, opdeles i forskellige dimensioner, som forskellige dele af dig selv har kontakt med – og som din bevidsthed har kontakt med, alt efter dens udviklingsniveau. De forskellige dimensioner er det jeg kalder *livsfelter*. Man kan sige at livsfelter er noget som medierer kontakt mellem væsener, afhængigt af i hvilken grad de er i bevidst kontakt med feltet. Et livsfelt er ligesom et hav, der kan mediere kontakten mellem 2 skibe (som altså formår at bruge 'vand'-dimensionen). Det kan også være som en fysisk jord der kan mediere kontakten mellem to individer (som formår at tage fysisk form).

Figur 46. Vores Evolutionsfelt – *sammenhængen mellem livsoplevelse og livsfelterne.*
En livsoplevelse giver adgang til et livsfelt. Dette gælder både den livsoplevelse, som eksisterer i overbevidstheden, og den som er i vores bevidsthed. Livsoplevelsen i vores overbevidsthed er op til en halv udviklingsperiode længere fremme end den i bevidstheden, hvilket også afspejles i det livsfelt som der er adgang til. Således er de 2 evolutioner et med alle livsfelterne, der igen binder de væsener sammen, der har adgang til dem via deres livsoplevelse. Det ses at alle livsfelterne kan underinddeles yderligere i adskillige 'lag'.

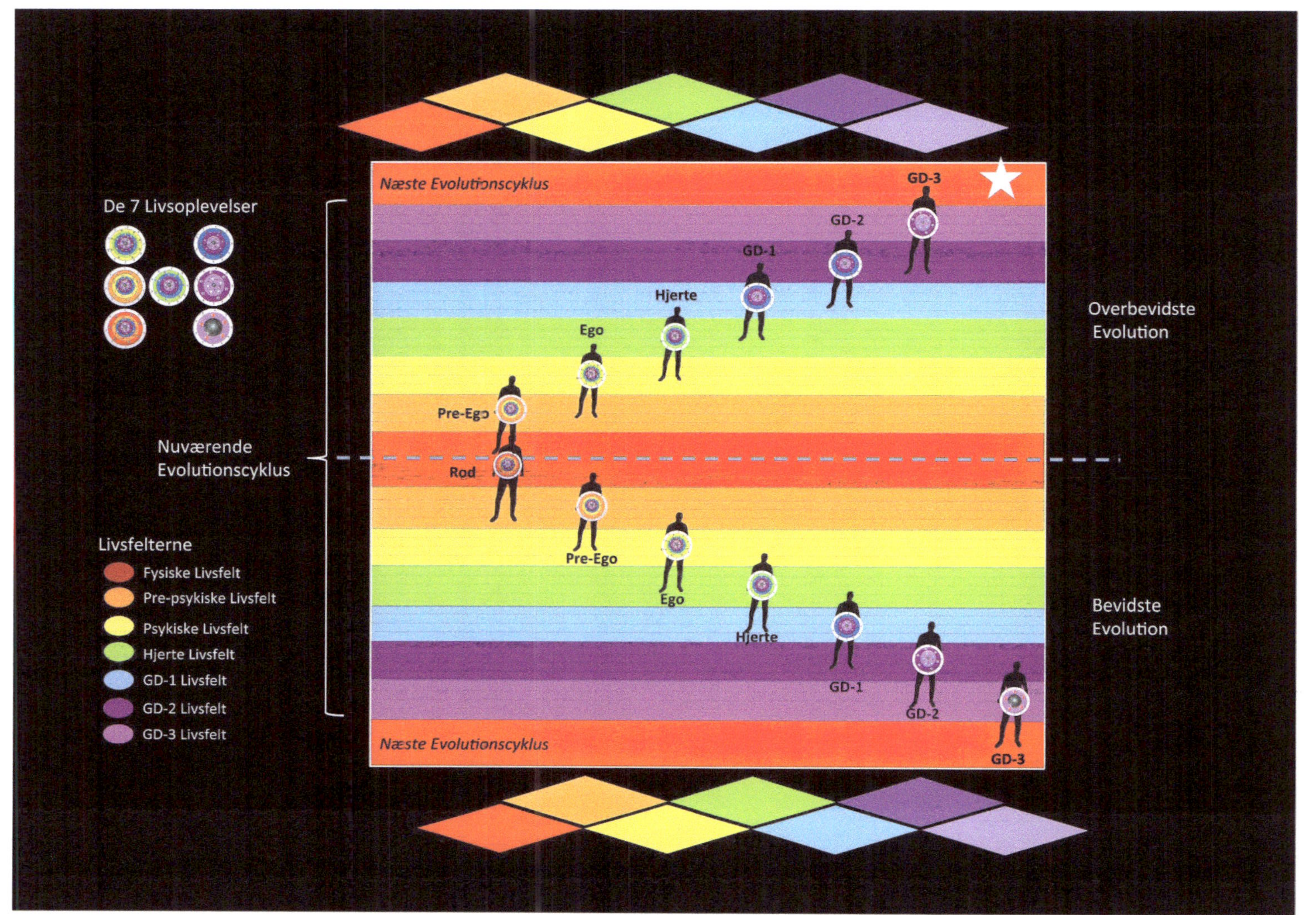

De 7 Livsoplevelser
Nuværende Evolutionscyklus
Livsfelterne
Fysiske Livsfelt
Pre-psykiske Livsfelt
Psykiske Livsfelt
Hjerte Livsfelt
GD-1 Livsfelt
GD-2 Livsfelt
GD-3 Livsfelt
Næste Evolutionscyklus
GD-3
GD-2
GD-1
Hjerte
Ego
Pre-Ego
Rod
Pre-Ego
Ego
Hjerte
GD-1
GD-2
GD-3
Næste Evolutionscyklus
Overbevidste Evolution
Bevidste Evolution

De forskellige livsfelter er som tomme kar der venter på indhold, nærmest som arketyper omsat til livsdimensioner. *Dette indhold leveres af livsoplevelser.* Fra de forskellige udviklingsperioder strømmer livsoplevelser til livsfelterne fra de mennesker, der har kontakt til dem. Livsoplevelserne giver livsfelterne substans og 'sjæl' og bestemmer således deres 'indre form'. Deres ydre form er derimod givet på forhånd.

Nogle af de tidligere udviklingsstrukturer (i Rod og Pre-ego perioderne) havde med fysisk manifestation at gøre, med at opøve vores interaktion med denne dimension. I denne periode udviklede vi vores evne til at begå og manifestere os i den fysiske dimension, og samtidig ændrede vi selve den fysiske dimension. Dette påvirker også andre væsener som er i kontakt med dimensionen. Således starter altså en gensidig interaktion – med henblik på at opnå forandring af selve dimensionen samt de væsener som interagerer med den – ultimativt med det formål at skabe fundament for, og udvikling af, livsoplevelsen. Ser vi på den fysiske dimension, da er det jo ganske tydeligt, at vi i løbet af vores bevidsthedsudvikling i rod/Pre-ego/Ego perioden har ændret denne dimension betragteligt, og at denne dimension har skabt fundamentet for at vi selv har kunne udvikle os.

I ego udviklings-perioden ændres vores udvikling til at fokusere på hvad vi kunne kalde *"psykisk manifestation"*, mens vi kan kalde det *'åndelig manistation'*, i Hjerte udviklingsperiode og *"Guddommelig manifestation"* i de Guddommelige udviklingsperioder.

Generelt gælder det, at i samme takt som vores evne til at sanse og manifestere os i en dimension udvikles, da ændres også vores indflydelse på dimension. Væsener med et højt bevidsthedsniveau og stor kraft bag deres tanker og høje følelser vil f.eks. udøve større indflydelse på det psykiske felt end lavt udviklede mennesker. Vores sanse- og manifestations-evne hører altså sammen med vores bevidsthed om dimensionen. Jo mere bevidste vi er om en dimension, jo mere kan vi nemlig skabe i den. Jo mere bevidst vores interaktion med en dimension er, jo mere ændrer vi den.

Bevidstheden er som et brændglas, der fokuserer en ellers 'overfladisk' sansning til en fokuseret dybdegående sansning med langt større indflydelse på det som sanses, altså det pågældende livsfelt. Din evne til at påvirke andre mennesker gennem tanker og følelser bliver altså større og større, jo mere bevidst du er om det psykiske felt.

Egoet og det psykiske livsfelt

Mens vi arbejder på at udvikle Ego livsoplevelsen, da giver denne livsoplevelse os muligheden, og forudsætningen, for at blive bevidste om den psykiske dimension (d*et psykiske livsfelt).* Interaktionen mellem mennesker, der har Ego livsoplevelsen som den dominerende livsoplevelse foregår altså gennem det psykiske felt. Egoet, den personlige underbevidsthed, og vores ego-bevidsthedsniveau gør at vi *sanser* det psykiske livsfelt, og i samme grad som vi sanser dette felt og er bevidst om det, da skaber vi i det (at sanse er jo at skabe) og påvirker derved ikke bare dimensionens indhold, men også selve den menneskehed som har kontakt med dimensionen.

Påvirkningen af menneskeheden sker på grund af at alle mennesker, som sagt, er i kontakt med hinanden via det psykiske felt. Når du f.eks. tænker en tanke, da påvirker du dette felt. Når du føler en følelse, da påvirker du dette felt. Selv indholdet i din underbevidsthed er en del af dette felt. Vores tanker og følelser er således ikke kun begrænset til os selv, og alle bliver vi influeret af indholdet i dette livsfelt. Det er et livsfelt, der er knyttet til den sene Pre-ego udviklingsperiode og i særlig grad til Ego perioden. Man kunne også kalde det psykiske felt for 'et tilværelsesplan for tanker og følelser'. Du kan altså se det som om dine tanker og følelser lagrer sig i det psykiske felt, og bliver en del af selve feltet, en del som nu vil påvirke *alle* mennesker, som har kontakt med det (overvejende gennem deres Ego livsoplevelse) gennem deres tanker og følelser.

Alle mennesker er i kontakt med hinanden via 'det psykiske felt'. Kontakten involverer ego bevidstheden, underbevidstheden, tanker og følelser.

Det som jo skaber den oplevelse, som vi kalder tanker og følelser, er Ego livsoplevelsen. Vi kan derfor også sige at det er din egen *Ego livsoplevelse* der lagrer sig i det Psykiske Felt og derigennem har indflydelse på alle andre menneskers Ego livsoplevelse – særlig i den grad som der er affinitet mellem deres og din Ego livsoplevelse. Med vores Livsoplevelse påvirker vi altså andre menneskers Livsoplevelse gennem det Livsfelt der 'passer' til Livsoplevelsen.

Det er altså ikke muligt at være i kontakt med noget uden at påvirke det. Når du således sanser et plan/dimension/Felt *via din livsoplevelse*, da påvirker du det, da ændrer du det, og da skaber du i det, og da ændrer du alle som har kontakt med det. Det som du manifesterer i den fysiske dimension, er din fysiske krop – og den del af din livsoplevelse der har at gøre med denne dimension. Det som du manifesterer i det psykiske livsfelt, er dine tanker og følelser, *via din Ego livsoplevelse* – lige fra de primitive følelser, der ligger lige over instinkt niveauet, til de høje tanker/følelser, der er startet med at blive influeret af hjertet (og som derfor involverer *Hjerte livsoplevelsen*).

Din fysiske manifestation påvirker andre fysiske væsener, samt den fysiske dimension. Din psykiske dimension påvirker andre menneskers følelser og tanker, samt selve det psykiske livsfelt – og sådan forsætter det.

Hjertet og hjerte livsfeltet

I Hjerte perioden evner vi Hjerte livsoplevelsen. Dette muliggør det jeg kalder *åndelig manifestation*, manifestation i hjerte livsfeltet *med vores bevidsthed*, samt i det

Kosmiske Livsfelt med vores overbevidsthed. Læg mærke til at hjerte livsfeltet var det, som vores overbevidsthed havde kontakt til i Ego perioden. Hjerte livsoplevelsen har også en mere intens kontakt med den overbevidste livsdimension grundet fraværet af underbevidstheden. Denne overbevidsthed er udviklet i forhold Ego perioden, men læg mærke til at den mere intense kontakt ikke betyder at den er ved at blive bevidstgjort.

Når vi når til Hjerte perioden har vi været gennem den fysiske manifestation via vores krop og fysiske livsoplevelse, den psykiske manifestation via vores psyke/ego, og nu kommer altså den åndelige manifestation via Hjerte livsoplevelsen.

Manifestationen har på dette tidspunkt en ganske særlig kraft fordi det er en manifestation der udspringer af Hjerte livsoplevelsen, der modsat de tidligere Livsoplevelser for første gang evner at komme i *bevidst* kontakt med noget af denne overbevidsthed i dig selv, og grundet denne kontakt med hjerte livsfeltet.

Hjerte livsfeltet, det felt som knytter sig til Hjerte livsoplevelsen er blandt andet stedet hvor vores enhedsoplevelse lagrer sig. Det er også i dette felt at den lykkefølelse, som opstår ud af et intenst nærvær i livet (blandt andet grundet fraværet af underbevidstheden), lagrer sig.

Som altid er der nye livstemaer knyttet til Hjerte livsoplevelsen og de hjælper til at oplevelser inden for deres 'domæne' lagres i det livsfelt de er knyttet til.

Hjerte livsoplevelsen vil manifestere sig, lagre sig, i hjerte livsfeltet, og der nå ud til alle andre væsener, som formår at være i kontakt med dette livsfelt. 2 ting afgør styrken af denne kontakt, 1) dels hvor meget bevidsthed, der er forbundet med din Hjerte livsoplevelse (i starten af Hjerte perioden er kun en lille del af din samlede aktuelle bevidsthed knyttet til Hjerte livsoplevelsen), og dels hvor meget det andet væsen er i kontakt med Hjerte livsfeltet. Dem som har affinitet til din Hjerte livsoplevelse vil påvirkes mest af den.
Grundet denne *direkte bevidste kontakt* mellem din aktuelle bevidsthed og din personlige overbevidsthed og hjertefeltet, da vil du fyldes med den *enhedsoplevelse* (enhed med mennesker, natur, osv.) som eksisterer i disse livsdimensioner. Dette kan ikke lade sig gøre hvis man er domineret af egoets *dualistiske* livssyn (og med EE som den dybeste energi kilde), og hvis man er delvist til stede i underbevidstheden. Med Hjerte livsoplevelsen vil du opnå en bevidsthed som har udviklet sig ud over ego-bevidstheden, medførende at underbevidstheden ikke mere eksisterer, og du er nu fuldt til stede, hviler i dig selv, og er helt åben for at du indgår i et større fællesskab. Kort sagt, du er klar til at få kontakt med hjerte livsfeltet (og en mere intens kontakt med din personlige overbevidsthed). Dermed vil styrken af feltets påvirkning af dig også intensiveres.

Når Hjerte livsoplevelsen således åbner op for nye livsdimensioner, da åbner den ligeledes op for den 'åndelige' forbundenhed til menneskeheden, og nu vil dit liv fokusere på dette med fornyet kraft.

Med denne nye bevidsthed om den 'åndelige' dimension, denne nye evne til at sanse hjerte livsfeltet, da bliver du nu også i stand til at manifestere dig i denne dimension – og til at skabe i den. En af de måder vi skaber på, er ved at påvirke andre væsener igennem dimensionen/feltet, via en lagring af vores Hjerte livsoplevelse i den. Således beliver vi feltet, og muliggør at det kan styrke og stimulere andre menneskers Hjerte livsoplevelse.

På denne måde manifesterer vi os altså i de forskellige livsfelter via vores forskellige livsoplevelser, og fylder felterne med det liv der kommer til at udgøre deres essens, samt det, som felterne vil påvirke mennesker med.

4. Livsoplevelser og livstemaer

I Rod og Pre-ego perioderne er instinkterne den afgørende energikilde til vores liv. Man kan se instinkterne som tidlige manifestationer for livstemaer. I Ego perioden kommer vi tættere på de store temaer, og i Ego livsoplevelsen kanaliseres disse livstema energier særligt gennem det underbevidste (og nu ikke bare gennem instinkterne) før de når os. Vi forsøger i denne periode, som i andre perioder, at leve i overensstemmelse med livstemaerne, og vores ego, på bedst mulige måde.

Egoet har det ofte med at 'råbe højst', men den stærkeste kraft kommer nu alligevel fra livstemaerne og deres energier. Når vi går fra Pre-ego perioden, hvor livstemaerne overvejende når os gennem instinkterne (og pre-komplekserne), til Ego perioden, er vi bevidsthedsmæssigt kommet tættere på livstemaerne, idet der er mere bevidsthed forbundet med egoet end med Pre-egoet. Vi er bevidsthedsmæssigt tættere på den kraft de kanaliserer.

Går vi nu videre til Hjerte livsoplevelsen, da ser vi at den ikke indeholder laget for det underbevidste. Livstemaerne kan således mere direkte kontakte laget for bevidsthed (med den personlige udviklingsstruktur). Med Hjerte livsoplevelsen indgår altså livstemaerne som en langt mere 'levende' del. Man kan sige, at du nu evner at forvalte de store livslove på en mere bevidst måde. Du er tildeles bevidst om den kraft som de indeholder, og om hvad de står for. Du mærker levende den vilje der ligger bag disse love, og delvist bliver det til din egen vilje. En ganske utrolig oplevelse! Du fornemmer således ikke blot din egen retning i livet, *men også hele menneskehedens retning* – og du fornemmer i særdeleshed 'spillereglerne' for den rejse som menneskeheden er ude på. Denne oplevelse indgyder dig en samhørighedsfølelse med menneskeheden, og oven i dette fornemmer du altså den store vilje bag hele denne udvikling, en udvikling hvoraf du selv er en del. Dette påvirker tydeligt din egen vilje til fremdrift, og vilje til at gøre en positiv forskel for menneskeheden.

Det er denne livsoplevelse, som er dit næste store evolutionsmål!

Hjerte livsoplevelsen er den sidste livsoplevelse hvor livstema energien spiller en afgørende rolle. Når du nemlig opnår den næste livsoplevelse - fuldt ud - da er du ikke længere under indflydelse af livstemaerne, og på dette tidspunkt vil du være klar til at forsætte din udvikling andre steder end på denne klode, og klar til at leve dit liv i andre livsfelter end det fysiske livsfelt.

Princippet bag livstemaerne består. Kraften de kanaliserede energier består, men livstemaerne som vi kender dem i Pre-ego, Ego, og Hjerte perioderne, ophører.

5. Livsoplevelsen – det ultimative sanseorgan til livet

Som vi nu har set, er livsoplevelsen en helt afgørende forudsætning for din *udvikling*. Det er igennem livsoplevelsen at du har *kontakt* med livet omkring dig, og med livet i dig. Det er livsoplevelsen som giver dig bevidsthedsmæssig adgang til de forskellige *livsfelter* (dimensioner) – og adgang til *medmennesker* via livsfelterne. Det er livsoplevelsen, som skal give dig det du har brug for i din egen bevidsthedsudvikling – det som skal *forankre* en stadig mere udviklet bevidsthed i dig, og det som skal *motivere* dig til at ville mere.

Vi har set at livsoplevelsen også styrer de *tilværelsesplaner* du har adgang til, og har med *manifestation og skabelse* at gøre i de forskellige livsdimensioner – dvs. din påvirkning af disse dimensioner. Som din livsoplevelse udvikler sig, kommer du tættere og tættere på den inderste Kilde til hele vores eksistens – for som jeg skrev tidligere er vores livsoplevelse dybest set *Kildens manifestationsform,* dvs. Kildens måde at manifestere sig på, i et sprog som vi forstår.

Vi kan se livsoplevelsen som *det ultimative sanseorgan til livet.* Det er igennem dette sanseorgan, livsoplevelsen, at vi evner at eksistere. Dette sanseorgan giver dig evnen til at være i kontakt med livet, evnen til at påvirke det, evnen til at ændre det, og evnen til at udvikle din bevidsthed, og dermed dig selv som væsen. Det giver livet muligheden for at udleves *gennem* dig. Det giver Kilden muligheden for at manifesterer sig gennem din livsoplevelse, og blive forandret, via din livsoplevelse.

Det næste udviklingsskridt for mennesket er et som vi allerede er i gang med. Det er skridtet på vej mod Hjerte livsoplevelsen. De fleste mennesker er allerede startet på Hjerte udviklingsperioden, og selvom Ego udviklingsperioden stadig er dominerende, da bliver hjertet en stadig større del af vores (bevidstheds-) liv. Vi har set at større hjerte bevidsthed er et skridt nærmere livstemaerne, og den vældige kraft og vilje bag disse. Det er også et skridt mod større kontakt til vores personlige overbevidsthed – og hele det livsfelt som det virker i.

Når Hjerte livsoplevelsen bliver den dominerende livsoplevelse for menneskeheden - vil det være en af de mest gennembrydende forandringer i hele menneskehedens historie. Hjerte perioden ligger midt imellem de første 3 perioder og de sidste 3 perioder. De første 3 perioder handler om at kunne beherske det fysiske livsaspekt, samt om at udvikle vores egoindividualitet, vores evne til at kunne skelne mellem os selv og verden, og altså om vores selvbevidsthed. De sidste 3 perioder repræsenterer de Guddommelige perioder. Det er i de perioder vi får *direkte* kontakt med Kilden, og dermed ændres vores livsoplevelse på måder vi ikke kan forestille os.

Hjertet baner således vejen til 3 perioder, der alle har fokus på noget, som er større end selv menneskeheden. På denne måde kan man se hele den store udviklingscyklus som bestående af 2 faser, hver bestående af 3 perioder – *adskilt af Hjerte perioden*, som både afslutter en lang foregående udvikling, samt forbereder os på den næste store 3-periodes udviklingsfase.

Hjerte perioden har altså en helt unik rolle, og vores alles store udfordring er nu at forsætte vores vej ind i Hjerte udviklingsperioden, og at udvikle vores evne til at opleve livet med Hjerte livsoplevelsen.

Den bevidste evolution er et stort spektre af energier
holdt sammen af Livsfelter
der medierer kontakt mellem væsener
gennem deres livsoplevelse.

Livsoplevelsen er det ultimative sanseorgan til livet,
det indre såvel som det ydre.

Det er forudsætningen for at du kan være i live.

Det er midlet til hele din udvikling.

Det er som en livmoder,
ud af hvilken din bevidsthed skal fødes.

Det er Kildens manifestationsform
som den bruger til selv at opnå
forandring og udvikling.

Figur 47. De 7 Livsoplevelser i den udviklingscyklus vi befinder os i.

6. Hvordan en livsoplevelse opstår – Livsselvet og Det transformerede livsselv
En oplevelse kræver en evne til den, og en higen efter den. Din higen efter oplevelse kommer fra dit 'livsselv,' og din evne til livsoplevelse, dvs. det der muliggør en interaktion med livet via en livsoplevelse, kommer fra 'det transformerede livsselv'. Lige nu i vores udvikling manifesteres vores transformerede livsselv igennem den identitet vi kalder 'egoet', men i tidligere perioder var manifestet et andet (selvom det altså var det samme livsprincip), og i fremtidige perioder vil det igen få 'et andet navn' og udtryk.

Græsset er altid grønnere på den anden side
fordi du ikke har oplevet
at stå på det

Du har et ansvar
og det er at lade en så høj livsoplevelse så muligt
dominere din bevidsthed

Vi har hørt om dit bevidsthedscentrum (din identitet), den dominerende livsoplevelse, og alle de sekundære livsoplevelser, som eksisterer i din personlighed, og særlig i den underbevidsthed, som jo også er en del af din person. Dit valg er hele tiden at lade din dominerende livsoplevelse blive af en så høj 'vibration' så mulig, og en som mest muligt nærmer sig de højere livsoplevelser, *som allerede findes i din overbevidsthed.*

Det giver sig selv, at jo højere din dominerende/primære livsoplevelse er, jo flere sekundære (lavere) livsoplevelser er du i stand til at observere. Det svarer til at sige at jo højere du kan hæve dig i op i luften, jo større bliver din udsigt.

Jo mere dominerende din højere livsoplevelse er, jo mere bliver du i stand til at *integrere* (og ikke bare få øje på) dine lavere/sekundære livsoplevelser i den højere observerende livsoplevelse.

Det betyder helt konkret at jo højere din livsoplevelse er, jo mere er du i stand til at konfrontere og *forløse lavere smertefulde (ofte fortrængte) følelser* inden i dig, på en måde så de *for altid* transformeres til noget, der er berigende og ikke smertefuldt.

Der eksisterer altså noget i dig, som formår at forholde sig til alle de sekundære (ofte lavere) livsoplevelser i dig (f.eks. fortrængte sider af dig).

Vi kan kalde dette noget for et *identitetscentrum.*

Bevidsthedsrummet og den aktuelle bevidsthed
Dit bevidsthedsrum repræsenterer det bevidsthedsspektrum, som dækker over alle dine evner. Inden for dette bevidsthedsrum finder vi den aktuelle bevidsthed, som er der hvor du bevidsthedsmæssigt er lige nu og her. Den aktuelle bevidsthed kan bevæge sig op eller ned inden for bevidsthedsrummet, men aldrig uden for rummet. Bevidsthedsrummet kan derimod kun bevæge sig 'op', dvs. kan kun gå fremad i udviklingen.

Hvilken livsoplevelse der er den dominerende i dette identitetscentrum er op til dig og de valg du træffer, men det gælder altså at jo højere den er, jo flere ting i dig selv evner du at forløse – permanent.

Du observerer altså via din livsoplevelse, som er ligesom en kikkert som du ser/oplever livet og dig selv igennem.

Denne kikkert bruger du til at se livet igennem, *og du bruger den til at se andre livsoplevelser*, f.eks. i din underbevidsthed. Det er f.eks. det som en fortrængt følelse er, en livsoplevelse – og ofte en af de smertefulde af slagsen.

Din opgave er at vælge kikkerten – og at evne den. Den kikkert du sætter for øjet, er dit ansvar – og således er det faktisk dit ansvar hvordan du oplever livet.

En interessant tanke, at din oplevelse af livet er dit eget ansvar!

Det handler derfor for dig om valg, evner, og ansvar – og der er mange livsoplevelser at vælge igennem.

Når du indhylles af et traume, da opleves det som om traume-kikkerten 'vælger' dig, og 'tvinger' dig til at se verden igennem denne kikkert. På denne måde bliver du vist en verden, der er meget forskellig fra den du normalt oplever (Figur 49). Da enhver kikkert kommer med sin egen livsoplevelse, identitet, moral, etik og værdinormer, da kan et sådan skift i den kikkert du bruger, nærmest gøre dig til et 'andet væsen', en anden identitet, en anden person.

Det kan være en rigtig svær oplevelse. En sådan traumekikkert udgør *'en person som du engang var i din bevidsthed'* (tidligere i dit liv), og altså en person, som engang betragtede livet igennem denne kikkert, før fortrængningen skete.

Det er ikke rart at betragte livet (og dig selv) gennem sådan en kikkert. Så er det bedre at betragte det gennem den 'højeste' kikkert som du evner.

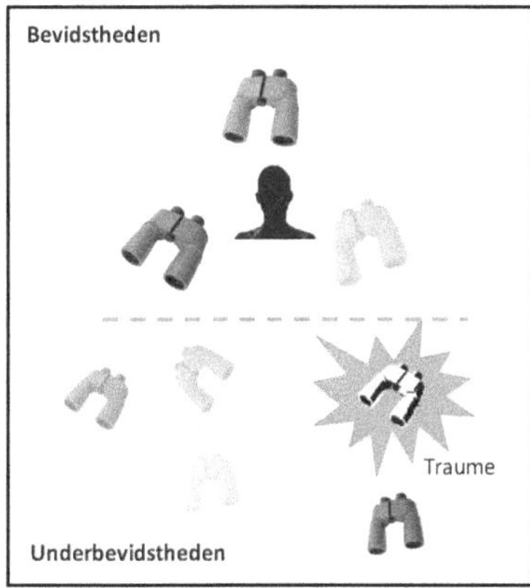

Figur 48. I bevidstheden og underbevidstheden er der forskellige måder at opleve livet på. De er hver som en kikkert, der viser dig forskellige versioner af livet. Nogle er i decideret konflikt med f.eks. aktive livstemaer.

Vær helt klar over, at hver eneste kikkert viser dig *en forskellig version af livet* – med hensyn til nutiden og fremtiden og fortiden. Det er altså vigtigt at huske på – at selvom du tror fuldt og fast på det du ser, så er der nu alligevel andre måder at se/opleve livet på. Det er særlig vigtigt at huske på, når livet gør ondt.

Livsselvet og 'det transformerede livsselv' – livsviljen og livsevnen

Et spørgsmål er da: hvem er det egentlig, som ser gennem denne kikkert? Der er noget, som ser livet og som oplever det. Der er noget, som *ønsker* at opleve. Dette noget kunne vi kalde din 'essens'. Det er din indre livsvilje, viljen til oplevelse, viljen til interaktion med livet. Men foruden dette er der altså noget, som *evner* at opleve livet.

Der er altså *vilje* og *evne*, to ting som er nødvendige for oplevelse.

Jeg skelner altså mellem disse to ting – og jeg gør det i en grad, at disse to ting får deres egne navne og plads i dit væsen.

Viljen (og din higen) efter oplevelse kommer fra det sted i dig, som jeg kalder 'livsselvet'. *Evnen* derimod kommer fra det sted i dig, hvor livsselvet 'transformeres' til noget der faktisk *evner* at opleve – via det jeg har beskrevet som *livsoplevelsen*.

Jeg kalder altså dette *'det transformerede livsselv'* (Figur 49). Derved skelner jeg, som sagt, mellem viljen til oplevelse, og evnen til oplevelse. Jeg siger altså at det er to forskellige ting, to forskellige dele af dig.

Man kan se livsselvet, som *viljen* til at se, og det transformerede livsselv som selve øjet, der *evner* at se og opleve det, som det ser.

Livsselvet udgår direkte fra kilden bag hele vores eksistens. Livsselvet udgør en slags *ur-higen efter oplevelse*, men også en higen, som kræver en evne til at opleve, hvis det skal blive 'realiseret'. Livsselvet er som en *higen* efter at se, men ikke en *evne* til at se. Det transformerede livsselv er det, som giver dig evnen til at opleve/se.

Vi har brug for begge ting, ellers har vi en higen efter oplevelse, men ingen evne til at kunne opleve, eller vi er som et væsen med evnen til at opleve, men ingen lyst til det.

Din identitet opstår

Livsselvet er altså transformeret/omformet til noget, *der evner at skabe en identitet, som kan opleve* gennem livsoplevelser. Du bliver altså givet evnen til at opleve livet, og du får desuden evnen til at opleve *dig selv som en identitet, der er klar over at den/du oplever*! Det transformerede livsselv lægger grunden for en identitet.

Identiteten (oplevelsen af at du er et unikt selvbevidst oplevende væsen – en oplevelse der særlig opstår i løbet af Ego perioden) er altså opstået ved at livsselvet er transformeret til noget med en evne til f.eks. at opleve via ego/Hjerte livsoplevelserne.

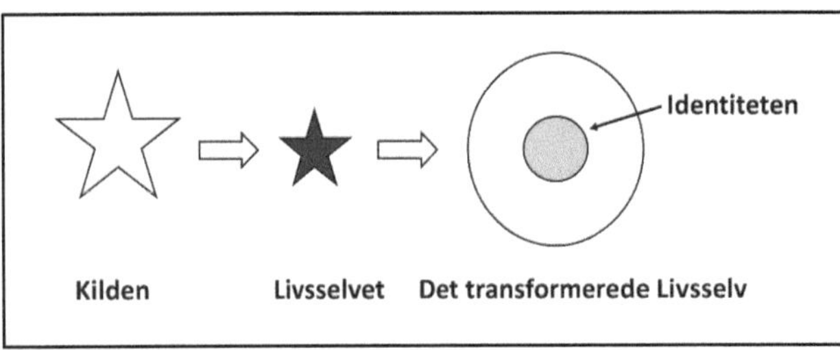

Figur 49. Fra Kilden til en oplevelse af livet af et væsen med en Identitet.

Hvem er det da, som evner oplevelsen? Lad mig tage Ego livsoplevelsen som eksempel. Ego-personlighedsstrukturen (over-bevidsthed, bevidsthed, underbevidsthed, fortrængningsmekanismer, osv.) er tilpasset Ego livsoplevelsen med alle dens regler, livstemaer, osv. Den overordnede oplevelse er en oplevelse af, at du er forskellig fra dine medmennesker og verden omkring dig. Ego *identiteten* gør at du oplever dig selv som et unikt væsen - der oplever. Din opfattelse af hvem du er, er overvejende baseret på omgivelsernes syn og accept af dig, men du er dog *forskellig* fra omgivelserne.

På denne måde *er* du ikke oplevelsen. Du *er* et væsen – som oplever. Læg mærke til forskellen. Sådan lægger Ego livsoplevelsen grunden for et dualistisk verdenssyn, det verdenssyn som er så vigtigt i denne udviklingsperiode.

Svaret på spørgsmålet er derfor at Ego livsoplevelsen, dvs. denne sansning af verden, er tilvejebragt *af hele din personlighedsstruktur,* men at Ego livsoplevelse har et indbygget 'program' der *skaber en identitet*, et selvbevidst centrum, som *bevidst relaterer sig til oplevelsen* – og som oplever, at det er denne identitet, der har oplevelsen.

På denne måde kan vi godt sige at identiteten oplever, men oplevelsen sanses altså i hele din struktur og ikke bare i identiteten (som vi lige nu kunne kalde det selvbevidste centrum i din personlighedsstruktur).

Lad mig gentage hvordan det hænger sammen: Identiteten (og hele din personlighedsstruktur) formår at opleve, at sanse verden via en livsoplevelse, men har ikke en higen efter det. Livsselvet har en higen efter at opleve, men ikke evnen til at gøre det via Ego og Hjerte livsoplevelserne (og de livslove/livstemaer, som de er underlagt). Det besidder ikke en underbevidsthed, en ego identitet, osv. Det er derfor kombinationen, som fører til en personlighedsstruktur og en indre higen efter oplevelse

Det er altså *kombinationen af livsselvet og det transformerede livsselv,* der fører til et oplevende væsen med en identitet. Ingen af 'tingene' kunne have gjort dette hver for sig. Det er denne unikke kombination der skaber en oplevelse af hvem du er som person – hvor 'personen' altså er den identitet der er i centrum af din livsoplevelse. I Ego livsoplevelsen er det ego-identiteten, og i Hjerte livsoplevelsen er det hjerte-identiteten. Sidstnævnte er for øvrigt lige nu ved at indfinde sig inden i dig, i din bevidsthed. Den er desuden allerede helt dominerende i din overbevidsthed, og når mennesker taler om at du skal *finde ind til din sande essens*, da er det i virkeligheden din hjerte-identitet de taler om. Din ego-identitet er dog naturligvis lige så sand.

Kombinationen af livsselvet og det transformerede livsselv formår altså at manifestere sig i en personlighedsstruktur, en identitet, og en higen – og alt sammen faciliterer på perfekt måde en specifik livsoplevelsen.

At opleve via en livsoplevelse

At opleve 'via' en livsoplevelse betyder, at man er i stand til at sanse verden i henhold til de aktive livstemaer, og med den personlighedsstruktur der passer til disse livstemaer. Din personlighedsstruktur er altafgørende for at du kommer til at tro på de aktive livstemaer, hvilket er nødvendigt for din udvikling. Lige nu er det f.eks. nødvendigt med en underbevidsthed, der indeholder komplekser som du projicerer ud i verden. På denne måde kommer du nemlig i kontakt med komplekserne, og med dig selv via verden. Uden denne underbevidsthed ville du simpelthen ikke tro på de livstemaer, som er knyttet til Ego perioden, og uden en ego identitet i denne personlighedsstruktur, ville du naturligvis heller ikke tro på dem.

Både livsselvet og det transformerede livsselv er hensigtsmæssige for din udvikling – og begge er afpasset din livsoplevelse, og de ændrer sig derfor når denne ændres (hvilket, som sagt, er ved at ske nu med hjertets indtog på bevidsthedsscenen).

Hvem kigger gennem kikkerten?

Hele det transformerede livsselv faciliterer oplevelsen, men din bevidsthed/identitet har stor indflydelse på hvad der opleves, og hvordan det opleves. Du søger nemlig oplevelser for at styrke din identitet og for at udvikle den. Derudover oplever du via din identitet, og tolker oplevelsen med denne.

Dette foregår mens du f.eks. er domineret af Ego livsoplevelsen, eller mens du er domineret af højere livsoplevelser. Der er altså en dualisme i spil her, to poler, hvor *det oplevede* er den ene pol, og hvor *din oplevende identitet* er den anden.

Denne identitet er også i stand til at vurdere og værdisætte oplevelsen, og f.eks. beslutte om du ønsker denne type af oplevelser igen. Oplevelser som er befordrende for din udvikling, er nogle du ønsker igen.

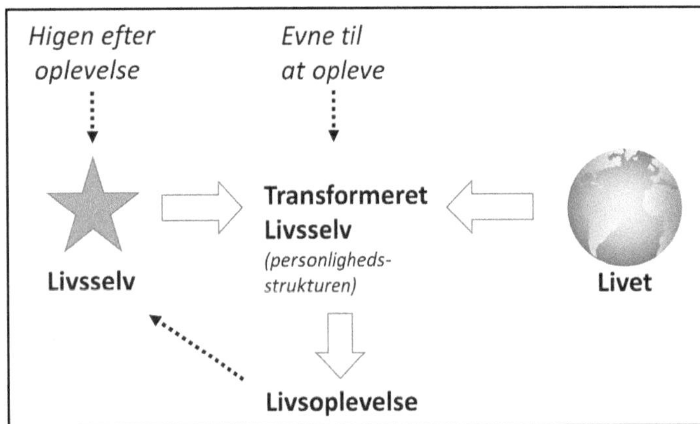

Figur 50. Fra livsselvet til livsoplevelse.

Definitionen på livsoplevelser

En livsoplevelse er noget der sker inden i dig, men det inkluderer naturligvis den verden du oplever. Når jeg snakker om livsoplevelsen, så er det dog den indre oplevelse, som jeg tænker på i langt de fleste tilfælde. Det er *din* indre oplevelse af livet. Det som 'styrer' denne oplevelse er overordnet set din personlighedsstruktur, samt de livstemaer der dominerer den. Lige nu inkluderer det jo en overbevidsthed, underbevidsthed, bevidsthed, ego-identitet, kombineret med ego persona-religion-helte-anima-animus-osv. livstemaer. Denne samlede struktur sætter de overordnede grænser for din livsoplevelse. Inden for denne grænse er din oplevelse selvfølgelig afhængig af dine personlige erfaringer og valg i livet. Når denne personlighedsstruktur ændres, da ændres de overordnede grænser for din oplevelse af livet, og det er så småt ved at ske nu. Det vil føre til en fundamental anderledes oplevelse af livet.

En livsoplevelse kræver en som oplever, og noget som opleves. Tidligere i vores udvikling, da vi ikke var (selv)bevidste som vi er det nu, var mødet med verden helt sikkert også en oplevelse, blot af en anden art end den jeg snakker om nu. Lige nu tager jeg udgangspunkt i hvor du er i din udvikling. Her er det afgørende for din oplevelse, at du oplever *dig selv som en oplevende person*, der har en oplevelse som du kan vurdere og forholde dig til. Det er altså vigtigt at 'det transformerede livsselv' ikke bare er en personlighedsstruktur med evne til at sanse og se verden, men tillige at det også fører til skabelsen af *en vurderende identitet i centrum af denne struktur.*

Livsoplevelsen opstår *i mødet mellem din personlighedsstruktur/din identitet og verden omkring dig* (eller i dig). I dette møde, hvor der foregår *en bevidst sansning,* opstår en oplevelse der straks holdes op imod alt det som Identiteten tror på, hvorefter det får en værdi og bliver til *'den værdibaserede livsoplevelse'*.

Man skal se 'det transformerede livsselv' som noget i vores væsen, der 'forvandler' livsselvets kraft og essens til en *selvreflekterende oplevende enhed* (identitet), der formår at sætte en kikkert for øjet og tro på det den ser – og endvidere *definere sig selv* i forhold til det den ser.

Transformationen 'forvandler' livsselvets kraft og essens
til en selvreflekterende oplevende enhed,
som også lægger grunden for
skabelsen af din identitet

Livsselvet er 'udenfor' hele din personlighedsstruktur. Det er som livskraften bag hele din 'oplevelsesstruktur'. Det er det som forbinder dig til Kilden. Din personlighedsstruktur udgør hele det regelsæt, som danner grundlaget for at det transformerede livsselv kan få den oplevelse, som den har brug for.

Personlighedsstrukturen er en indviklet struktur, som altså sørger for fremdrift og udviklingsmuligheder for det væsen, som du er i dag. Personlighedsstrukturen er, som vi har set det, også selv i forandring. Lige nu er det en struktur, som består af en underbevidsthed, en bevidsthed og en overbevidsthed – og som passer perfekt til individer der befinder sig i Ego udviklingsperioden, væsner som er ved at udvikle deres egobevidsthed, og som øver sig i at opleve livet via Ego livsoplevelsen.

Hvad er bevidsthedsudvikling?
Din identitet ændrer/udvikler sig med tiden, f.eks. når der kommer mere Hjerte energi ind i din livsoplevelse (hvilket der med sikkerhed vil gøre, da det er den energi der p.t. dominerer din overbevidsthed).

Når vi snakker om identiteten, f.eks. ego-identiteten der jo fylder mest i os, da forbinder vi udvikling med det vi kalder 'bevidsthedsudvikling'. For ego-identiteten er dette jo tildeles at blive bevidst om *'sig selv'*, og at forstå, samt styrke og udvikle, ego-identiteten i forhold til de omgivelser og det samfund som definerer den – samt de regler/livstemaer, der ligger bag egoets livssyn. Dette sker igennem interaktionen med livet på 'ego-måden' – dvs. ved at følge de regler, som kendetegner ego-identiteten.

Ego-identiteten er altså en oplevelse af hvem du er som væsen, når denne oplevelse er baseret på de regler som er defineret af det jeg kalder Ego livsoplevelsen.

Det følger heraf, at når disse regler ændres, eller erstattes med andre, da ændres hele din oplevelse af dig selv, og hvem du er. Dette kaldes udvikling og det sker kontinuerligt. Lige nu er 'ego-reglerne' ved at blive udskiftet med 'hjerte-reglerne', hvilket naturligvis kan være angstprovokerende, eftersom du skal sige farvel til en identitet, som du føler dig tryg ved, og som du har haft i lang tid.

Bevidsthedsudvikling betyder en ting for ego-identiteten, men noget ganske andet for hjerte-identiteten. For hjerte identiteten er det f.eks. vigtigt at forstå dig selv *igennem dit bidrag til fællesskabet,* samt i forhold til de regler/livstemaer, der ligger bag hjertets livssyn.

Bevidsthedsudvikling beskriver altså vores evne til at styrke en identitet, og bevidsthedsudvikling er at gå fra en livsoplevelse til en anden 'højere' livsoplevelse, der tillader et 'højere' og mere nuanceret livssyn – på verden og dig selv.

Observatøren

Når jeg nu snakker om 'observatøren', da snakker jeg om at observere en livsoplevelse inden i dig. Denne livsoplevelse kunne f.eks. være en følelse, eller en følelsesmæssig reaktion fra din nutid eller fortid. Et eksempel kunne være, at du er i en situation hvor et gammelt traume aktiveres og truer med at overtage dig helt eller delvist. Du er ved at gå i følelsesmæssig affekt, men i stedet for at blive overtaget følelsesmæssigt, da formår du at 'blive hos dig selv' og holde de aktiverede følelser 'på afstand'.

Det som sker, er at i stedet for at blive overtaget af følelserne, da observerer du dem. Det som observerer, er ikke dit livsselv. Det er heller ikke det transformerede livsselv idet dette udgør totaliteten, og altså 'favner' både det som observerer, og det som observeres.

Det som observerer er, som sagt, derimod *din primære identitet,* som via *en* livsoplevelse formår at observere *en anden* (lavere eller sekundær) livsoplevelse (identitet).

Husk at ethvert traume og ethvert kompleks er en livsoplevelse, og når det lykkes dig at observere det, da observerer du en livsoplevelse. At observere er ikke nødvendigvis noget du gør ved brug af noget i dig som er højt løftet over dit ego. Det kan være en højere del af egobevidstheden, som observerer en lavere del af ego bevidstheden. Faktisk vil jeg hævde, at når vi formår at observere en følelsesmæssig reaktion i vores liv, da er det mest på denne måde at det foregår, selvom vi måske tror at observatøren er noget langt højere.

Dermed ikke sagt, at det ikke kan være det. Det kunne nemlig også være en Hjerte livsoplevelse/identitet som observerer en ego identitet. Det er faktisk helt specielt når dette sker, for da ser du nemlig *hele vejen rundt om* det du observerer. De fleste gange er observatøren, og det observerede, dog inden for samme slags livsoplevelse.
Du kan se Ego livsoplevelsen som 3 sal i en bygning, og Hjerte livsoplevelsen som 4 sal. Hvis du skal se hele 3 sal, kan du ikke gøre hvis du står på 3 sal, og således kan egoet ikke (ind)se essensen af sig selv (det kan se lavere dele af sig selv, og måske ned på 2 sal, men den kan ikke se *selve essensen* af sig selv). Når du er på 3 sal, kan du øve dig i

at være der, men hvis du skal se selve *essensen* i egoet, da bliver du altså nødt til at flytte til 4 sal!

Det er altså din primære identitet som observerer – via den livsoplevelse, som dominerer den.

Observatøren er din primære identitet,
som observerer en sekundær identitet.

Det transformerede livsselv inkluderer lige nu både overbevidstheden, bevidstheden og underbevidstheden, og ud af dette opstår en oplevelse af *dig selv,* og derved det vi kalder *din identitet*. I den analytiske psykologi snakker man om Selvet og om egoet/jeget. Med tanke på dette, da er 'det transformerede livsselv' nærmest som det man kalder selvet, altså det der omslutter alle delene i din person og binder dem sammen, og det som sørger for balancen.

Identiteten er indeholdt i dette, ligesom jeget/egoet er indeholdt i selvet. Igennem din personlige historie og din interaktion med verden, samt de livsoplevelser som har medieret denne oplevelse af verden (og dig selv i den), har du formet et billede og en oplevelse af hvem du er som person. Dette er din identitet, og et af dine vigtigste holdepunkter i livet.

Transformationen af livsselvet har givet dig denne evne til at skabe en identitet, men din identitet er i høj grad et produkt af hvilken livsoplevelse, der er dominerende i dig. Dette er som sagt noget som er op til dig og de valg du (din identitet) tager. Dette fortæller noget ganske specielt om din identitet og dig, nemlig at du faktisk besidder en vilje til at vælge den livsoplevelse, som skal definere dit udsyn.

Viljen i identiteten kommer særligt via livsoplevelsen der dominerer den. Er den/du domineret af Ego livsoplevelsen er viljen af en slags der passer til den, og er du domineret af Hjerte livsoplevelsen er den af en *anden slags*.

Identiteten.
Med identiteten mener jeg selve identitetsstrukturen, med evne til at blive organiseret efter livsoplevelsens regler, belivet af livsselvets oplevelseshigen og vilje til oplevelse. Tilsammen bliver dette til en identitet, med vilje og evne til at opleve i overensstemmelse med livsoplevelsens regler.

Hjertets vilje handler f.eks. om at realisere dig selv via dit bevidste bidrag til fællesskaber, mens ego viljen handler om at realisere dig selv via adskillelsen fra fællesskabet, og dennes anerkendelse af din person. Selvværd, som jo er noget der knytter sig til den aktuelle identitet, betyder altså noget helt forskelligt for disse to livsoplevelser.

En livsoplevelse består jo af flere bevidsthedslag. Der er både bevidste og overbevidste lag, og det er igennem disse lag at livsselvets vilje kommer til udtryk. *En* type livsoplevelse giver dig *en* type oplevelse af verden (og også af dig selv), og den giver dig endvidere *en* type vilje til at realisere dig selv - på en måde der passer specifikt til den livsoplevelse som er dominerende.

Er du f.eks. domineret af dit ego, da oplever du dig selv delvist via Ego livsoplevelsens principper, som 'dikterer' at du er *defineret af dine omgivelser og af samfundet* – da det jo i høj grad er det, som definerer egoet. Dit selvværd er i omgivelsernes hænder, og dit liv er fokuseret på at styrke dit ego. I dette tilfælde ville det jo slet ikke gå, hvis din vilje gik ud på at blive en bevidst del af fællesskabet/menneskeheden, når du jo dårlig nok er bevidst om dig selv. Er du domineret af dit ego, da har du derfor en *vilje* til at forblive *bevidst adskilt fra fællesskabet,* for at finde dig selv *ud fra dette dualistiske livssyn*.

Senere i din udvikling, når du er domineret af hjertet, da vil viljen til 'enhed med fællesskabet' være den vilje, der passer perfekt til din Hjerte livsoplevelse.

Din identitet, der altså fortæller dig hvem du er som væsen, er dog omringet af ting, som du knap (eller slet ikke) kan opfange med din bevidsthed, ting som befinder sig i din underbevidsthed, og i din overbevidsthed. Det giver dig uden tvivl en fornemmelse af, at der er mere til dig selv, end den identitet, som du oplever er dig. Og du har jo helt ret. Du er så langt mere. Din identitet er en lille del af hvem du egentlig er, og sådan som din person er sammensat, da ønsker du altid at lære dette mere at kende – uanset om det er din underbevidsthed eller overbevidsthed.
Således søger identiteten altid ud over sig selv.

At være 'observatør' er altså at være til stede i en højere livsoplevelse, hvorfra man observerer lavere identiteter i sig, identiteter som oplever livet gennem lavere livsoplevelser – som man altså ofte forsøger at holde fra sin primære identitet.
Det er derfor at vi, når vi indhylles af komplekser eller traumer, bogstaveligt talt oplever at blive til en 'ny identitet', med en anden livsoplevelse og andre værdinormer.

Livsselvet og udvikling
'Det transformerede livsselv' udvikler sig i løbet af dit liv, men det er en udvikling, som er svær at sammenligne med den, som identiteten undergår. Det transformerede livsselv er jo en 'struktur', som evner at opleve og som evner selvrefleksion, og som udgør fundamentet for identitets-oplevelsen. Denne identitet er jo lige nu opgjort af bevidstheden, underbevidstheden og overbevidstheden, af bevidstgjorte livsaspekter i din bevidsthed, samt psykiske størrelser i din underbevidsthed, og latente

livsoplevelser i din overbevidsthed.

Det er klart at underbevidstheden og bevidstheden ændrer sig i løbet af dit liv, og det gør din identitet også – dvs. hvordan du oplever dig selv. Når vi snakker om udvikling, da gælder det at din bevidsthed 'udvikler sig' til at kunne evne højere livsoplevelser, f.eks. Hjerte livsoplevelsen. Man kan også se det på følgende måde: det transformerede livsselv manifesterer sig i en struktur, der evner at interagere med livet på den måde der kendetegnes af det jeg kalder Hjerte livsoplevelsen. Derved kan man altså sige, at udtrykket for det transformerede livsselv ændrer sig, når du udvikler dig.

Livsselvet 'kræver' vedvarende oplevelse, og hele din personlighedsstruktur er til for at skaffe det denne vedvarende oplevelse. Det er altså ikke bare bevidstheden eller din identitet, der leverer oplevelser.

Vedvarende oplevelse fordrer konstant udvikling. En af de ting som sørger for dette, er din overbevidsthed. Det er nemlig din overbevidsthed, som huser din dybeste higen, efter at opleve stadig højere dele af tilværelsen og livet. Det er fra overbevidstheden du får din dybeste livsvilje.

Når du er i kontakt med overbevidstheden, da er du i kontakt med livsselvet i overbevidstheden. Livsselvet manifesterer sig i alle dele af din personlighedsstruktur, og i det vi kalder overbevidstheden manifesteres dets livsvilje i renere form, end i andre dele af dig.

Når du evner en højere livsoplevelse, da er du samtidig tættere knyttet til din overbevidsthed og derved også til den del af livsselvet, som giver det liv. Du er derfor også i tættere kontakt med livsviljen, som jo er et andet ord for *den dybeste kærlighed til livet som findes*, og den dybeste kærlighed til dig selv. Det er en kærlighed som naturligvis fuldstændig overgår den kærlighed som eksisterer i egoet, og som udvisker enhver mangel på selvværd. Det er en kærlighed som gør dig fri og lykkelig i en grad som er umulig at forestille sig. Det er denne kærlighed som du kommer nærmere når du begynder at evne Hjerte livsoplevelsen. Denne kærlighed opstår altså når din aktuelle bevidsthed/identitet kommer i direkte kontakt med et højere princip af dig selv. At opnå denne kontakt er det umiddelbare formål med dit liv!

7. Afslutning

Bag egoet ligger andre strukturer. Man kan se det vi kalder egoet som navnet på en identitet, der ligger i centrum af den livsoplevelse, som jeg kalder Ego livsoplevelsen. Denne identitet fødes ud af en struktur, en personlighedsstruktur der består af 1) en overbevidsthed (der er som et billede af fremtiden for vores bevidsthed, samt det som indeholder vores higen til fremdrift og viljen til det), 2) en bevidsthed der rummer identiteten, og vores evne til bevidst sansning og selvrefleksion, og 3) vores underbevidsthed, der blandt andet rummer de livstema konflikter, som vi har skabt i løbet af vores liv (konflikter der er i fuld gang med at blive projiceret ud i verden). Hele denne struktur giver os evnen til at interagere med verden og sanse den, men som du har set i dette kapitel, da mangler der en afgørende ting: en higen efter de oplevelser, som denne struktur kan manifestere. Denne higen udgøres af det jeg kalder livsselvet.

Livsselvet er som en gnist af Kilden, der er placeret i alle væsener for at anspore til oplevelse. Den er det, der på magisk vis puster liv i hele denne fantastiske personlighedsstruktur kaldet "Det transformerede livsselv".

Livsselvet er din 'urhigen' efter oplevelse. Det er det som dybest set gør, at vi tager skridt efter skridt og aldrig stagnerer. Det er en urhigen, som ikke selv formår at interagere med og sanse verden, men ved at transformere sig til "det transformerede livsselv", da skabes en utrolig *'oplevelses-maskine'* som har evnen til oplevelse.

Denne 'maskine' skræddersys efter udviklingsperioden og individets udviklingsniveau. I særdeleshed er det skræddersyet til at give en livsoplevelse, der er baseret på de regler, som er sat af de aktive livstemaer.

Nye livskræfter er aktive lige nu i dit liv grundet de høje hjerteenergier i overbevidstheden – og det er livskræfter, der står for 'enhed' og 'fællesskab'. Dette byder dig til stadighed at udvikle din identitet og din selvbevidsthed – men denne gang ikke gennem et dualistisk livssyn, men derimod gennem et livssyn, hvor du oplever dig selv som et med verden og menneskeheden – og derfor et livssyn, der gør at dit eget liv giver størst mening, hvis du aktivt tager del i, og bidrager til, dette fællesskab.

Det er svært for egoet at forstå, at man kan udvikle sin identitet *ved at bidrage til fællesskabet*, men ikke desto mindre er det sådan, og det fortæller lidt om hvor forskellige Ego og Hjerte livsoplevelserne er, og også om de to meget forskellige identiteter i Ego og Hjerte livsoplevelserne. Disse to Identiteter er i den grad gjort op af helt forskellige 'ingredienser', og de bygger på helt forskellige værdigrundlag, og endda på forskellige personlighedsstrukturer!

Det som er særlig interessant i disse dage er, at du mere og mere fremstår som et væsen gjort op af to hoved-identiteter – ego og hjerte identiteterne. Dette er i den grad en udfordring. Begge disse identiteter reagerer nemlig på det, som du møder i dit liv.

Din opgave er at give dem begge plads, og erkende at de begge er en del af dig – og at de begge repræsenterer et vigtigt udviklingspotentiale for dig.

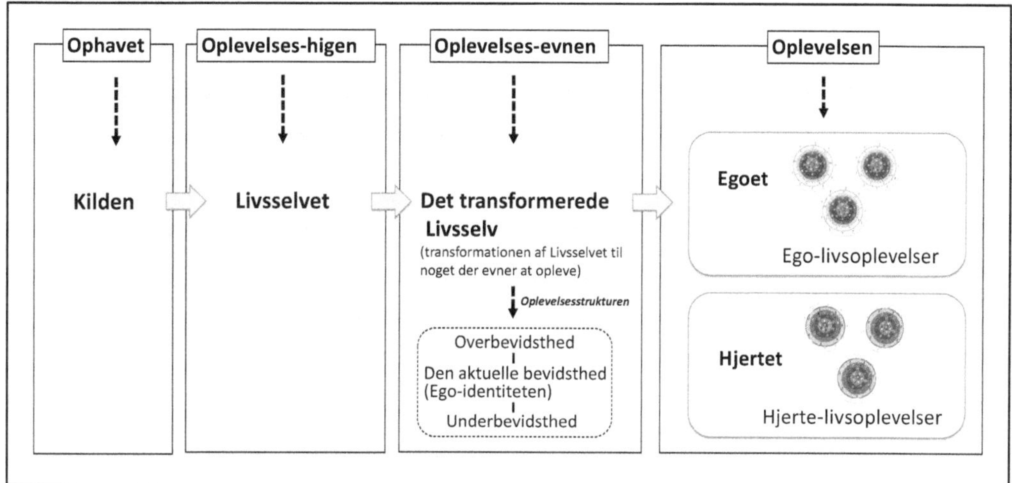

Figur 51. Fra Kilde til oplevelse

En oplevelse kræver 1) en evne til at opleve og 2) en higen efter at opleve. Din higen efter oplevelse kommer fra dit 'livsselv' og din evne til at opleve fra 'Det transformerede livsselv'. En livsoplevelse kræver begge disse ting. Ellers kan den ikke ske. Lige nu i vores udvikling manifesteres vores transformerede livsselv igennem den identitet vi kalder 'egoet', og altså i den oplevelsesstruktur der består af en overbevidsthed, bevidsthed og en underbevidsthed. Efterhånden vil identiteten blive mere farvet af Hjertet, hvilket også vil lede til en ændring af vores oplevelsesstruktur. Komplekser og traumer (som opstår når egoet er i konflikt med de aktive livstemaer) forsvinder, ligesom underbevidstheden, som du kender den, erstattes af 'hjertekammeret' og, i tilfælde af konflikt med livstemaerne, af hjertesmerte.

Men de nye Hjerte energier er også ved at transformere din nuværende personlighedsstruktur, hvilket vil give dig en helt ny oplevelse af verden, og føre til en ny identitet – og til at du skal sige farvel til den gamle identitet, og farvel til din gamle personlighedsstruktur, dit gamle vindue til verden.

En spændende og udfordrende transformation, som du altså står lige midt i, og hvis formål det dybest set er at skaffe nye oplevelser til Kilden.

15. Formålet med vores liv og Menneskehedens netværk

Det umiddelbare formål med dit liv
er en livsoplevelse
hvor nærværet ikke kompromitteres
af din underbevidsthed.

I denne bog er du blevet præsenteret for at nyt verdensbillede. Det består af 2 evolutions cykler, 14 energier, 7 Livsfelter, 7 typer af livsoplevelser med 3-7 lag (i alt 39 Lag, hvoraf ingen er helt identiske), en kollektiv og personlig overbevidsthed, en kollektiv og personlig bevidsthed, en kollektiv og personlig underbevidsthed, utallige livstemaer, 7 personlige udviklingsstrukturer med hver deres unikke struktur og 'love' og formål!

Konsekvensen af alt dette er en *udvikling* af os som individer, en bevidsthedsudvikling, og en udvikling af vores livsoplevelse.

Noget som er helt centralt for denne bog, og det verdensbillede som jeg har givet videre til dig, er som sagt livsoplevelsen. Jeg synes at det er ganske forunderligt at alle de forskellige livsaspekter er indeholdt i vores livsoplevelse. Instinkter, livstemaer, underbevidsthed, bevidsthed og overbevidsthed, sanseorganer, livsfelter. Det hele er der og er f.eks. en del af alt hvad du *føler,* når du kigger på et andet menneske og føler glæde, når du går ude i naturen og føler tilfredshed, når du skændes med din chef, når du føler sorg, når du oplever at livet giver mening, når du griner, osv. Måden disse aspekter blandes sammen på, og hvor meget de repræsenterer en *bevidst* oplevelse, ændrer sig i løbet af vores udvikling og manifesterer sig overordnet set i 7 kategorier – kaldet de 7 livsoplevelser.

Hele vores udviklingscyklus handler om disse livsoplevelser, om at udvikle vores evne til at 'kunne indeholde' dem, til at sanse livet via dem. Alt i vores udvikling handler om at integrere den nuværende livsoplevelse, og gøre os rede til den næste.

I dette kapitel vil jeg slutte af med at fokusere på det verdensbillede jeg har præsenteret for dig, og på at vise dig at dette verdensbillede kan betragtes som bestående af nogle pre-definerede strukturer, kaldet livskar, der når de fyldes med livsoplevelser, danner opskriften på *forandring og udvikling* af de individer som er en del af denne imponerende struktur, samt af Kilden som oprindeligt skabte strukturen. Efter dette vil jeg fokusere på hvordan dine medmennesker spiller en helt central rolle for din udvikling. Jeg vil fortælle dig om det netværk, som du selv er en del af sammen med dine medmennesker, og om hvordan du bruger dine medmennesker i dette fascinerende netværk.

Vores udviklingscyklus
består af 4 tomme arketypiske kar,
som venter på at blive fyldt med substans,
en substans leveret af livsoplevelserne.

1. De store Livs kar – opskriften på forandring og udvikling

Livstemaerne – det kollektive ubevidstes livskar

Livstemaerne hører under kategorien "livskar", idet de repræsenterer en form, et kar, (og en lovmæssighed), hvori psykisk/åndelig energi kan ophobes (og organiseres). Men livstemaerne repræsenterer blot et livskar ud af mange livskar. Af andre livskar kan nævnes livsfelterne, vores livscyklus, samt vores udviklingsstrukturer. Du kan se de forskellige livskar i figur 52.

Livstemaerne organiserer den energi der kommer fra det overbevidste og skal igennem vores personlige underbevidsthed. Alle disse strukturer er jo uden indhold i sig selv, men får indhold af den energi der kanaliseres igennem dem. I Ego livsoplevelsen er du i ubevidst kontakt med livstemaerne, men i Hjerte livsoplevelsen begynder kontakten at blive bevidst. Lige nu i vores udvikling kan vi definere livstemaerne som *livskarrene i det kollektive ubevidste.*

Livstemaer er de livskar som befinder sig i det kollektive ubevidste, og som organiserer den energi som kommer fra overbevidstheden.

Livsfelterne – dimensionernes livskar

Livsfelterne er de forskellige dimensioner i livet. Man kan sige at vi har kontakt med disse felter via vores livsoplevelse, og at det er vores livsoplevelse som vi manifesterer, eller lagrer, i felterne. Livsfelterne kan betragtes som et fundament for mellem-menneskelig fysisk/psykisk/åndelig kontakt via vores livsoplevelser. De gør at der kan lagres livsoplevelser i de forskellige dimensioner (fysisk/psykisk/åndelig dimension). De er dimensionernes livskar.

Udviklingsstrukturerne – udviklingsperiodernes livskar

Endelig er der udviklingsstrukturerne. De er lovmæssigheder, der skal sikre at vi møder det vi har brug for, at vi tiltrækker os det vi har brug for, og at vi har de forudsætninger, der skal til for at hjælpe os videre. Udviklingsstrukturerne er altså et andet eksempel på livslove der har til formål at give os netop den livsoplevelse som vi har brug for i vores udvikling, men er samtidig love uden liv i sig selv. De er udviklingsperiodernes livskar – og det som bringer dem til live, er livsoplevelserne fra de væsener, der befinder sig i udviklingsperioderne.

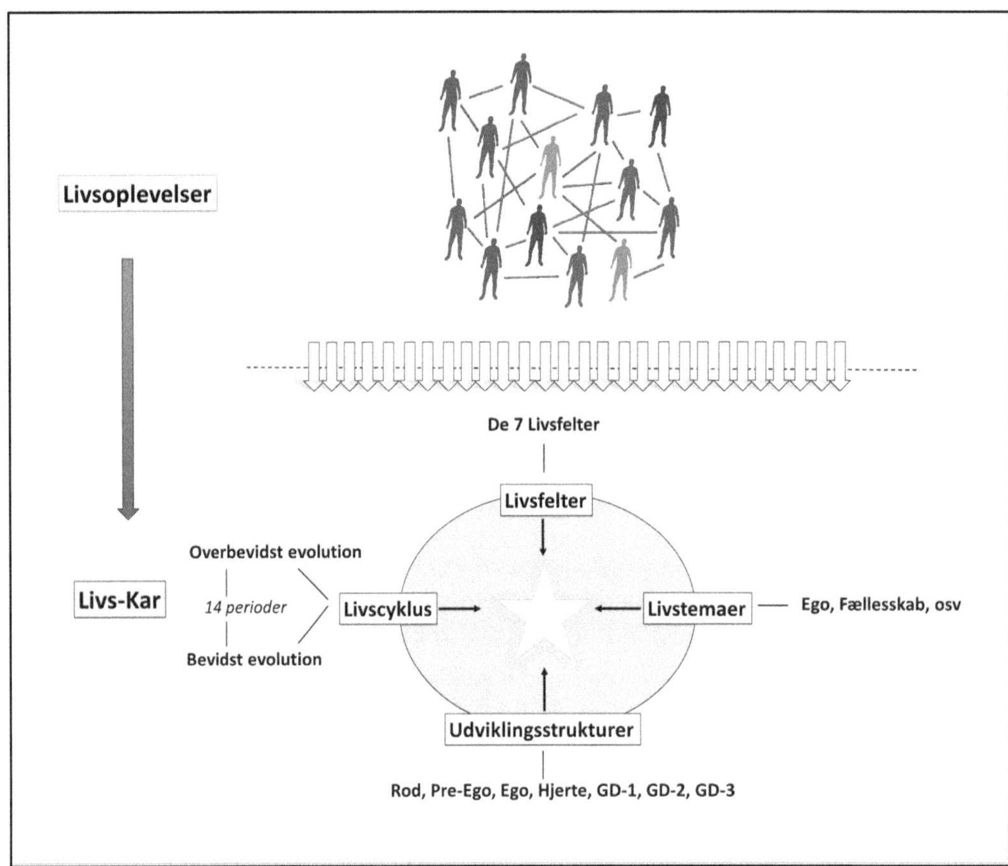

Figur 52. De store Livskar – og livsoplevelserne.
Livsoplevelsen fra alle levende væsener (mennesker og andre levende væsener) udgør 'sjælen' i det store Evolutions kar, der er gjort op af alle livskarrene. Overordnet er der 4 store Livskar: livsfelter, livscyklus, udviklingsstrukturer, og livstemaer. Disse fungerer som de store livslove, der har til formål at strukturere og organisere livsenergi.

Evolutionskarret – vejen til Kildens forandring

Alle disse livskar er forbundet til hinanden i en kæmpemæssig struktur, som tilsammen udgør det jeg kalder 'Det store Evolutions kar'. Det liv som eksisterer i denne struktur, er *intentionen* bag den, *viljen* bag den. Denne vilje har altså skabt alle de kar, der skal til for at drive en hel evolutionscyklus, for alle de individer som er en del af den. Det er individer som indgår i større og større bevidste fællesskaber, jo længere hen i udviklingsperioderne de kommer, fællesskaber som også bliver mere og mere bevidst forbundne med Kilden selv. Kilden selv manifesterer sig igennem alle væsener via livsoplevelsen, og som denne forandres, da forandres også Kilden. Alt sammen har nemlig dette ene formål – at lægge fundamentet til forandring – af alle væsener i evolutionscyklen – og derved af Kilden selv. Man kan derfor også se hele vores evolutions kar, som et kæmpe fundament til forandring og udvikling af skaberen af det (figur 53)!

2. Menneskehedens store Netværk
Som nævnt er vores udvikling gennem udviklingsperioderne også forbundet med større og større bevidste fællesskaber med andre væsener. Lige nu indgår du i et fascinerende netværk med alle andre mennesker, og det vil jeg godt slutte af med at fortælle dig om.

Menneskeheden er en 'struktur' bestående af individer, som er bundet sammen i et stort netværk. Vi har brug for dette netværk for at kunne udvikle os. De netværks-bindinger som holder os sammen, kan være af 2 typer:

- dem der løber mellem mennesker indenfor *samme udviklingsstruktur (f.eks. ego til ego)*,
- dem der går *på tværs af udviklingsstrukturer (f.eks. hjerte til ego)*.

Tilsammen udgør disse bindinger det, som jeg kalder *Menneskehedens store netværk.*

Menneskeheden holdes sammen
af bindinger indenfor sammen struktur (niveau)
og bindinger på tværs af niveauer.

Det er disse bindinger mellem
overbevidstheder, bevidstheder og underbevidstheder
der udgør menneskehedens store netværk.

Jeg vil i det følgende beskrive de 2 typer af bindinger i netværket.

3. Netværks bindinger - indenfor samme udviklingsniveau
Lad mig starte med at fortælle om de bindinger, som eksisterer mellem mennesker der befinder sig *i samme udviklingsstruktur* – dvs. på et lignende udviklingsniveau.

Gennem bevidsthed, kompleks Ø'er og multi-Ø'er
er mennesker i egoets perioden
bundet sammen i et netværk.

Bindingen mellem mennesker indenfor samme struktur har fokus på at vi skal bruge hinanden til at gavne vores udvikling. Den udviklingsstruktur, som du har hørt mest om, er egoets udviklingsstruktur. Denne udviklingsstruktur har med egoets udvikling og livsoplevelse, at gøre. Hvordan kan vi bruge andre mennesker på samme udviklingstrin, dvs. mennesker inden for egoets udviklingsstruktur, på en måde hvor det gavner udviklingen af vores eget ego. Svaret er at det gør vi via kontakten mellem vores egen ego bevidsthed og andre ego bevidstheder, samt i særlig grad via vores projektioner fra underbevidstheden.

Den *bevidste* kontakt mellem mennesker er naturligvis et bånd som er uvurderligt, og uundværligt, i vores udvikling. Den holder os tilstede. Den tvinger os til at forholde os til virkeligheden omkring os. Den holder os vågne. Den udsætter os konstant for det uventede – hvilket er noget af det mest effektive der findes, til at øve os i nærværet. Det er også via andre mennesker, at vi udlever vores bevidsthed, samt vores ny-bevidsthed, og via dette starter den forankrings-fase der vil lede til integreringen af en ny-bevidsthed i vores bevidsthed.

Tilsammen udgør alle menneskers bevidsthed 'den bevidste evolution', en evolution vi interagerer med, bidrager til, motiveres af, og vokser ved hjælp af - og som ordet evolution indikerer, er den samlede bevidsthed, menneskehedens bevidsthed, også en bevidsthed som konstant udvikler sig.

I Ego perioden er vi bundet sammen til hinanden, og bindingen er en binding mellem individualiteter og deres ego-bevidstheder. Jeg kalder disse bindinger for *"Individualitetsbindinger"*. I Hjerte perioden skal vi se forneden, at der opstår en ny slags binding, som jeg kalder *"enhedsbindinger"*.

Den anden binding, som vi er bundet sammen af i Ego perioden, er bindingen *mellem vores underbevidstheder*. I særdeleshed er det en binding mellem vores komplekser. Når du kommer i kontakt med din underbevidsthed, da vil du blandt andet møde dine kompleksstrukturer. Komplekser indgår i et *indre netværk* i hvert enkelt menneske, samt et *ydre netværk* mellem forskellige mennesker.

Det indre kompleks-netværk
Lad mig først beskrive det indre netværk. Komplekserne selv er ikke løsrevne enheder, som flyder tilfældigt rundt, men er organiseret på en måde, hvor de er forbundet til andre komplekser i større strukturer, som jeg kalder "Kompleks Ø'er" (Figur 54).

En kompleks Ø står for en 'følelsestone', og denne tone er hvad der forbinder de enkelte komplekser til hinanden. Som regel er det således, at der i en kompleks-Ø er et hoved-kompleks, der binder andre sekundære komplekser sammen i kompleks-Øen. Hovedkomplekset er som en sol rundt om hvilken de andre "kompleksplaneter" kredser.

Hvis du forløser et hoved-kompleks,
da forløser du automatisk også
de sekundære komplekser.

En rigtig vigtig pointe er, at hvis du gør op med hovedkomplekset i en kompleks Ø, da gør du samtidig op med alle de andre sekundære komplekser i samme Ø. Det er derfor, at vi ikke nødvendigvis skal konfronteres direkte med alle vores komplekser.

Man kan også sige det på en anden måde: hvis vi formår at gøre op med selve følelsestonen i en kompleks-Ø, da forløser vi alle de komplekser, som er bundet sammen af denne følelsestone. En effektiv måde hvorpå du kan komme helt tæt på denne tone, er altså ved at få kontakt til det kompleks der står for den, og som er centrum for kompleks Øen.

Mange komplekser kan være en del af en sådan Ø, men hvis du kan genoprette loven, da vil det have afgørende indflydelse på hele kompleks Øen.

Der er 2 ting som kan forløse komplekset (og jeg snakker om at *forløse,* hvilket ikke er det samme som at *kompensere* for – hvilket vi som regel bruger mest tid på at gøre). Den første er at du gennem en direkte konfrontation, kærlig forståelse og tilgivelse, genopretter loven ved faktisk *at hæve dig over den*. Kærlig tilgivelse baseret på indsigt og accept 'opløser' loven, samt komplekset der er målet for tilgivelsen.

Kærlig tilgivelse stammer faktisk fra Hjerte livsoplevelsen – og opløser de love som er allermest knyttet til den foregående livsoplevelse (eller udviklingsperiode), dvs. Ego livsoplevelsen, og de love der følger med den.
Den anden metode til forløsning er som nævnt at du forløser følelsestonen – hvorved komplekser baseret på denne tone forløses, *uden at du har været i direkte konfrontation med dem.*

Kærlig tilgivelse baseret på indsigt og accept
opløser loven og det kompleks
der er målet for tilgivelsen.

Ægte kærlig tilgivelse
bruger Hjerte livsoplevelsen
og hjertets love til at medierer forløsningen.

Kompleks-Øer kan ydermere forbinde sig til andre kompleks-Øer i endnu større strukturer. Jeg kalder disse for multi-Øer. Man kan sige at de står for en endnu mere *overordnet følelsestone*. Således har forskellige følelsestoner i underbevidstheden fællesnævnere, der binder dem sammen til disse Multi-Ø strukturer.

Forbindelserne mellem de forskellige komplekser, eller mellem forskellige kompleks-Øer, er som en elektrisk ledning hvorigennem de forskellige Ø'er kan blive aktiveret. Når en hændelse aktiverer et kompleks, vil dette (til en vis grad) aktivere hele den Ø som det er en del af, og udover det kan også hele Ø'er aktiverer andre Ø'er. Kompleks-netværket er derfor et yderst kompliceret netværk, et netværk der også forklarer hvorfor forløsningen af et kompleks kan have uventede effekter, i form af andre forløsninger af andre komplekser. Og på samme måde kan aktiveringen af et specifikt kompleks, aktiverer helt andre komplekser, og derved skabe følelsesmæssige reaktioner, der umiddelbart kan være svære at forstå.

Kompleksbindinger mellem mennesker

Der eksisterer også forbindelse mellem forskellige Multi-Øer. Dette ser vi ske i det enkelte menneske, men det sker også *imellem mennesker*. Komplekser i et menneske kan altså skabe en forbindelse til komplekser i et andet menneske. Faktisk er det sådan, at netop komplekserne kan virke som en kraftig tiltrækning mellem to mennesker – også to mennesker, som er i et kærlighedsforhold. Man bliver ligesom *lidelsesfæller* med hinanden. Man forstår hinanden. Man spejler sig i hinanden. Kompleksbindinger er som et slags 'smerte-fællesskab'. Faren er dog naturligvis, at man også fastholder hinanden i en kompleks-domineret tilstand.

Komplekser kan også skabe forbindelse til andre mennesker gennem stærke projektioner. Alle komplekser bliver nemlig projiceret ud i verden. Dette er en lovmæssighed – og helt som det skal være. Der er dog visse komplekser, som har en særlig dominerende rolle i dit liv, eventuelt fordi de bliver særlig meget aktiveret af noget i dit liv, og disse vil derfor mere intenst end andre komplekser, skabe sådanne projektionsbindinger til andre mennesker. Dette ses som de 'røde lyn' i figur 54.

Konsekvensen af disse projektioner er at det (i dig selv), som du ikke formår at se i øjnene, det ser du projiceret over på andre mennesker - og det er langt nemmere at se noget i andre mennesker, end det er at se det i dig selv (og særligt når det handler om komplekser – dvs. smertefulde sider af dig selv). Det er den metode vi bruger til at nærme os det stadie, hvor vi tør at se os selv i øjnene og erkende det projicerede materiale i os selv. Det at se det i andre mennesker, er altså et naturligt skridt på vejen til at kunne se det i dig selv.

Således indgår komplekser i et indre netværk *inden i* alle mennesker, samt et netværk *mellem* mennesker, hvor de får kontakt til andre mennesker via en projektion, og endda kan virke som en tiltrækning til andre komplekser og/eller multi-Øer.
Hvordan ser alt dette ud når vi evner Hjerte livsoplevelsen? Spørgsmålet er relevant, eftersom Hjerte livsoplevelsen ikke rummer ego-underbevidstheden, og derfor heller ikke de komplekser/kompleks-Øer/Multi Ø'er, som ligger til grund for hele dette netværk. Uden disse strukturer i underbevidstheden, uden en ego-underbevidsthed, er hele grundlaget for dette netværk jo forsvundet.

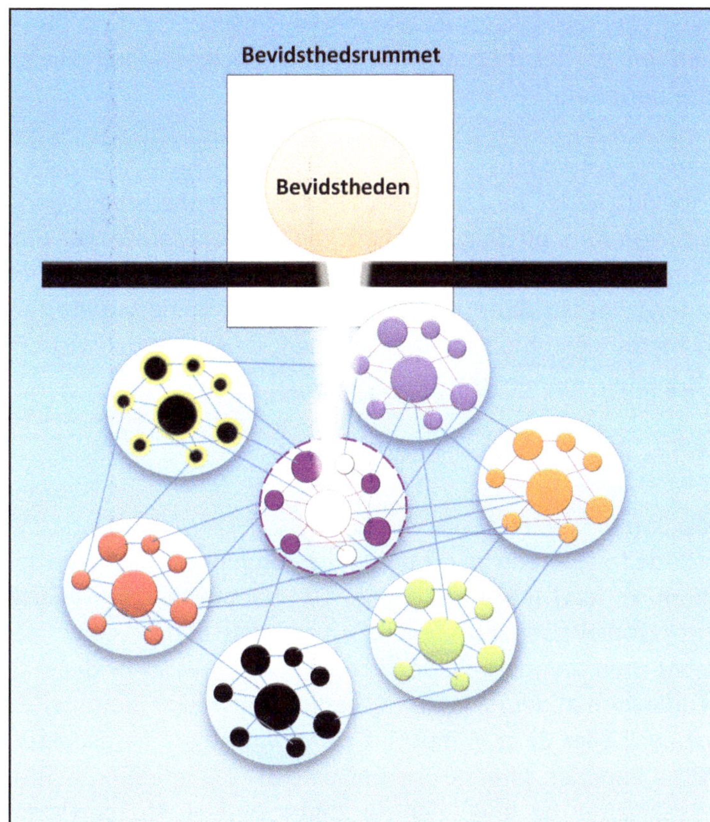

Figur 53. Kompleksernes organisering i strukturer
I det enkelte individ kan komplekser organisere sig i Kompleks Ø'er. Komplekserne, såvel som kompleks Ø'erne, kan være i forbindelse med hinanden og aktivere hinanden. Som komplekserne selv, kan man betragte disse Ø'er som små indre personligheder med deres egen vilje, som de forsøger at påvirke os med. Hvis man formår at bevidstgøre et kompleks i en Ø (det hvide lyn), da vil de andre komplekser i Øen ligeledes forløses (få farven hvid) og føre til en destabilisering og opløsning af hele Ø-strukturen.

Dette netværk eksisterer altså ikke når vi har opnået fuld hjerte bevidsthed. I stedet er det erstattet med et nyt. Kompleks-netværket er altså et netværk, som er særligt associeret med Ego perioden, og med personer som er domineret af Ego livsoplevelsen.

> ***Flere netværker***
> *Ego bevidstheder er bundet sammen med et netværk, mens hjerte bevidstheder er bundet sammen af et andet netværk, der specifikt er knyttet til Hjerte perioden.*

Som vi har set, er netværket i Ego perioden baseret på kompleksstrukturer, som i sin kerne indeholder en fraspaltet bevidsthed. Denne bevidsthed er blevet fraspaltet eftersom den brød med livstema loven. Med tabet af denne bevidsthed, da bliver du mindre i stand til at rumme hjertet, men når du henter den fraspaltede bevidsthed hjem igen, da bliver du i stand til at rumme mere hjerte – hvilket øger din evne for Hjerte livsoplevelsen.

Dette er nemlig 'gaven' til dig fra enhver af de fraspaltede bevidstheder.

Således forsvinder kompleks-netværket langsomt i takt med du udvikler dig mod hjerte bevidstheden, og erstattes *af et nyt netværk,* som er associeret med Hjerte livsoplevelsen og med Hjerte perioden.

Enhedsbindinger og hjertesmerte-bindinger
Netværket mellem Hjerte bevidstheder består af det jeg kalder *"enhedsbindinger"*. Enhedsbindinger er en slags affinitets bindinger mellem mennesker, som evner den "enhedsoplevelse", der kommer ud af Hjerte livsoplevelsen. Det er altså oplevelser, der er et produkt af den næste udviklingsstruktur (periode), hjertets udviklingsstruktur. At opleve denne enhed med mennesker, med menneskeheden, er en særdeles stærk oplevelse, og en stærk kraft mellem mennesker.

Nogle har beskrevet det som et slags "sjæle-fællesskab".

Udviklingen af netværket fra ego til Hjerte perioden
Vi har set at i Ego perioden er de fraspaltede bevidstheder og komplekserne et tegn på, at vores livsførelse er i konflikt med livstema lovene. Det samme ser vi i Hjerte perioden. Indtoget af Hjerte livsoplevelsen introducerer en ny måde at opleve livet på, en måde der har fællesskabet med menneskeheden i centrum. At leve et liv der ikke tilstrækkeligt tillader 1) en udlevelse af denne indre fællesskabs-oplevelse (kommende fra de bevidste Hjerte energier), eller 2) at vi nærmer os endnu højere livsaspekter, motiveret af de startende GD-1 energier, samt de overbevidste GD-1/2 energier, vil føre os på konfliktkurs med de kræfter og love, der nu styrer os i Hjerte perioden. Reaktionen på dette vil ikke være følelsesmæssig smerte som i Ego perioden (og ikke give anledning til komplekser), men kan bedst beskrives som en slags 'sorg' eller 'smerte' i hjertet over ikke at kunne udleve vores højeste vilje, den vilje som vi mærker så meget tydeligere igennem Hjerte livsoplevelsen.

Denne smerte skaber også stærke bindinger mellem mennesker. Jeg kalder disse bindinger for *"hjertesmerte-bindinger"*, og man kan sige at det er bindinger hvis styrke kommer fra et dybt behov efter at opleve fællesskabet, og til at bidrage til det – og derfor udgør disse bindingerne et slags fællesskabs-netværk, som er vigtigt i at hjælpe mennesker i at udleve *essensen* af Hjerte livsoplevelsen.
Således er det netværk, der eksisterer mellem mennesker indenfor samme udviklingsperiode, et ganske dynamisk netværk, der ændrer sig i takt med vores udvikling.

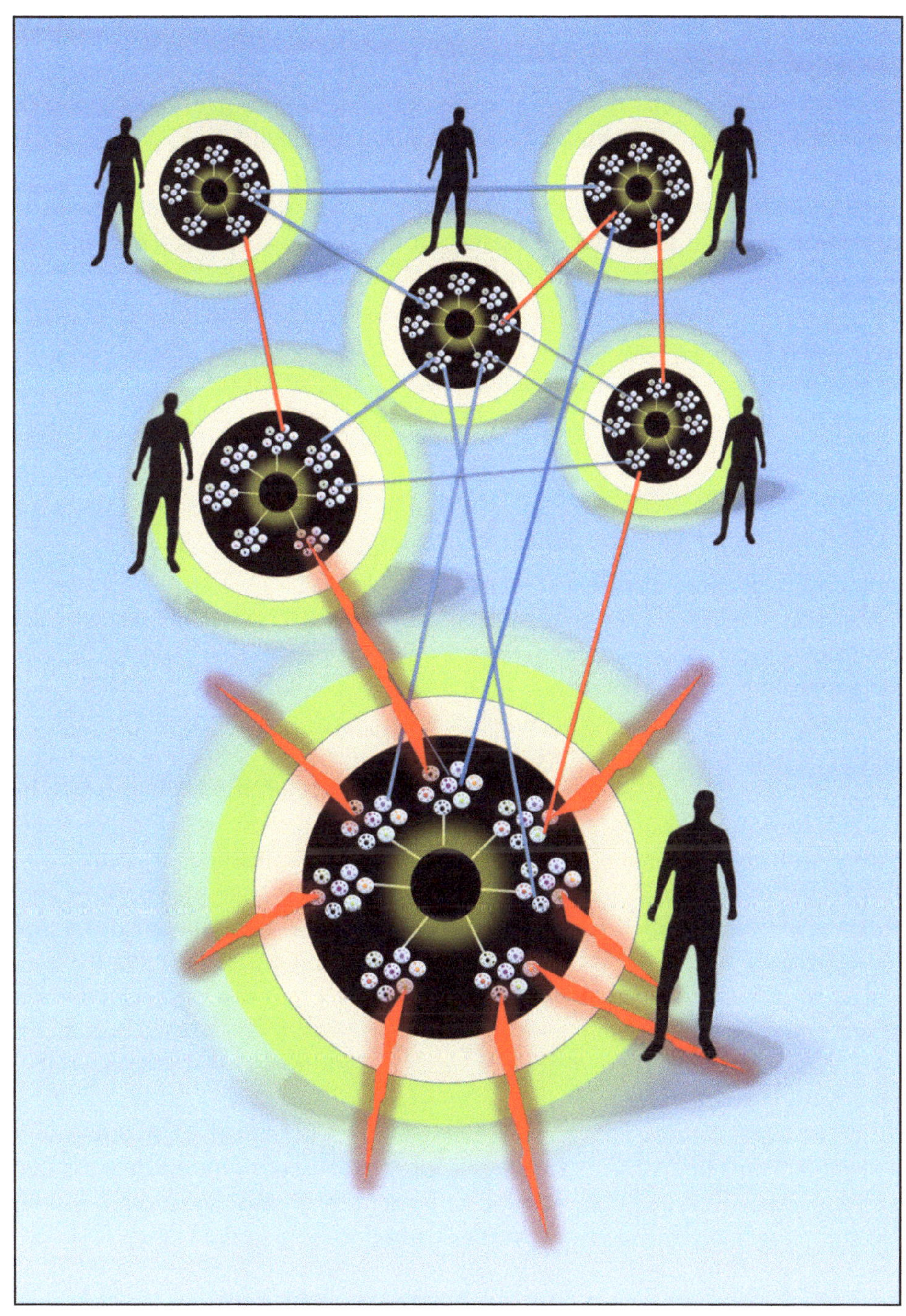

Figur 54. Kontakten mellem Multi-Øer i forskellige individer

Individer kan være i kontakt med hinanden via komplekserne, enten enkeltvis eller i form af kompleks-Ø'erne, eller sågar de endnu større strukturer, multi-Øerne. Endelig skaber nogle af komplekserne også kontakt mellem individer gennem særlig stærke projektioner (vist som de røde lyn, eller røde forbindelser).

I Ego perioden handler det overvejende om et netværk mellem ego bevidstheder (bindinger jeg kalder "individualitets-bindinger") samt 'ego underbevidstheder', f.eks. kompleks-bindinger, mens det i Hjerte perioden handler om enhedsbindinger og hjertesmerte-bindinger. Du kan se netværket illustreret i figur 55.

Kort sagt kan man altså sige, at imellem mennesker domineret af samme slags livsoplevelse, da er der bindinger der opstår som en konsekvens af at livslovene følges, samt bindinger der opstår fordi de ikke følges.

Der er 2 bindinger mellem mennesker med lignende livsoplevelse.
Der er de bindinger der opstår mellem dem,
der formår at leve i harmoni med livslovene,
og de bindinger der opstår mellem mennesker,
der ikke formår dette.

4. Netværks bindinger - på tværs af udviklingsstrukturer

Der er et andet netværk, som eksisterer mellem mennesker der *ikke* befinder sig på samme udviklingsniveau – og som *ikke* er domineret af den samme personlige udviklingsstruktur og livsoplevelse.

Da det er et netværk, som eksisterer mellem mennesker på *forskellige* udviklingstrin, kan det naturligvis ikke være gjort op af bånd der går fra bevidsthed til bevidsthed (fordi den lavere bevidsthed ikke ville kunne fatte den højere bevidsthed). I stedet et det et netværk, der involverer bindinger fra bevidsthed til overbevidsthed!

Kontakten mellem bevidsthed og overbevidsthed i 2 individer med forskellige udviklingsstrukturer

Forstil dig at du i dag var nået til GD-1 udviklingsniveauet, og lad mig bruge dette til at illustrere endnu et punkt omkring det menneskelige netværk – nemlig det at vi med vores bevidsthed kan stimulere *det overbevidste* hos andre mennesker domineret af en lavere udviklingsstruktur.

Dette er særdeles interessant, fordi det er endnu et eksempel på hvordan vi med udlevelsen af vores bevidsthed stimulerer andre mennesker til fremdrift (husk nemlig på at det overbevidste udgør vores dybeste higen efter fremdrift) – i det her tilfælde ved at stimulere andre menneskers overbevidsthed.

Da menneskehedens bevidsthed spænder fra ego til Hjerte perioden, og dit bevidstheds niveau i vores eksempel er på det første Guddommelige plan (GD-1), da er du bevidsthedsmæssigt faktisk så fremskreden, at din bevidsthed er på højde med den energi der eksisterer i overbevidstheden hos mennesker der befinder sig i Hjerte perioden.

Figur 55. Udviklingen af netværksbindinger.
Netværket mellem mennesker indenfor samme udviklingsstruktur. Figuren viser netværksbindinger mellem mennesker i Ego perioden (som er domineret af Ego livsoplevelsen) og mellem mennesker i Hjerte perioden (domineret af Hjerte livsoplevelsen). I begge perioder er der fokus på en enkelt persons (gul person) bindinger til andre mennesker. Nederst vises den overbevidste og bevidste evolution. Bindingerne mellem mennesker i Ego perioden udgøres af 'individualitets bindinger' (gule) og 'kompleksbindinger (røde, ikke at forveksle med rod energier)' og i Hjerte perioden udgøres de af 'enhedsbindinger' (grønne) samt 'hjertesmertebindinger' (violette).

Alle som befinder sig i Hjerte udviklingsperioden (og derfor også i den sidste halvdel af Ego udviklingsperioden), har denne Guddommelige energi i deres personlige overbevidsthed.
Da du i vores eksempel har den samme energi *i din bevidsthed*, vil du når du udlever denne stimulere mennesker, der befinder sig i Hjerte udviklingsperioden, til videre fremdrift, på grund af din stimulering *af deres overbevidsthed* med din *bevidsthed*.

Med din bevidsthed kan du altså ikke bare interagere med andre bevidstheder, men tillige med andre overbevidstheder – og det er faktisk noget du gør lige nu!

Der er altså nogle mennesker som har en bevidsthed, der er på højde med menneskehedens højeste *overbevidste* energi. Disse mennesker, eller væsener, kommer herned af fri vilje. Deres overvejende mission er at bidrage *til menneskehedens kollektive overbevidsthed*, og deres fokus er på menneskeheden (eller sågar højere 'fællesskaber'), snarere end på de enkelte mennesker.

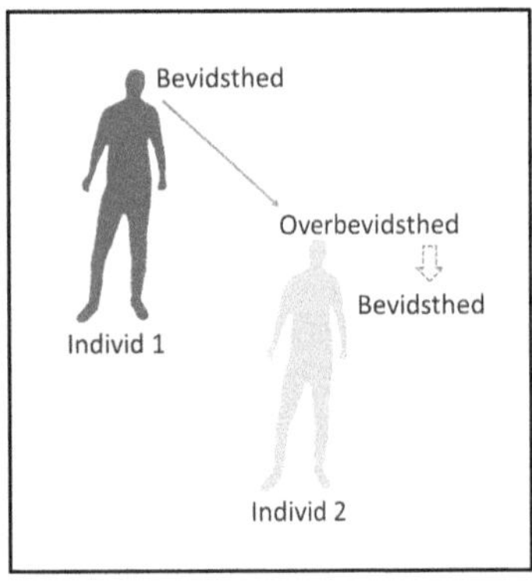

Figur 56. En bevidsthed hos et højere udviklet væsen kan påvirke bevidstheden hos et lavere udviklet væsen, og igangsætte en higen i dette væsen.

Disse GD-1 væsener er blot et eksempel på endnu en vigtig interaktion mellem mennesker, for også mennesker med mindre udviklet bevidstheder kan stimulere andre menneskers overbevidsthed. Lad os f.eks. se på de mennesker, som har opnået hjerte bevidsthed, eller er godt på vej til det. Dem er der en del af på jorden, som vist i figur 58. Forestil dig nu at du har opnået hjerte bevidsthed. Da har du en bevidsthed, som svarer til det overbevidste i de mindre udviklede mennesker, der bevidsthedsmæssigt er domineret af Ego energien.

Din hjerte bevidsthed vil derved stimulere deres fornemmelse af at der er mere til livet, og stimulere deres nysgerrighed for at opdage 'dette mere' - og de formår at fornemme din hjertebevidsthed, eftersom den samme energi eksisterer i deres eget overbevidste, og derfor udgør deres dybeste higen. Sagt med andre ord, det som du udstråler med din bevidsthed, er det samme som de inderst inde stræber efter, og derfor er det ofte en meget inspirerende oplevelse for dem at være sammen med dig.

Således inspirerer de mest udviklede *altid* de mindre udviklede til fremdrift – både fordi de bevidsthedsmæssigt virker stimulerende og motiverende på andre mennesker, men også fordi de formår at påvirke andre mennesker gennem deres overbevidsthed.

Den overbevidste evolution
består af energier fra ophavet,
samt fra mennesker, der er længere fremme i udviklingen.

Ved at udleve deres hjerte bevidsthed, da stimulerer disse mennesker altså den dybeste higen i mennesker med ego-bevidsthed, med alt hvad det medfører. Det medfører blandt andet en forøget energistrømning (fra den stimulerede overbevidsthed) gennem livstemaerne, og en stimulering af de strukturer, der er i underbevidstheden.

Er de mennesker, som på denne måde påvirkes, nået til et udviklingsstadie der svarer til starten af Ego perioden, da kunne denne stimulering f.eks. føre til skabelsen af den eksistentielle ensomhed (EE) grundet reaktionen på energien – og derved starte skabelsen af underbevidstheden og ego-bevidstheden.

Jeg synes, at det er særdeles interessant at *mennesker med hjerte bevidsthed, ved at udleve deres bevidsthed, kan stimulere andre menneskers vækst.* Alt dette er endnu et tegn på, at vi alle er sammen på denne udviklingsrejse – og at vi hjælper hinanden i vores udvikling.

Prøv at tænk tanken, at grundlaget for din personligheds struktur er delvist induceret af højere udviklede individer!

Alle mennesker indgår i et tæt fællesskab,
der indebærer kontakt mellem bevidstheder
og mellem bevidstheder og overbevidstheder
og mellem overbevidstheder og bevidstheder.

Alt dette sikrer at vi bevæger os
ved hjælp af hinanden
og sammen som en enhed.

Vores position i bevidsthedsrummet bestemmer hvem der påvirker vores overbevidsthed.
Hvilke mennesker som påvirker os gennem vores overbevidsthed (og hvilke mennesker hvis overbevidsthed vi selv påvirker) er noget som afgøres af vores bevidste attitude mod livet. Som vi har set det kan vi bevæge os indenfor det jeg kalder *bevidsthedsrummet*.

Dette bevidsthedsrum spænder over den personlige udviklingsstrukturs tilstande. Når vi bevæger os ned i disse tilstande, sker det at dit *aktuelle bevidsthedsniveau* bliver lavere.

Jo flere mennesker der har et bevidsthedsniveau, der svarer til dit overbevidsthedsniveau, jo mere *intensiveres* påvirkningen af dit overbevidste, som efterfølgende vil overstrømme dig med dets energier med forstærket kraft, og drive dig fremad.

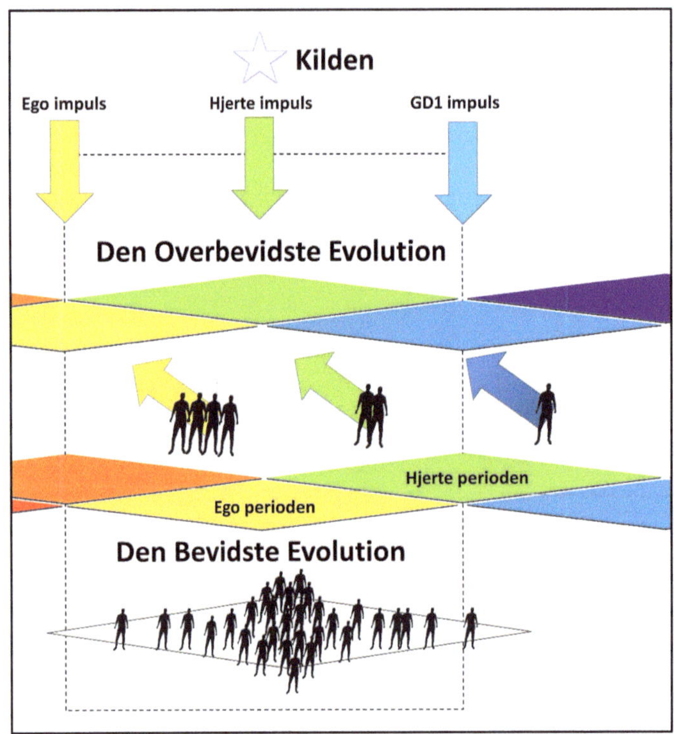

Figur 57. Energierne i den overbevidste evolution
Den overbevidste evolution, menneskehedens kollektive overbevidsthed, består af energier kommende fra 'Kilden' (optaget gennem menneskehedens overbevidste sanseorganer), men også fra fremskredne menneskers *bevidsthed* – her vist med den gule, grønne eller blå pil. I den stiplede firkant ser vi hvor menneskeheden befinder sig i udviklingen, og forneden ses fordelingen af det totale antal af mennesker i denne firkant.

Sænkes dit *aktuelle* overbevidstheds niveau, da gælder det at i samme grad som det sænkes vil antallet af mennesker, som har et bevidsthedsniveau, der svarer til dit overbevidsthedes niveau, *forøges*. Du kan se det illustreret i figur 58.

Jo mere dit over-bevidsthedsniveau altså sænkes, jo mere intensivt vil du påvirkes i din overbevidsthed af andre menneskers bevidstheder – *simpelthen fordi der bliver flere mennesker, som er i stand til at påvirke dig.*

Når vores bevidstheds/overbevidstheds-niveau sænkes, da bliver energien kendt for os. Den *aktuelle* overbevidsthed fortæller noget om hvor den er i *overbevidsthedsrummet*. Den *generelle* overbevidsthed svarer derimod til dit udviklingsstadie, og ligger altså på det højeste niveau i overbevidsthedsrummet. Når du er i en lavere tilstand (dvs. en lavere del af dit overbevidsthedsrum, og derved også en lavere del af dit bevidsthedsrum), da betyder det at den overbevidste energi som du påvirkes af, ikke er en ukendt energi, og du kan derfor *reagere på den hurtigere* – hvilket også er meningen med det.
Du kan forestille dig at dit *generelle* overbevidsthedsniveau er den høje Hjerte energi, men at du nu er i en tilstand der svarer til lave hjerte overbevidste energier (fordi de jo følger din aktuelle bevidsthed). Dem har du været udsat for mange gange tidligere. Du kender den *higen* de afstedkommer i dig, og du har efterlevet denne higen mange gange. Du kender de livstemaer der aktiveres af dem, og du har handlet på dem mange gange. Selvom dit aktuelle bevidstheds niveau er i de nedre regioner af dit

bevidsthedsrum, og overbevidstheden er sænket tilsvarende til et niveau, der nu repræsenterer det højeste du kan tage ind og blive motiveret af, da ved du godt inderst inde at dit generelle udviklingsniveau er højere, og på en måde vækker den overbevidste energi (kanaliseret af livstemaerne og komplekserne) en vis form for genklang og tryghed, og derfor *følger du den lettere* end hvis den vitterlig havde repræsenteret helt nyt territorium.

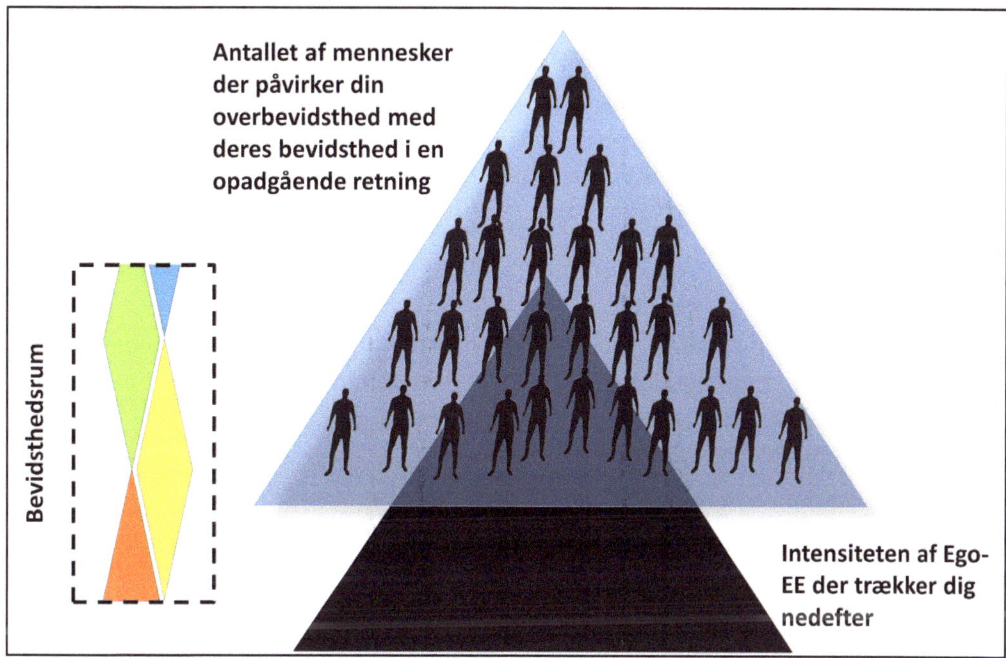

Figur 58. Bevidsthed-overbevidsthed kontakten

Som du bevæger ned igennem ego-tilstandene, samt dit bevidsthedsrum (stiplet firkant), øges det antal af mennesker, som *direkte* kan påvirke din overbevidsthed med deres bevidsthed (blå trekant). Dette er en kraft der virker opefter. Samtidig øges tiltrækningskraften fra EE (sort trekant), der vil opleves som en kraft der virker nedefter, og således intensiveres *spændingsfeltet* mellem disse to kræfter jo længere ned i ego tilstandene du kommer.

Jo længere du befinder sig tilbage i udviklingsperioden, jo flere mennesker kan kontakte dig gennem din overbevidsthed (med deres bevidsthed) og stimulere dig til fremdrift.

Det kan være en ret intens oplevelse at opleve et menneske med en bevidsthed, som kan 'tale til' ikke bare din bevidsthed, men også direkte til din overbevidsthed, der jo ellers 'normalt' stimuleres af overbevidste energier fra den overbevidste evolution. At det fungerer på denne måde, er endnu et tegn på at vi udvikler os ved hjælp af hinanden.

De forreste trækker de sidste.

Hvis du ser på den bevidste evolution og den overbevidste evolution, da har vi set at den overbevidste evolution er en halv udviklingsperiode 'foran' den bevidste. Der er en grund til at det er konstrueret sådan. Når menneskeheden nemlig spænder over en udviklingsperiode, og der er en halv periodes forskel mellem de 2 evolutioner, så betyder det at den første halvdel formår at påvirke den sidste halvdel, fordi de med deres bevidsthed formår at være i kontakt mellem med overbevidstheden hos de mennesker, som er i den første halvdel af udviklingsperioden.

Således er det altså konstrueret på en måde, hvor individer i den forreste halvdel 'trækker' individerne frem i den 'bagerste' halvdel, via kontakt mellem bevidsthed og overbevidsthed.

I samme grad som du udvikler din bevidsthed
trækker du dine medmennesker frem
igennem deres overbevidsthed.

Livsoplevelsen i overbevidstheden.

Bindingerne fra bevidsthed til overbevidsthed er faktisk bindinger mellem livsoplevelser. Det er nemlig sådan, at lige som bevidstheden evner en livsoplevelse, da evner overbevidstheden også en livsoplevelse. Det er ikke en livsoplevelse på samme måde som den vi oplever med bevidstheden.

Man kan sige at det er 'et integreret *anlæg* for den næste livsoplevelse'. Med integreret mener jeg, at den ikke kan mistes – og at den mere er som en viden, en måde at være i kontakt med livet på, en måde at være et med livet på.

Livsoplevelsesevnen i overbevidstheden er en halv udviklingsperiode længere fremme end bevidsthedsevnen. Den fulde bevidsthed om denne livsoplevelse i overbevidstheden mangler dog, og ligeså den vilje som kommer ud af at være fuldt bevidst i/om en livsoplevelse. Men gennem affiniteten til lignende livsoplevelser i højere *bevidstheder* kanaliseres *viljen* fra disse bevidstheder ind i vores overbevidsthed.

Læg altså mærke til at der også overføres vilje fra en højere bevidsthed til en overbevidsthed. Resultatet er en overbevidsthed med en livsoplevelses evne på et højere niveau, og en vilje til at realisere den fuldt ud, en vilje som stammer fra andre bevidstheder.

Med denne vilje påvirkes nu den lavere udviklede bevidsthed, hvilket resulterer i en dyb higen efter denne livsoplevelse, og i en oplevelse af manglende livsmening hvis det ikke sker.

I Ego perioden er denne påvirkning *af overbevidstheden* udgået fra en Hjerte livsoplevelse, eller en høj-ego livsoplevelse.

Når bevidstheden huser Ego livsoplevelsen, og når overbevidstheden huser Hjerte livsoplevelsen

Vi har set at Hjerte livsoplevelsen mangler laget der huser underbevidstheden. Det betyder som sagt, at hvor egoet overvejende er i kontakt med livstemaerne igennem sin underbevidsthed, da er der mere direkte adgang til dem i Hjerte livsoplevelsen. Man kan sige at udvikling handler om at integrere i bevidstheden den livsoplevelse, som overbevidstheden allerede evner. Du rummer altså lige nu to livsoplevelser i dig – og i dette spændingsfelt lever du dit liv.

Dette er mildest talt en udfordring og kan undertiden opleves som om man bliver trukket i to forskellige retninger på samme tid!

> ***Overbevidstheden***
> *Overbevidstheden er ikke som en bevidsthed på et højere niveau, men skal mere betragtes som et slags latent højere bevidsthed, der på den ene side ikke kan mistes, men på den anden side mangler at blive fuldt bevidstgjort. Den er som et kig ind i vores bevidsthedsmæssige fremtid. Overbevidstheden er i kontakt med sin egen evolution og højere livsdimensioner, og kontakt med den vil bevirke et bevidsthedsløft til dimensioner, der ikke normalt er tilgængelige for bevidstheden.*

Du kan se hele det store netværk i figur 59.

Udvikling handler om at integrere i bevidstheden
den livsoplevelse der eksisterer i overbevidstheden

Da livsoplevelsen i overbevidstheden mere skal betragtes som et *anlæg* til en højere livsoplevelse, da har viljen til dens manifestation i din bevidsthed ikke sin oprindelse fra sig selv (dvs. fra denne livsoplevelse i din overbevidsthed).

Viljen kommer derimod fra en anden bevidsthed. Den er nemlig startet et sted, hvor der eksisterer *en lignende livsoplevelse* – men blot i en *bevidsthed.* Derpå er den overført til din overbevidsthed, og eksisterer nu også der.

Det vil sige at viljen er startet i et højere udviklet væsen, som evner den samme livsoplevelse – men altså i bevidstheden. Et sådant væsen er jo selvsagt et højere udviklet væsen fra den næste udviklingsperiode, som du altså er forbundet til via din overbevidsthed (og den livsoplevelse der eksisterer i din overbevidsthed (Figur 60).

På denne måde er vi forbundet til højere udviklede individer, og modtager fra dem en vilje til at søge højere livsoplevelser, der kan *bevidstgøre* højere aspekter af livet for os. Vores overbevidsthed besidder anlægget for denne livsoplevelse, og via kontakten til

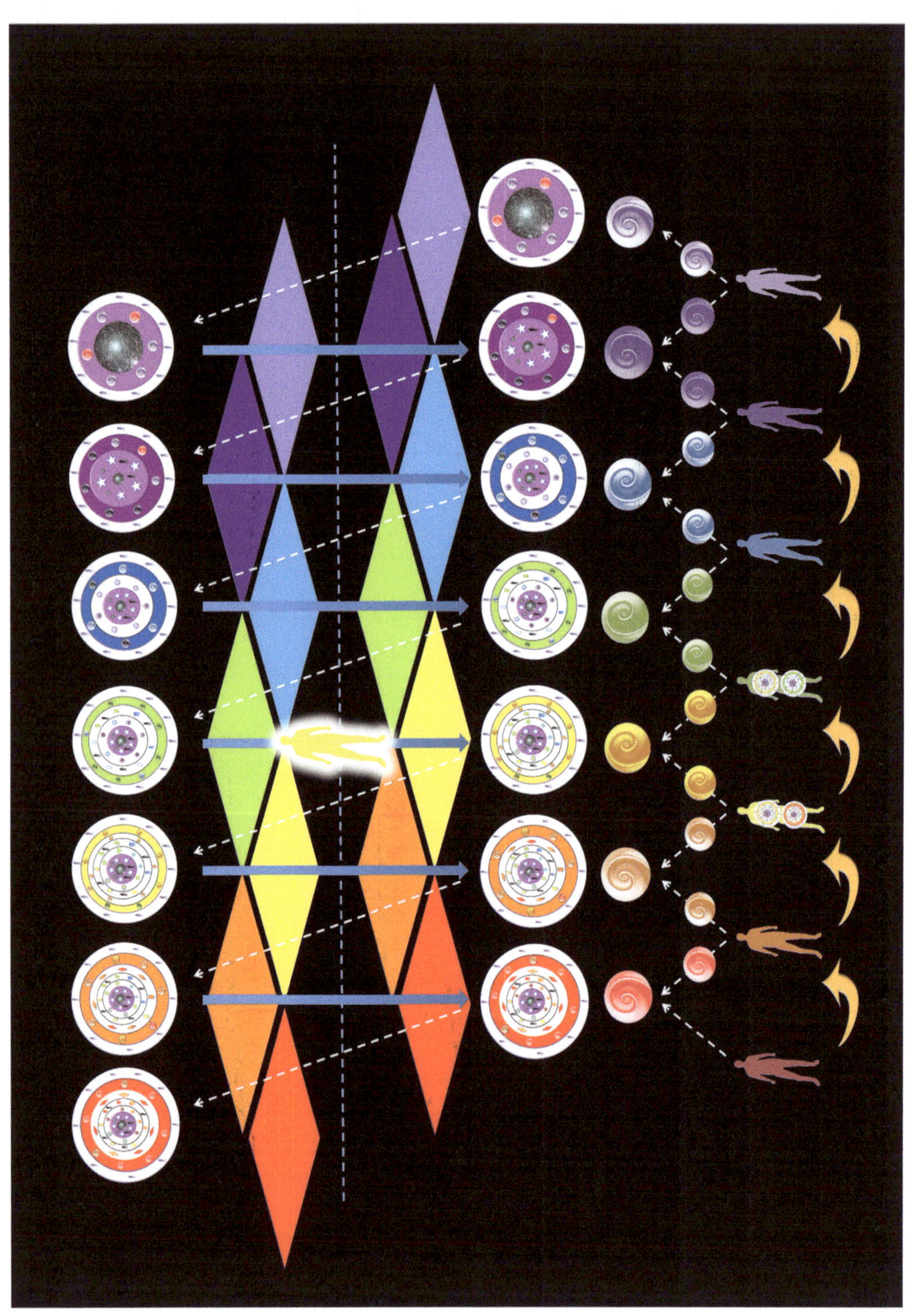

Figur 59. Menneskehedens store netværk.
Alle pilene indikerer bindinger i menneskehedens netværk (i alle perioderne, dvs. også dem hvor vi kaldes noget andet end 'mennesker'). Der er bindingen til væsener i samme udviklingsperiode. Der er bindingen fra overbevidstheder til bevidstheder – både *imellem* mennesker, og inde i det samme individ. Der er bindingen fra højere bevidstheder til lavere overbevidstheder (som dog evner samme livsoplevelse). Tager man mennesker i Ego perioden (den gule mand, der er fremhævet som eksempel), da er der dem, som er domineret af både ego og Pre-ego livsoplevelsen. De har stærke bindinger til både individer i Pre-ego og Ego perioden. Der er også dem, der evner Ego og Hjerte livsoplevelsen. De har bindinger til individer i disse to udviklingsperioder. De stiplede pile indikerer bindinger fra bevidstheder, og de blå pile er bindinger fra overbevidstheder. Individer fra en udviklingsperiode er altså bundet til individer fra en underliggende udviklingsperiode via deres overbevidsthed.

livsoplevelsen *i bevidst form* (i et andet væsen) kan den resonansaktiveres til at sende sin egenart ned mod vores bevidsthed, på en måde så at vi starter med at hige dybt efter den.

Livsoplevelser fra højere bevidstheder
resonansaktiverer livsoplevelser
i lavere udviklede individers overbevidstheder,
og igangsætter derved en dyb higen
efter livsoplevelsen.

De højere udviklede individer, som både resonansaktiverer vores overbevidste livsoplevelse, samt overfører deres vilje til os, modtager selv deres vilje fra individer på endnu højere udviklingsstadier. Og sådan forsætter det indtil vi når den vilje som udgår fra Kilden selv. På denne måde kan vi se, at udviklingsperioderne dybest set er forskellige manifestations former for denne vilje!

Således er Kildens vilje vandret fra overbevidsthed til bevidsthed til overbevidsthed til bevidsthed osv., hele vejen ned igennem vores udviklingscyklus. Dette er "Viljens vej"! Du kan se viljens vej illustreret i Figur 60.

Du er altså afhængig af højere udviklede væsner til at skabe din vilje til at søge og manifestere nye og højere former for livsoplevelser, og på samme måde er lavere væsner afhængige af dig.
Dette skaber et kraftigt bånd mellem dig og lavere, såvel som højere, udviklede væsener. Dette viljes-bånd er en vigtig del af menneskehedens netværk.

5. Netværket i livsfelterne

Afhængig af hvor du er i din udvikling kan du både skabe og modtage i livsfelterne. De fleste mennesker er optaget af ego liveoplevelsen, og har derfor adgang til 'det psykiske felt'. Dette felt kan ses som en ikke-fysisk 'kommunikations dimension'. Når nogle tænker på dig så påvirker det dig, og det du selv tænker bliver en del af dette psykiske felt, og kan påvirke alle andre mennesker, som har adgang til det. Dette gælder alle mennesker, uanset hvor de befinder sig. Livsfelterne er det der binder os sammen til en enhed, og de findes i forskellige varianter repræsenterende forskellige dimensioner af vores væsen.

Efter ego livsfeltet kommer, som sagt, hjertefeltet. Med vores bevidsthed har vi lige nu kun begrænset kontakt til dette felt, men med vores overbevidsthed har vi fuld kontakt til det. Adgang til felterne sker nemlig gennem vores livsoplevelse, og da overbevidstheden evner Hjerte livsoplevelsen, da er der åbnet op til dette livsfelt.

Overbevidstheden vil gennem dette felt have kontakt til andre overbevidstheder, samt til bevidstheder der har opnået samme livsoplevelse. Bevidstheder der ikke har opnået Hjerte livsoplevelsen, har ikke adgang til dette felt, og kan ikke manifestere sig, eller skabe, i det. Dem der har adgang til det kan derimod skabe i feltet, og dermed ændre det (og medvirke til en evolution af feltet selv), særlig når kontakten er bevidst.

I et felt er du altså bundet til alle de andre mennesker som også har adgang til det.

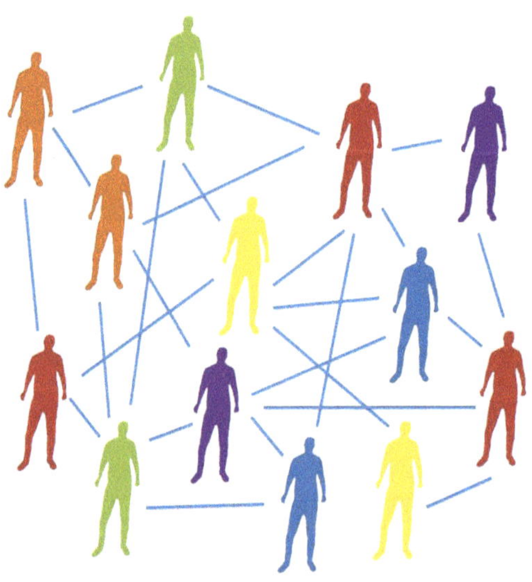

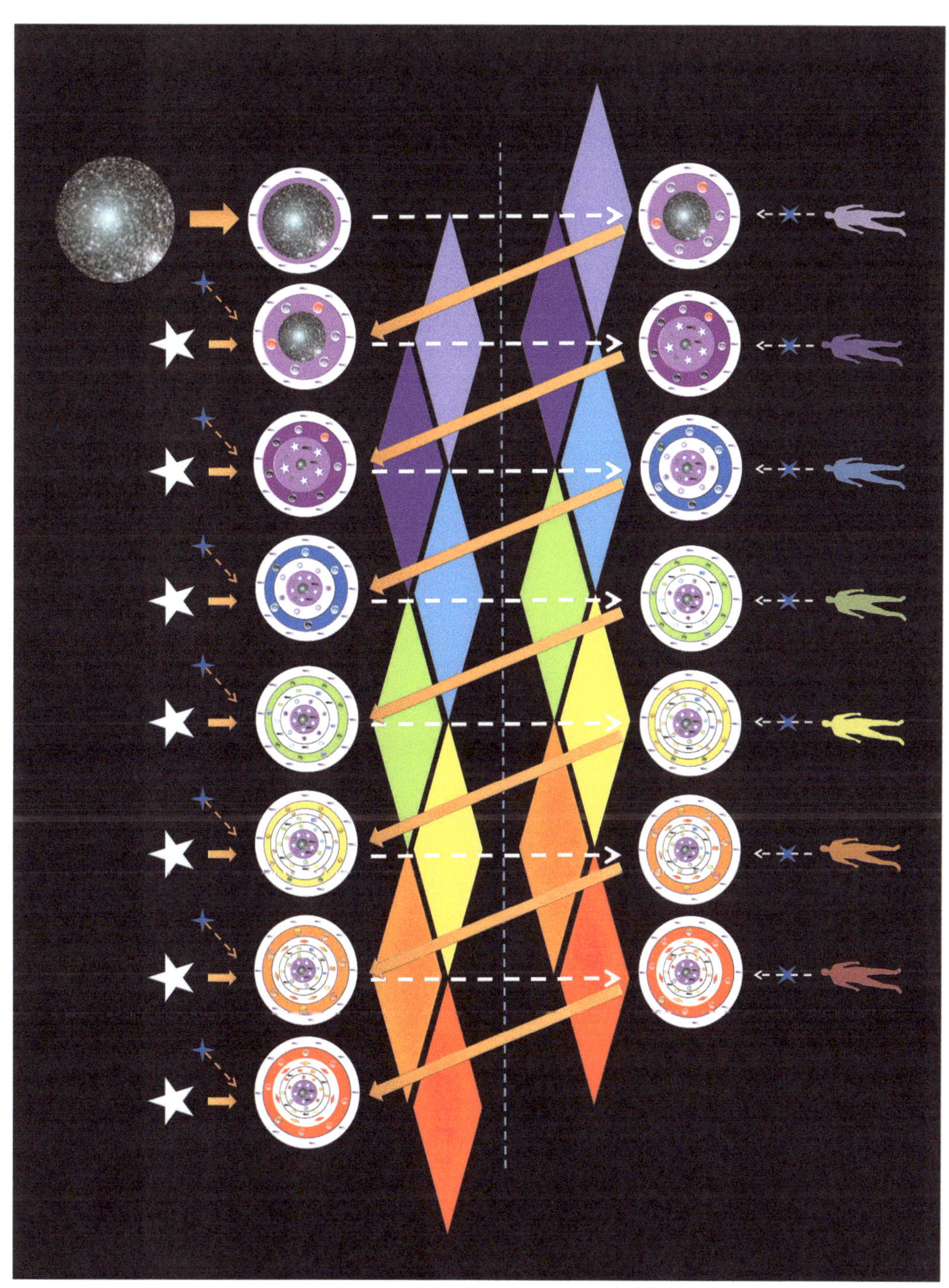

Figur 60. Viljens vej
Viljens vej starter i Kilden og forsætter ned igennem alle udviklingsperioderne – der dybest set er forskellige udtryksformer for Kildens vilje til manifestation og forandring. Fra Kilden går viljen til et væsen der i overbevidstheden evner anlægget for enhed med Kilden selv. Derefter forsætter viljen til bevidstheden og stimulerer viljen til den livsoplevelse som findes der (dvs. den livsoplevelse der kommer før den, som overbevidstheden evner), samt en higen efter den næste livsoplevelse, som er enhed med Kilden selv. Viljen fra denne livsoplevelse *i bevidstheden* forsætter nu sin vej til overbevidstheden i individer fra en lavere udviklingsperiode, der evner den samme livsoplevelse, men altså kun i overbevidstheden. Der vil viljen vise sig som en vilje til at manifestere denne overbevidste livsoplevelse i bevidstheden, og dette kan undertiden ske side om side med en resonansaktivering af livsoplevelsen i bevidstheden (f.eks. hvis overbevidstheden selv er under stærk viljes påvirkning). Bevidstheden kommer derved under stærk påvirkning, og responderer altså med en higen efter livsoplevelsen i overbevidstheden, og en vilje til yderligere integrering af den livsoplevelse, der er til stede i bevidstheden. Viljen i denne livsoplevelse vil nu forsætte sin vej til overbevidstheden i individer fra den forrige udviklingsperiode, og således forsætter viljen sin vej ned igennem alle udviklingsperioderne. Bevidstheden er således påvirket af viljen fra overbevidstheden der er på et højere niveau, samt af viljen fra andre bevidstheder (vist som personer) der er på samme niveau, hvorfor det foregår gennem det *aktuelle* livsfelt (blå stjerner). På samme måde er overbevidstheder altså ligeledes påvirket af viljen fra bevidstheder fra den *næste* udviklingsperiode, samt viljen fra andre overbevidstheder – gennem det aktuelle livsfelt (stiplet pil og blå stjerne), og endelig af viljen i den Kosmiske gnist (hvide stjerner).

Det komplekse netværk.

Mennesker er altså bundet sammen i et komplekst netværk, som består af bindinger fra komplekser til komplekser, bindinger mellem multi-Øer, bindinger mellem bevidstheder i samme livsfelter, bindinger mellem overbevidstheder i livsfelterne, bindinger fra bevidstheder til overbevidstheder, eller fra overbevidstheder til bevidstheder. Derudover er der viljes-bindingerne fra overbevidstheden til bevidstheden, og fra en højere bevidsthed til overbevidstheden i et lavere udviklet individ, og fra bevidsthed til lignende bevidsthed, samt fra den kosmiske gnist til overbevidstheden.

Et særdeles kompliceret netværk, der binder os alle sammen som en enhed, lige nu en menneskehed, hvor din udvikling er afhængig af de andre individer i enheden, og hvor deres udvikling er afhængig af dig.

Det du lærer på din vej skal udleves i livet for at kunne integreres i dig, og til det har du brug for dit netværk. Den vilje du har til at udvikle dig er, som sagt, *dybest set* en vilje du har fra et højere væsen samt den Kosmiske gnist i dig.

Når du altså tager dine skridt på din vej, da har du brug for dit netværk. I Ego perioden har du brug for at arbejde med de sider af dig selv, hvor du har 'forbrudt dig mod loven'

for at kunne føle dig hel igen. Til dette har du brug for at projicere dem ud på andre mennesker i dit netværk. Dette er en helt nødvendig metode, som vi alle gør brug af for at komme til at kunne konfrontere disse sider i os selv. Det er en metode hvor dit netværk, dine medmennesker, er en nødvendighed.
Du har brug for netværket til at integrere dine ny-bevidstheder i dig, så de kan blive en permanent del af din bevidsthed, og du har brug for dit netværk, og individerne i det, for ikke bare at lære at håndtere det du møder når du tager dine skridt på din vej, men også til overhovedet *at ville* tage disse skridt. Netværker leverer nemlig en vigtig del af denne vilje i dig, som beskrevet foroven.

Du har brug for de andre individer i dit netværk
for at udvikle dig, for at kunne udvikle dig,
og for overhovedet at ville udvikle dig.

6. Din rejse mod hjertet

To gange i løbet af din udvikling er der sket en markant forøgelse af indstrømningen af Hjerte energier i dit væsen. Den første gang var da du nåede dertil i din udvikling, hvor de overbevidste Hjerte energier startede deres indstrømning i din overbevidsthed, og den anden gang var da de bevidste Hjerte energier opstod i din bevidsthed. Begge gange har det haft store og afgørende konsekvenser.

Første gang var altså da du var på højden af Pre-ego perioden, men lige var trådt ind i Ego udviklingsperioden, og derved fået aktiv kontakt til den tilknyttede personlige udviklingsstruktur.

Denne personlige ego udviklingsstruktur har du jo hørt meget om i denne bog. Du har set at den består af 3 forskellige hoved-sindstilstande, som hver bestemmer din energimæssige forudsætning for din kontakt med livet og dig selv. Du har set at du i de forskellige tilstande bruger forskellige metoder til at blive smertefri (kompensation, anti-kompensation, og følelsesløshed), og at egoet mere og mere mister sin evne til at opretholde sig selv, jo tættere du kommer på den eksistentielle ensomhed (EE). Du har set at EE dybest set er din reaktion på meningsløsheden ved ikke at opleve din individualitet, og senere den enhed, som følger med hjerte bevidstheden – men at EE tjener et vigtigt formål, eftersom den er medskaber af Ego livsoplevelsen.

Starten af egoets udvikling er således ikke udelukkende et ego anliggende, men også en reaktion på de overbevidste Hjerte energier, og man kan sige at din rejse mod hjertet faktisk allerede startede, da du trådte ind i Ego perioden.

Når du formår at opleve livet som 'hjertet oplever livet', da har du nået en vigtig milepæl, ikke bare for dig selv men for menneskehedens udvikling. Det vil helt bogstaveligt være som at vågne op til en ny verden, og du vil indse, at selvom det er slutningen på en lang udvikling, hvor det har handlet om at skabe, opbygge, og fuldstændiggøre egoet, da er det også starten på en nyt, og endnu mere fantastisk, rejse.

Det er nemlig indgangen til en ny fase af vores udviklingscyklus. Hjertet ligger som midtpunktet i vores store udviklingscyklus, der kan betragtes som bestående af 3+1+3 udviklingsperioder. De første 3 perioder har fokus på den fysiske og psykiske udvikling og leder op til fuldstændiggørelsen af egoet og den individuelle bevidsthed, og de sidste 3 har fokus på den 'åndelige udvikling' og leder op til enhed med Kilden. De første 3 foregår på jorden. De sidste 3 foregår i andre dimensioner. De første 3 fører til isolering af bevidstheden fra helheden. De sidste 3 fører til enhed med helheden - og midt imellem de første 3 og de sidste 3 perioder finder vi altså Hjerte perioden, hvis formål det er at hjælpe individet til at blive et fuldt individualiseret væsen, der er et med menneskeheden.

Hjerte perioden er altså en helt speciel udviklingsperiode, hvor det individuelle væsen kommer i kontakt med helheden, den helhed som man er blevet adskilt fra for at kunne udvikle sin individualitet. Nu genforenes man med helheden, men med bevidstheden i behold, og altså som et selvbevidst væsen.

I hjertet udvikler du denne sammensmeltning af din bevidsthed med den større bevidsthed, der udgøres af helheden. I første halvdel af Hjerte perioden udvikler du sideløbende egoet til et fuldstændigt harmonisk ego, som ikke mere har brug for en underbevidsthed – hvorfor denne forsvinder. På det tidspunkt kan man sige at egoet ophører med at være det ego vi kender. Du er stadig en individualitet, men nu i fuldstændig balance, og i fuldstændig kontakt med dig selv og med den helhed, som du er en del af.

I den sidste del af Hjerte perioden udvikler du denne sammensmeltning med helheden, indtil du bliver et med den og er klar til at søge endnu højere dimensioner af livet.

I første halvdel af Hjerte perioden handler det derfor om at færdiggøre de første 3 perioder, og det som de stod for, og i den sidste halvdel af Hjerte perioden handler det om at klargøre dig til de sidste 3 perioder, og altså til et udviklings forløb, der ikke mere skal finde sted på jorden.

Det er nu at du skal være klar over at dit, og menneskehedens, primære mål er at gøre Hjerte livsoplevelsen til din dominerende livsoplevelse. Du skal vide at selv et lille skridt mod dette vil have vidtrækkende konsekvenser for dit liv. En livsoplevelse omfatter nemlig *alt* i dit liv – og ligeså vil en forandring i den påvirke alt i dit liv!

Et af de vigtige spørgsmål er da – hvad kan du gøre for at fremme denne proces, og hvad vil den helt konkret indebære?

Formålet med dit liv.
Formålet med vores liv, eller rettere sagt *det umiddelbare mål* med vores liv, er altså at opleve livet gennem Hjerte livsoplevelsen. Så kort kan det siges, og det gælder for langt de fleste mennesker.

Hvordan dette så afstedkommes, varierer fra menneske til menneske. Det er ikke en proces hvor vi lige med et bevæger os fra egoets livssyn til hjertets livssyn, men mere en glidende proces, med små bevidsthedsmæssige spring undervejs.

Hvordan kan vi agere i denne proces med mere og mere af Hjerte livsoplevelsen, så vi kommer frem mod målet? Selvom vi med sikkerhed vil nå målet før eller siden, da har vi en vilje og en individualitet, som gør at vores valg er vigtige med hensyn til hvornår vi når dette mål – og med hensyn til hvordan vi påvirker livet omkring os på rejsen dertil.

Det er altså vigtigt at overveje hvordan vi skal forvalte denne vilje på bedst mulige måde.

I part-1 lærte du om udviklingen set fra menneskehedens perspektiv, om de store udviklingsperioder, om energierne, og de 2 evolutionsprocesser. I Part-2 gik vi tæt på det enkelte menneske, og i særdeleshed var der fokus på egoets udvikling. Vi så at du udsættes for forskellige 'sindstilstande', og at hver tilstand kommer med sine energier, sine metoder til at blive smertefri, og sine forudsætninger for livsoplevelse – og alt sammen i svøbet på de livslove, som udgår fra livstemaerne.
Alt dette for at hjælpe os frem i vores udvikling, og sikrer at vi forandres gennem en proces, der løber igennem 6 specifikke faser. Disse faser er: overbevidst energipåvirkning → resonans aktivering af din bevidsthed → resonansbetinget "ny-bevidsthed" og higen → bevidst udlevelse → forankring af den nye bevidsthed → forandring af din bevidsthed.

Hvis man derudover føjer punktet 'forandring af overbevidstheden' til denne proces, da kan man også se det som en proces med 7 trin, som fører til en forandring af overbevidstheden.

Det starter altså med en impuls fra overbevidstheden og ender med en forandring af overbevidstheden – med bevidstheden som 'mellemstation'. Et interessant forløb, der også vidner om hvor vigtig overbevidstheden er i denne proces.
Faktisk vil fremtidig udforskning i denne 'størrelse' afsløre, at overbevidstheden er så meget mere end en latent højere form for livsoplevelse. Selve ordet 'overbevidsthed' fortæller jo også kun, at det er noget som er 'over vores bevidsthed', men ikke hvad dette er. Hele vores tilværelse drejer sig i virkeligheden lige så meget om en 'overbevidsthedsudvikling', som om en 'bevidsthedsudvikling', og man kan ydermere

ligefrem betragte bevidsthedsudviklingen, som vi forstår den, som et middel til at afstedkomme udviklingen af overbevidstheden.

Din vigtigste opgave er at gøre dit bedste for at denne proces sker, og med tanke på den livsoplevelse der lige nu er din største udfordring (Ego og Hjerte livsoplevelsen), da så vi hvor vigtigt det er at afstemme dit arbejde med dig selv, efter den udviklingsstruktur, som styrer din oplevelse. De fleste gange hvor vi ikke lykkes med at komme videre, og løber hovedet mod en mur, er det fordi vi kaster os ud i noget vi ikke har forudsætninger for at tage ind, og fordi der således er noget andet, som vi har mere brug for. Nogle gange er det vi har brug for en god omgang konfrontations terapi, andre gange er en sådan terapi 'en katastrofe' for vores udvikling.

Det gælder dog altid, at den rigtige handlemåde overfor dig selv (den som tager hensyn til den tilstand du befinder dig i) altid vil have den samme effekt. Den vil nemlig altid føre dig tættere på dig selv, og også tættere på Hjerte livsoplevelsen.

En del af præmissen for at du kan opleve livet gennem Hjerte livsoplevelsen er at du henter dine fraspaltede bevidstheder hjem, og vi så at dette gøres igennem kærlig indsigt, accept, og tilgivelse. Jo højere op i ego tilstandene du når, jo mere vil det handle om dette, og i den øverste tilstand "kompensation" er dette i den grad en af de vigtigste temaer. Husk på at i Hjerte livsoplevelsen er der ikke laget for underbevidstheden, og at være i stand til at miste dette lag forudsætter, at der ikke er en masse fraspaltede bevidstheder i det, som er essentielle for din udvikling. De skal hentes 'hjem' igen før du kan 'miste' laget, og nå til det stadie hvor du til fulde oplever livet med Hjerte livsoplevelsen. Dette er vigtigt at forstå! Mange har så travlt med at komme til hjertet at de ender med at efterlade dem selv i farten. Når dette sker, er det kun et spørgsmål om tid før man falder tilbage, eftersom dine fraspaltede bevidstheder virker som en tyngdekraft på dig (på dit bevidsthedscentrum, din aktuelle bevidsthed), en tyngdekraft som vil holde dig tilbage, indtil den dag hvor du formår at tage dem med på din rejse.

Når du henter en fraspaltet bevidsthed hjem, da er der flere konsekvenser af dette: 1) du bliver en af de 'tyngdekræfter' kvit som holdt dig tilbage, og 2) du bliver bevidsthedsmæssigt i stand til at kunne rumme mere *af Hjerte livsoplevelsen*. Derfor udgør de dine indre gaver, som er helt nødvendige for at du skal kunne rumme Hjerte livsoplevelsen. En interessant måde at se disse indre bevidstheder på, hvoraf mange udgør kernen i et smertefuldt kompleks.

Det er altså ikke nok blot at blive fri for alle dine komplekser. Det er ikke nok blot at blive fri for alle dine fraspaltede bevidstheder og deres tyngdekraft effekt på dig. Det er ikke nok kun at miste alt det, som fra din underbevidsthed indgyder dig smerte. Det er ikke nok, for skete dette ville det efterlade dig med en bevidsthed som, til trods for smertefriheden, stadig ikke ville kunne rumme Hjerte livsoplevelsen!

Kun via de fraspaltede bevidstheder kan du blive i stand til at rumme Hjerte livsoplevelsen og for alvor få øjnene op for en 'ny verden'! Det er sådan fordi de fraspaltede bevidstheder 'udvider' din bevidsthed til at kunne rumme Hjerte livsoplevelsen.

Dit, og menneskehedens, primære mål
er lige nu at gøre Hjerte livsoplevelsen
til din dominerende livsoplevelse.

7. Hjertets verden – den nye verden

Der er en ny verden som venter på dig – og en ny indvielse. I løbet af en hel udviklingscyklus med 7 store udviklingsperioder optræder der i alt 9 bevidstheds-indvielser – og en af dem er meget tæt på nu. Menneskeheden står foran et bevidsthedsmæssigt kvantespring, en udrenselsesproces af dimensioner – og for dig betyder det at en ny verden – en ny livsoplevelse – er indenfor din rækkevidde.

"Når Hjerte energierne optræder i vores overbevidsthed, da vil vi reagere på adskillelsen til helheden med dyb smerte - men den nye udviklingsperiode, hjertets perioden, vil frigøre os fra smerten og vil atter føre os sammen med de dele af os selv, som skabelsen af vores individualitet krævede at vi adskilte os fra"

"Hjertet og Egoet"

Hjerte livsoplevelsen åbner op for det som du dybest set, lige nu i din udvikling, savner mest af alt. Alt hvad der formår at afskærme dig fra dette opleves som et mere eller mindre smerteligt problem.

Vi er der i vores udvikling hvor de bevidste Hjerte energier nu begynder at indfinde sig, fordi vi er klar til dem. Samtidig med dette er der sket en anden afgørende ting. For første gang er de overbevidste GD-1 energier begyndt at strømme ind i vores væsen, ind vores personlige overbevidsthed.

Tænk lige på hvad de bevidste Ego energier og de overbevidste Hjerte energier satte i gang den gang de startede med at strømme ind i vores væsen. De skabte EE, opdelingen af vores personlighed i en bevidsthed og en underbevidsthed med diverse strukturer (komplekser, multi-Øer, osv.), og satte i det hele taget gang i udviklingen af egoet og vores evne til at rumme Ego livsoplevelsen. Nu er der kommet en ny bevidst energi, Hjerte energien, samt en ny overbevidst energi, GD-1 energien. Oven i dette er de overbevidste Hjerte energier på deres højeste.

Hvad betyder alt dette så for os? Det betyder at vi har en oplevelse af at vi er en del af en større helhed, og at der er et højere formål med livet (højere end egoet er klar over).

Denne helhed er dog kun starten på et større eventyr i andre dimensioner end den fysiske, hvilket er hvad GD-1 energien fortæller os. GD-1 bevidsthed er lige så ufattelig for os som hjerte bevidsthed var, da vi var i Pre-ego perioden, men det giver os en fornemmelse af at livet rummer mange dimensioner, som vi ikke er bevidste om, men som vi besidder viljen til at bevidstgøre. Husk nemlig på at alle de overbevidste energier kommer *på en bølge af vilje fra individer, der allerede har bevidstgjort denne energi.*

I starten af Ego perioden satte de bevidste Ego energier/overbevidste Hjerte energier/høje overbevidste Ego energier gang i skabelsen af egoet og ego bevidstheden, og altså Ego livsoplevelsen. Det som Hjerte energien/den overbevidste GD-1 energi nu sætter i gang er skabelsen af hjerte bevidstheden og Hjerte livsoplevelsen.
Det vil også føre til det som skal til for at kunne tage GD-1 energien bevidst ind, præcis som vi nu er blevet klar til at tage hjertet ind ved at have opnået et selvbevidst ego med en sult efter at opleve at det ikke er alene.

Ego perioden er drevet af spørgsmålet *"Er jeg til?"* og det nye spørgsmål er nu *"hvorfor er jeg til?"* – et spørgsmål som kun en helhedsorienteret-bevidsthed kan svare på. Først når du oplever at dette spørgsmål er besvaret til fulde, er du klar til det spørgsmål som kommer med GD-1 energien – *"hvad er formålet med denne helhed?"*. Dette svarer GD-1 bevidstheden på, og allerede nu er du altså begyndt at mærke en higen inden i dig, efter at kunne svare på dette spørgsmål.

Ligesom egoets udvikling foregår gennem den personlige ego udviklingsstruktur, der består af tilstande hvor egoet bliver mere og mere centreret jo højere op man når i ego tilstandene, da handler Hjerte periodens personlige udviklingsstruktur ligeledes om at skabe en 'centreret' hjerte bevidsthed i dig.

Lige nu befinder du dig i den laveste hjerte tilstand. At opleve denne tilstand føles lindrende og livsbekræftende, men jo mere du evner de højere tilstande, jo mere vil det opleves 'smertefuldt' at være i den laveste tilstand (dog smertefuldt som hjertet oplever smerte). Sådan var det jo også i ego udviklingen; at være i den midterste tilstand gør først ondt, når du har haft erfaring med højere tilstande.

Dit (og menneskehedens) udviklingsniveau er altså nået til det stadie hvor Hjerte livsoplevelsen i den grad banker på vores dør, hvor nye energier (GD-1) banker på døren til vores personlige overbevidsthed. Der vil de blive optaget og aktivere nye livstemaer, samt nogle af de gamle livstemaer på en ny/højere måde, og derved skabe nye 'livslove' og en ny og forøget higen efter at realisere nye dimensioner af livet og os selv.

En af disse nye dimensioner af livet og os selv er som sagt noget, som Hjerte livsoplevelsen åbner op for. Så lad mig tilslut opsummere nogle af de ting der kendetegner denne livsoplevelse.

Det som kendetegner Hjerte livsoplevelsen er:

- Manglende underbevidsthed i oplevelsen af livet og dig selv.
- Tillid til de 'spirituelle dimensioner', og til meningen med livet.
- Nærvær og tilstedeværelse.
- Forøget kærlighed til livet, inklusiv dig selv.
- Overbevidste sanseorganer, specifikt knyttet til hjertet, som optager de energier, der udgør din dybeste higen.
- Nye aktive livstemaer, samt en højere aktivering af eksisterende livstemaer.
- En mere 'ren' adgang til den dimension der huser dit overbevidste.
- En forøget evne til at interagere med andre menneskers overbevidsthed

Hvad kan du da selv gøre for at fremme Hjerte livsoplevelsen?

Fokuser på ego-underbevidsthedens gaver. Vi har set at i underbevidstheden findes dine fraspaltede bevidstheder, og at disse er som gaver du har brug for at kunne evne Hjerte livsoplevelsen. Uden disse fraspaltede bevidstheder i din bevidsthed, er det dig simpelthen ikke muligt at kunne tage mere af Hjerte livsoplevelsen ind.

Fokuser på din ego-tilstand. Gør dette for at gøre dig klar til at kunne modtage og håndtere gaverne. Hvis du giver dig selv det som du har brug for, og har forudsætninger for, da vil du blive klar til gaverne. Hvis du derimod forsøger at tage for meget ind, da vil du falde ned i en lavere egotilstand. Du skal ikke konfronteres med mere af din underbevidsthed end du kan kapere – eller sagt med energier: enhver egotilstand giver dig nogle energimæssige forudsætninger, og hvis du overstiger dem, da vil det ofte ende i smerte.

Fokuser på hjertet. Selvom du kun har begrænset bevidst adgang til hjertet, så er de fleste dog nået til en vis grad af hjerte bevidsthed. Derfor kan du næsten altid få noget ud af at bruge hjertet (sideløbende med dit ego arbejde, hvis dette kræves). Du skal også huske på, at der er rigtig meget Hjerte energi i dit overbevidste, og en måde at aktivere dem yderligere, er ved at udleve dem bevidst. Det er næsten som at hive dem ned i bevidstheden.

Ligesom andre bevidstheder/Individer med en evne for Hjerte livsoplevelsen kan resonansaktivere din overbevidste hjerteoplevelse, da kan din bevidste fokus på disse energier også medføre en slags aktivering af dine overbevidste Hjerte energier (omend i mindre grad). Således kan du stimulere din overbevidsthed til at påvirke dig med fornyet kraft, hvilket altså vil forårsage at din bevidsthed vil blive løftet af de overbevidste Hjerte energier. Det vil kun være et midlertidigt løft, men dog et løft som er vigtigt i din udvikling mod en mere permanent hjertebevidsthed.

Brug derfor hjertet i dit liv, også når du ikke tror på det (for det vil altså stimulere de overbevidste Hjerte energier).

Udlev tilliden. Udlev tilliden til at der er en mening med dit liv, uanset hvor smerteligt det kan være. Dette er som en nøgle til hjertet, men det er også en af livets store prøvelser. Det er nemt at have tillid når alt går godt. Langt sværere er det når det ikke går godt, men øv dig alligevel i det – for i tilliden vil du finde den bedste lindring, og en fantastisk livsledsager.

Tilliden er en af de mystiske ting i livet, som du kan blive ved med at udforske. Undervurder aldrig dens kraft.

I virkeligheden kan du dybest set kun miste en ting,
og det er tilliden.
Tilliden til at der er en indre mening og styring med dit liv,
hele tiden, uanset hvad du gør.
Denne tillid er midlet, vejen og målet.

"Erindringens tale", Jes Dietrich

Opsøg nærværet. Der er mange former for nærvær. Vi har været inde på det i bogen. Vær opmærksom på dette – og øv dig i at opsøge nærværet. Der er magi i nærværet. Tag ikke mine ord for det. Opdag det selv. Forestil dig en tilstand hvor al smerte forsvinder, hvor alle problemer transformeres til udfordringer, som du til fulde 'accepterer'. Det er uforståeligt hvis man ikke selv har oplevet det. Det er ren magi. Men det er! Og du har helt sikkert oplevet en flig af denne tilstand, når du har udlevet en interesse, en hobby, og i denne tilstand helt har glemt alle dine problemer og al din smerte. Min påstand er, at du ikke glemte dem – du var i stedet i en tilstand, hvor de ikke kan eksistere!

Du var nemlig til stede i nuet – og i nuet eksisterer de ikke! De er en illusion, som vi tror på når vi ikke er nærværende – for kun i ikke-nærværet kan denne illusion overtage os, og bedrage os. Start derfor med at øve dig i nærværet – og find metoder der virker for dig, og metoder der virker i din dagligdag. Metoder kan hjælpe dig frem mod en tilstand hvor det er helt naturligt for dig at være nærværende.

8. En Ny Verden venter.

En ny verden venter dig. En ny verden, som er inden for din rækkevidde. Det er en verden hvor du får en mere intens adgang til din personlige overbevidsthed, og hvor du begynder at få direkte adgang til de store livstemaer, og de livslove som strømmer ud fra dem. I langt højere grad vil du derfor begynde at leve i overensstemmelse med dem.

De vil være dine ledsagere, dine vejledere, snarere end dine love. De vil i endnu højere grad være en *levende* del af dit væsen og din livsvilje.
I Ego perioden har du direkte adgang til din underbevidsthed, og det psykiske felt. I Hjerte perioden får du større adgang til dit personlige overbevidste (som i sidste halvdel af perioden ikke længere skal 'filtreres' igennem ego underbevidstheden) og endvidere et nyt livsfelt, hjerte-livsfeltet. I GD-1 perioden får du adgang til højere dimensioner, og halvt inde i denne periode vil du forlade denne fysiske dimension. Halvt inde i denne periode sker en af de store indvielser, der vil manifestere en beherskelse af, og indsigt i, de 4 første tilværelsesplaner (livsfelter) (det fysiske, pre-psykiske, psykiske, plan samt hjerte livsfeltet).

Hele denne store udvikling sker ved hjælp af 2 store evolutions cykler – den bevidste og den overbevidste evolutionscyklus. Alle mennesker udvikler sig i overensstemmelse med disse to evolutioner, men hvordan vi reagerer på dem, er naturligvis individuelt – og i samme takt, som vi udvikler vores bevidsthed og overbevidsthed, bliver vi bedre i stand til at være *udtryksformer* for det, som oprindeligt ville vores udvikling, Kilden selv.

Vi er et med Kilden, og vores sanseorganer til Kilden udgøres af vores livsoplevelse – som er centrum for hele vores udvikling.

Enhver udvikling indebærer, som vi har set det, vilje, manifestation og skabelse. Når vi er i kontakt med livet, da skaber vi i livet – ja, da ændrer vi livet selv. Dette gælder også Kilden.

Gennem vores kontakt til Kilden, via vores livsoplevelse, *skaber* vi noget i dette højeste, som derved *selv ændres og udvikles*. Ved at udvikle vores bevidsthed om Kilden, da udvikler vi Kilden selv. Ved at udvikle vores livsoplevelse, da udvikler vi Kilden selv.

Hele vores udvikling handler om, via vores kontakt til et større netværk og en større familie, at nå til større og større erkendelser om livets dimensioner – om Kilden selv – og jo mere vi evner kontakt til Kilden, jo mere forandres den.

Dette er formålet med vores alles eksistens.

Dette er viljen bag vores alles eksistens.

Lige nu er dit nærmeste mål Hjerte livsoplevelsen. Lige nu er din vigtigste opgave, at du gennem denne oplevelse formår at nå til en større erkendelse af dig selv, af den helhed som du er en del af, af det netværk du er en del af, og af Kilden.

Husk at hjertet aldrig har været tættere på – og at det i den grad, uden tvivl, er indenfor din rækkevidde – lige nu og her!

Mulighederne er der, evnerne er der, og en indre higen efter netop Hjerte livsoplevelsen er i dig større og stærkere end nogensinde. Ved at gøre Hjerte livsoplevelsen til *din livsoplevelse* hjælper du ikke bare dig selv, men tillige hele menneskeheden! Du kan i figur 61 se hele det verdensbillede, som du er blevet præsenteret for i denne bog.

Med dette vil jeg ønske dig en fantastisk rejse mod en Ny Verden – i første hånd oplevet igennem Hjerte livsoplevelsen!

Figur 61. Menneskehedens Udviklingscyklus
Illustrationen viser de 2 Evolutioner, den bevidste (nederste række) og den overbevidste (øverste række). De er hver gjort op af 7 udviklingsperioder. Hver periode er knyttet til sin egen udviklingsstruktur (som vil være aktuel for alle individer der befinder sig i den pågældende periode, og som er vist nederst i figuren), og til sin egen livsoplevelse. Enhver af livsoplevelserne har en unik opbygning med lag indeholdende alt fra instinkter, komplekser, livstemaer, bevidsthed og overbevidsthed, og endelig Kilden selv. Illustrationen viser også de livsfelter (bølge former, som er vist over udviklingsperioderne) der er knyttet til den bevidste evolution. Den overbevidste evolution er også knyttet til livsfelter, som er en halv udviklingsperiode længere fremme. De er ikke vist i figuren. De to evolutioner er et udtryk for de livslove, der ligger bag udviklingen af vores bevidsthed og vores overbevidsthed, en udvikling der bedst effektueres ved denne opdeling i to evolutioner. De to evolutioner kan ses som kausalt forbundne udviklingsprocesser med fokus på menneskeheden (og derigennem mennesket), samt alle andre levende væsener. De er dynamiske i den forstand, at de ændrer sig kontinuerligt i forhold til menneskehedens ophobede livsoplevelser, og således vil de altid påvirke menneskeheden med de energier den har brug for. Livsfelterne udgør de dimensioner som tillader manifestation af livsoplevelser, samt ophobning af og interaktion mellem dem. Når felterne er tilgængelige, kan du sanse dem og derfor skabe i dem, samt opfatte (og være under indflydelse af) de andre livsoplevelser i feltet. Illustrationen viser også Jordkloden i slutningen af Hjerte perioden. Den indikerer det punkt i din udvikling, hvor du undergår en stor bevidstheds-transformation. Efter denne transformation er det ikke længere nødvendigt for dig at inkarnere på jorden, og i de fleste tilfælde vil individets udvikling forsætte i andre dimensioner.

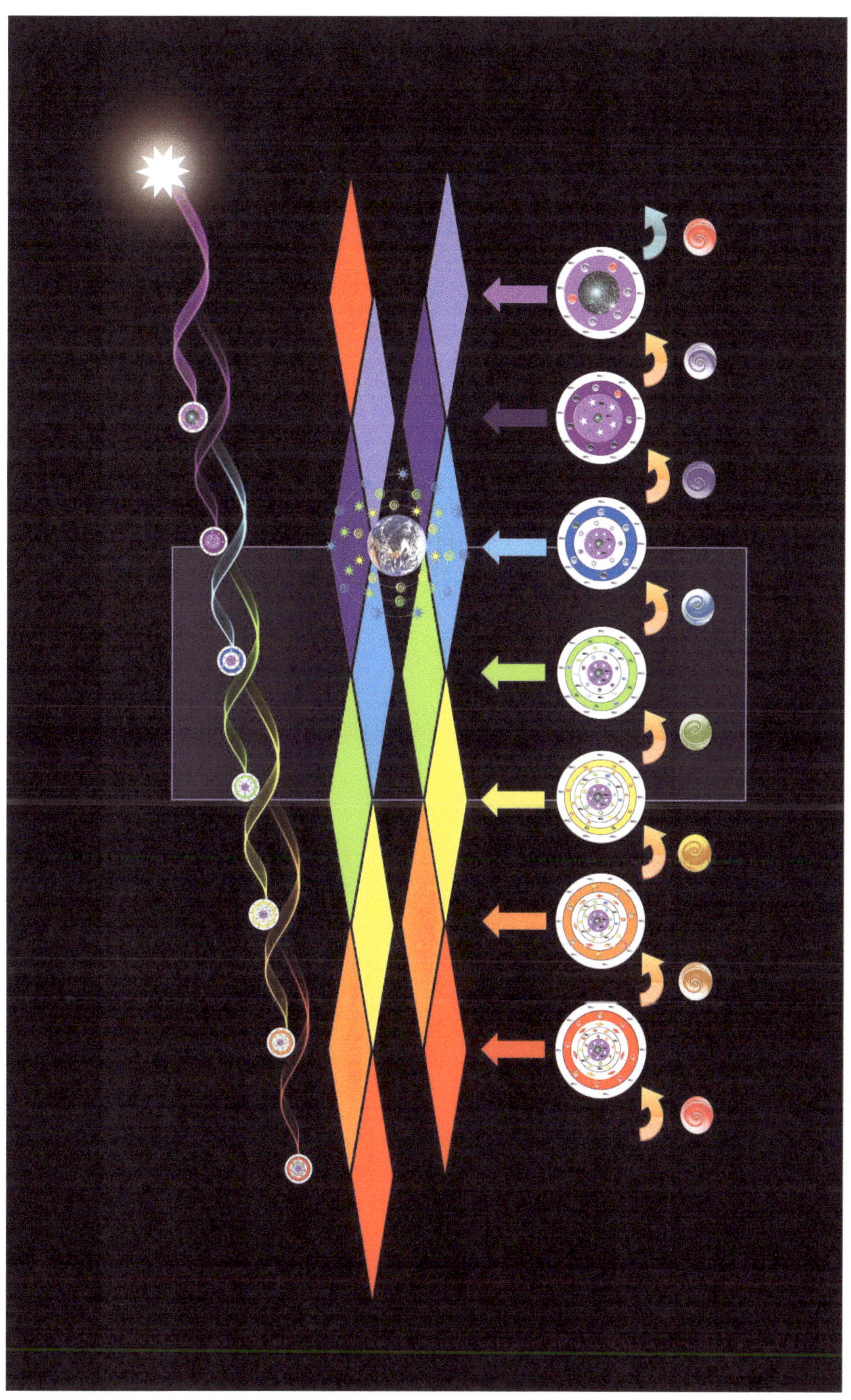

APPENDIX

APPENDIX 1. ENERGIEN BAG UDVIKLINGSPERIODERNE

"Enhver af udviklingsperioderne
har til formål at bevidstgøre
et specifikt – og nyt - aspekt af livet.

Som middel til at nå dette mål,
skabes i starten af enhver udviklingsperiode,
en ny individuel 'personlig' udviklingsstruktur,
der vil følge dig igennem hele perioden,
og sikre at du når målet".

1. Indledning

Som vi har set det, er vi en del af 2 evolutions cykler. Der er den bevidste evolution, som er baseret på bevidste energier, og som påvirker vores bevidste 'selv' (der lige nu i høj grad udgøres af egoet, som p.t. er centrum for vores dominerende udviklingsstruktur), og så er der den overbevidste evolution, som er baseret på overbevidste energier der påvirker vores overbevidste.

Evolutionscyklerne er opdelt i udviklingsperioder, som altså 'kommunikerer' det livsaspekt, som de står for, til os i form af energier. Alle de store udviklingsperioder er nemlig knyttet til *en* særlig energi signatur. Vi kunne kalde det et energi 'tema', der har i alt 6 energi 'toner' at variere over. Det er derfor en dynamisk signatur, der ændrer sig igennem hele perioden (selvom den altså er låst til de 6 overordnede energier – som jeg beskriver om lidt) medførende at mennesker kontinuerligt vil opleve nye energier, og nye kombinationer af energier, i samme takt som de udvikler sig igennem perioden. Energierne påvirker mennesket til at *hige efter mere*, og skaber samtidig *forudsætningen* for at kunne realisere dette 'mere', ved at hjælpe os til at kunne rumme dette 'mere' bevidsthedsmæssigt.

Energierne manifesterer viljen til udvikling,
og skaber samtidig forudsætningen,
for at realisere viljen.

Kombinationen af energierne i en udviklingsperiode,
er manifestet for en universel sandhed,
og udgør opskriften på hvordan fremskridt sikres
for mennesket – og for menneskeheden.

Lad mig i dette appendix gå endnu mere i dybden omkring energierne, og lad mig vise dig det utrolige energisamspil, som du lige nu befinder dig i.

2. De overbevidste og bevidste energier

Hvis vi ser på figur 1, da kan vi se at hver udviklingsperiode har 6 store energier at gøre godt med – 3 overbevidste og 3 bevidste energier. Tilsammen udgør disse energier det overordnede *tema* for perioden. Hen igennem udviklingsperioden, bliver de 'sat sammen' på forskellige måder.

> ***Energi temaer***
> *Der er* ***'det overordnede tema'*** *for hele perioden (gjort op af de 6 energier for perioden), og så er der* ***'det aktuelle tema'****, som bygger på de 4 energier, der påvirker os lige her og nu (eller for en stund kun 2 energier når man er halvt igennem en periode)*

Til enhver tid (undtagen ved indgangen til en ny periode) påvirkes vi af 2-4 typer energier; den 'lavere' (Pre-ego) i bevidst form, den 'centrale' (ego) i overbevidst og bevidst form, og den 'højere' i overbevidst form (hjerte). (Jeg har her betragtet den højere Ego energi som sin egen energi, da den jo er så forskellige fra den bevidste Ego energi at du ikke kan bevidstgøre den). De skifter i løbet af en udviklingsperiode (og senere er der den højere i bevidst form og en endnu højere, GD-1 i overbevidst form) – og alt i alt er der altså 6 energier gennem hele perioden.

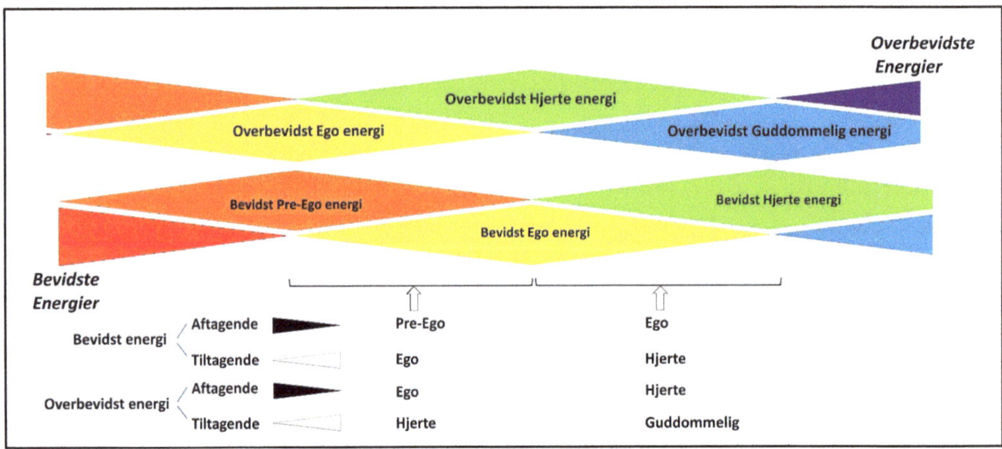

Figur 1. De bevidste og overbevidste energier i Ego perioden.

Man kan altså tale om det *overordnede tema* for hele perioden (de 6 energier), samt det *aktuelle tema* som bygger på de 4 energier der påvirker os lige her og nu.

Alle mennesker har som udgangspunkt den samme energimæssige baggrund, selvom altså det enkelte menneskes personlige udviklingsstruktur bestemmer, hvilke energier fra menneskehedens aktuelle energi tema vi 'for lov' til at opleve.

> ***Den aftagende og tiltagende energi.***
> *Overordnet set findes der 2 typer energier, en bevidst og en overbevidst. Hver af disse kommer i en aftagende og tiltagende version.*

Som vi har set det, da gælder det, at i alle faser af alle udviklingsperioder påvirkes mennesket af en bevidst *aftagende* energi, samt en bevidst *tiltagende* energi. Ligeledes påvirkes man af en overbevidst *aftagende* og en overbevidst *tiltagende* energi.

Kontinuerligt vil mennesket påvirkes
af bevidste og overbevidste energier.
Formålet med disse energier er at hjælpe dig til
at møde nuet,
at tage 'afsked' med fortiden,
og at gøre dig klar til fremtiden.

De overbevidste energier forbereder dig
til den fremtid som din bevidsthed vil møde,
mens de bevidste energier hjælper dig i mødet med nuet.

Således sikres den evige bevægelse fremad.

De overbevidste energier kan strømme ind i dit system og skabe en *resonans aktivering* af lignende energier i din bevidsthed. Derudover vil de give dig en oplevelse af, at der eksisterer måder at opleve livet på, som er hævet over din nuværende livsoplevelse.

Dette er motiverende, og er en af de ting som sikrer din fremdrift.

Ser vi på Ego energierne er du altså lige nu påvirket af 'overbevidste' Ego energier af 'høj ego kvalitet' (højere end dit eget ego bevidsthedsniveau). Desuden påvirkes du også af overbevidste hjerte, og efterhånden også GD-1 energier, der er endnu højere 'vibrerende'.

Mennesket kan derfor bevæge sig inden for et spektrum af energier. Forskellige mennesker, som er på forskellige steder i deres udvikling, påvirkes derfor overordnet set af de samme energier, men *adskiller sig nu alligevel ved deres evne til hvilke energier de kan tage ind bevidst og overbevidst.*
Derfor kan man groft sagt sige, at udviklingsperioden overstrømmer os alle med *de samme energier*, men at vi med *hver vores personlige udviklingsstruktur* oplever hver vores egen unikke *kombination* af disse energier – en kombination der altså er i konstant udvikling, ligesom vi selv er det.

***Overbevidsthedens sanseorganer*.**
Lige nu er ego sanseorganet i overbevidstheden kraftigt reduceret, mens hjerte sanseorganet arbejder på højtryk.

De overbevidste energier kan være af to typer: 1) de kan være af samme type, som den energi der er i din aktuelle (bevidste) udviklingsperiode. Hvis denne er en egoenergi, da er den overbevidste egoenergi af *en højere* 'vibration' end den du er i stand til at modtage bevidst; 2) energien kan også være en overbevidst energi, som er af den type, der vil blive din hovedenergi i *den næste udviklingsperiode* (i vores tilfælde vil dette være en hjerteenergi).

Således er de overbevidste energier altid af en vibration, der er *højere end du er i stand til at modtage bevids*t, og derudover kan de være af en *type,* der enten svarer til din *nuværende* eller din *næste* udviklingsperiode.

I første halvdel af Ego perioden har den overbevidste hjerteenergi ikke har en bevidst hjerteenergi at resonansaktivere. Derfor har den mindre indflydelse på din bevidste livsoplevelse end den overbevidste Ego energi. Den giver dog en oplevelse af en højere livsoplevelse (og dette motiverer dig), som tiltager i styrke og endelig bryder igennem i starten af Hjerte perioden (dvs. i midten af Ego perioden) med at starte din nye bevidste Hjerte energi.

De overbevidste energier har til formål at bevirke følgende 1) at gøre os klar til de næste *umiddelbare udfordringer* (for de fleste mennesker er det lige nu bevidstgørelsen af højere former af Ego energier) samt 2) at gøre os klar til *hoved-udfordringen* i den næste udviklingsperiode (bevidstgørelsen af hjertet).

På denne måde påvirkes du af bevidste og overbevidste energier, der spænder vidt i deres 'vibrations niveau' – og disse energier ændrer sig kontinuerligt i takt med at du udvikler dig – blandt andet fordi du, når du udvikler dig, bliver klar til at modtage og opleve livet gennem nye 'vinduer' i din udviklingsstruktur (hvilket vi skal se senere).

Fælles for alle energierne, bevidste som overbevidste, er at de påvirker forskellige dele af dig – og den samlede påvirkning af dig, er netop opskriften på hvordan *netop du* motiveres til at flytte dig – og hvordan *netop du* bliver klar til at modtage nye aspekter af livet. Vi skal i de næste afsnit se nærmere på disse energier.

3. De 3 Hovedperioder og deres energier

Mennesket påvirkes til enhver tid af flere *hovedperioder* på samme tid – og, som sagt, *4 energier* (med undtagelse af tidspunktet, hvor du træder ind i en ny udviklingsperiode hvor du overvejende kun er påvirket af 2 energier).

Hovedperioderne er for menneskeheden lige nu:

1) den periode som udgør den dominerende periode i vores aktuelle bevidsthedsudvikling (den *centrale* periode – Ego perioden)
2) den periode som vi er ved at forlade (den *lavere* periode – Pre-ego perioden)
3) den periode som vi bevæger os imod (den *højere* periode – Hjerte perioden)

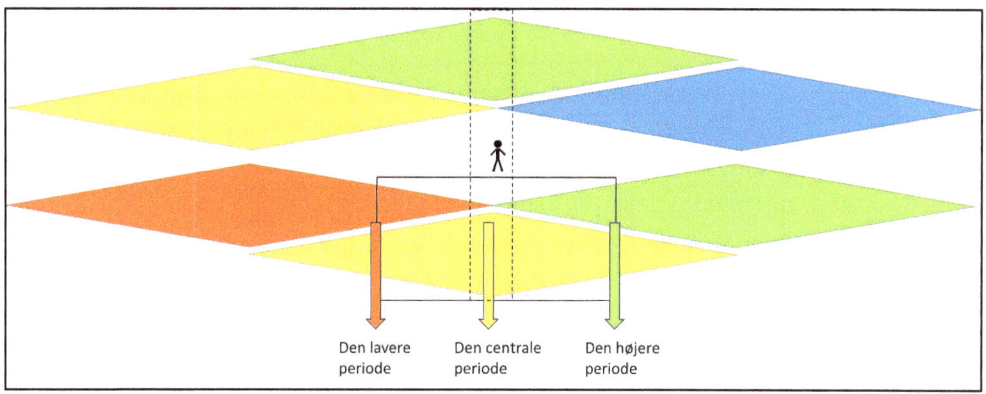

Figur 2. Vores livsoplevelse er lige nu påvirket af energier kommende fra 3 (bevidste) udviklingsperioder

Ego bevidstheden opstår
som følge af et behov,
der fødes i løbet af Pre-ego udviklingen,
skabt af overbevidste Ego energier.
På samme måde fødes under ego udviklingen
behovet om hjerte bevidsthed,
skabt af overbevidste Hjerte energier.

Den stiplede kasse i figur 2 viser hvor de fleste befinder sig. Af dette ses det at nogle oplever den overbevidste GD-1 energi. Denne energi har dog minimal indflydelse på dit væsen. Andre oplever bevidste Hjerte energier, og selvom denne energi endnu er i sin vorden, da betyder den noget for dig, fordi den kan resonansaktiveres af de overbevidste Hjerte energier, der fylder rigtig meget i din overbevidsthed. Du vil derfor nogle gange have en mærkbar oplevelse af hjerteenergien, selvom det ikke er en varig oplevelse. Det er en som kommer og går.

Vores eget udviklingsniveau som eksempel.
Lad os tage vores eget udviklingsniveau som eksempel, og se lidt nærmere på de 3 hovedperioder som lige nu er en del af vores liv (Pre-ego, Ego og Hjerte).
1. Den lavere energi
– Pre-ego energien og den 'bevidstløse' forbindelsen til gruppen
Vi så tidligere at Pre-ego energien tildeles er tilknyttet det fysisk plan, men at den også har fokus på de lav-psykiske energier, der giver en oplevelse af, og identifikation med, gruppen. Kun i lille grad handler det altså om en oplevelse af din egen individualitet.

Pre-ego perioden skaber så at sige den ydre ramme, den ydre form, i hvilken de indre strukturer, såsom underbevidstheden med dens komplekser, traumer, samt selve egoet, senere skal dannes/manifestere sig i.

På denne måde skabes der i Pre-ego udviklingen forudsætningen for skabelsen af de strukturer, der er kendetegnet for ego udviklingen. Selve 'ego' strukturerne skabes ikke i denne udviklings fase (eller kun i lille grad), men *anlæggende* skabes.

Således opbygges altså i Pre-ego perioden evnen til at man bevidsthedsmæssigt formår at forbinde sig til gruppen/verden – en absolut nødvendighed, når man i den efterfølgende udviklingsperiode bevidsthedsmæssigt igen skal adskille sig fra gruppen/verden, og således lære at *skelne* mellem "mig" og "ikke mig" (resten af gruppen/verden).

I Pre-ego perioden skabes den overordnede struktur
som ligger til grund for
alle de efterfølgende ego strukturer

Samtidig skabes det første erfaringsmateriale med "verden", og derved forudsætningen for den senere fødsel af individualiteten, og egoets dualistiske livssyn og livsoplevelse.

Skabelsen af individualiteten består altså af en fjernelse af bevidstheden fra verden. Du kommer til at skelne mellem dig selv og verden. Du stopper med at identificere dig med den. For at kunne dette er det vigtigt at opleve *kontrasten* mellem det vågnende jeg/ego og den 'bevidstløse' identificering med verden. Egoet erkender sig selv på kontraster. 'Sort kendes på hvid', lykke på ulykke, sorg på glæde, høj på lav – og med tanke på egoet kunne man tilføje – bevidsthed på ubevidsthed.

Når egoet (dvs. du, via Ego livsoplevelsen) bliver bevidst om noget, da gælder det at denne nye bevidsthed fæster sig i individet *ud af kontrasten til den foregående ubevidsthed.*

Når egoet bliver bevidst om noget,
da er kontrasten til den foregående ubevidsthed
afgørende for at den nye bevidsthed kan fæste sig i individet

Derfor er Pre-ego ubevidstheden nødvendig for egoets skabelse og udvikling *mens* denne udvikling foregår.

I denne fase af din udvikling er altså *kontrast*oplevelsen måden, hvorpå du oplever og bliver bevidst om livet og dets aspekter, og derfor er de ting som skaber kontrasten, naturligvis nødvendige (Pre-ego versus Ego livsoplevelsen).

Senere, når hjerteenergien begynder at blive en del af vores liv, lærer vi at opleve livet mere 'direkte' (i modsætning til kontrastoplevelsen, som overvejende er en *indirekte* oplevelse af livet). I starten af Hjerte perioden er det dog stadig sådan at kontrasten mellem Ego og Hjerte livsoplevelserne, er en afgørende motiverende faktor og forudsætning for udviklingen af hjertebevidstheden.

2. Den højere energi
– Hjerte energien og den bevidste forbindelse til gruppen
Når man starter Ego udviklingsperioden, da er der 2 højere overbevidste energier, den overbevidste Ego energi, og den overbevidste Hjerte energi. I starten vil den høje Ego energi spille en dominerende rolle i at drive dig frem mod en stadig mere udviklet Ego livsoplevelse, men efterhånden vil hjertets overbevidste energier tage over. Der hvor du er nu i din udvikling er hjerteenergierne dominerende i overbevidstheden.

Ligesom Pre-ego aspektet (eller Pre-ego bevidstheden) er altafgørende før og under bevidstgørelsen af egoet, er den høje Ego energi og hjerte aspektet/bevidstheden ligeledes nødvendig for skabelsen af egoet.

Hvor Pre-egoet står for verden/gruppen og den 'bevidstløse' identificering med denne, da står Ego perioden for en ophævelse af denne identificering med verden, for at kunne udvikle identificeringen med (og bevidstheden om) dig selv. I Hjerte perioden handler det blandt andet om en tilbagevenden til verden, om igen at føle sig et med verden – men i modsætning til Pre-ego perioden, sker det nu på en *bevidst* måde, og altså på en måde hvor identificeringen med dig selv opretholdes, til trods for identificeringen med verden. Du er kort sagt et med verden, og samtidig et med dig selv, blandt andet grundet et stærkt og harmonisk ego!

Hele ego udviklingen drives blandt andet af et behov om at nå til en tilstand, hvor man ikke længere kan nås af den smerte, der dybest set udgår fra kernen af din udviklingsstruktur. Denne smerte kommer, som nævnt tidligere, fra det jeg kalder den eksistentielle ensomhed (EE) - indbegrebet af eksistentiel meningsløshed.

Meningsløsheden lige nu er en blanding mellem at miste din Ego livsoplevelse til Pre-ego livsoplevelsen. Der er Ego-EE, som er en frygt der dominerer i den første halvdel af Ego perioden, og så er der Hjerte-EE, som er frygten for at miste den nye Hjerte livsoplevelse (Hjerte-EE).

Kort sagt er EE vores måde at reagere på mangel på ego kontakt i første halvdel af Ego perioden, og mangel på Hjerte kontakt i sidste halvdel. Begge ting er iværksat af høje Ego energier i den første halvdel af Ego perioden, og høje Hjerte energier i den sidste halvdel.

Pre-ego perioden skaber altså karret og muligheden for at kunne udvikle egoet, og således opleve ego-glæde og ego-smerte og endvidere en følelse af 'ego-mening'. Pre-ego-energien/'bevidstheden' vil i starten af Ego perioden være en mærkbar og vigtig del af ego udviklingen (som basis for den *kontrast oplevelse,* der er den oplevelses-form egoet bruger til at opleve verden).

Hjertet inducerer derimod, med sin overbevidste energi, særlig i anden halvdel af Ego perioden, en indre følelse af meningsløshed i det væsen, der er begyndt at blive selvbevidst og har udviklet en evne for at føle smerte. Meningsløsheden handler om den adskillelse til verden, som var nødvendig for at udvikle individualiteten og egoet, men som nu er begyndt at føles meningsløs efter at hjertets enhedsenergier har nået dig. Du vil atter tæt på verden. Dette kræver dog en videreudvikling af egoet, en forfinelse/transformation af Ego livsoplevelsen – efterfulgt at en fuldstændig ændring af den til noget fundamentalt andet. Dette skal hjerteenergien hjælpe dig med.

Således spiller både 'den lavere og højere energi', Pre-ego og Hjerte energien, en vigtig rolle for at du kan gennemleve ego udviklingen. Der er som nævnt 1) det *motiverende* aspekt (leveret af de højere Ego energi og Hjerte energier fra den overbevidste evolution, samt af en *kontrastoplevelse* leveret af Pre-ego bevidstheden i første halvdel af Ego perioden, og frygten for at revertere til Pre-ego livsoplevelsen, dvs. Ego-EE) og 2) *forudsætningen* for udviklingen af Ego livsoplevelsen (grundet Pre-ego periodens 'kar dannelse' og erfaringer med gruppen).

Evnen *til at kunne starte ego udviklingen*
skabes af Pre-ego periodens kar-dannelse,
der danner grundlag for alle ego strukturerne.

Motivationen *for ville ego udviklingen*
skabes af de højere Ego og Hjerte energier.

Forudsætningen *for kunne gennemleve Ego perioden*
skabes af kontrasten til Pre-ego-bevidstheden,
samt en higen efter at realisere og bevidstgøre
de højere Ego energier (egoet),
samt de endnu højere Hjerte energier.

4. Alle energierne i Ego udviklingsperioden
Vi har nu hørt at mennesket oplever flere hovedperioder, den centrale, den lavere, og den højere periode – og at vi til enhver tid oplever flere typer energier, en bevidst Pre-ego, bevidst ego, overbevidst ego, og overbevidst hjerte og en startende bevidst Hjerte energi. Vi har også set at Ego perioden er en udviklingsperiode, der involverer følelser og sindstilstande, samt en oplevelsesform der bygger på kontrastoplevelsen.

Lad os nu her til sidst i dette kapitel se endnu nærmere på de energier, der altså driver dig igennem Ego udviklingsperioden – og lad os se hvordan de ændrer sig hen igennem perioden, og hvad udviklingskonsekvensen af dem er.

1. Starten på Ego perioden – den store 'ego-indvielse'.
Ego udviklingen drives dybest set af et behov for at opleve at *du* er til. Men hvorfor, og hvordan starter dette behov?

Det starter som sagt med at individet oplever en stærk påvirkning fra overbevidste Ego energier, i kombination med en begyndende udvikling af bevidste Ego energier, som derved bliver kraftigt resonansaktiveret.

Desuden bliver vi *modtagelige* for overbevidste Hjerte energier for første gang i vores udvikling (fordi sanseorganet for denne energi er blevet udviklet i den personlige overbevidsthed). Vi har altså at gøre med kombinationen af de overbevidste Ego og Hjerte energier, samt bevidste Ego energier og maximal bevidst påvirkning fra Pre-ego energierne.

Indvielse.
En indvielse er et udviklingsmæssigt kvantespring – hvorved en ny bevidsthed bliver en permanent del af dit væsen. Det sker hver halve udviklingsperiode, og der er således 9 bevidste og 9 overbevidste Indvielser i denne udviklingscyklus.

Netop dette sted i din udvikling, hvor du altså træder ind i en ny udviklingsperiode, er en ganske særlig hændelse eftersom det repræsenterer *2 nye energier i din verden*. I starten af Ego perioden er det de overbevidste Hjerte energier og de bevidste Ego energier. Dette er en kæmpe forskel i dit liv.

Samtidig skal du sige farvel til 2 kendte energier, de bevidste rod energier og de overbevidste Pre-ego energier. Alt i alt er der tale om en stor forandring i din livsoplevelse.

En indvielse er en helt speciel hændelse i vores udvikling, et slags *udviklingsmæssigt kvantespring* – hvorved en ny bevidsthed bliver en *permanent* ny del af dit væsen. Det er en helt særlig hændelse at opleve en sådan *irreversibel* ændring af bevidstheden. Det sker kun hver halve udviklingsperiode. Når det sker, har det en gennemgribende effekt – som ændrer hvem vi er og hvordan vi oplever verden. Det er som om vi, fra et øjeblik til det næste, lærer at opleve verden på en ny og anden måde, og opnår en helt ny indsigt i livet!

Indgangen til Ego perioden
starter med en indvielse
af både overbevidstheden og bevidstheden
grundet de 2 nye energier,
de nye overbevidste Hjerte energier,
og de nye bevidste Ego energier.

Den Indvielse, som vi udsættes for ved indgangen til Ego perioden, fungerer som en *vækst katalysator,* der i den grad sætter den nye udviklingsperiode i gang. Det er som at få et gigantisk 'skub i ryggen', en slags start-energi ind i en ny udviklingsperiode. Denne start energi kommer fra de 2 *'Katalysator energier'*, de bevidste Ego energier og de overbevidste Hjerte energier.
Således er de store indvielser i starten af udviklingsperioderne bygget op omkring en

ny bevidst energi, samt en ny overbevidst energi.

Efter denne indvielse starter rejsen gennem Ego udviklingsperioden. Lad os se lidt mere på denne rejse, på energiaspektet af den. I figur 3 og 4 kan du se hvilke energier vi påvirkes af i Ego perioden og hvad deres konsekvens er.

I starten af ego udviklingen er de dominerende energier *bevidste* Pre-ego energier og overbevidste Ego energier. Pre-ego udviklingen har, i sidste halvdel af Pre-ego perioden, været påvirket af de overbevidste Ego energier, hvilket har stimuleret udviklingen af det "kar" (udviklingsstruktur), hvori skabelsen af egoet (og Ego livsoplevelsen) har kunne begynde sin udvikling, en udvikling der har ligget som et stadigt voksende behov i individet, fordi det mere og mere har haft en oplevelse, og fornemmelse af, at det ikke var fuldstændigt identisk med gruppen.

Således gælder det, at i sidste halvdel af en periode da forbereder de overbevidste energier den udviklingsstruktur, der skal dominere bevidsthedslivet i den *næste* periode.

Lad os nu se nærmere på energierne i Ego perioden.

2. Den første halvdel af Ego udviklingsperioden.
Energierne:
1) Bevidst Pre-ego energi.
2) Bevidst Ego energi.
3) Overbevidst Ego energi.
4) Overbevidst Hjerte energi.

Du er i den første halvdel under indflydelse af 2 typer af bevidste energier (den centrale Ego hovedenergi og energier fra den Pre-ego periode du er ved at forlade), samt 2 typer af overbevidste energier (den centrale ego hoved energi og energien fra den næste Hjerte udviklingsperiode). Det vil sige at du er under indflydelse af 4 energier. Den ene være aftagende, og den anden vil være tiltagende. Det gælder for både de bevidste og overbevidste energier. Se blandt andet figur 17.

Ser vi på de bevidste energier i den første halvdel af denne udviklingsperiode, da er den bevidste *aftagende* energi en *Pre-ego energi*, mens den bevidste *tiltagende* energi er den Ego energi, som er den nye energi, den nye hoved-energi.

Ved starten af Ego perioden er du altså i færd med bevidst at integrere højere aspekter af Pre-ego energien i dig – en energi, der i starten af perioden er maximal kraft på! Men selvom Pre-ego energien altså stadig fylder langt mest i dit bevidsthedsliv på dette tidspunkt, er du på vej ud af Pre-ego udviklingsperioden.

Samtidig er du som sagt ved at stifte bekendtskab med en helt ny energi – i bevidst form, Ego energien, som altså er på vej til at få hovedrollen i dit liv. I takt med at Ego energien tiltager, da udvikles individualiteten, men det sker *på baggrund af identificeringen med gruppen (Pre-ego energien).*

Man kan sige at du hæver dig op over gruppen, og opdager at du er et unikt væsen, og jo mere du opdager dette, jo mere adskilles du fra gruppen.

Gruppen var dit hjem. Nu bliver egoet dit nye hjem. Du skal nu ud på en lang rejse for at finde din individualitet, din unikhed. Det er en ensom rejse, hvor du kun har dig selv, men til sidst (efter lang tid) vender du hjem til gruppen igen, i Hjerte perioden, med en ny bevidsthed om dig selv og verden, og med en ny evne til at forbinde dig til gruppen uden at miste din individualitet og unikhed.

Den anden overbevidste energi, som er *tiltagende*, repræsenterer energien fra den *næste* udviklingsperiode (Hjerte perioden) og har, som sagt, til formål at skabe *behovet* for det som denne næste periode står for – og således drive individet frem mod den.

Derudover skaber denne tiltagende overbevidste Hjerte energi, sammen med de højere overbevidste Ego energier, helt konkret *de indre personlighedsstrukturer,* som kræves for den vækst i Ego perioden, der skal føre dig til hjertet.

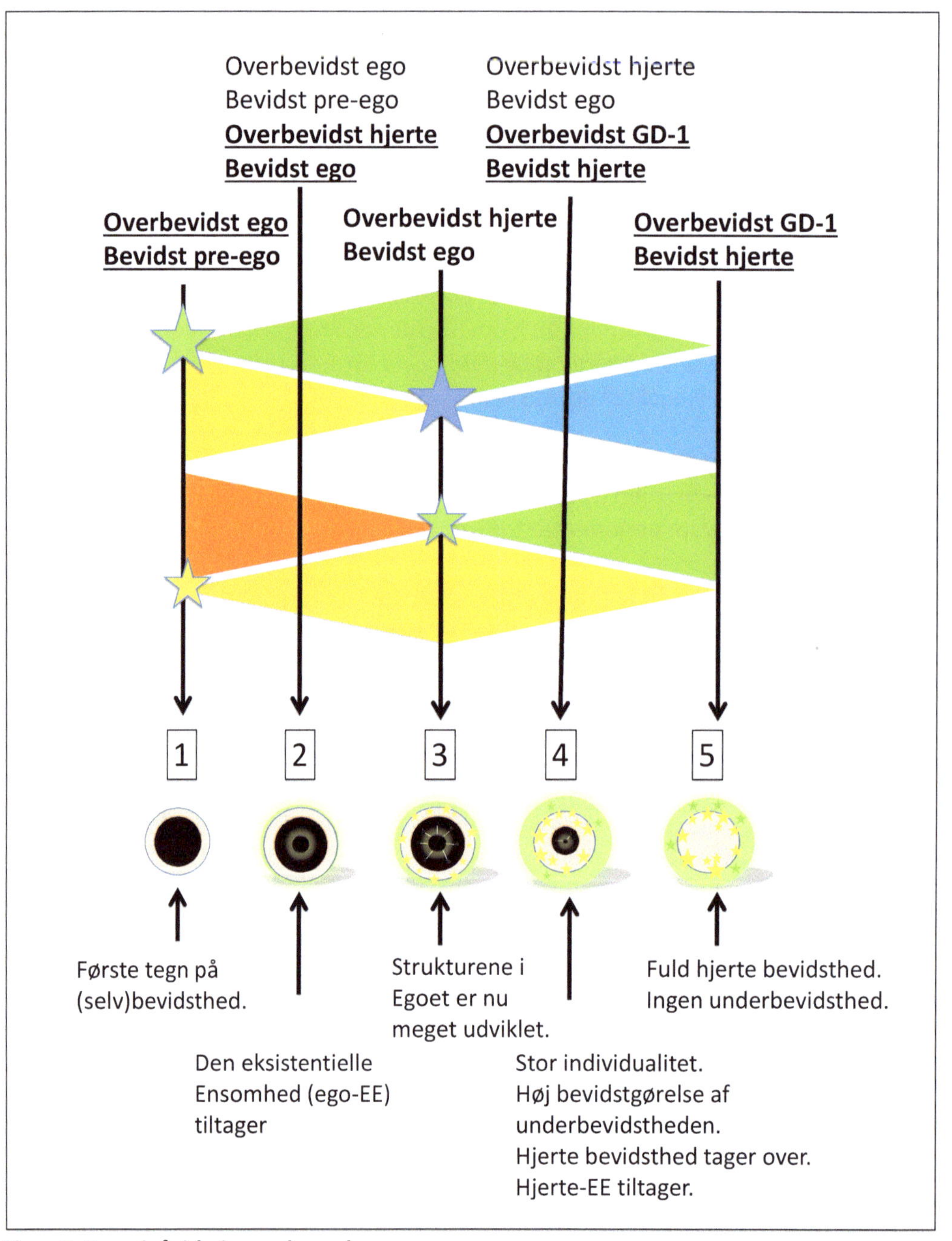

Figur 3. Energipåvirkning og konsekvens.
Energipåvirkningen på de forskellige stadier i Ego perioden – og deres udviklingskonsekvens. Indvielser (både i overbevidstheden og bevidstheden) er vist med stjerner, hvis farve indikerer energien (grøn: hjerte, gul: ego). Ved indgangen til Ego perioden er du domineret af "overbevidst ego" og "bevidst Pre-ego" energier – og oplever det bevidsthedsløft. som de nye overbevidste Hjerte energier og de nye bevidste Ego energier inducerer.

Når du er kvart inde i Ego perioden sker der noget afgørende. Du påvirkes af lige dele overbevidste Ego og Hjerte energier, og egoet er nu så udviklet at det er i stand til at føle smerte, en smerte som ligner den du kender fra dit eget liv.

Smerten opstår grundet flere ting. For at kunne udvikle individualiteten, har en tilbagetrækning fra helheden været nødvendig, men nu begynder egoet at føle smerten over denne manglende enhed med den helhed, den helhed som individet var ubevidst et med i Pre-ego perioden.

Du har mistet dit gamle hjem, men ikke helt fundet dit nyt hjem endnu (egoet). Du oplever ensomhed, og også en voksende indre frygt (Ego-EE) for at miste det ego du er ved at skabe, det ego som du mere og mere oplever er den du er.

Derudover er underbevidstheden skabt, hvilket bidrager til ensomheden, idet din person nu er splittet op – og det kan opleves som om du har 'mistet' noget af dig selv.

Der venter et stort arbejde (særlig i sidste halvdel af Ego perioden) med at hente ting fra underbevidstheden hjem til bevidstheden, så du atter kan blive et med dig selv. Men for nu spiller underbevidstheden en vigtig rolle i at modtage de ting som din voksende ego bevidsthed ikke kan håndtere.

Kvart inde i perioden er ego bevidstheden ved at tage over som den dominerende bevidsthed og livsoplevelse. Samtidig er Hjerte energien ved at tage over som den dominerende overbevidste energi, en energi der arbejder på at skabe fundamentet for Hjerte livsoplevelsen, og som gør at du fornemmer, at der er mere til livet end det som du umiddelbart oplever, samt at den ego-ensomhed som du oplever, er en illusion.

Figur 4. Energipåvirkning og udvikling
Sammenhængen mellem de bevidste og overbevidste energier og deres konsekvens for vores udvikling. I starten af Ego perioden er den overbevidste energi af 2 typer: Der er den overbevidste energi *fra den periode man er i* (dvs. en overbevidst Ego energi). Denne energi skabte behovet for egoet i den *tidligere* udviklingsperiode (Pre-ego perioden), og er derfor ved at *aftage*. Dens formål er dog stadig at udsætte dig overbevidst for høje Ego energier af en vibration, der *ligger over* de Ego energier som du er i stand til at kunne tage *bevidst* ind – og således gøre dig 'sulten' efter at bevidstgøre højere former for Ego energier. Jo mere dette sker, jo mere vil du blive udviklet nok til at kunne blive motiveret af *den næste overbevidste energi*, den overbevidste Hjerte energi. I starten af Ego perioden er du dog ikke udviklet nok til at evne dette – og der har du snarere brug for overbevidste energier af ego typen.

	Energi	Konsekvenser			
		Særlige konsekvenser	*Udviklingskonsekvenser*		
1	Overbevidst ego. Bevidst pre-ego.	Ego indvielse. Overbevidst pre-ego forsvinder. Bevidst rod forsvinder. Ny overbevidst hjerte energi.	Higen efter at opleve din individualitet.	Sult efter mere end gruppe ubevidsthed.	De første tegn på ego identitet udvikles.
2	Overbevidst hjerte. Overbevidst ego. Bevidst pre-ego. Bevidst ego.	Hjerte energien overtager Overbevidstheden. Ego energien overtager bevidstheden.	EE skabes. Det underbevidste adskilles fra bevidstheden, og dets strukturer skabes.	Det personlige underbevidste differentierer ud fra det kollektive underbevidste.	Identiteten udvikles.
3	Overbevidst hjerte. Bevidst ego	Hjerte indvielse. Overbevidst ego forsvinder. Bevidst pre-ego forsvinder. Ny overbevidst GD-1 energi.	Maximal higen efter at opleve helheden.	Stor higen efter at opleve din Individualitet i kontakt med helheden starter.	De første tegn på hjerte bevidsthed udvikles.
4	Overbevidst GD-1 Overbevidst hjerte Bevidst ego Bevidst hjerte	GD-1 energien overtager overbevidstheden. Hjerte energien overtager bevidstheden.	Higen efter at opleve den endnu større helhed som 'hjerte-helheden' er en del af. hjerte-EE skabes.	Hjerte identiteten er tilpas udviklet til at opleve en altoverskyggende lyst til at opleve endnu større 'Guddommelige' livsdimensioner.	
5	Overbevidst GD-1 Bevidst hjerte	GD-1 indvielse. Overbevidst hjerte forsvinder. Bevidst ego forsvinder. Ny overbevidst GD- energi.	Maximal higen efter at opleve den 'Guddom-melige dimension.	Stor sult efter mere end hjerte bevidstheden.	

Med oplevelsen af denne meningsløshed (i første hånd over ikke at opleve din individualitet) er der nu basis for at ego udviklingen går ind i en ny fase – en udvikling der kendetegnes ved en endnu mere intensiv "jagt på meningen med livet". Jagten efter at opleve at du er til, som et unikt væsen.

Det starter med en forøget *tilbagetrækning* fra gruppen/verden. Dette er jo generelt kendetegnet på egoets udviklingsproces, og denne tilbagetrækning fra verden er altså begyndelsen på en ny fase i udviklingen af egoet, der jo i sin essens er et dualistisk livssyn ('mig' og 'ikke-mig') – et livssyn, som er nødvendig, for at den *individuelle bevidsthed* overhovedet kan opstå.

> ***Egoets smerteoplevelse.***
> *Egoets evne til at opleve smerte udvikles hen igennem perioden. Det starter med et savn efter dig selv, og ender med et savn efter at være et med verden, et savn der i den grad vækkes til live af Hjerte energier, og som tager til i Hjerte perioden.*

En ny personlig udviklingsstruktur aktiveres

I starten af Ego udviklingsperioden er du domineret af Pre-ego udviklingsstrukturen. Udover dette er udviklingen af ego udviklingsstrukturen startet. Kvart inde i Ego perioden begynder ego udviklingsstrukturen at være dominerende for første gang. Du skal høre meget mere om dette i part-2 af bogen.

Med Ego livsoplevelsen som din dominerende livsoplevelse, træder følelserne for alvor ind på livsscenen, da de er egoets sprog. Følelser er ego-bevidsthedens måde at opleve livet på.

Figur 5. Skabelsen af egoet og energien bag Ego perioden.
De førte tegn på selvbevidsthed starter med Ego udviklingsperioden. En afgørende hændelse i starten af denne fase er Indstrømningen af overbevidste Ego energier, som initierer skabelsen af den indre struktur i ego-personligheden, hvorfra vil udgå den afgørende energi bag hele denne udviklingsperiode. Strukturen er den eksistentielle ensomhedsfølelse (EE). Denne indre 'energikilde' vil lede til skabelsen af andre ego strukturer (komplekser mm). I løbet af perioden vil der på et tidspunkt starte en indstrømning af bevidste Hjerte energier, hvis formål det er at accelerere struktur-skabelse i egoet, og således igangsætte den sidste del af Ego perioden. De skabte strukturer i egoet er både de underbevidste (komplekser) og de bevidste (vist som gule stjerner) strukturer, og deres placering i det bevidste eller underbevidste afgøres udelukkende af hvorvidt kontakt til dem øger eller reducerer oplevelsen af EE. EE har i første halvdel med frygten for at miste Ego livsoplevelsen at gøre, og i anden halvdel med frygten for at miste Hjerte livsoplevelsen. Derudover inducerer de bevidste Hjerte energier og overbevidste GD-1 energier nye hjerte-talent-strukturer (grønne stjerner). Dette driver udviklingen fremad og leder til yderligere bevidstgørelse af det overbevidste, øget nærvær og en øget hjerte bevidsthed.

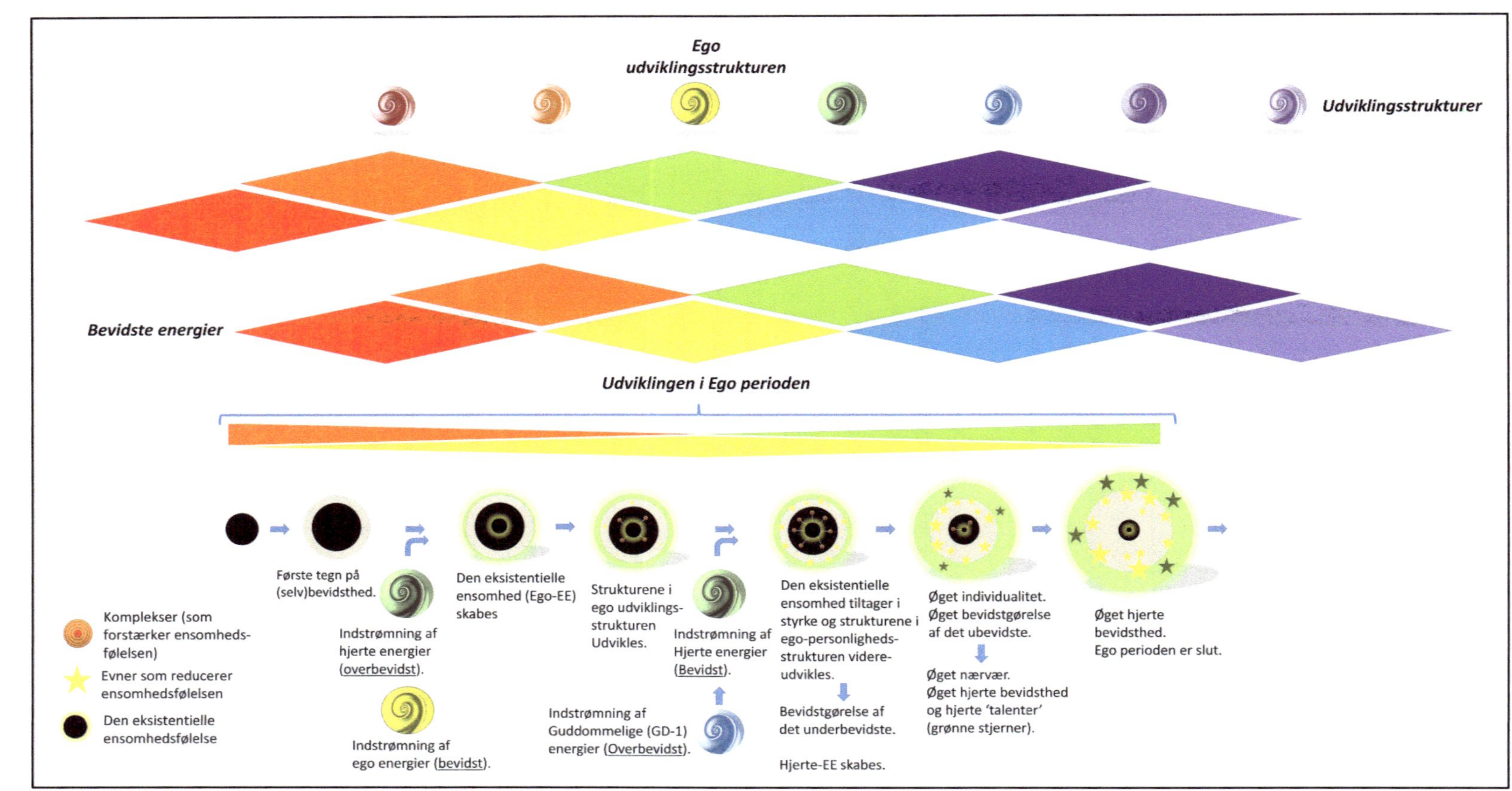
Ego
udviklingsstrukturen
Udviklingsstrukturer
Bevidste energier
Udviklingen i Ego perioden
Første tegn på
(selv)bevidsthed.
Indstrømning af
hjerte energier
(overbevidst).
Indstrømning af
ego energier (bevidst).
Den eksistentielle
ensomhed (Ego-EE)
skabes
Strukturene i
ego udviklings-
strukturen
Udvikles.
Indstrømning af
Hjerte energier
(Bevidst).
Indstrømning af
Guddommelige (GD-1)
energier (Overbevidst).
Den eksistentielle
ensomhed tiltager i
styrke og strukturene i
ego-personligheds-
strukturen videre-
udvikles.
Bevidstgørelse af
det underbevidste.
Hjerte-EE skabes.
Øget individualitet.
Øget bevidstgørelse
af det ubevidste.
Øget nærvær.
Øget hjerte bevidsthed
og hjerte 'talenter'
(grønne stjerner).
Øget hjerte
bevidsthed.
Ego perioden er slut.
Komplekser (som
forstærker ensomheds-
følelsen)
Evner som reducerer
ensomhedsfølelsen
Den eksistentielle
ensomhedsfølelse

Ser vi igen på energierne kan man også sige, at jo mere dit ego (ego bevidsthed/ego identitet) udvikles, jo mere overstrømmes du af Hjerte energier fra overbevidstheden, og jo mere bliver du også i stand til at opleve *smerten* over ikke at kunne opleve disse Hjerte energier bevidst (og den livsmening de kommer med).

Denne smerte lægger grunden for det jeg kalder Hjerte-EE, eller Hjerte-smerten.

3. Den sidste halvdel af Ego udviklingsperioden
Energierne:
1) Bevidst Ego energi.
2) Bevidst Hjerte energi.
3) Overbevidst Hjerte energi.
4) Overbevidst GD-1 energi.

De principper som virker i første halvdel af Ego perioden, er de samme som virker i den sidste halvdel, idet den sidste halvdel jo også er første halvdel af en ny udviklingsperiode. Men lad os nu forsat se det fra egoets synsvinkel.
Man kan sige, at i den aftagende fase af en udviklingsperiode (dvs. sidste halvdel af en periode) er man også under *bevidst* indflydelse af den næste periodes energier (her hjertet). Derudover er man også påvirket af overbevidste energier fra den periode, som kommer efter den næste periode (her GD-1 energier).

I den sidste halvdel af Ego perioden strømmer Ego energierne altså stadig ind som *bevidste* energier, men er nu aftagende (men dog stadig af højere og højere 'kvalitet'). En anden helt afgørende ændring er at hjertet nu strømmer ind som en *bevidst* tiltagende energi, noget der accelererer udviklingen mod hjertet.

Samtidig er indstrømningen af den bevidste Pre-ego energi fra den udviklingsperiode, der nu ligger 2 perioder tilbage, nået til sin afslutning. Derved har hjertet så at sige udskiftet den bevidste energi-indstrømning fra denne tidligere Pre-ego udviklingsperiode. Desuden påvirkes man ikke mere af de overbevidste Ego energier. Denne energi er nemlig blevet 'udskiftet' af en *ny overbevidst tiltagende energi, GD-1 energien.*

Således er man altså ved indgangen til Hjerte perioden (og der hvor Ego energier fylder allermest i dit liv) allerede begyndt at forberede sig på GD-1 perioden.

De bevidste Pre-ego energier er slut, og de overbevidste Ego energier er slut. Det er ikke længere en mulighed at revertere til Pre-ego livsoplevelsen, og den videre udvikling af din Ego livsoplevelse drives nu ikke længere af overbevidste Ego energier.

Vi ser altså, at kun I den første halvdel af en udviklingsperiode har vi brug for højere overbevidste former af den *bevidste* hoved energi til at stimulere til yderligere bevidst integrering af hoved energien i os, eller sagt på en anden måde, når hoved energien topper, da ophører påvirkningen af den samme energi, i overbevidst form, med at tiltage (man er dog stadig påvirket af de højere Ego energier, idet vi påvirkes af energier, der spænder fra vores bevidsthedsniveau og op til en halv periode frem).

I tilfældet med egoet, da gælder det altså at egoets udvikling, i sidste halvdel af perioden, nu kræver en *bevidst* 'overbygning' i form af *en højere type energi* (hjertet), samt to højere *overbevidste* energier (hjertet, som når sit højeste punkt, samt de nye GD-1 energier).

Den bevidste hjerteenergi udvikler Ego livsoplevelsen, og skaber Hjerte livsoplevelsen. Når ego egostrukturen er fuldstændigt udviklet, da skal vi senere se, at en af de ting som har ændret sig, er at underbevidstheden er væk (i den form vi kender den nu).

I den sidste halvdel har din forsatte ego udvikling altså brug for at blive motiveret af Hjerte energien. Din forsatte ego udvikling vil nemlig nu handle om at nå *dybere ind i dig selv*, dybere ind i dit underbevidste, for at kaste bevidsthedens lys på de indre strukturer, som findes der – og derigennem integrere de 'ting' (i din bevidsthed) som lyset falder på. Du skal nu nærmere Ego-EE end du nogensinde har været med din bevidsthed, og for overhovedet at kunne konfrontere denne mørke kerne af ensomhed, da har du brug for Hjerte energi, en levende Hjerte energi – opgjort af de overbevidste Hjerte energier, og i den grad bevidste Hjerte energier.
Du har brug for *netop* Hjerte energier *til at kunne klare mødet med Ego-EE*, og for afvikle Ego-EE for altid.

I den sidste halvdel af Ego udviklingsperioden er vi altså kun udsat for den bevidste form af denne udviklingsperiodes energi, og man kan sige, at vi har løftet vores *bevidsthedsrum* op til et niveau, hvor vi ikke længere kan 'miste' denne bevidsthed, uanset hvor meget vores *aktuelle bevidsthed* bevæger sig nedad.

Interessant er det, at så længe vi endnu kan 'miste' ego bevidstheden (altså blive domineret af Pre-ego bevidstheden), da har vi brug for de overbevidste Ego energier til at hjælpe os videre i Ego perioden, men når ego bevidsthedsniveauet er 'sikret', da forsvinder både de bevidste Pre-ego energier og de overbevidste Ego energier. Dette princip går naturligvis igen i alle udviklingsperioderne.

Den sidste halvdel af Ego perioden er som sagt også den første halvdel i Hjerte perioden, og de nye overbevidste GD-1 energier spiller altså en vigtig rolle i at stimulere til fremdrift i Hjerte perioden (ligesom de overbevidste Hjerte energier spillede en lignende rolle i Ego perioden).

Således medfører de ovebevidste GD-1 energier en reaktion *i hjerte bevidstheden,* der motiverer til yderligere udvikling af denne bevidsthed. Derudover inducerer de bevidste Hjerte energier, og overbevidste GD-1 energier, nye *hjerte-talent-strukturer* (grønne stjerner, figur 5), som er en naturlig del af en begyndende hjerte bevidsthed (dette kan f.eks. være kimen til talenter i din person, ved hjælp af hvilke, du kan modtage hjertet i bevidst form).

Indgangen til Hjerte perioden
Det er et helt specielt punkt i vores udvikling når vi står foran en ny udviklingsperiode. Fra starten af Ego perioden har det handlet om at føre os frem til dette midtvejs-klimaks, hvor vores liv vil handle om kun 2 ting – om at fuldføre skabelsen af egoet samt ego-bevidstheden, og om at gøre os klar til den bevidste Hjerte energi.

'Intet andet' betyder noget ved indgangen til Hjerte perioden, hvorfor disse 2 energier er de eneste, som når os på dette punkt af vores udvikling. Alle andre energier har således enten stoppet deres indstrømning (bevidst Pre-ego og overbevidst ego), eller har ikke startet den endnu (bevidst hjerte og overbevidst GD-1 energi). Alt dette sker hver eneste gang vi er nået halvvejs ind i en udviklingsperiode, og altså står ved indgangen til en ny.

Halvt inde i den sidste halvdel af Ego perioden, altså kvart inde i Hjerte perioden, begynder de overbevidste GD-1 energier at tage over, hvilket betyder at din personlige udviklingsstruktur overvejende vil være hjerte udviklingsstrukturen. På samme tidspunkt, vil din hjerte bevidsthed være så tilpas udviklet, at du kan begynde at reagere på fraværet af bevidst GD-1 energi, hvilket fremmer hjerte bevidstheds udviklingen yderligere – og lægger grunden for den energi, som du bevidst vil komme til at møde om yderligere en kvart udviklingsperiode.

Kontinuerligt ændrer energierne sig altså i takt med vores udvikling, både de overbevidste og de bevidste – med det ene formål at hjælpe os til at tage højere og højere aspekter af livet ind i vores livsoplevelse – først overbevidst og siden bevidst – og netop fordi *alt* hvad vi tager ind, også skaber forudsætningen for at vi kan tage 'det næste' ind (og på denne måde tjener ikke bare sit eget formål, men også formålet for 'det næste'), er det derfor en *udviklingsproces,* der aldrig stopper.

5. Afslutning

Lad mig tilslut forsøge at samle op på hvad jeg har beskrevet i dette kapitel om energiaspektet bag vores udvikling.

Vi er til enhver tid påvirket af overbevidste udviklingsenergier, og disse er til enhver tid af en højere vibration end det som du formår at blive bevidst om. Dette er en universel lov, og en forudsætning for at de overbevidste energier kan drive hele vores udvikling. Det er nemlig de overbevidste udviklingsenergier, som gør at vi hele tiden stræber efter mere, og hele tiden bevæger os fremad. De lader os vide at vores oplevelsesevne kun lader os opleve en begrænset del af livet, og skaber samtidig et behov efter at opleve dette 'mere' af livet.

Hvordan de overbevidste energier driver vore udvikling, og blandt andet indgyder et behov i os om at kende og opleve en højere mening med livet, har jeg illustreret i figur 6.

For at kunne integrere en energi i vores bevidsthed
må vi først have været udsat for den
i dens overbevidste form.

Egoets og hjertets mening

Ser man nærmere på Ego udviklingsperioden, da kan man sige at den på en måde står for en "jagt på meningen med livet". I første halvdel af denne periode er der således fokus på *egoets mening* (dvs. jagten på en mening, der kan forstås af egoet), mens der i den sidste halvdel er fokus på hjertets mening. Det som giver mening for egoet, er ikke det, som giver mening for hjertet, og vi er ofte splittet mellem disse to 'meninger' for tiden.

Meningen med livet
i vores nuværende udviklingsperiode
kan opdeles i to meninger,
egoets og hjertets mening.

For at hjertets mening kan integrere sig i væsenet,
er en realisering af egoets mening nødvendig.

Som vi har set, er det altså de overbevidste energier som skaber en længsel i dig, et dybt behov efter at kende meningen med livet, først som egoet forstår den, og siden som hjertet forstår den. De to meninger er kausalt forbundne. For at hjertets mening kan integrere sig i væsenet er en vis realisering af egoets mening absolut nødvendigt – og derfor *skal* denne ske først. Man kan sige, at for at kunne opleve hvordan man selv passer ind i helheden, er det naturligvis nødvendigt først at have en oplevelse af sig selv, samt at man kan skelne sig selv fra denne helhed (hvilket altså er hvad ego udviklingen handler om).

Hele denne udviklings proces sker delvis på grund af de overbevidste energier. Måden hvorpå disse energier når os på dette stadie af vores udvikling er særligt via livstemaerne. Når en overbevidst energi rammer et livstema, vil dette aktiveres (hvis det passer til den overbevidste energi) og sende en livstema energi 'igennem' vores personlige underbevidste, hvorfra det vil nå vores bevidsthed.
Når vores liv ikke harmonerer med disse aktiverede livstemaer, skabes der komplekser i vores personlige underbevidste. De aktiverede livstemaer *skal* have en rolle i vores liv, og hvis de ikke har det, da er der konflikt – dybest set en konflikt med de overbevidste energier, der forsøger at kanalisere sig igennem livstemaet ud i vores liv. Er man i konflikt med de overbevidste energier, da er man i konflikt med den udviklingsproces, som de står for – og dette er en konflikt, som de overbevidste energier *altid* ender med at vinde, for de repræsenterer mægtige udviklingskræfter, som langt overgår det, som vores bevidste attitude står for.

Når man oplever denne konflikt, er der flere måde hvorpå man kan reagere. Man kan reagere på konflikten ved at give livstemaet en rolle i sit liv (ved at udleve det), eller man kan forsøge at kompensere på manglen af livstema energien, ved at fokusere ekstra meget på andre aktive livstemaer - hvilket kan være en spændende læreproces, men også noget som oftest blot vil udskyde 'problemet'. Livstemaerne er som en 'opskrift' på udvikling, en opskrift der agter at blive realiseret – af alle mennesker – men ikke nødvendigvis på helt samme måde.

Vi er altså konstant udsat for bevidste og overbevidste energier, der tjener hver sin vigtige rolle i udviklingen af vores bevidsthed. De bevidste energier interagerer direkte med vores aktuelle bevidsthed, hvis udsyn er styret af de 'vinduer', som den personlige udviklingsstruktur tillader os at se ud af, og de overbevidste energier er dem som er ansvarlig for vores indre higen efter at udvikle os, og for at vi kontinuertligt ønsker at opleve at der er en mening med livet (egoets mening, og derefter hjertets mening) – og som ydermere indeholder opskriften på vores udvikling, blandt andet ved at skabe en specifik kombination af aktive livstemaer.

En Universel sandhed

Ved at studere hvilke energier, som strømmer ind over menneskeheden, da vil man indse at denne kombination af overbevidste/bevidste energier - 'fra fortiden' (Pre-ego energier), fra 'nuet' (ego og hjertet) og fra 'fremtiden' (GD-1) giver opskriften på hvordan fremskridt og udvikling sikres for menneskeheden og det enkelte menneske. Denne opskrift er intet mindre end en *universel sandhed.*

Figur 6. Energierne som drivkraft bag udviklingsperioderne

De overbevidste energier er vores drivkraft i alle udviklingsperioder. Når den overbevidste hjerte påvirkning topper, da indtræder bevidst hjerte kontakt og den overbevidste energi aftager. Når den bevidste hjerte kontakt topper, da slutter den overbevidste Hjerte energi. Al hjerte kontakt er nu bevidst. På samme tid topper overbevidst Guddommelig-1 (GD-1) energi, og aldrig har længslen for Guddommelig bevidsthed været stærkere. Samtidig muliggør hjerte bevidstheden for første gang den bevidste GD-1 kontakt, og den bevidste GD-1 kontakt indtræder som konsekvens af at vi evner den, og at længslen er på sit højeste.

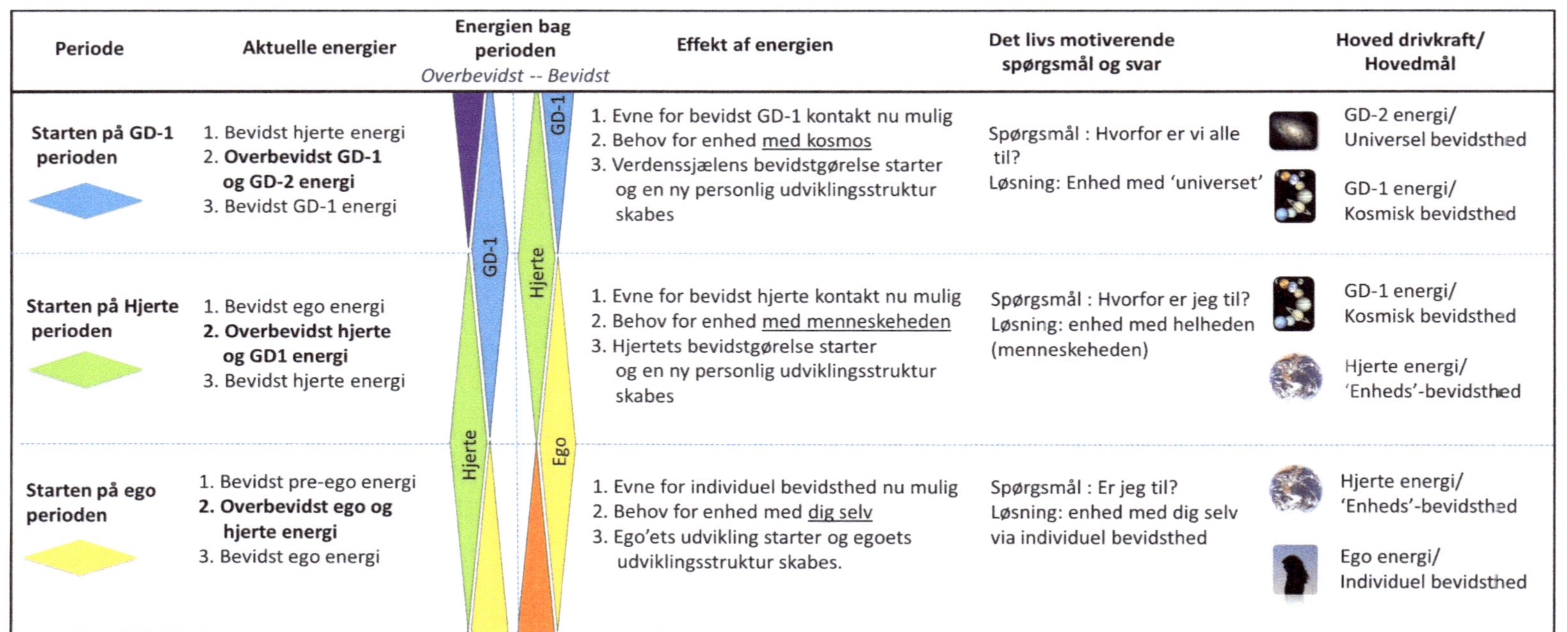

Periode	Aktuelle energier	Energien bag perioden *Overbevidst -- Bevidst*	Effekt af energien	Det livs motiverende spørgsmål og svar	Hoved drivkraft/ Hovedmål
Starten på GD-1 perioden	1. Bevidst hjerte energi 2. **Overbevidst GD-1 og GD-2 energi** 3. Bevidst GD-1 energi	GD-1	1. Evne for bevidst GD-1 kontakt nu mulig 2. Behov for enhed med kosmos 3. Verdenssjælens bevidstgørelse starter og en ny personlig udviklingsstruktur skabes	Spørgsmål : Hvorfor er vi alle til? Løsning: Enhed med 'universet'	GD-2 energi/ Universel bevidsthed GD-1 energi/ Kosmisk bevidsthed
Starten på Hjerte perioden	1. Bevidst ego energi **2. Overbevidst hjerte og GD1 energi** 3. Bevidst hjerte energi	GD-1 Hjerte	1. Evne for bevidst hjerte kontakt nu mulig 2. Behov for enhed med menneskeheden 3. Hjertets bevidstgørelse starter og en ny personlig udviklingsstruktur skabes	Spørgsmål : Hvorfor er jeg til? Løsning: enhed med helheden (menneskeheden)	GD-1 energi/ Kosmisk bevidsthed Hjerte energi/ 'Enheds'-bevidsthed
Starten på ego perioden	1. Bevidst pre-ego energi **2. Overbevidst ego og hjerte energi** 3. Bevidst ego energi	Hjerte Ego	1. Evne for individuel bevidsthed nu mulig 2. Behov for enhed med dig selv 3. Ego'ets udvikling starter og egoets udviklingsstruktur skabes.	Spørgsmål : Er jeg til? Løsning: enhed med dig selv via individuel bevidsthed	Hjerte energi/ 'Enheds'-bevidsthed Ego energi/ Individuel bevidsthed

6. Opsummering

- Der findes 2 typer af energier, de overbevidste og de bevidste energier.
- De bevidste energier interagerer direkte med vores aktuelle bevidsthed, hvis udsyn er styret af de 'vinduer', som den personlige udviklingsstruktur tillader os at se ud af.
- De overbevidste energier er dem, som er ansvarlig for vores inderste higen efter at udvikle os, og for at vi kontinuertligt ønsker at opleve, at der er en højere mening med livet.
- De overbevidste energier kan enten være af samme type, som den energi der er din hovedenergi, eller de kan være af den type, der vil blive din hovedenergi i den næste udviklingsperiode.
- Udviklingsstrukturerne er vores vinduer til de energier, der udgøres af menneskehedens bevidste evolution (menneskehedens kollektive bevidsthed).
- Mennesket (og dig selv) påvirkes til enhver tid af flere hovedperioder på samme tid, samt flere energier.
- Denne kombination af energier udgør tilsammen vores *aktuelle energitema*.
- Hovedperioderne er "den <u>centrale</u> periode", "den <u>lavere</u> periode", og "den <u>højere</u> periode"
- Hver udviklingsperiode har 6 store energier at gøre godt med. Tilsammen udgør disse energier det overordnede *tema* for perioden.
- Men kan derfor tale om det *overordnede tema* for hele perioden (de 6 energier), samt det *aktuelle tema,* som er en refleksion af de energier der påvirker os lige her og nu
- Alle mennesker har derfor som udgangspunkt den samme energimæssige baggrund, selvom altså det enkelte menneskes udviklingsstruktur bestemmer hvilke energier vi 'får lov' til at opleve.
- Hele ego udviklingen drives af et behov om at nå til en tilstand, hvor man ikke længere kan nås af den smerte, der dybest set udgår fra det jeg kalder EE.
- Når ego bevidsthedsniveauet er 'slkret', da fosvinder både de bevidste Pre-ego energier og de overbevidste Ego energier.
- For at kunne integrere en energi i vores bevidsthed, må vi først have været udsat for den i dens overbevidste form, idet denne overbevidste energi er nødvendig for skabelsen af den udviklingsstruktur, der skal kunne opfatte energien i bevidst form.
- Forudsætningen for at gennemleve en udviklingsperiode skabes blandt andet af den efterfølgende udviklingsperiodes hoved energi i overbevidst form.
- Overbevidste energier aktiverer livstemaerne hvorfra de vil nå din bevidsthed.
- Livstema energier skal, før eller siden, have en udlevet rolle i dit liv.
- Ved indgangen til enhver udviklingsperiode starter en indstrømning af to nye typer af energier, en i bevidst form og en anden i overbevidst form.

Appendix 2. Egoet, ego-identiteten og Ego livsoplevelsen

I det hvide lys
gemmer sig flere farver,
og selvom du ser den gule farve,
mens en anden ser den blå farve,
da ser I dog begge
en del af det samme hvide lys

Jeg vil i dette appendix fokusere på hvad egoet egentlig er. Jeg skelner mellem ego, ego-identitet, Ego livsoplevelse og ego kraften. Egoet er en identitet, der viser dig et verdensbillede, som bygger på et fundament, der er defineret af de livstemaer som er knyttet til egoet. Egoet er en del af din udviklingsproces, og er vigtig for at du kan udvikle det dualistiske livssyn, som lige nu er så afgørende for udviklingen af din selvbevidsthed. Selvom både egoet og dualismen af mange bliver omtalt negativt, da er det modsatte faktisk tilfældet. Endvidere er det er noget, som du slet ikke er færdig med at arbejde med. I dette appendix skal vi komme mere ind på hvad egoet egentlig er. Du skal se at egoet selvfølgelig ikke er en dims man kan tage og holde i hånden, men snarere er som er par briller, som du kan tage på og se livet igennem. Det du ser, vil derpå give dig en oplevelse af verden, og af hvem du er.

Egoet står for: bekræftelse, dualisme, at blive defineret af omgivelserne, religiøsitet med dig selv i centrum, at dyrke roller, at skabe og dyrke din persona, at bygge din identitet på roller defineret af omgivelserne/samfundet, at blive defineret som person af disse omgivelser. Det står for adskillelse fra omverden, samt en indre adskillelse fra din underbevidsthed. Det står for en personlighedsstruktur som tillader og evner fortrængning/adskillelse. Det står for udviklingen af individualiteten, manglende tillid til verden, en underbevidsthed, indre ensomhed (EE), konstant frygt for at miste dig selv til underbevidstheden, en konstant fokus på selvværdet og omverdens syn på dig, og en selvopfattelse der afspejler dette.

Alt dette er egenskaber ved egoet. Det viser at vi dybest set mener flere ting når vi snakker om egoet, og det er derfor er så svært præcist at definere hvad det egentlig er.

En dag da jeg mediterede på egoet så jeg en lang perlerække. Den strakte sig igennem tiden, igennem udviklingsperioderne. Hver perle repræsenterede et stadie af vores selvbevidsthed. De havde forskellige farver, og farverne viste mig hvilke livstemaer, der belivede dem. Jeg så, at selv livstemaerne udgjorde et livsprincip, der manifesterede sig i ting som instinkter (særlig i de tidlige udviklingsperioder), samt i de velkendte temaer som religiøsitet, forældre temaet, osv. i vores nuværende periode. Egoet var i virkeligheden blot et af de mange stadier for vores selvbevidsthed, og efter ego-perlen kom en anden perle med en anden farve, repræsenterende et højere stadie af selvbevidsthed. Således så jeg mange farverige perler på selvbevidsthedens perlekæde, og en af dem kalder vi altså egoet. Denne perle står for en helt speciel oplevelse af livet/os selv, som vi på nuværende tidspunkt af vores udvikling har brug for, men som et tidspunkt vil blive udskiftet med en anden – hvilket faktisk allerede er ved at ske lige nu!

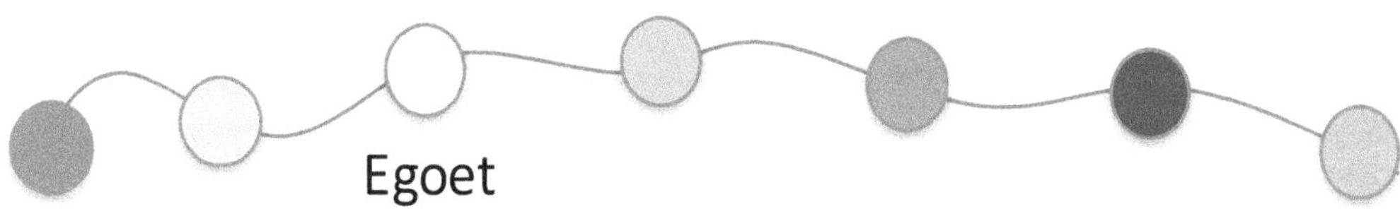

1. Lidt definitioner

Lad mig starte med lidt definitioner af de ord som jeg vil bruge forneden.

- *Ego-identitet:* Dette er den identitet, der opstår når du oplever livet via Ego livsoplevelsen.
- *Ego livsoplevelsen/ego-livssynet:* Dette er den oplevelse af livet og dig selv, som du har når du tror på de livstemaer, der er knyttet til Ego udviklingsperioden.
- *Ego-kraften*: Den kraft som forener alle dine erfaringer med ego-livstemaerne ind i det jeg kalder ego-identiteten, centrum for din selvbevidsthed, og for udlevelsen af din livsvilje.
- *Egoet*: Et ord vi bruger til at beskrive 'ego-identiteten', og i nogen grad 'Ego livsoplevelsen'. Dette ord er derfor mere diffust end de andre, da det i virkeligheden beskriver flere ting. Brug af dette ord kan derfor nogle gange være mere forvirrende end opklarende. Men vi bruger det i mangel af bedre.

2. Hvad er egoet?

Egoet er ikke en selvstændig del af dig, som du kan give skylden for dine lidelser

Du hørt om da egoet opstod. Du har hørt noget om det verdensbillede, som det viser dig. Du har hørt om at det står for adskillelse og dualisme, om at skabe en identitet gennem dette dualistiske verdensbillede, en selvreflekterende identitet.

Min motivation for dette appendix er blandt andet at fjerne enhver tvivl om, at egoet er vigtigt for din udvikling, og at slå fast endnu engang, at det verdensbillede som dit ego viser dig, hverken er falsk eller forkert – og at det illusoriske ved det ikke er selve verdensbilledet, men troen på at det er det *eneste* verdensbillede.

Der er jo skrevet mangt og meget om egoet. Det er beskrevet som 'det falske selv', som noget vi skal løsrive os fra, som en slags Mayas slør hen over vores bevidsthed, som noget der er skabt af hvad omverdenen mener om os, som noget der er helt forskelligt fra vores *virkelige* selv, nærmest som en selvstændig del af vores person, og som noget vi skal bekæmpe. Du skal dog se forneden, at jeg mener at mange af disse definitioner på egoet er helt eller delvist forkerte.

Grunden til at vi alligevel kalder 'egoets måde' at se/opleve livet på for en illusion, er fordi det er begyndt at gå op for os, at der faktisk er en 'højere' måde at opleve livet på. Vi skal så bare forstå, at det ikke pludselig gør 'lavere' måder at opleve livet på, uvirkelige eller forkerte.

Grundlaget for egoet blev skabt af en indvielse
Ego og Hjerte livsoplevelserne viser noget fascinerende om mennesket, nemlig at vi er i stand til at opleve livet ud fra to forskellige bevidsthedstilstande. Spørgsmålet er da, hvordan to så forskellige måder at opleve livet på, er blevet til i vores person. Hvad ligger til grund for disse to så forskellige livssyn? Hvad bygger de dybest set på? Hvornår blev kimen til dem skabt? Svaret skal findes i både overbevidstheden og bevidstheden, og i et punkt i vores udvikling, hvor der blev manifesteret *en helt unik kombination af overbevidste og bevidste energier* i vores væsen, en kombination der lagde grunden for udviklingen af en *specifik livsoplevelse*.

Denne specifikke kombination af energier muliggjorde en ganske særlig hændelse, som jeg beskriver som *en indvielse*. Indvielsen præsenterer os for en grundlæggende ny måde at opleve livet på. Indvielsen er som et bevidsthedsmæssigt kvantespring, hvor vi bevæger os fra en verden til en anden. Det er i indvielsen at selve kernen til den næste livsoplevelse skabes. Skal man derfor forstå hvad det mest grundlæggende i en livsoplevelse er, da må man se nærmere på selve indvielsen.

Der er ikke noget ego som er adskilt fra dig
Der er ikke et ego, som du kan være for eller imod, ikke et ego, som du kan give skylden for dine lidelser, for egoet er *et ord* og ikke en eller anden 'dims' inden i dig, og ej heller en slags 'falsk personlighed' inden i dig. *Det* er *et ord*, som skal beskrive en ganske særlig måde at *opleve* livet på. Det er en *livsoplevelse*, og det er endvidere *den selvbevidsthed, eller den identitet, der er centrum for Ego livsoplevelsen*.

'Egoet' er derfor et ord, som både beskriver en oplevelse og en identitet.

Egoet som en oplevelse og 'en farve'
Du kan tænke på egoet og hjertet som farver. Egoet er gult og hjertet er grønt – men de er begge indeholdt i det hvide lys. Man kan da sige, at du kan have en gul eller grøn livsoplevelse, men ikke at gul eller grøn selv kan have en oplevelse. De er jo bare farver, og farver oplever ikke noget.

Lige så lidt mening giver det at sige at egoet selv oplever noget, eller at snakke om egoets egen livsoplevelse. Lige som man kan sige en grøn livsoplevelse, kan man sige en Ego livsoplevelse. 'Ego' er derfor blot et ord, som skal beskrive en livsoplevelse – en måde at se og opleve livet på – samt en måde at interagere med det på.

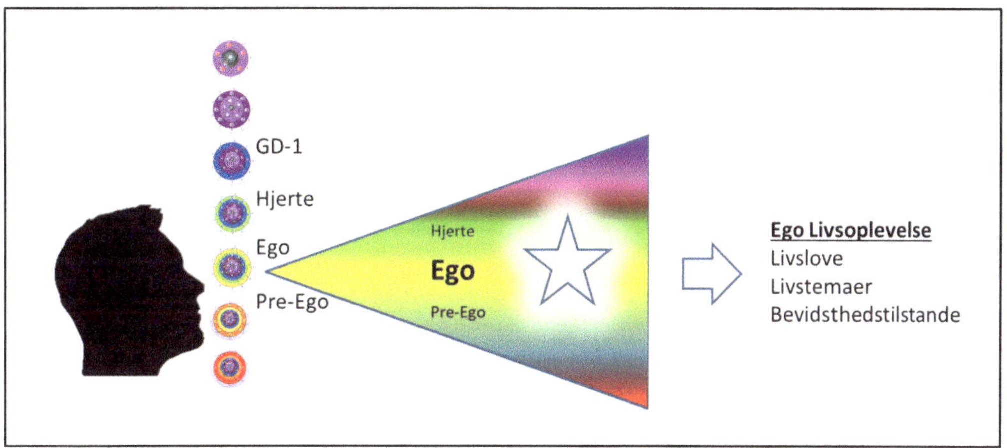

Figur 1. Ego livsoplevelsen. Ego livsoplevelsen er en af de 7 grundlæggende måder at opleve livet på. Man kan se dem som 7 forskellige farver, hvor Ego livsoplevelsen er den 'gule' måde at opleve livet på. Alle farverne er dog indeholdt i den hvide farve ('Kilden' – vist som en stjerne).

Lad det altså være slået fast nu, at egoet ikke er en separat del af dig. *Det er 'en farve' og intet andet.* Til gengæld er ego-identiteten, ego-personligheden, ego-personlighedsstrukturen, Ego livsoplevelsen, ego-bevidsthedstilstande ganske virkelige.

3. Ego-identiteten og kraften der forener

Der er en kraft som forener din erfaring med livstemaerne i en samlet identitet, som vi kalder ego-identiteten

Der er altså det jeg kalder 'ego-identitet' og 'Ego livsoplevelse'. Disse to aspekter af din bevidsthedsudvikling er begge indeholdt i det vi kalder 'egoet' – og de bygger på en *dualistisk grundholdning*, en række af specifikke livstemaer, og en *personlighedsstruktur,* som passer til disse ting.

Dine oplevelser med livstemaerne giver dig en masse oplevelser, og alle disse er med til at opbygge og skabe din ego-identitet. Din identitet består af disse oplevelser, og ville slet ikke eksistere uden dem. Det kunne ikke lade sig gøre. Dette fører os hen til et helt afgørende aspekt af din udvikling, nemlig det *som samler alle livstema-oplevelserne.*

Livstemaerne er jo ikke opstået ud af en tilfældighed. De er til fordi netop disse temaer er opskriften på at skabe det vi kalder egoet/Ego livsoplevelsen/ego-identiteten, samt den selvbevidsthed som kommer ud af dette. Jeg viste tidligere hvordan man kan se ego-identiteten, som bygget op af en række af 'livstema grundpiller', igennem hvilke vi interagerer med livet og får vores erfaringer.

Ved *bevidsthedsmæssigt* at adskille dig fra verden (til forskel fra Pre-ego perioden, hvor du var ubevidst et med den), da er du blevet i stand til at sanse 'et dig', og derved også hvorvidt dette 'dig' lever op til de krav, som de forskellige temaer stiller til dig. Hver af disse livstemaer spiller en unik rolle i dit liv, nogle mere end andre selvfølgelig, og de leder til hver deres type af selvbevidsthed, som *tilsammen* kommer til at udgøre din ego-identitet.

Når du udlever det religiøse livstema, og når det får et udtryk i dit liv, da opnår du hvad vi kunne kalde en religiøs identitet og selvbevidsthed. Når 'forældre temaet' trives i dit liv, da har det også stor indflydelse på din identitet, og på hvordan du oplever dig selv. Når 'persona' livstemaet trives, da betyder det noget for hvordan omverden oplever dig, og derfor også for din identitet og for hvordan du oplever dig selv.

Ego-kraften er den kraft, der gør dig i stand til at skabe din identitet *ud fra alle de oplevelser, som du får med livstemaerne.*

Denne kraft er en helt unik kraft bag skabelsen af din identitet. Det er en helt specifik samlende kraft.

I den næste periode er det nye livstemaer som er aktive, og igen vil der være en kraft, som forener dine oplevelser med disse temaer ind i en identitet, som vi kan kalde 'hjerte-identiteten'.

4. Egoet, men ikke ego-oplevelsen, er en illusion

Når vi snakker om egoet er der to store illusioner, som mennesker er ofre for. Det gælder os alle, og vi alle har derfor den udfordring at se gennem disse illusioner. Det er en af dine vigtigste opgaver i livet, lige nu og her.

Det er helt normalt, at når vi skal forstå vores oplevelser, da sætter vi dem i bokse og systemer, for på denne måde at få orden og overblik over oplevelserne, og mulighed for at 'se dem udefra' og vurdere og analysere dem. Dette er udmærket, men det har dog den fare, at når man på denne måde eksternaliserer en oplevelse fra sit eget væsen, da kan det foranledige at oplevelsen kommer til at virke som en *selvstændig del* i dit væsen (og sågar udenfor dit væsen). Tænk bare på hvordan du snakker om dine følelser, som var de en selvstændig del af dig.

Det er det som er sket med egoet. Egoet er *en måde at opleve livet på*, som blev eksternaliseret, og derved kom til at fremstå som en selvstændig del af dig – kaldet 'dit ego'. Ego-farven blev gjort til en selvstændig del af dig, nærmest med sin egen vilje, og mange mennesker forsøger endda at bekæmpe denne 'farve'!

Egoet synes at have fået sit eget liv, og fordi du oplever det på denne måde, da kan du give det skylden for dine lidelser, og bebrejde det at det forsøger at indhylle dig i dets verdensbillede. Når dit liv føles meningsløst, da har vi brug at skyde skylden på noget, og ofte bliver dette altså 'egoet'.

Illusion nummer 1
Dette bringer mig til illusion nummer 1. Denne illusion omhandler ikke den livsoplevelse som egoet står for (for den er jo ikke en illusion), men snarere den rolle, som egoet har fået i dit væsen. *Egoets selve eksistens, som en selvstændig del af dig, er nemlig illusionen*! – og en lige så vigtig pointe er, at selvom egoet er en illusion, *da er Ego livsoplevelsen og ego-livssynet absolut ikke en illusion, men tværtimod ganske virkelig – også selvom den bygger på adskillelse og dualisme*!

Det er naturligvis vigtigt med systemer og bokse – til at organisere og analysere vores oplevelser, men det er tilsvarende vigtigt at kunne indse når de har udspillet deres rolle, så man kan bryde ud af dem, og finde *et højere udtryk* af sandheden.

Så det er fint nok at du opfinder et ego til at repræsentere det jeg kalder Ego livsoplevelsen – for på denne måde at forstå denne oplevelse. På et tidspunkt er det dog tid til en højere oplevelse af livet, *og da må egoet ophøre* ved at du erkender, at det aldrig har eksisteret som en separat oplevende del af dig, men altid har været *en måde at opleve livet på* – som nu har udtjent sin rolle. Du må altså tage alle dine projektioner tilbage fra egoet, og i højere grad selv tage ansvaret for dit liv. Og for de fleste er tiden lige nu inde til at starte med at gøre dette!

Illusion nummer 2
Ego livsoplevelsen/identiteten er altså ganske virkelig, og den repræsenterer 'den gule måde' at opleve livet på. Dette fører mig helt naturligt til den anden store illusion, som vi er ofre for.

Denne Illusion er en som følger helt naturligt i Ego livsoplevelsens fodspor, for i dennes fodspor sker der nemlig det, at vi kommer til at tro, at den oplevelse vi har af livet, er den *eneste oplevelse* der gives. Deri ligger illusionen! Illusionen ligger altså ikke i selve oplevelsen, men at vi tror at det er den eneste som er til!

Det er en illusion, som er langt mere udbredt end du er klar over. Det er en illusion som virker i dig lige nu og her mens du læser disse ord. Den gennemsyrer faktisk de fleste af dine oplevelser. Du kender det når du er indhyllet af et smerteligt kompleks/traume. Da kan det være svært at forestille sig et liv, hvor du er helt og aldeles fri af den smerte de indeholder. Det gælder dog mere end dette. Det gælder hele dit syn på livet. Det gælder dine overbevisninger. Det gælder din moral og dine grundholdninger. Det gælder din oplevelse af dig selv. Det gælder der hvor du har svært ved at tilgive dig selv. Det gælder de grunde du har til ikke at acceptere dig selv eller andre. Det gælder der hvor du mener, at du er en succes. Det gælder således alt i dit verdensbillede! *Alt dette er kun en ud af mange måder at opleve livet på.*

Der er altså andre måder at opleve livet på, som er lige så sande og virkelige – og det jeg særlig tænker på, er jo Hjerte livsoplevelsen, der er en fundamentalt anderledes måde at opleve livet på – hvor f.eks. alle dine problemer og al din mangel på selvværd ophører.

Man kan sige at Ego livsoplevelsen indhyller dig i illusionen om, at dette er den eneste virkelighed. Det er nærmest som om den får dig til at falde i søvn på en måde, at du ikke mere stiller spørgsmål ved drømmen og dens virkelighed. Din opgave er da at vågne op, og at starte med at stille spørgsmål igen!

5. At vågne op fra ego-drømmen

Man kan sige at udvikling er en lang opvågnen, fra en virkelighed til en anden. Lige nu er vi ved at vågne op fra ego-drømmen – den drøm der fortæller os at Ego livsoplevelsen er den eneste måde at opleve livet på, den eneste måde at opnå lykke og selvbevidsthed på.
For at vågne op fra denne drøm kræves flere ting. Det kræver at du først formår at observere dig selv i drømmen, at observere at du drømmer, og at observere hvor meget du tror på drømmen. Dette skal du gøre mens du stadig er i drømmen. Det svarer til at du observerer en følelse mens du oplever den, at du observerer dig selv opleve denne følelse.

Du er stadig i drømmen, hvilket betyder at du stadig er domineret af Ego livsoplevelsen, mens du observerer.

Det næste stadie er at du formår at observere *selve drømmen*, at du ser selve Ego livsoplevelsen og dens fundament. Når dette sker, vil du være frigjort tilstrækkeligt af drømmen, til at kunne få øjnene op for en anden virkelighed.

Det sidste er selvfølgelig en udfordring, men lidt har også ret, og bare det at observere en følelse er et stort skridt på vejen – og dette kan du faktisk starte med, allerede i dag.

Din tro skaber din virkelighed.
Ændrer du din tro, da ændres din virkelighed.
Dette gælder alt fra de små ting i livet,
til dit syn på dig selv og livet

Der er mange udfordringer i denne proces. Når du f.eks. lykkes med at observere dig selv, *mens du oplever en virkelighed* (som Ego livsoplevelsen definerer den), uden at du nødvendigvis har en oplevelse af en anden virkelighed, da kan det have den sideeffekt, at du føler dig 'hjemløs. Du er nemlig hverken helt i den nuværende oplevelse af virkeligheden, eller i en ny virkelighed. Du er i 'ingenmandsland', men det er helt som det skal være, og det er et skridt på vejen til at finde et nyt hjem.

Egoets sprog er jo følelser, og det som du skal lære at observere, er derfor dig selv når du oplever disse følelser. Særlig med hensyn til de smertefulde følelser, vil det have en stor indflydelse på dit liv, når du bliver bedre til at observere dig selv opleve dem (i stedet for kun at være indhyllet af dem). Det er faktisk en af de vigtigste udfordringer som du har lige nu!

Følelserne er *en* virkelighed, men hele *fundamentet* bag dem (livstemaer, værdinormer, etik, osv.) er en anden virkelighed, som du også skal lære at observere. Det er faktisk nødvendigt for at du skal kunne vågne op til en virkelighed med andre værdinormer, og et andet livsfundament, og en anden udtryksform, end de følelser du kender så godt.

6. Opsummering på egoet

Lad mig her til sidst opsummere hvad jeg har sagt om egoet. Egoet som en selvstændig oplevende del af dig er altså en illusion, og noget vi har fundet på for at forstå os selv og vores oplevelse af verden. I denne eksternalisering af vores følelser og livsoplevelse har vi opfundet noget, som vi kan give skylden for vores problemer og smerte.

Mange mener at det handler om ikke at blive domineret af egoet, og at det er egoet, som er skyld i deres problemer. Mange mener at det handler om at bekæmpe egoet, som om du virkelig indeholdt noget inden i dig, som *ikke* vil dit bedste, og som forsøger at overtage dig – og som indeholder en vilje til det. Det er en illusion. Det er noget vi bilder os selv ind.

'Egoet' er et ord til at beskrive en Identitet og en livsoplevelse, og når du har denne oplevelse, da opstår der helt naturligt en identitet i dig, som baserer sig på de livslove og livsregler og livstemaer som Ego livsoplevelsen står for – samt på den moral og den etik, der repræsenterer denne måde at opleve verden på.

Identiteten er i høj grad din oplevelse af hvem du er som væsen, og da denne identitet ændres når din livsoplevelse ændres, da ændres altså din egen oplevelse af hvem du er som individ og væsen.

Er den domineret af Ego livsoplevelsen, da er din identitet domineret af et verdenssyn, som hviler på ting som adskillelse, dualitet, en indre ensomhed, en frygt for at miste dig selv til underbevidstheden, en konstant fokus på dit selvværd, det selvværd som er defineret af omverdens syn på dig, osv.

Energierne bag egoet

Skabelsen af ego-identiteten starter i overbevidstheden, i den *kollektive* overbevidsthed. Denne rummer det udviklingspotentiale, der gælder for hele menneskeheden. Hvis vi udtrykker dette i 'energier', da er det energier, der lige nu spænder fra mellem Ego energier til mellemhøje-hjerte energier (Figur 2), hvor det altså er de energier, som er tættest på din bevidsthed (mellem-ego stadiet), som du opfatter bedst.

Det betyder at alle dine livstemaer bærer denne grundenergi i sig. Det udtryk de får i dit liv, er derfor tildeles et dualistisk udtryk. Det indebærer, at du skaber en bevidsthed om dig selv, via et dualistisk forhold til dine medmennesker, i denne fase af din udvikling.

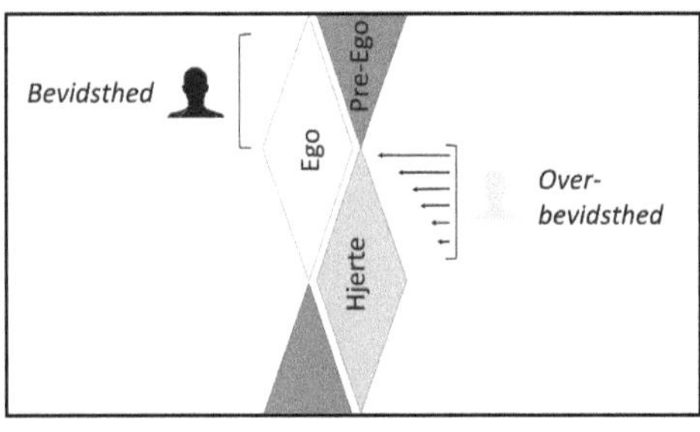

Figur 2. Energierne i bevidstheden og overbevidstheden for mennesket på dets nuværende udviklingsstadie. Det ses at bevidstheden spænder mellem lave Ego energier til mellem Ego energier, mens overbevidstheden spænder mellem mellem-ego energier til høje Ego energier (og mellem-hjerte energier).

Det dualistiske grundlag er med i alt hvad du foretager dig, og er vigtigt for din udvikling, men det gør også at den glæde du oplever ved at give de forskellige livstemaer et dualistisk udtryk, ikke varer så længe som hvis grundenergien var 'enhed', som den jo er i næste udviklingsperiode.

Livstemaerne aktiveres af de energier du huser i din overbevidsthed, men kan derefter få forskellige udtryk i forskellige kulturer. Temaet for 'forældre' kan derfor have forskellige 'kultur-nuancer', og det samme kan persona temaet. Det billede af sig selv, som man ønsker at omverden skal se, varierer derfor fra kultur til kultur. Jeg kalder den nuance som et livstema får i en kultur, for en *'livsregel'*. Hver kultur har altså sine livsregler, værdigrundlag, moralkodeks, osv., som alle er udsprunget fra de aktive livstemaer. Nogle gange er kulturerne så forskellige, at de kan have svært ved at forstå hinanden, hvorimod kulturer der er tæt på hinanden har let ved at forstå hinanden, fordi deres livsregler minder meget om hinanden.
Den dualistiske indgangsvinkel til alle livstemaerne passer nøje til din personlighedsstruktur, der også er gennemsyret af hvad vi kan kalde en *'indre dualisme'*. Din psyke er således ikke udelukkende en bevidsthed, men er derimod splittet op i en bevidsthed og en underbevidsthed. I bevidstheden er der sågar *en identitet*, der i den grad mærker, at der er forskel mellem bevidstheden og underbevidstheden. Identiteten identificerer sig mest, og helst, med det den finder i bevidstheden, men er, til trods for dette, et produkt af begge dele af dig.
Underbevidstheden er den indre pol i dualismen, mens verden er den ydre pol i dualismen – og netop disse poler har et tæt forhold til hinanden, idet alt fra underbevidstheden projiceres ud i verden.

Ved at bringe de forskellige livsregler (livstemaer) til udtryk, og være i balance (eller i konflikt) med dem, da skabes erfaringer, og ud fra dem skaber du et billede af dig selv, en identitet, som altså dybest set afspejler vores forhold til livstemaerne.
Således er ego-identiteten kommet til veje via mange forskellige ting. Det hele startede dog med en særlig energi i det kollektive overbevidste, samt en specifik og individuel evne til at opfatte denne energi. Dette førte til specifikke livstemaer, og en unik personlighedsstruktur – og slutteligt til ego-identiteten og den selvbevidsthed, som denne står for.

APPENDIX 3. AFVIKLINGEN AF EGOET – OBSERVATØREN

Egoet er under afvikling, og den første forudsætning for denne afvikling, er at du formår at blive observatør til den del af livet, som du oplever via Ego livsoplevelsen.

Lige nu er din oplevelse af livet særlig domineret af det vi kalder vores ego, vores egobevidsthed, samt vores underbevidsthed (og de psykiske strukturer, som vi finder i denne underbevidsthed). Vi tager det naturligvis for givet at vi består af denne bevidsthed, dette ego, og denne underbevidsthed, og endvidere er det helt normalt at synes, at selvom disse ting måske kan udvikles og forfines, da kan de ikke undergå en markant og grundlæggende forandring.

Der tager vi dog fejl.

For at vågne op fra Ego livsoplevelsen
kræver det en evne til at observere den,
en vilje til at vågne op,
og en evne til at kunne opleve verden
på en ny måde

Du har et valg – hvis du formår at blive observatør
Med udviklingen af bevidstheden følger, at du får flere og flere valgmuligheder med hensyn til hvilken livsoplevelse, der skal dominere din interaktion med livet.
Du har lige nu et valg, og valget bliver større og større dag for dag – sammen med *ansvaret* for at træffe det 'rigtige' valg! Valget som lige nu ligger inden for din rækkevidde, er at du starter med at afvikle din *identifikation* med de ting, som er defineret af det vi kunne kalde 'ego-samfundet', dvs. ting som dit ego tror på. Husk at egoet *blot er ord,* som kort sagt beskriver *dig*, når du er domineret af Ego livsoplevelsen. Læg også mærke til at du ikke nødvendigvis skal stoppe med at spille/udleve de forskellige roller. Det er kun *identifikationen,* som du skal afvikle. Det kan være diverse roller indenfor dit arbejde eller udenfor det, eller det kan være at du identificerer dig med det, som verden ser af dig, det som verden siger at du er.

Du skal dog huske på, at gennem hele Ego perioden har det handlet om netop at udvikle denne identifikation. Den er derfor ikke dårlig eller forkert, og du har da også stadig brug for den, men pointen er at det også er tid nu til at starte med at afvikle den.
Grunden til at du kan gøre det er fordi du er et sted i din udvikling, hvor du for første gang er i stand til at erstatte den afviklede identitet med noget andet.
Det sidste er vigtigt for hvis du udelukkende afvikler dine identiteter, uden at erstatte dem med noget, *da vil du opleve at du mister.* Du vil føle dig fattig, og blive efterladt

med et svækket ego. Det sker for mange, at de fornægter deres ego, uden at erstatte ego-identeten med noget andet. Det efterlader dem 'identitetsløse'.

Du skal derfor erstatte de afviklede identiteter med noget andet. Dette er den eneste måde, hvorved du kan afvikle dine ego-identiteter *på en permanent måde*.

At være observatør uden at fornægte
Du har to store udfordringer. Den ene er at lære at observere dine reaktioner (og indre livsoplevelser) for at kunne vælge eller fravælge dem. Den anden er at stå ved det du er, at være i det du er, og at udleve det. Der er en hårfin balance mellem disse to ting, og det er op til dig at afgøre hvornår du observerer, og hvornår du ikke står ved dig selv, og hvornår du ikke udlever noget, som trænger til at blive udlevet. Der er nemlig mange ting i dig, som trænger til at blive stået ved og udlevet, ligesom der utvivlsomt er mange ting, som ikke skal udleves.

Det kan sagtens være at du, når du afvikler en identitet, i starten vil opleve en fase med en tomhed og utryghed. Det er helt normalt, og ikke noget du skal lade dig skræmme af. På et tidspunkt skal dog denne tomhed fyldes ud med noget andet, ellers vil den gamle identitet helt sikkert komme tilbage og fylde tomrummet ud igen. Dette vil sikkert ske mange gange for dig, indtil du finder dette 'andet', som skal fylde tomrummet ud.

Lige nu er du f.eks. identificeret med din rolle på arbejde, med hvordan du er som husbond/kæreste, som far, som tennisspiller, eller fotograf, eller du er måske identificeret med de penge du har på bankbogen, osv. Der er rigtig mange identiteter, og alle spiller de en rolle for hvordan du har det med dig selv, for hvordan dit *selvværd* har det. Alle er roller, som du bruger energi på at passe. Når det ikke går godt med en af disse roller, så går det ud over dit selvværd, og du synes at miste kærligheden til dig selv eller/og din selvtillid. Du synes ikke at du er god nok, og det går ikke for dette er i konflikt med ego identitetens grundlag.

At vokse ud over alle disse roller betyder ikke, at du mister lysten til f.eks. at være en god far, eller være god til dit job. Vær klar over det. Du forsøger nu blot at være det fordi *du har lyst til det,* og ikke fordi du skal *pleje en rolle,* eller fordi dit selvværd er afhængig af det. Det sidste er nemlig en illusion, og når du forstår det, da får du ofte endnu mere lyst til at udleve den pågældende rolle.

Egoets selvværd er et mål
for hvor godt du lever op til de identiteter og roller,
som betyder noget for dig

Der er ingen af disse roller som er dårlige eller forkerte. Du skal blot lære, at dit værd som menneske og person i virkeligheden ikke er bundet op til dem. Du skal lære at identificere dig med noget andet 'inden i dig selv' end en rolle.

I Ego perioden er dit selvværd et mål for hvor godt du lever op til de ting du identificerer dig med, og tro mig – det meste af din verden er i virkeligheden en lang identifikation (og det gælder hvordan du klæder dig, hvordan du taler, hvad du arbejder med, hvilken bil du kører i, den musik du hører, hvilke hobby du har, osv.). Jo mere du tænker over det, jo mere vil du opdage, at du dagen lang er helt bevidst over hvordan du tager dig ud, og at du i højere grad end du er klar over, dyrker den rolle du forbinder med *dig,* og som du føler dig tryg ved.

Desuden bruger du, som sagt, meget tid på at passe og pleje dine forskellige roller. Og du gør endda mere end det. Du *skaber* også nye roller – alt sammen for at styrke det overordnede billede, som du har af dig selv, et billede der for det meste er i overensstemmelse med et af de billeder, som har samfundets/omgivelsernes 'godkendelse'. Denne godkendelse er vigtigt for dit ego.

Du bruger altså meget tid på at passe og pleje din identitet, eftersom den er dit hjem, dit udgangspunkt for at møde livet, og det som gør at du er tryg i en verden af uforudsigeligheder. Alt dette er præcis som det skal være, for det sikrer din udvikling på bedste måde, men du skal være klar over at alle disse roller/identiteter, skal ses som *midler til bevidsthedsudvikling*, og som alle midler vil de på et tidspunkt have udtjent deres rolle. Dette tidspunkt er faktisk allerede startet. Tiden er inde til at lægge de identiteter fra dig, som har udtjent deres rolle! Tiden er inde til at *turde* lægge dem fra dig, og til at møde dig selv, som du er uden rollerne!

At kunne se dine roller

Man kan sige at der er to vigtige ting i denne proces; 1) din evne til at få øje på dine roller/identiteter, samt hvornår de virker i dig, og 2) din evne til at erstatte dem med en anden identitet.

Når du formår at observere,
da har du et valg

Når du ser en identitet udefra, da vil du have et valg når denne identitet har en konflikt, hvilket sker når dit liv ikke er i overensstemmelse med den, og derfor ikke styrker den. Identiteten kan være din arbejdsidentitet, som lider fordi du måske oplever at du har fejlet på arbejde. Ser du denne identitet udefra, da er du *observatør til både identiteten, og til dens konflikt,* og du har derfor et valg overfor den. Dette giver dig en handlingsmulighed, og en utrolig følelse af frihed. Du kan vælge at lide med din arbejdsidentitet, eller du kan vælge ikke at gøre det – *fordi du kan se den,* og derfor ved at du er andet end den.
Man kan se det som en maske. *For at lægge den fra dig er det nødvendigt, at du ser den udefra og ikke kun indefra.* Ser du den indefra, da ser du den verden som den viser dig, men ikke masken selv. Ser du den udefra, da ser du både masken og den verden, som den viser dig – og kan nu vælge eller fravælge både masken og dens verden. Det er noget du skal øve dig i, men jo mere du øver dig, jo bedre bliver du til det. I denne

sammenhæng, hvor det jo handler om egoet, betyder det at jo flere gange du vælger at *observere* Ego livsoplevelsen, jo bedre bliver du til det, og jo mere vil du skabe et fundament i dig for at opleve via en højere livsoplevelse.

Jo mere du tager et valg,
Jo mere får du et valg

At være observatør til en livsoplevelse
Når vi snakker om roller og masker, er du faktisk observatør til mere end blot en maske. Foroven beskrev jeg nemlig, at en konflikt dybest set består af en ubalance med livskræfter/livstemaer/livsregler, og at dit liv på en eller anden måde er i konflikt med disse ting (og det værdigrundlag, som er affødt ud af dem). Hele dette værdigrundlag er hvad der former din *oplevelse af livet* – og faktisk er det dette værdigrundlag, samt konflikten med det, som du er observatør til.

På samme måde er en følelse ikke bare er en følelse, men en reaktion baseret på et specifikt værdigrundlag (det grundlag, som Ego livsoplevelsen er bygget på). Sådan er det med alle følelser.

Du observerer altså dig selv have en smertefuld livsoplevelse, en oplevelse der er baseret på det givne værdigrundlag. Det kunne være fordi en person siger at du ikke er god nok, hvilket jo kun er smertefuldt *fordi du tror på det*, og derpå kommer du i konflikt med dit værdigrundlag, som byder dig at blive bekræftet af dine omgivelser.

Det er da helt naturligt at ville være god nok tænker du måske nu, men da vil jeg sige til dig, at der er så mange måder at være god nok på, og at definitionen af at være god nok skifter igennem dit liv, og en dag ved du, at det intet med omgivelserne har at gøre – fordi du har ændret dit værdigrundlag ud over 'egoets værdigrundlag'.

Det at være 'god nok' defineres altså i den grad af dit værdigrundlag. Det betyder, at det som du dybest set er observatør til, er en *livsoplevelse*. Det er en livsoplevelse som eksisterer inden i dig, og som er altafgørende for at konflikten både kan opstå og bestå!

At være observatør til en konflikt,
er at observere en livsoplevelse

Hvad er det så at observere en livsoplevelse? Og hvad mener jeg egentlig med det? Ja, det kan godt være lidt svært at forholde sig til. Jeg kunne også bare sige, at du f.eks. observerer en følelse. Det er til at forstå. Men en følelse er jo også et eksempel på det, som jeg kalder en livsoplevelse. Man kan også forestille sig billedet af, at man har en person inden i sig, som måske er som et lille barn, der har haft en dårlig oplevelse tidligere i dit liv. At kunne *observere en livsoplevelse* i dig, er nærmest som at observere en anden person – inden i dig selv – have en oplevelse. Så hvis jeg nu siger, at du observerer en af dine indre 'personer' opleve en følelse (eller en smertelig reaktion), så er det måske nemmere at sætte sig ind i hvad jeg mener.

Det er når jeg bruger ordet livsoplevelse, at det nogle gange bliver sværere at forstå hvad jeg mener. Her skal du tænke over hvad jeg mener med ordet livsoplevelse. En følelse er som sagt en livsoplevelse, og den er altså også meget mere, end hvad den giver sig ud for. Hvis det er en glæde over at blive bekræftet, da fortæller det jo også, at det åbenbart er vigtigt for dig med denne bekræftelse. Ellers havde det ikke ført til glæde. Grunden til at det er vigtigt er, at dit værdigrundlag fortæller dig at det er vigtigt. Det vil sige at denne følelse både er en reaktion på en hændelse og et værdigrundlag. Værdigrundlaget udgøres af livskræfterne og livstemaerne (og livsreglerne), og disse aktiveres af overbevidstheden. Således er en følelse så meget mere end hvad den udgiver sig for. Man kunne sige at den indeholder flere lag, som tilsammen giver det vi kalder en følelse, eller det jeg altså kalder en livsoplevelse. Når du derfor observerer en følelse inden i dig, en følelse af smerte eller glæde, da er det en livsoplevelse, som du observerer.

Når du formår at observere, så er der sket det at den livsoplevelse, som du observerer, nu ikke længere fuldstændigt dominerer *din samlede livsoplevelse*. Den er stadig en del af dig, men ved at observere den, da kan du se essensen i denne oplevelse, essensen i dens *værdigrundlag*, og afgøre om den skal dominere dig eller ikke dominere dig. Det vil sige at *du har et valg*! Du kan nu vælge din livsoplevelse, og din indgang til livet.

Helt konkret kan det f.eks. betyde, at du ikke mere tror på det (eller dem) i dine omgivelser, der siger at du ikke er god nok som person. Du har helt sikkert reaktionen i dig til at tro på det/dem. Det er som om *en del af dig* faktisk tror på det. Du har en livsoplevelse i dig hvor du heller ikke synes at du er god nok, og tidligere ville denne oplevelse have overmandet dig og domineret dig, men nu sker det ikke mere, for selvom du kan se, at en del af dig er enig i at du ikke er god nok, da vælger du ikke at lade denne del dominere dig. Du tror ikke på denne livsoplevelse mere, eller på det værdigrundlag, der danner fundamentet for den. Dette værdifundament, sammen med livsoplevelsen, eksisterer i dig, men pointen er at du formår at forblive adskilt fra den. Du formår at observere den, og du formår at bevare kærligheden til dig selv i en situation, hvor nogle måske mener, at du ikke er god nok og derfor ser ned på dig.

Med tiden formår du også at se essensen af denne 'lavere livsoplevelse', at forstå *hvorfor* 'den' ikke synes at du er god nok, og måske se hvilke livstemaer og livsregler der virker i den, og da vil du kunne vise denne del af dig forståelse og kærlighed, hvilket efterhånden vil transformere den helt, og føre til at denne lavere livsoplevelse vil ophøre med at være en del af dig – for altid!

Din identitet
Din identitet er lige nu forankret i dit bevidsthedscentrum, og er under indflydelse af flere livsoplevelser (samt deres værdigrundlag). Din identitet er dermed også under indflydelse af den endnu højere livsoplevelse og større vilje og livsmotivation, der kommer fra overbevidstheden. Midt i disse impulser er det op til dig at vælge den livsoplevelse, der skal dominere dig. Konsekvensen af dit valg er helt klar. Når den dominerende livsoplevelse er i balance med både overbevidstheden og de aktive livstemaer (aktiveret af overbevidste energier), da er du lykkelig, og når den er i ubalance, da er du ikke lykkelig.

At observere ud fra en livsoplevelse
Det er nu ret specielt, at man kan være observatør til en livsoplevelse/følelse inden i sig selv – og at man med træning kan opøve denne evne (og faktisk opøve sin evne til at *transformere de lavere livsoplevelser,* som man ikke mere ønsker at blive domineret af).

At opøve evnen til at blive observatør
er at opøve evnen til at transformere
de lavere livsoplevelser i ens indre,
som man ikke ønsker at blive domineret af mere

Hvem er da denne observatør? Det som observerer, har jo også en livsoplevelse – og denne er åbenbart forskellig fra den som observeres. Der er altså to forskellige livsoplevelser, med hver deres værdifundament – og de er inde i dig, på samme tid.

Lad os se på observatøren. Observatøren er naturligvis dig, men hvordan kan du være den som observerer, og den som observeres – på samme tid?

Som altid befinder vi os i overgangen fra en udviklingsperiode til en anden, og bevidsthedsmæssigt rummer vi altså mange forskellige oplevelser, der udviklingsmæssigt ligger på forskellige niveauer. Sådan fungerer du, og sådan er det for alle mennesker. Du kan f.eks. godt opleve smerten ved et barndomstraume, og samtidig opleve en ophøjet religiøs følelse. Sådan er vi mennesker, og det er jo egentlig ret fantastisk. Der er 'lav-ego' livsoplevelser (hvor du fremstår som en person med et svagt ego – og hvor det vigtigste er at styrke dit ego), og høj-ego livsoplevelser (hvor du fremstår, som en person med et stærkt ego – med lysten til at udleve det), og der er Hjerte livsoplevelser (hvor du har stor selvtillid og selvværd, og hvor du nyder at arbejde *sammen* med mennesker).

Du formår at opleve livet gennem dem alle, på samme tid, men til trods for denne forunderlige oplevelsesevne er der *et centrum, hvor du repræsenteres særlig intenst.* Det er et centrum i bevidstheden. Dette bevidsthedscentrum kan domineres af flere livsoplevelser, men en er som regel mere dominerende end de andre. Hvilken livsoplevelse der dominerer dig, er op til dig. Det er deri dit valg består (og grunden til at du faktisk overhovedet *vil* foretage et valg, er fordi der strømmer en vilje og motivation ind over dig fra overbevidstheden – fra en langt højere livsoplevelse). Vi kan kalde dette centrum din identitet. Denne identitet er bygget op af alle dine livsoplevelser, nutidige og fortidige, som har efterladt et 'aftryk' inden i dig (en erfaring om dig selv i situationen, en holdning til hvem du var i den) og alle går de sammen som borgere i et samfund, og skaber en 'samfunds'-bevidsthed, dvs. en *identitet*, som er dig. Alle borgerne har dog en 'statsminister', og der er den livsoplevelse som dominerer dig.

Det gode råd

Det er nemmere at observere andre end at observere sig selv. Det er nemmere at give råd til andre end til sig selv. Med hensyn til at observere er det en god øvelse at starte med at observere andre og se hvordan deres 'ego' virker. Det er faktisk ikke så svært, og jo bedre man bliver til at se egoet og dets virke i andre mennesker, jo bedre bliver man til at se det i sig selv.

Livsoplevelser er noget der sker, når du interagerer med livet. Det kan være latter eller gråd. Det kan være at se en solopgang. Det kan være smerte eller glæde. Det kan være at sparke til en bold, eller når du føler at dit liv giver mening. Det kan være et møde med din kæreste, eller et møde med din Gud. Vi er fyldt med mange livsoplevelser. Alt er livsoplevelser og de findes i din bevidsthed, din underbevidsthed og din overbevidsthed. De bygger på et fundament, som din person og din identitet er gennemsyret af. Fundamentet kan betragtes som en grundenergi, der bestemmer den overordnede tilgang til livet og det overordnede livssyn. Det fundament som de bygger på, kan være en Ego energi eller en Hjerte energi, og du indeholder derfor mange forskellige livsoplevelser, som bygger på forskellige livssyn ('energier').

Når du formår at observere en livsoplevelse, da er den i mindre grad i stand til at dominere dig. Det kunne f.eks. være en smertelig følelse, som du formår at distancere dig så meget fra, at du kan observere den.

Billedligt kan man sige, at det der før var et land (som du boede i), er nu blevet reduceret til det der mere ligner en by. Byen eksisterer såmænd stadig i dig, men den udgør ikke mere landet. Her bliver det interessant, for hvis den ikke mere er landet som du bor i, hvad er da det land, som du nu bor i?

Det nye land *er en livsoplevelse, der er større end den som før dominerede dig.* Via *en* livsoplevelse observerer du altså *en anden,* eller sagt på en anden måde; *en* livsoplevelse kan formå at integrere *en anden* livsoplevelse i sig – ligesom et land kan indeholde en by – og ligesom et land er gjort op af de byer der eksisterer i det, er en livsoplevelse gjort op af de livsoplevelser, som den kan rumme.

Et eksempel på hvordan en livsoplevelse kan bruges til at observere en anden finder du i dig selv, lige nu. Hvis du nemlig ser på dine komplekser, så blev mange af dem skabt tidligere i dit liv, da en *anden livsoplevelse* var aktuel/dominerende i dig. Det kunne f.eks. være, da du var barn. Overordnet set er din nuværende livsoplevelse (dvs. den som dominerer *din bevidsthed* lige nu) og kompleksets livsoplevelse, begge livsoplevelser, som hører ind under det jeg kalder Ego livsoplevelsen, men derfor er de alligevel meget forskellige, og repræsenterer *forskellige niveauer* af Ego livsoplevelsen.

Grunden til at det er sådan, er at når et kompleks (dvs. en fortrængning) bliver til, da sker der som sagt det at 'tiden fryses' – og dette gælder også den livsoplevelse, der eksisterer når komplekset skabes. At være observatør til kompleksets livsoplevelse lader sig gøre, fordi den nuværende dominerende livsoplevelse er mere udviklet, *og formår at indeholde kompleksets livsoplevelse i sig.*

Vi snakker altså om *inklusion* i stedet for *eksklusion* (fortrængning). Du skal lære at inkludere dine fortrængninger i din bevidste højere livsoplevelse!

Dette er en af dine vigtigste opgaver.

Det er dog langt fra altid tilfældet at vi formår denne inklusion, og mange komplekser forbliver fortrængt af den grund at kontakt med dem vil gøre *'deres'* livsoplevelse til din dominerende!

Det gør ondt og er 'farligt' for integriteten af dit ego (din identitet), hvis komplekset overtager dig, og hvis det sker, vil du vitterlig reagere som du reagerede, da komplekset blev skabt. Blev det skabt da du var 12 år, da vil du reagere som en 12 årig (og for øvrigt opleve at din 12-årige reaktion er helt rimelig).

Når du derimod formår (med den livsoplevelse der dominerer din bevidsthed) at rumme den livsoplevelse der eksisterer i komplekset, da vil du kunne observere det klart, forstå komplekset/fortrængningen, og integrere det i din bevidsthed/nuværende livsoplevelse – og på denne måde forløse det.

Det er sådan man håndterer og forløser et kompleks/fortrængning.

Inklusion i Ego og Hjerte perioden.
Inklusion er noget der foregår i både Ego og Hjerte perioden. I Ego perioden inkluderer du dine lavere personligheder/livsoplevelser og bliver bevidst et med dem, mens du i Hjerte perioden inkluderer andre mennesker, og bliver bevidst et med dem.

En højere livsoplevelse kan altså integrere en lavere i sig. Dette er vigtigt fordi det udgør faktisk et af de vigtigste *udviklingsprincipper*, et princip der gælder for alle udviklingsperioderne.

At integrere en livsoplevelse sker, når du formår at se 'hele vejen rundt om den', og forstår dens værdigrundlag. I visse tilfælde sker der også det at du forstår dig selv for at have reageret som du gjorde, den gang den pågældende livsoplevelse dominerede dig. Gennem denne forståelse formår du at udvise dig selv både tilgivelse og kærlighed. Det er som at forstå den reaktion du havde på en smertelig hændelse, den gang da du var barn. Du forstår den, men nu ved du dog bedre, fordi du er domineret af en højere livsoplevelse, og har et mere veludviklet ego.

Et kompleks/traume forløses
ved at inkludere livsoplevelsen bag komplekset
i din nuværende livsoplevelse

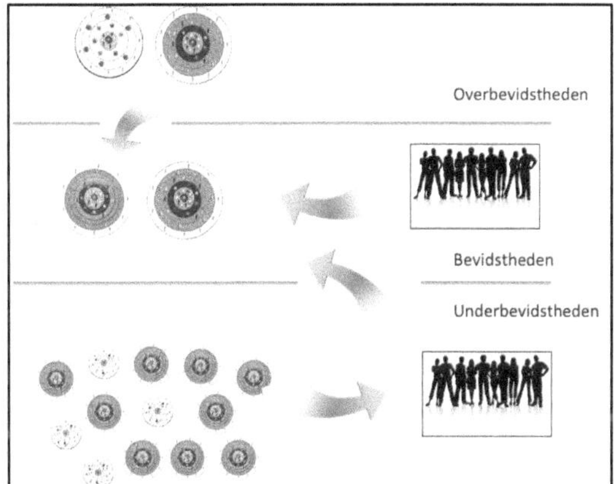

Figur 1. Livsoplevelserne i vores person. For de fleste mennesker gælder det, at deres overbevidsthed rummer høj-ego/Hjerte livsoplevelsen samt endnu højere livsoplevelser. I bevidstheden finder vi Ego livsoplevelser og Hjerte livsoplevelser (af en lavere type end den i overbevidstheden), og i underbevidstheden finder vi blandt andet (men ikke udelukkende) Ego livsoplevelser og Pre-ego livsoplevelser, dvs. livsoplevelser oplevet af dig, da du var 'et mindre udviklet væsen'. De runde former viser forskellige livsoplevelser. Nogle livsoplevelser i underbevidstheden er forbundet med smerte, og de forløses ved at blive inkluderet i din bevidste livsoplevelse.

Det giver sig selv, at det er vigtigt at den livsoplevelse der eksisterer i din bevidsthed, er stærkere end den, der er i komplekset (så kompleksets livsoplevelse ikke ender med at blive den dominerende – hvilket sker når du kommer i affekt, og oplever det psykologien kalder for 'inflation').
I løbet af din udvikling udvikler du altså din livsoplevelse (i bevidstheden) til at kunne indeholde tidligere fortrængte livsoplevelser – og nu hvor du er på vej ind i Hjerte udviklingsperioden, da står du et sted i din udvikling, hvor der endvidere i din bevidsthed eksisterer to meget forskellige typer af livsoplevelser – og hvor den 'højere' livsoplevelse med tiden vil inkludere den lavere i sig. Det sker når den lavere (ego) er færdigudviklet, og når den højere (hjerte) er midt i sin udviklingsperiode.

Hvem er da observatøren?
Du identificerer dig med mange ting i dit liv for at skabe den identitet, som du føler dig tryg med. Det er som om, at du tager dine roller på som om de var en beklædning, og når du først har opnået tryghed, så er det svært for dig at tage noget nyt 'tøj' på. Det

kender vi alle til. Men hvis der skal noget nyt tøj ind i din garderobe, så må der gøres plads til det. Du skal altså smide det gamle ud! Du er jo ikke dit tøj, selv det er let at tro det. Du er jo ikke dine roller, og for at finde ud af det, da kræver det at du først tager det gamle 'tøj' af, og for en stund står nøgen foran spejlet og ser hvem du er under rollerne! Det er ikke let, og det kan være ret så angstprovokerende – men uden tvivl også det mest livsbekræftende du nogensinde har prøvet!

At være observatør er i starten som at stå og se på dig selv i dit gamle tøj, og dernæst at vinke farvel til det gamle tøj, men uden rigtig at have sagt goddag til det nye endnu. Nogle mennesker bliver bange, og skynder sig at tage det gamle tøj på igen. Men dette går dog ikke i længden, for der sker det forunderlige, at har du først fået øje på (observeret) dit tøj, da kan du aldrig mere tage det på og identificere dig helt med det. Det er som om det ikke rigtig passer længere.

På denne måde kan man sige, at det er forbundet med 'fare', at få øje på det tøj man går i!

Det er dog helt som det skal være, idet forudsætningen for at møde det nye, er at du har fået øje på det gamle – og det gøres kun ved, at du formår at blive observatør.

Som du nu har set, er det at være observatør, at betragte en livsoplevelse fra en anden livsoplevelse, og derfor er det et krav, at du evner denne nye livsoplevelse, som du 'betragter fra'. Det er helt fint i starten, blot at observere dine reaktioner (uden for alvor at evne den højere livsoplevelse), for at lære at opdage disse reaktioner når de optræder i dig, for at lære at have et valg overfor dem. Det er den helt rigtige måde at starte på. Det vil give dig en oplevelse af, at den livsoplevelse som du observerer, ikke er den eneste måde at opleve livet på.

På et tidspunkt er du dog nødt til at begynde at tage den nye livsoplevelse ind, og øve dig i at se og opleve livet og dig selv via denne oplevelse, samt at øve dig i at se din 'gamle' livsoplevelse, via denne nye livsoplevelse. Ægte observation sker *fra en livsoplevelse til en anden livsoplevelse*, og kun da vil du kunne integrere den gamle livsoplevelse i den nye, og for første gang stå frem i et 'helt nyt sæt tøj'.
Jeg siger det igen: der er rigtig mange, som delvist har lært at få øje på en smertelig livsoplevelse, men som ikke forstår hvorfor de så bliver hængende i den, og som bliver fortvivlede over det. De oplever, at de er kommet videre, og fortvivles over hele tiden at blive 'trukket tilbage' af den livsoplevelse, som de mente at have distanceret. De bliver ved med at falde tilbage og bliver atter indhyllet af denne indre smertefulde livsoplevelse, som de lige troede, at de havde kontrol over. De føler at de nærmest er gået tilbage i udvikling!

Grunden er altid at selvom de har formået at *observere*, da har de ikke for alvor formået at *opleve* livet på en *ny måde* – via en højere livsoplevelse. De er selvfølgelig slet ikke gået tilbage i deres udvikling. De har blot ikke forstået, at *den eneste måde* at ændre en smerteoplevelse på (på en permanent måde), er ved at integrere den i en højere livsoplevelse. Der er ingen vej udenom. Det er altså ikke nok blot at kunne observere den delvist – selvom det er den start der kræves. For at flytte dig kræver det altså først observation, og dernæst ny-oplevelse.

Mit råd til dig er at lære *årvågenhed,* med hensyn til hvad der sker i dig. Du møder verden hele tiden, og hele tiden skabes der en reaktion inden i dig. Du skal lære årvågenhed, og det betyder at du skal lære at synliggøre det jeg kalder 'egoets skjulte verden'. Denne verden er ligesom det autonome nervesystem. Den virker uden at du er bevidst om det – og det er jo helt som det skal være – men kun så længe Ego livsoplevelsen er (og skal være) din dominerende indgang til verden.

Vågn op

Det jeg siger til dig her er, at for at komme videre er det nødvendigt at vågne op fra egoets skjulte verden, dette psykiske autonome system (PAS), der varetager din udvikling så længe den er domineret af Ego livsoplevelsen. Ligesom det autonome nervesystem gennemtrænger hele din krop og holder den i live, da gennemsyrer PAS din psyke og analyserer alt omkring dig, for at vurdere hvordan omverden reagerer på de forskellige handlings-muligheder som du har, med det formål at udregne den handling der bedst styrker dit ego. Det er simpelthen ikke muligt for dig at gøre noget i dit liv uden at PAS er involveret, og det er en ret utrolig oplevelse at få øjnene op for det.

Prøv f.eks. at stå i et selskab, og lige før du skal til at sige noget så stop og spørg dig selv, om du ikke allerede har en præcis forventning om hvordan dine omgivelser vil reagere, og om du ikke har en forventning om at du (din ego-identitet) vil kunne lide denne reaktion (eller i det mindste ikke tage skade af den). Jeg kan garantere dig for at det er tilfældet! Situationen er ofte gennemanalyseret af PAS – før du kaster dig ud i den. Det sker helt automatisk, og det er vigtigt for din omgang i verden, og for at skaffe 'egoet' det, som det har brug for.

Et andet eksempel er alle de spil man kan spille med sin partner, særlig efter en årrække, spil hvor man ikke er i tvivl om hvad partneren gør, hvis man gør dette eller hint. Partnerens reaktion er vurderet og overvejet og initieret – og partneren spiller ofte gerne med - og sådan forsætter det i et PAS styret rollespil der giver tryghed, men ikke nødvendigvis længerevarende livskvalitet og udvikling.

Det du skal lære, og det gælder særlig når hjertet presser sig på, er at opdage det jeg kalder din ego-identitet, og hvordan den bruger PAS til at bygge sig selv op, og til at forme dine reaktioner og din indgang til livet, så de styrker dit ego.

Prøv at starte med at observere dine følelser når de optræder i dig, i stedet for bare at føle dem, og lade dig indhylle dem. Observer dem, og forstå *hvorfor* de opstår i netop dig. Hvis du indhylles af dem, er det helt OK. Øvelse gør nemlig mester, og meningen er ikke at du skal holde op med at føle. Meningen er at du skal kunne vælge ikke at lade dig blive *domineret* af de lavere (og ofte smertefulde) følelser, og at du efterhånden skal *lære en højere livsoplevelse at kende*, en livsoplevelse der blandt andet formår at tage de lavere følelser til sig, via indsigt og kærlighed.

Du skal lære at opdage din ego-identitet,
og hvordan den bruger det psykiske autonome system,
til at manipulere livet med det formål
at styrke denne identitet

APPENDIX 4. TERAPI RETTET MOD EGO TILSTANDENE

Til enhver ego tilstand
er knyttet en særlig kombination af energier,
som blandt andet afgør hvilken type terapi,
der kan få dig videre til næste tilstand.

Energierne knyttet til de forskellige ego tilstande er som et par briller, som du ser og oplever livet igennem, og de skaber de forudsætninger du har for at tage imod terapi, hvad enten det er selvterapi, terapi hos en terapeut, gruppeterapi, eller anden form for arbejde med dig selv.

I dette appendix vil jeg komme nærmere ind på hvor vigtigt det er at afstemme et hvilket som helst arbejde med dig selv, efter den tilstand som du befinder dig i.
Du kan starte med at se på Figur 1, som viser hvad der er de vigtigste mål for den *terapi,* der passer til de forskellige ego tilstande. Da tilstandene jo er forskellige, og energierne som du kan påvirkes af og modtager er forskellige, da er terapien og målet for den også afhængig af hvilken tilstand du er i.

Det er rigtig vigtigt at være klar over dette, idet de mange tilfælde hvor en terapi ikke virker ofte ikke har med personen at gøre, men har at gøre med at terapien var rettet mod en tilstand som personen/klienten ikke befandt sig i. Derfor havde terapien nogle mål, som slet ikke var relevante og realistiske for klienten.

Målet med en terapi der f.eks. retter sig mod "Kompensations" tilstanden, er således en styrkelse af egoet og en bevidst kontakt med hjertet, mens det forholder sig helt anderledes for de andre tilstande.

Det er ganske forunderligt, at den energi signatur, der knytter sig til din egen person, fortæller både om hvor du er (hvilken tilstand) og hvad du har brug for. Samtidig betyder det også, at du i planlægningen af din egen terapi, og/eller arbejde med dig selv, skal tage hensyn til hvilke energier terapien repræsenterer (og med energi kunne jeg lige så godt sige livs aspekt). Da din energi signatur har indflydelse på hvad du formår at tage ind af alt hvad livet byder dig (mennesker, venner, partner, kærlighed, musik, osv.), da kan du f.eks. få meget ud af at vende en frustration over ikke at kunne tage nogle af disse 'ting' ind, til i stedet at arbejde på at ændre din energi signatur til en, *der tillader dig at kunne modtage det du higer efter.*

Tilstand	Vigtigste mål for terapi
"Kompensation"	Bevidsthed om komplekser. Kontakt med Hjertet. Større Nærvær. *HE (hovedenergi): Bevidst ego energi og bevidst hjerte energi*
"Anti-kompen-sation" 	Frigørelse for EE. At ville interagerer med verden. Styrket centrering. Styrkelse af Egoet. *HE: Bevidst ego energi og overbevidst hjerte energi.*
"Vakuum" 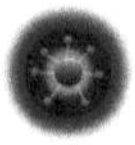	Genopretning af Egoet. Frigørelse for EE. Begyndende centrering. Opvågen fra bevidstløsheden. At kunne føle igen. *HE: Bevidst pre-ego energi og svag bevidst ego energi og svag overbevidst hjerte energi.*

Figur 1. Terapi og ego tilstande.
I tilstanden "Vakuum" er den dominerende energi en Pre-ego energi, og terapien man skal udsættes for her, bør ikke forudsætte et velfungerende ego. I 'anti-kompensation' tilstanden mærker man en bevidst Ego energi, som terapien skal bære præg af, og i "kompensations" tilstanden er der nu også en begyndende bevidst Hjerte energi, som man påvirkes af. HE:hovedenergi.

1. Terapi i de 4 forskellige tilstande skal skræddersyes til tilstanden

Formålet med terapi
er til enhver tid
at hjælpe dig til at opnå større balance
med ego-livskræfterne og de aktive livstemaer

En af de vigtige ting ved egoets forskellige udtryksformer er altså, at de kræver forskellige terapiformer.

Som nævnt foroven kan egoets udtryksformer grupperes ind i 3 hovedtilstande, "kompensation", "anti-kompensation" og "vakuum". Til enhver af de 3 tilstande er knyttet en særlig *kombination af energier* (Figur 2), der afgør hvordan man generelt *oplever* livet. Disse energier er både bevidste og overbevidste.

Med hensyn til terapi, er det særlig vigtigt at nævne tilstandenes 'primære mål', der beskriver typen af den *bevidste* energi, som man *skal* bevidstgøre, for at kunne komme videre fra den pågældende tilstand.

En terapis opgave er altid at hjælpe dig til at realisere 'det primære mål', og når det sker, vil effekten altid være den samme i alle tilstandene, nemlig at man oplever at livet 'giver mening' – *fordi det er i balance med dit primære mål.*
De primære mål for de forskellige 'tilstands-terapier' er altså ganske forskellige, og når

en terapi fejler er det fordi den ikke virker i overensstemmelse med det primære mål. De er vist i figur 2 og forklaret i de næste afsnit.

Terapi i Ego perioden er fundamentalt forskellig fra terapi i Hjerte perioden, eftersom der ikke i sidstnævnte er en *psykisk* årsag bag problemerne. I Hjerte perioden handler din smerte om *manglende enhed*, og i det tilfælde kan oplevelsen af at være en bidragende del af et fællesskab føre til *fuldstændig forløsning af dine lidelser.*

Sidstnævnte er nærmest uforståeligt for egoet, eftersom det er vant til, at kun en forløsning af noget i underbevidstheden kan føre til 'helbredelse'.

Lad mig nu beskrive de terapikrav, som der er til de forskellige tilstande. Jeg vil starte med den laveste tilstand, og slutte med den terapi, som kræves mod den laveste tilstand *i næste udviklingsperiode*, Hjerte perioden. Sidstnævnte er som sagt i høj grad ved at blive aktuel for mange mennesker, som ikke er klar over, at det de i virkeligheden har brug for, er den 'nye tids terapi', hjerteterapien.

Terapi rettet mod vakuum tilstanden

Terapi med fokus på at genetablere egoet.

Dit primære mål: Realisering af bevidste (men lave) Ego energier.

Kendetegnene for denne tilstand er:

1. *Du har ingen fornemmelse for hvem du er og hvad du vil (dvs. et opløst ego).*
2. *Du oplever en reaktion overfor EE (den eksistentielle ensomhed), der går fra dyb meningsløshed og håbløshed til fuldstændig ligegyldighed og følelsesløshed.*
3. *Du oplever en manglende vilje og ligegyldighed med hensyn til at blive smertefri.*

Kendetegnene for denne tilstand, den laveste af de 3 'ego tilstande', er at man nærmest ingen fornemmelse har for hvem man er og hvad man vil (dvs. dit ego er delvist/helt opløst), og man oplever en dyb meningsløshed og håbløshed, samt en manglende vilje til at blive smertefri.

I vakuum tilstanden er den højeste energi man kan opfatte en lav Ego energi, og ellers en ret så dominerende Pre-ego energi (Figur 2). Pre-ego energien står for en primitiv individualitets-oplevelse. I vakuum tilstanden er egoet således helt eller delvist 'opløst' og målet for dig i vakuum tilstanden er derfor at få *genetableret* en vis oplevelse og fornemmelse af dig selv som en individualitet.
En terapi rettet mod vakuum tilstanden skal tage hensyn til, at det "sprog", som et menneske forstår i denne tilstand, er et sprog bygget op af Pre-ego-energier, samt svage Ego energier. Således vil en terapi, der fokuserer for meget på hjertet, eller på at bevidstgøre ego strukturer (såsom fortrængte komplekser), være fuldstændig forfejlet.

Mennesker som oplever en opløsning af egoet, har mere end noget andet brug for at få genoprettet individualiteten/egoet, før en egentlig analytisk terapi påbegyndes.

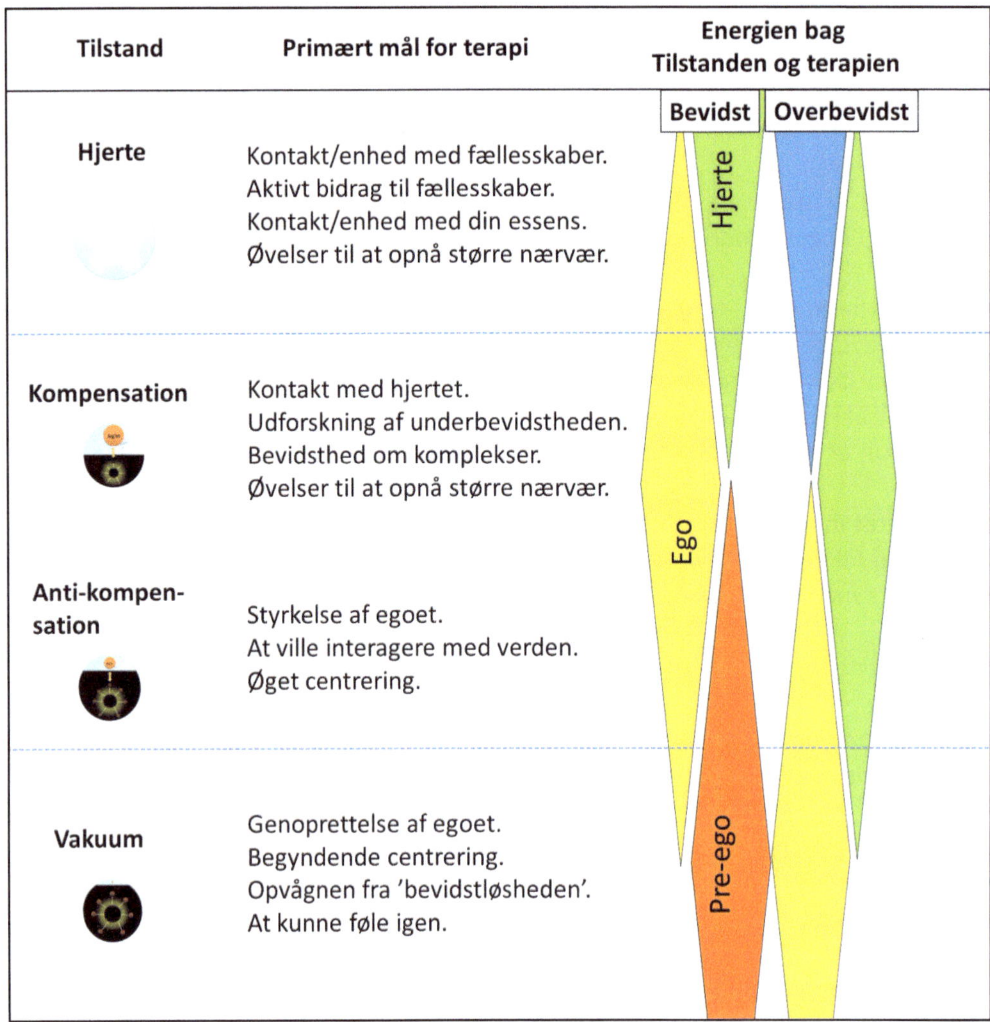

Figur 2. Det primære mål for terapi rettet mod de 4 forskellige tilstande.

Der er ikke brug for traditionel psykoterapi, men for *centrering*. Der er brug for *kreativitet* – for udtryk uden ord! Der er ikke brug for tanker. Der er brug for samvær med mennesker, dyr (særlig brugbart i denne tilstand), natur, osv.

Oplevelsesevnen i dig skal bruges på en tryg og livsbekræftende måde, og forsigtigt formå at få dig flyttet 'ind i livet' igen, og først når man opnår en vis centrering af sin person, en vis fornemmelse for hvem man er, da er man klar til at modtage de energier, som den næste tilstand repræsenterer.

Det som skal være centralt for en terapi rettet mod vakuum tilstanden er:

- Terapien skal centrere/genskabe dit ego.
- Den skal starte med opbygge en grænse til dit underbevidste og EE.

- Den skal fokusere på ukomplicerede oplevelser med livet, gennem en solid jordforbindelse, og gennem kropsøvelser samt kreativitet.
- Den skal prioritere samvær med andre mennesker.
- Den kan evt. prioritere samvær med dyr, natur, eller musik.
- Den skal fokusere på, at du skal opleve *ydre* nærvær med livet, snarere end indre nærvær med de indre 'dæmoner' eller med EE.
- Den skal være meget forberedt på, at i samme takt som egoet genskabes, da genskabes også din evne til at føle smerte – intens smerte! Dette vil oftest være den første følelse, som du møder.

Det som <u>ikke</u> skal være centralt i terapien rettet mod vakuum tilstanden er:

- Du skal ikke konfronteres direkte med smertefulde indre komplekser i denne tilstand.
- Du skal fokusere på jordforbindelse og oplevelse, og ikke udsættes for en intellektuel terapi.
- Du skal ikke fokusere på Hjerte energien og anden spirituel praksis såsom meditation, da du slet ikke er klar til dette endnu.
- Du skal ikke, på noget tidspunkt i denne tilstand, udsættes for kontakt med dine komplekser og fortrængninger.

Terapi rettet mod 'anti-kompensation' tilstanden
Terapi med fokus på centrering og på egoet.
Dit primære mål: Bevidst udlevelse af 'mellem' Ego energier.

Kendetegn for denne tilstand er følgende:

1. *Du har en delvis (i de lavere lag af denne tilstand er den dog stadig lille), fornemmelse for hvem du er og hvad du vil (dvs. et delvist intakt ego). Opløsningen af egoet er begyndt, men det er dog ikke helt opløst, som i vakuum tilstanden.*
2. *Du påvirkes af en 'negativ' vilje fra komplekserne, og du giver livet skylden for din smerte. Du har indtaget offerrollen.*
3. *Din metode til at blive smertefri vil i stigende grad inkludere "anti-kompensations metoden" – dvs. "viljen til ikke-livet", og der er en hel del smerte forbundet med denne tilstand.*

Hvor man i vakuum tilstanden er helt eller delvist 'følelsesløs', evner man at føle i tilstanden 'anti-kompensation'. Meget af det man føler er dog smertefuldt, og tilliden til livet er lille. I stedet for at opsøge livet for at få det bedre, gør man derfor det modsatte! Man forsøger at nå til en tilstand, hvor man *ikke* vil livet. Man forsøger at sige nej til det, nej til de muligheder, der optræder i det!

Den bevidste hovedenergi er i store dele af denne tilstand en lav Ego energi, dvs. en 'lavt' udviklet individualitet. Dette er derfor den højeste *bevidste* energi, som man

evner i denne tilstand, og den højeste energi, som en terapi må stile efter!
Ego energien er derved *dit umiddelbare mål* - som skal nås før man kan flytte sig til højere tilstande. Medmindre man er i den øverste del af denne tilstand, da kan man slet ikke håndtere, at få sit ego udfordret/udforsket, og traditionel konfronterende analytisk psykoterapi er udelukket! Det handler i stedet om at bygge egoet op, og ikke om at udforske det ego, som ikke kan holde sammen på sig selv. Derudover viser figur 2 at man heller ikke har evnen for at kunne tage Hjerte energien ind, hvorfor denne ikke skal være det dominerende element i terapien.

Således er den rette terapiform i denne tilstand en terapi, der i de lavere dele af tilstanden, bør fokusere mest på *centrering* af egoet, idet man er som et lille barn, der lige har rejst sig og går for første gang - på meget usikre ben. Terapien skal her støtte dig i at holde dig oprejst, snarere end at lære dig at løbe. I de øvre stadier af tilstanden kan terapien dog godt forsigtigt efterstræbe en "ego-psykologi/terapi", der minder om den traditionelle analytiske psykologi.

Det handler altså om at 'få dit ego tilbage', og om i at styrke dit nu delvist opbyggede ego de øvre tilstande. Det handler om at få dig til igen *at ville tage livet ind* og bruge livet til at blive smertefri, snarere end at give livet skylden for din smerte. For meget Hjerte energi, og anden spirituel praksis såsom meditation, er ikke tilrådeligt, og man skal ikke udsættes for traditionel analytisk psykologi, der har det med at bringe dig tæt på de komplekser/traumer, som man slet ikke kan håndtere i største delen af tilstanden.

Det som skal være centralt i terapi mod anti-kompensationstilstanden er:

- Terapien skal få dig til at ville bruge kompensationsmetoden.
- Den skal centrere/genskabe dit ego.
- Den skal styrke dit centrerede ego.
- Den skal opbygge en stærk grænse til dit underbevidste og EE.
- Den kan altså ikke gå ud fra at du har en stærk selvfølelse.

Det som <u>ikke</u> skal være centralt i terapi mod anti-kompensations tilstanden er:

- Du skal ikke konfronteres direkte med smertefulde indre komplekser i den første halvdel af denne tilstand.
- Du skal fokusere på jordforbindelse og oplevelse, og ikke blive for intellektuel i din terapi.
- Du skal ikke fokusere for meget på Hjerte energien og anden spirituel praksis (undtagen i de øvre lag).
- Du skal ikke udsættes for traditionel analytisk psykologi, der har det med at bringe dig tæt på komplekserne.

Terapi rettet mod tilstanden 'kompensation'
Terapi med fokus på både egoet og hjertet.
Dit primære mål: Bevidst udlevelse af Hjerte energier og høje Ego energier.
Kendetegnene for denne tilstand er:

1. *Du oplever en mere eller mindre intakt fornemmelse for hvem du er og hvad du vil (dvs. et mere eller mindre intakt ego – eftersom egoet i denne tilstand ikke er i fare for "opløsning").*
2. *Du oplever stadig en negativ vilje, særligt fra komplekserne, men den er moderat i de øvre lag.*
3. *Metoden til at blive smertefri er overvejende via "kompensations metoden".*

I den øverste ego tilstand "kompensation" søger du nu livet for at opnå en bekræftelse af din person, der skal *kompensere* for den ensomhed egoet altid oplever. Egoet er dog så centreret og stærkt i denne bevidsthedstilstand, at inflationsfaren fra det underbevidste ikke er stor (i store dele af tilstanden). De energier som man behersker *bevidst,* er Ego energierne til og med mellemstadiet, samt de lave Hjerte energier, og begge disse energier er det primære mål i denne tilstand.

Der vil derfor være behov for en terapi, der går målrettet efter at man skal blive *direkte konfronteret med de indre smertefulde psykiske 'størrelser'* (i underbevidstheden), som via denne konfrontation vil forløses og derved styrke din egobevidsthed. Dette vil lede til at man efterhånden også kan håndtere bevidste Hjerte energier, og din terapi bør rette sig ind efter dette, og støtte op omkring det, f.eks. via meditation, nærværs-øvelser, eller en spirituel praksis.

Målet med terapien er altså at skabe et stærkt og harmonisk ego, og den skal desuden (modsat terapi rettet mod de to andre tilstande) også bruge Hjerte energien aktivt og bevidst.

Det som skal være centralt i en terapi rettet mod tilstanden kompensation er:

- Terapien skal støtte dig i at bruge kompensationsmetoden.
- Den skal forsøge at skabe et stærkt og harmonisk ego.
- Den skal konfrontere dig direkte med de indre smertefremkaldende strukturer, såsom komplekserne – så du kan modtage deres 'gaver'.
- Den skal skabe maximal balance mellem dine overbevidste energier og din bevidste attitude, ved at fokusere på høje Ego energier, samt Hjerte energier.
- Den skal for første gang tage hjertet bevidstheden ind.
- Den skal føre dig til en tilstand, hvor de bevidste hjerteenergier vil begynde at få stor indflydelse på dit liv.

Det som terapi ikke skal gøre, når du er i tilstanden 'kompensation', er:

- At kun fokusere på hjertet.
- At kun fokusere på egoet, særlig i de øverste lag af tilstanden
- At udvise en manglende anerkendelse af kompensationsmetoden og egoets behov for anerkendelse.
- At tro at *alle* komplekser og traumer skal bevidstgøres. Det skal de nemlig ikke.
- At glemme at der oftest ikke er genveje til lærdom – selvom mange tror det.
- At intellektualisere processen og glemme den ordløse livsbekræftende *oplevelse.*

Den 4. tilstand og den nye tids terapi – "hjerte-terapi".

De fleste mennesker befinder sig i dag i den tredje periode, Ego udviklingsperioden. Her har man fokus på at udvikle sin individualitet - populært sagt sit ego. En del mennesker er dog samtidig på vej ind i hjerte-udviklingsperioden. Her har man fokus på at udvikle sin individualitet yderligere, ved at være *en aktiv bidragende del af et fællesskab*. At det overhovedet er muligt at udvikle sig på denne måde, kan være svært at forstå (for egoet), for vi er jo som sagt så vant til at tænke, at udvikling kun kan ske ved at dykke ned i underbevidsthedens mørke og forløse fortrængte sider af os selv.
Terapi i Ego perioden er fundamentalt forskellig fra terapi i Hjerte perioden, eftersom der kun i førstnævnte er en psykisk årsag bag problemerne. I Hjerte perioden handler din smerte om manglende enhed, og i det tilfælde kan oplevelsen af at være en bidragende del af et fællesskab føre til *fuldstændig forløsning af dine lidelser*.

Læg mærke til det sidste, at en *fuldstændig helbredelse* af din såkaldte 'depression' (og oplevelse af at dit liv ikke giver mening) kan ske ved at du bliver en bidragende del af et fællesskab – og altså helt uden at skulle finde en psykisk årsag (som jo heller ikke er der). Dette er yderst interessant, og overraskende for mange, men det er et faktum (i det omfang man er trådt ind i Hjerte udviklingsperioden, og kan opfange disse energier bevidst).

Det at menneskeheden er ved at træde ind i Hjerte udviklingsperioden vil betyde at vores bevidsthedstilstand efterhånden bliver domineret af hjerteenergien, hvilket stiller yderligere krav til de terapeutiske metoder, eftersom de i stigende grad nu også skal kunne håndtere det jeg kalder hjertesmerte!

Hjertesmerte er for hjertet, hvad komplekser/fortrængninger er for egoet. Hvor komplekser dybest set er affødt af behovet for at finde sin individualitet og håndtere sin indre egoensomhed, da er hjertesmerten affødt af behovet for at være en aktiv bidragende del af menneskeheden/fællesskaber, og af behovet for at udvikle sin individualitet/selvbevidsthed yderligere ved at integrere den i fællesskabet.

Ego perioden er adskillelsens (dualismens) periode, hvor Hjerte perioden er enhedens (integrationens) periode, og personlighedsstrukturen er ganske forskellig i de to perioder. Derfor bør deres terapiformer også være forskellige.

Hjertesmerte optræder, når man ikke formår at udleve sin begyndende hjertebevidsthed. Hjertesmerte er allerede nu en del af mange menneskers liv. Den kan umiddelbart ligne - og opleves som - en slags depression, selvom den slet ikke er det! Den er simpelthen en reaktion på, at din livsførelse er i konflikt med dit nye behov, der byder dig at udvikle dig yderligere via enhed med verden/fællesskabet (snarere end via adskillelse).

Hjertesmerten misforstås, som sagt, ofte som et rent *psykisk* problem og behandles derefter. Dette er en fejl, for traditionel psykoterapi virker slet ikke mod hjertesmerte, eftersom der jo ikke er en psykisk årsag til den.

Hjerte livsoplevelsen er en *enhedsorienteret* livsoplevelse, og kun terapiformer, der aktivt tager hensyn til dette, vil virke. De skal derfor fokusere på dels at skabe en oplevelse af *ydre enhed* og aktiv udveksling mellem personen og menneskeheden/fællesskaber. Og så skal de også skabe en oplevelse af *indre enhed* med ens højere essens (fx via meditation, og meget gerne med andre mennesker).

Hjerteterapien er derfor i den grad en helt anden terapiform end traditionel psykoterapi!

Hvad har du brug for?
Vi er alle til stede i de fire nævnte tilstande, men jo mere vi udvikler os, jo mere oplever vi livet gennem de øvre tilstande. Da menneskeheden som nævnt er på vej ind i en ny udviklingsperiode, er vi desuden under intensiveret pres - et pres, der har til formål at hjælpe os til at opleve livet bevidst gennem den nye tids energi: hjerteenergien.

Som et led i denne globale og personlige udrensning af de lave egoenergier er det vigtigt, at du giver dig selv den støtte og terapi, som du har forudsætning for at modtage; en forudsætning, der altså bestemmes af din dominerende bevidsthedstilstand.

Måske har du brug for mere - eller mindre - fokus på udforskning af egoet. Eller du har måske brug for mere fokus på hjerteterapi, hvis du, som mange mennesker, er begyndt at evne hjertebevidstheden.

Appendix 5. Forskellige mennesker oplever Ego tilstandene forskelligt

De forskellige Ego tilstande er som talerør
hvorigennem forskellige dele af dig selv
kan kontakte dig – og få din opmærksomhed.

Kontakten sker på en bærestrøm af energier,
der er specifikke for hver af talerørene.

Figur 1 viser fem forskellige mennesker, som er på forskellige niveauer i deres udvikling.

En af pointerne i figuren er at vise, at disse personer vil opleve forskellige energier *i den samme Ego-tilstand.*

Den blå person (nr. 4 fra venstre) har nået det niveau, hvor Ego-energien topper, og Hjertet er lige ved at komme ind på scenen. Individet er derfor klar til at tage Hjertet ind bevidst (samtidig med at Egoet styrkes yderligere). Du kan se udviklingsniveauet til højre.

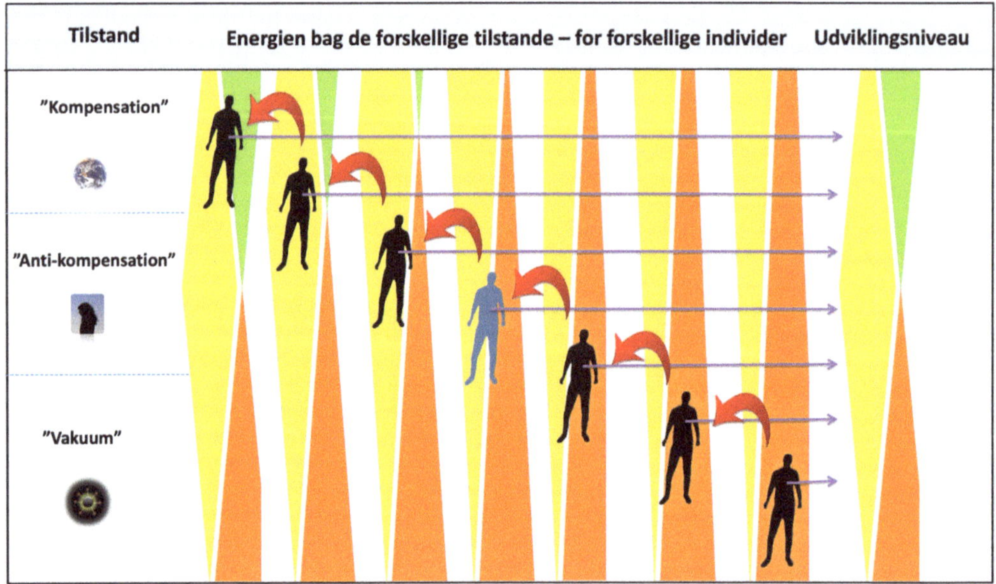

Figur 1. Ego tilstandenes energier for forskellige individer.
Forskellige personer vil opleve forskellige energier i de samme tilstande. En række personer, hvis udviklingsniveau er vist yderst til højre, oplever de energier, som er vist i figuren. For hver person er det vist hvilke energier personen oplever i alle 3 tilstande. Som man udvikler sig fra et udviklingsniveau til et andet (vist med de røde pile) vil man også opleve en ændring i de energier man oplever i de samme tilstande, og i hvilke tilstande man befinder sig mest i. Man kan se en

udviklingstilstand som et slags udviklingsprincip, der kan manifestere sig på forskellige måder/niveauer. Vær dog klar over at Kompensations tilstanden for væsenet yderst til højre ikke er den samme som 'vakuum tilstanden' oplevet af væsenet yderst til venstre, selvom deres energier ser ens ud. Det er ligesom hvis en højt udviklet person undergår en midlertidig bevidsthedssænkning til et niveau svarende til et lavere udviklet individ, der er på toppen af sin formåen. Selvom de lige på dette tidspunkt oplever samme energier, da kan man ikke betragte dem som energimæssige ens individer, eller individer med de samme forudsætninger.

Pointen med figuren er, at en persons udviklingsniveau viser de energier, han kan opleve, når han er på det højeste niveau, som han er i stand til (i dette tilfælde på det højeste niveau af 'kompensationstilstanden').

Til venstre for den blå person ser vi en person der er kommet videre i sin udvikling, og følgelig vil han opleve andre energier – i de samme tilstande. Dette betyder også, at han vil blive påvirket af andre livstemaer og livsregler.

Forskellige mennesker oplever de samme tilstande forskelligt.
Figuren viser altså at efterhånden som vi udvikler os, vil vi opleve nye energier i de samme tilstande. Til sidst vil vi nå de øverste niveauer af kompensationstilstanden. Der vil vi opleve at selvom bekræftelsen af Egoet stadig er afgørende, giver det ikke den samme opfyldelse som før. Du søger nu efter mere, efter noget som Egoet ikke mere kan give dig. Dit blik er nu rettet mod hjertet.

APPENDIX 6. ALFABETISK ORDLISTE

Denne ordliste har særlig fokus på de termer som er specifikke for det verdensbillede som er blevet præsenteret i denne bog.

Anti-kompensations metode. En metode til at blive smertefri, som du bruger i ego tilstanden 'anti-kompensation'.

Aktuelle energier, de 4. De 4 energier, som er den kombination af energier, der er dominerende der hvor du er i din udvikling.

Bevidste energier. De energier som er en den af den bevidste evolution.

Bevidst evolution. En af de 2 evolutioner. Den består af 7 udviklingsperioder, som har at gøre med vores bevidste interaktion med livet, lige fra den primitive sansning af behag/ubehag til højere bevidsthedsformer. Den bevidste evolution er altid en halv udviklingsperiode 'bagefter' den overbevidste evolution.

Bevidsthed. Bevidsthed er en livskraft, der går igen i alle udviklingsperioderne. I Rod og Pre-ego perioderne er der fokus på en slags fysisk 'bevidsthed'. Dernæst er der ego bevidstheden, som er evnen til at skelne mellem dig selv og verden, evnen til at blive bevidst om dine strukturer i underbevidstheden, og en evne til at objektivisere forhold i livet, og dig selv, på grund af en erkendelse af, at du er et unikt væsen. Den næste bevidsthed er hjerte bevidstheden (den permanente). Denne forudsætter en høj ego (selv)bevidsthed, og er bevidstheden om din forbindelse med menneskeheden, om at du ikke dybest set er alene eller ensom i verden, men lige det modsatte. Sådan forsætter det gennem alle udviklingsperioderne. Generelt kunne man sige at bevidsthed er når du skelner dig selv fra det livsfelt, som er knyttet til den livsperiode, som du befinder dig i.

Bevidstheds-lyn. En resonansaktivering af en energi, som er indeholdt i din aktuelle bevidsthed. Aktiveringen forårsages af energier fra den overbevidste evolution, og vil forårsage en midlertidig forøgelse af dit bevidsthedsniveau, hvilket kan manifestere sig i en "ny-bevidsthed".

Bevidstheds-rummet. Det rum der udgør den øvre og nedre grænse for din *aktuelle* bevidsthed. Den aktuelle bevidsthed kan bevæge sig op og ned, mens bevidsthedsrummet kun kan bevæge sig op.

Bevidstheds-forandring. Forandringen af bevidstheden er en proces der forløber igennem flere faser. Først er der ny-bevidstheden, dernæst forankringsfasen, og derpå den permanente forandring af din bevidsthed.

Bevidstheds-forankring. En af faserne i processen der leder til bevidsthedsforandring kaldes forankrings fasen. Efter ny-bevidstheds fasen følger denne forankrings fase, hvor livet sender os opgaver ('forankrings opgaver') for at forankre en ny-bevidsthed i os. Denne forankrings fase ligger altså før selve forandringen af vores bevidsthed.

Bevidsthed, fraspaltet. Når vi 'forbryder os' mod livstema lovene, da fraspaltes bevidstheden om dette og fortrænges. Denne kan da komme til at udgøre kernen i et kompleks.

Grund energier, de 6. Enhver af de store udviklingsperioder har i alt 6 grundlæggende energier at gøre godt med. Af disse 6 energier er man ikke påvirket af alle sammen på en gang, ide det skifter hen igennem udviklingsperioden. Til enhver tid er man dog altid under indflydelse af 4 aktuelle energier på samme tid, en *aftagende og en tiltagende bevidst energi*, samt en *aftagende og en tiltagende Overbevidst energi*.

Ego-energi. Den energi der er knyttet til Ego udviklingsperioden. Det er så at sige 'egoets sprog'. I mine figurer vises ego-energien med farven gul.

Ego-mening med livet. Egoet (ego-bevidstheden/identiteten) har sin egen mening med livet, hvilket er at opnå bekræftelse, og at tro på at det er i live, og at have tillid til at det kan opretholde sig selv. Hjertet har en anden mening med livet, og højere bevidstheds tilstande har igen andre meninger med livet.

Eksistentiel ensomhedsfølelse (EE). Den inderste følelse af ensomhed i underbevidstheden. EE findes i flere udtryksformer afhængigt af udviklingsperioden. Ego-EE er reaktionen på manglen af Hjerte livsoplevelsen, og det er med til at lægge grunden for udviklingen af egoet, og det udgør tillige en væsentlig del af energikilden bag denne udvikling.

Eksistentiel meningsløshed. Den totale mangel på mening med livet, som man oplever når man kommer i kontakt med EE.

Energi signatur. Et menneskes energi signatur fortæller om den type energier, som man er i stand til at modtage på en bevidst eller overbevidst måde. I Ego perioden bestemmes denne energi signatur af den tilstand, som du befinder sig i. Hver af tilstandene er nemlig knyttet til et helt specifikt sæt af bevidste og overbevidste energier.

Energi tema. For menneskeheden udgør det aktuelle tema *den energi-sammensætning som dækker det meste af menneskeheden* – dvs. du og andre mennesker på kloden er nået til et sted i den personlige udvikling, der dækkes af menneskehedens aktuelle energi tema. Alle mennesker har derfor som udgangspunkt den samme energimæssige baggrund, selvom altså det enkelte menneskes udviklingsstruktur bestemmer hvilke energier fra *menneskehedens* aktuelle energi tema, som det 'for lov' til at opleve.

Enhedsloven. Enhedsloven er 'hjertets lov', en lov som er aktuel for Hjerte livsoplevelsen. Det er en lov, der blev manifesteret og aktiveret af overbevidste Hjerte energier – og som sagt en lov der har med enhed med menneskeheden, at gøre. Denne overordnede lov førte også til adskillige under-love, hvis formål det er at hjælpe os til et stadie, hvor vi lever i balance med 'enheds-loven'. Det er på grund af disse love, at et lavt selvværd altid inducerer en følelse af ubehag og smerte og ikke glæde og lykke. Ligeledes er det grundet disse love, at et stærkt og bekræftet ego altid indgyder tilfredshed og lykke (i den ego dominerede bevidsthed) i stedet for smerte. Du tager måske alt dette for en selvfølge – men det er fordi loven er så integreret i dig.

Enheds-bindinger. Netværksbindinger mellem mennesker indenfor samme Hjerte udviklingsperiode. Disse bindinger er udsprunget af en hjerte bevidsthed.

Evolution. 'Evolution', som jeg bruger det, indikerer udvikling og at vi bevæger os fra et sted til et andet, og at der er en mening med at vi gør dette. Ordet evolution indikerer også at vores udvikling foregår efter nogle love (fysiske love, psykiske love, osv.) snarere end at være baseret på kaos og tilfældigheder.

Evolutionscyklus. Den cyklus vi er i nu, består af en bevidst og en overbevidst evolution, der hver består af 7 store udviklingsperioder.

Evolutionsfelt. Den samlede struktur bestående af de 2 evolutions processer, den bevidste og overbevidste evolution, samt livsfelterne.

Følelser. Ego livsoplevelsen manifesterer sig som det vi kalder 'følelser'. Følelser er det sprog som egoet taler og forstår.

Fysisk felt. Den dimension af livet som har med den fysiske dimension at gøre. Det er den dimension som vores fysiske krop har kontakt med.

Guddommelig energi. Den energi der er knyttet til de Guddommelige udviklingsperioder.

Hjerte energi. Den energi som karakteriserer hjertet og dets livsoplevelse.

Hjertets mening med livet. 'Hjertets' mening at være bevidst om sig selv og verden, og at være et med verden. Det er at opleve enheden med menneskeheden.

Hjertesmerte. I starten af enhver af udviklingsperioderne vil du udsættes for en ny overbevidst energi, der igangsætter en reaktion, som vil være en dyb motiverende kraft bag din efterfølgende bevidsthedsudvikling. I starten af Hjerte perioden vil du opleve det jeg kalder en "hjertesmerte". Denne beskrives bedst ved at være en slags smerte over ikke at bidrage helt optimalt til fællesskabet, og over ikke at opleve den bevidsthedsmæssige enhed med fællesskabet, som du ved at du evner i en del af dig.

Hjertesmerte bindinger. Bindinger mellem mennesker der befinder sig i Hjerte perioden og som derfor evner Hjerte livsoplevelsen. Disse bindinger udspringer af at individet ikke formår at leve i overensstemmelse med livslovene, defineret af overbevidstheden og livstemaerne. De svarer til kompleksbindingerne i Ego perioden.

Hoved energi. Den energi som er karakteristisk for en udviklingsperiode.

Hovedperioder, de 3. Mennesket påvirkes til enhver tid af 3 hovedperioder på samme tid, samt 4 energier. Hovedperioderne udgøres af den periode som er den dominerende periode i vores aktuelle bevidsthedsudvikling ('den *centrale* periode'), den periode som vi er ved at forlade ('den *lavere* periode'), og den periode som vi bevæger os imod ('den *højere* periode').

Indvielse. En indvielse er en helt speciel hændelse i vores udvikling, et slags *udviklingsmæssigt kvantespring* – hvorved en ny bevidsthed bliver en *permanent* ny del af dit væsen. Det er en helt særlig hændelse at opleve en sådan *irreversibel* ændring af bevidstheden. Det sker kun hver halve udviklingsperiode. Når det sker, har det en gennemgribende effekt, der manifesterer sig i en ændring af hvem vi er, og hvordan vi oplever verden. Det er som om vi, fra et øjeblik til det næste, lærer at opleve verden på en ganske ny måde, og opnår en helt ny indsigt i livet! Ligesom bevidstheden kan overbevidstheden gå igennem en indvielse. Der eksisterer i alt 9 bevidste og

9 overbevidste indvielser i den udviklingscyklus, som vi er en del af.

Instinkt. I Rod og Pre-ego perioden er vores livsvilje bundet op til instinkterne. Disse er medfødte egenskaber/tilskyndelser, der har med det mest basale i livet at gøre, med det som er grundliggende nødvendigt for at opretholde livet, i blandt andet den fysiske dimension, på et tidspunkt hvor bevidstheden endnu er på et meget lavt niveau. Instinkterne belives af de underlæggende livstema energier. I Ego perioden tager underbevidsthedens strukturer over som den mest mærkbare livsvilje, selvom instinkterne dog stadig spiller en rolle i denne periode.

Individualitetsbindinger. Bindinger mellem mennesker, der er nået til Ego perioden. Disse bindinger udgår fra ego bevidstheden.

Individualitets-loven. Den lov og det livstema, som motiverer dig til at blive et individualiseret selvbevidst væsen i harmoni med dit ego.

Katalysator energi. En energi der optræder i starten af en ny udviklingsperiode, og som initierer en indvielse og starten på den nye udviklingsperiode. I starten af Ego perioden udgør de 2 *'katalysator energier* de bevidste Ego energier og de overbevidste Hjerte energier.

Kerne komplekset. Det kompleks som har givet anledning til en kompleks-Ø. Hvis det forløses, så forløses hele Øen.

Kilden. Ophavet til livet, dit liv og vores alles liv. Kilden er ophavet til vores udviklingscyklus, og alle udviklingsperioderne er dybest set forskellige udtryksformer for Kilden og Kildens vilje. Ligeså er de forskellige livsoplevelser dybest set at betragte som forskellige sanseorganer, beregnet til at sanse Kilden.

Kompensationsmetoden. Den metode som vi bruger til at blive smertefri i tilstanden som kaldes "kompensations" tilstanden.

Kompensations tilstanden. Den øverste ego tilstand.

Kompleks. Der findes 3 typer komplekser. *Pre-komplekser* skabes i Pre-ego perioden og er forstadier til *ego-komplekserne*. Derudover er der *moder komplekset,* som udgøres af den eksistentielle ensomhed.

Kompleksforbindelser. Forbindelser mellem komplekser i et menneske, eller mellem komplekser i forskellige mennesker.

Kompleks Ø. En samling af komplekser, der er forbundet i en større struktur, bundet sammen af samme følelsestone.

Kosmisk felt. Den dimension af livet, som det kollektive overbevidste har direkte adgang til og virker i.

Kosmisk gnist. Kilden selv er til stede i vores væsen i form af den kosmiske gnist i den kollektive overbevidsthed.

Kvantesprings-princippet. Kvantesprings-princippet handler om, at vi i overgangen fra en periode til en anden, oplever et bevidsthedsmæssigt kvantespring. Hvor 'ubevidstheds/bevidstheds' princippet handler om at udvikle den livsoplevelse, som er knyttet til den udviklingsperiode som man befinder sig i, da handler kvantespringsprincippet om at blive bevidst om selve den bevidsthed, inden i dig, som er centrum for denne livsoplevelse. Kvantespringet fører altså til en ny bevidsthed, og til at man med denne nye bevidsthed formår *at erkende sin tidligere bevidsthed* for første gang - og nu endegyldigt udvider sit livssyn ud over dette tidligere livssyn. Kun på grund af kvantespringet er du i stand til at opnå denne nye bevidsthed, der altså kommer med en ny erkendelsesevne.

Livsbehag. I alle udviklingsperioderne handler det dybest set om at bruge det tilknyttede livsfelt til at udleve sin livsvilje til at opnå større livsbehag. Livsbehaget betyder noget specifikt for hver af perioderne, men udgør også det samme princip i alle perioderne. I Rod perioden kan livsbehag have med kroppens varme, og med næring, at gøre. I Ego perioden dække det f.eks. over det at blive bekræftet, mens det i Hjerte perioden kan dække over glæden ved at være en del af, og bidrage til, fællesskabet.

Livskar. Livsfelter, vores livscyklus (med dets 2 evolutions cykler), livstemaerne, og de personlige udviklingsstrukturer er alle livskar, det vil sige livslove med det formål at strukturere og organisere livsenergi.

Livslov. Livstemaerne udgør livslove som fungerer som en slags vejledninger, der er nødvendige for os i løbet af vores udvikling. Forskellige livslove er aktive i de forskellige udviklingsperioder. I Ego perioden er der således visse love, og i Hjerte perioden er der andre love, som er aktuelle/aktive. At bryde disse love har som oftest smertefulde konsekvenser, medmindre du formår at hæve dig op over loven.

Livsoplevelse. Vores måde at opleve livet på. Der er 7 forskellige livsoplevelser, som består af 3-7 lag. Dybest set er de alle Kildens manifestation, i et sprog der passer til vores udviklingsniveau.

Livstema. Vores udvikling er bestemt af de store livstemaer. Livstemaerne selv er skabt af vores overbevidsthed. Deres funktion er at strukturere de overbevidste energier ind i store temaer, der fungerer som de love vi alle skal forsøge at leve i overensstemmelse med.

Livstema energi. Når en overbevidst energi er kanaliseret gennem et livstema, da kaldes energien for en livstema energi.

Manifestation. Tilkendegivelse, åbenbaring, at komme til udtryk. Et af grundelementerne ved al udvikling er vores evne til at manifestere os i de forskellige livsdimensioner.

Moder komplekset. Den eksistentielle ensomhedsfølelse (og meningsløshed) kaldes også det store moder kompleks, ud at hvilket alle andre komplekser er affødte.

Moder livstema. Det livstema som er det centrale tema for en given udviklingsperiode, og tilhørende livsoplevelse.

Multi-Ø. Forskellige kompleks Ø'er kan også være forbundet i en større struktur (en multi-Ø) gennem deres følelsestoner.

Overbevidste, kollektive. Den kollektive del af overbevidstheden, som er den samme i alle mennesker, og som huser den kosmiske gnist.

Overbevidste, personlige. Den personlige del af det overbevidste, der ligesom din bevidsthed og underbevidsthed er i konstant udvikling. Strukturerne i det personlige overbevidste afspejler din egen udvikling, samt måde at forvalte dit liv på.

Overbevidste energier. Energier eller livsimpulser som kommer fra din overbevidsthed – og som per definition er for 'høje' til at de permanent kan blive en del af din bevidsthed. Derimod styrer de retningen for din udvikling.

Overbevidsthedslyn. En resonansaktivering af energier i det overbevidste af endnu højere energier (af samme type).

Overbevidstfelt. Den dimension af livet hvor overbevidstheden har sit virke – og f.eks. interagerer med andre overbevidstheder.

Overbevidst evolution. Den overbevidste evolution er en af de 2 evolutioner. Den består af 7 udviklingsperioder og med dens overbevidste energier interagerer den direkte med menneskehedens overbevidste, og påvirker menneskehedens dybeste livsmotivation, den dybeste higen i livet, og vil altid sætte retningen for menneskehedens udvikling.

Pre-ego energi. Den energi der er forbundet med Pre-ego udviklingsperioden.

Pre-ego kar-strukturen. Den psykiske struktur, som er klar til at lægge grunden for udviklingen af bevidstheden og underbevidstheden. Denne 'kar-struktur' skabes i Pre-ego udviklingsperioden og lægger grunden for Ego perioden.

Pre-kompleks. Forstadier til de komplekser som skabes i Ego perioden. Pre-komplekserne skabes i Pre-ego perioden.

Primært og sekundært kompleks. EE kaldes også det primære kompleks, som giver anledning til andre (sekundære) komplekser.

Psykisk felt. Den dimension af livet, som egoet har kontakt til og hvor vi finder følelser og tanker.

Resonansaktivering. Aktiveringen en f.eks. en energi i din bevidsthed af en højere energi af samme type fra din overbevidsthed. Resonansaktivering kan lede en midlertidig højnelse af din bevidsthed, og til det jeg kalder "ny-bevidsthed".

Rod energi. Den energi som repræsenterer Rod udviklingsperioden.

Sanseorgan. En evne til at sanse en energi. I det overbevidste har du flere sanseorganer til at optage energi fra det kollektive overbevidste.

Sanseevnen. Din evne til at sanse via sanseorganer.

Skabe. Give liv eller eksistens, forårsage at noget opstår; frembringe noget nyt, tilvejebringe eller etablere noget, som i øjeblikket mangler eller ikke er til.

Skaberevnen. Din evne til at skabe i en livsdimension, et livsfelt. Skaberevnen er en af grundelementerne ved al udvikling.

Ubevidstheds/bevidstheds princippet. Dette dækker over en proces hvor du lærer at skelne dig selv fra et livsfelt, og hvor du lærer at bruge feltet til at udleve din livsvilje til at opnå større livsbehag. Dette princip gælder for alle perioderne. 'Ubevidstheds/bevidstheds' princippet handler om at udvikle den livsoplevelse, som er knyttet til den udviklingsperiode som man befinder sig i. I modsætning hertil handler kvantespringsprincippet om at blive bevidst *om selve den bevidsthed* inden i dig, som formår at indeholde denne livsoplevelse. 'Ubevidstheds/bevidstheds' handler således f.eks. lige nu om at udvikle ego-bevidstheden, mens kvantespringsprincippet handler om at erkende ego bevidstheden, som en erkendende enhed inden i dig.

Udviklingsperioder. Vores evolutionscyklus er opdelt i 7 store udviklingsperioder. Lige nu er Ego perioden den dominerende.

Udviklingsstruktur. Den struktur som tillader dig at opleve livet og dig selv, og som bestemmer hvilke energier der er tilgængelige for dig. Ego udviklingsstrukturen består en overbevidsthed, bevidsthed og underbevidsthed, og giver til adgang til 3 udviklingstilstande (vakuum, anti-kompensation, og kompensation tilstandene).

Under-energi. Menneskehedens udvikling er en rejse gennem de store udviklingsperioder, som alle er opgjort af 6 'under energier', hvoraf 3 er overbevidste og 3 er bevidste.

Universelle livstemaer. Efter den store transformation af dit væsen i slutningen af Hjerte perioden vil din udvikling forsætter i andre dimensioner, styret af andre livslove. Disse livslove håndhæves af det jeg kalder 'de universelle temaer', som er livslove med det formål at føre dig til enhed med Kilden.

Vakuum tilstanden. Den laveste ego-tilstand du kan være i.

Vilje. Vilje er et vidt begreb, men også noget som er helt grundlæggende i vores udvikling, i alle faser af den. Der er egoets vilje til udvikling, som er knyttet til bekræftelse og troen på at være i live og på at der er en mening med dit liv. Der er hjertets livsvilje, som handler om viljen til at udleve oplevelsen af kontakt med helheden. Alle disse viljer stammer dybest fra en og samme vilje, en slags 'ur-vilje', som udspringer fra Kilden selv, og som manifesterer sig på forskellige måder i løbet af vores udvikling. Ved at udleve viljen sker der altid det samme; vi bliver mere bevidst om Kilden selv – eller sagt på en anden måde, vi bliver i stand til at kunne indeholde et renere udtryk for Kilden i vores bevidsthed - og som vi har set, at blive bevidst om noget, er at ændre det. Således handler Kildens Ur-vilje om et ønske til at ændre Kilden selv.

Ur-vilje. Den vilje der udgår fra Kilden selv, og som har givet anledning til vores alles eksistens, og til kraften og viljen bag vores egen udvikling.

Kildens Livsoplevelse.

Ligesom du og jeg har også Kilden bag vores nuværende udviklingscyklus en oplevelse af livet. I midten af figuren ses Kildens livsoplevelse. Den består af 7 "Bevidsthedslag", svarende til de 7 Udviklingsperioder. Hvert af lagene repræsenterer ophobningen af livsoplevelser (der selv består af 3-7 unikke bevidsthedslag) fra væsener som udviklingsmæssigt er/var nået til den pågældende periode. Hvert lag er knyttet til et livsfelt (som ses rundt om de 7 bevidsthedslag). Rundt om Kildens livsoplevelse ses andre "Kilders" livsoplevelser fra andre udviklingscykler, end den vi selv befinder os i. Ny-bevidsthed fødes i særlig grad der hvor forskellige aspekter af disse livsoplevelser interagerer direkte med hinanden (vist som mindre lysende stjerner i periferien af figuren).

7 store udviklingsperioder
7 forskellige livsoplevelser
7 personlige udviklingsstrukturer
7 livsfelter
7 store bevidsthedsudviklinger.

Dette definerer tilsammen
vores nuværende udviklingscyklus
og udgør opskriften på udvikling.

Dette er hvad der sikrer
vores og Kildens forandring